제6판

IFRS 반영

회계학원론

강선민 김병조 김진욱 한봉희 공저

PRINCIPLES OF ACCOUNTING

창 민 사

머 리 말

이 책의 목표는 독자에게 기업의 재무제표를 해독할 수 있는 기본능력을 심어주는 데 있다. 이 책은 필자들이 우리나라와 외국의 대학에서 다년간 회계학을 강의한 경험을 토대로 집필하였다. 이 책을 집필함에 있어 가장 신경을 쓴 부분은 논리의 체계적인 전개와 일관성이다. 개념이나 주제의 백화점식 나열을 지양하고 원론 수준에서 꼭 필요한 개념과 주제를 엄선하여 이들을 군더더기 없이 논리적으로 그리고 깊이 있게 설명하는 데 주력하였다. 또한 독자가 기본적인 개념을 쉽게 이해할 수 있도록 내용을 평이하게 서술하는 데 초점을 두었다.

이 책은 현재 우리나라는 물론 대다수의 국가들이 채택하고 있는 국제회계기준(IFRS)을 반영하고 있다. 이 책을 집필함에 있어 우리들이 지향한 바는 국제회계기준의 새로운 내용들을 충실이 반영하되 논리의 체계적인 전개와 일관성을 유지하는 것이었다. 그렇지 않고 자칫하다가는 이 책이 회계를 처음 배우는 학생들에게 회계학의 이치를 깨우치게 하는 것이 아니라, 국제회계기준의 내용만을 원론적으로 소개하게 될 수 있기 때문이다.

이 책의 구성은 다음과 같다. 제1장부터 제4장까지는 재무회계의 기본개념과 원리를 총체적으로 다루는 총론이다. 제5장부터 제11장까지는 재무회계의 각론, 즉 계정과목론에 해당한다. 여기서는 재무제표의 여러 계정과목의 회계처리와 이러한 회계처리의 기저에 깔려있는 이론을 다룬다. 추가적으로 제12장은 현금흐름표에 대한 전반적인 이해와 이의 작성을 논하고 있으며, 제13장은 재무회계의 개념체계를 소개하고 있다. 제14장과 제15장은 이용자 측면에서 재무제표의 내용과 활용기법을 소개하고 있다.

이 책은 한 학기 또는 두 학기에 걸쳐 강의할 수 있다. 한 학기용으로는 이 책의 제1장부터 제11장(자본)까지 보론을 제외한 주요 내용만을 강의하면 될 것이다. 제

12장(현금흐름표)은 중급재무회계에서 보다 자세히 다룰 내용이고, 제13장부터 제15장까지는 11장까지의 핵심내용을 이해한 학생이라면 스스로도 익힐 수 있는 내용이다. 이 책의 내용을 상세히 강의하고 대부분의 연습문제까지 다룬다면 두 학기가 적정할 터인데, 이 경우, 첫 학기는 제1장부터 제8장까지, 둘째 학기는 제9장부터 제15장까지 다루면 될 것이다.

이 개정판의 편집에 수고하신 창민사 직원 여러분과 윤동구 사장님께 감사드린다.

2025년 8월

강선민 skang@cau.ac.kr
김병조 k24337@hs.ac.kr
김진욱 jinkim@konkuk.ac.kr
한봉희 bhhan@ajou.ac.kr

차례 요약

차 례

제 I 부 회계의 기초개념

제1장 회계의 소개

재무제표 제2장

제3장 복식부기시스템과 회계원칙

제4장 회계순환과정

제 II 부 자산별 회계처리

제5장 현금및현금성자산과 단기금융자산

수취채권과 지급채무 제6장

제7장 재고자산

유형자산과 무형자산 제8장

제9장 장기금융자산

제 III 부 부채와 자본

부 채 제10장

제11장 자 본

제 Ⅳ 부 재무제표와 재무제표 분석

자본변동표와 현금흐름표 제12장

제13장 재무회계의 개념체계

제14장 재무제표의 활용

제15장 재무제표 분석

부 록

제 I 부

회계의 기초개념

1장

회계의 소개

제1절 회계의 의의

회계(accounting)를 기업의 언어(business language)라고 말한다. 이러한 비유적 표현은, 우리가 어떤 나라를 제대로 알려면 그 나라의 언어를 이해하는 것이 필수적인 것과 같이, 기업을 제대로 알고 평가하자면 회계에 대한 이해가 필수적이라는 것을 함축하고 있다. 한 특정 기업에 대해, 금년의 이익이 얼마인가? 이 이익의 내용과 질은 어떠하며 다른 기업의 이익에 비하여 높은 편인가 낮은 편인가? 이 기업의 향후 성장성은 어떠하며 빚은 어느 정도인가? 이러한 질문에 대한 답은, 당기순이익, 영업이익, 주당이익, 자기자본이익률, 매출증가율, 부채비율 등의 용어로 접근하게 되는데, 이러한 용어들은 모두 회계의 산물이다.

회계는 기업에만 적용되는 것은 아니다. 정부기관, 정당, 학교, 자선단체 등 비영리기관에서도 회계가 필요하다. 기업이든 비영리기관이든 그 고유의 목적을 달성하기 위하여 여러 가지 활동을 해야 하며 여기에는 필연적으로 돈이 연계된다. 조직을 운영하자면, 돈을 어디에서 어떻게 조달했으며 어디에 어떻게 썼으며 그 결과가 어떠한지를 체계적으로 기록·관리할 필요가 있는데, 회계가 바로 그 역할을 담당한다.

즉, **회계는 자금의 조달과 사용 및 그 결과를 추적하여 체계적으로 기록·관리하는 과정**이라 할 수 있다. 이 정의는 조금 느슨하긴 하지만 회계의 중요성을 단적으로 말해주고 있다. 우리는 특정 기업 또는 기관의 실제 활동을 보지 않고도 회계기록을 봄으로써 그 기업 또는 기관의 주된 활동과 그 활동의 결과를 파악할 수 있다. 왜냐하면 회계는 돈의 흐름을 추적하여 기록한 것이고, 돈의 흐름을 추적하는 것은 곧 그 기업 또는 기관의 활동을 추적하는 것과 같기 때문이다.

제2절 회계의 정의와 기본개념

지금까지 우리는 회계의 의미를 다소 느슨하게 바라보았다. 회계를 좀 더 정확하게 정의하자면, **회계란 특정 경제실체에 일어난 경제적 사건을 체계적으로 인식·측정하여 요약하고 이를 보고하는 과정**이라 할 수 있다.[1] 아래에서 이 정의에 나오는 낱말들이 뜻하는 바를 하나씩 논의해 본다.

1. 경제실체

경제실체(economic entity)라 함은 경제활동의 주체, 즉 회계가 적용되는 대상을 의미하며 때로는 회계실체(accounting entity)라고도 불리어진다. 여기에는 기업 또는 회사라는 영리기관뿐만 아니라 정부기관, 자선단체, 학교 등 비영리기관도 포함된다. 그러나 회계의 여러 개념을 설명할 때, 특별한 경우를 제외하고는 기본적으로 기업을 염두에 두며, 따라서 이 책에서도 특별한 언급이 없는 한 경제실체를 기업이라 하고 논리를 전개한다. 기업을 염두에 둘 때, 경제실체를 **기업실체**(business entity)라고도 한다.

경제실체 개념에서 파생되는 중요한 사항의 하나로, 회계를 적용할 때 경제실체는 그 실체의 소유주와 구분되어야 한다는 것이다. 길모퉁이에 있는 슈퍼마켓을 생각해 보자. 만약 슈퍼마켓과 관련된 돈의 흐름과 슈퍼마켓 주인의 개인적 활동으로 인한 돈의 흐름(예, 가계지출)을 분리하여 회계처리하지 않는다면 일정 기간 동안 슈퍼마켓에서 얼마를 벌었는지 알 수가 없다. 따라서 슈퍼마켓을 별개의 경제실체로 간주하고 슈퍼마켓 주인과 구분하여 그 경제활동을 회계 처리하여야 한다. 이처럼 경제실체의 경제활동을 그 실체의 소유주의 활동과 구분하여 회계 처리하여야

1) 회계는 크게 재무회계와 관리회계의 두 분야로 나뉜다. 여기서는 재무회계에 초점을 맞춘다. 재무회계와 관리회계의 차이는 본 장의 보론에서 설명한다.

한다는 것을 **경제실체의 가정** 또는 **기업실체의 가정**이라 한다.

2. 경제적 사건

회계의 대상이 되는 **경제적 사건**(economic events)이라 함은 기업의 재무상태와 경영성과에 영향을 미치는 일체의 사건을 의미한다. 기업의 일상적 매출, 임금 지급 등의 경제적 사건은 당연히 회계의 대상이 된다. 그러나 회계의 대상이 되는 경제적 사건과 일상적 의미의 경제적 사건이 〈그림 1-1〉에서 보듯이 항상 일치하지는 않는다.

그림 1-1
경제적 사건

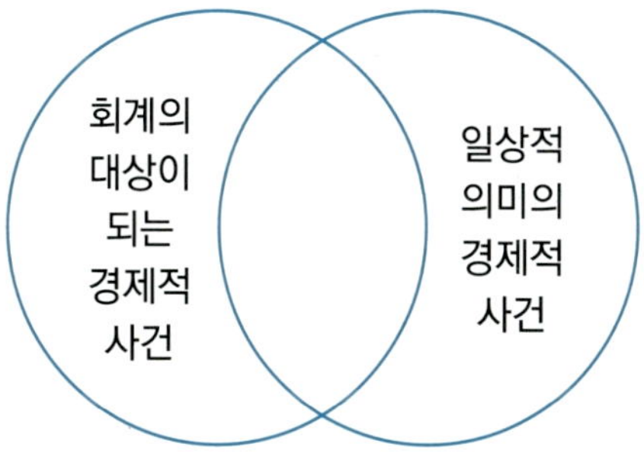

예를 들어, 주주총회에서 기업의 대표이사가 교체되었다 하자. 이는 분명히 그 기업을 평가함에 있어 중요한 일상적 의미의 경제적 사건이다. 만약 새로 임명된 대표이사가 경질된 대표이사보다 경영능력이 훨씬 더 뛰어나다면, 그 기업의 미래 재무상태 및 경영성과의 호전을 기대할 수 있을 것이다. 그러나 대표이사의 교체는 그 경제적 영향을 객관적으로 측정하기가 거의 불가능할 것이므로 회계의 대상이 되는 경제적 사건으로 보지 않는다.

반면, 일상적 의미의 경제적 사건이 아니지만 회계의 대상이 되는 경제적 사건으로 인식하는 경우도 있다. 예로, 기업에 매월 중순 이자를 지급해야 하는 은행 차입금이 있다 하자. 12월말인 회계기말 현재, 12월 중순 이자지급일부터 12월말까지의 이자는 아직 지급되지 않았지만, 즉 일상적 의미의 경제적 사건이 아직 아니지만 회계의 대상이 되는 경제적 사건으로 인식해야 한다.

회계의 대상이 되는 경제적 사건을 회계용어로 **거래**(transaction)라 한다. 거래는 기업의 재무상태 및 경영성과에 영향을 미친다. 모든 거래는 적절한 회계처리과정을 통하여 재무상태 및 경영성과를 나타내는 **재무정보**(financial information)로 산출된다.

그림 1-2
재무정보의 산출과정

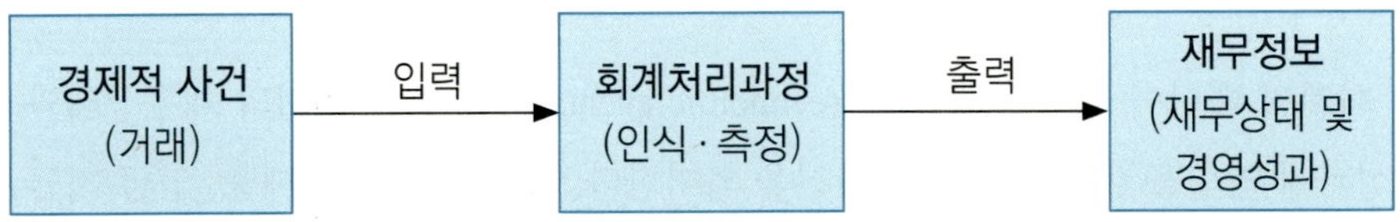

아래에서 재무상태, 경영성과 및 재무정보의 개념을 간략히 알아보자.

(1) 재무상태와 재무상태표 등식

재무상태(financial position)라 함은 특정 시점에서 기업의 자산, 부채 및 자본의 현황을 말한다. 이때, **자산**(asset)은 기본적으로 기업이 영업활동을 수행하기 위하여 보유하고 있는 자원이며, 부채(liability)는 자산을 조달하기 위하여 기업이 진 빚이다. 자본(equity)은 자산 중 주주 또는 소유주가 스스로 조달한 부분이다. 자본은 자산에서 부채를 뺀 값으로 볼 수 있으며 때로는 순자산(net asset)이라고도 한다.

일정 시점에서 기업의 재무상태는 항상

자 산 = 부 채 + 자 본

이라는 등식으로 표현될 수 있으며, 이를 **재무상태표 등식** 또는 **회계등식**(accounting equation)이라 한다. 이 식은 기업이 보유하고 있는 자산을 누구로부터 조달했는가를 나타낸다. 가령, 특정 시점에서 자산 1,000원, 부채 400원, 자본 600원이라면, 자산 1,000원 중 400원 만큼은 타인에게 빌린 금액, 즉 **타인자본**이며, 600원은 주주 또는 소유주가 스스로 조달한 금액, 즉 **자기자본**이다.

따라서 **재무상태표 등식**은

자 산 = 타인자본 + 자기자본

으로 표현될 수도 있다.[2)]

때때로 **재무상태표 등식**은

자 산 = 채권자지분 + 소유주지분

으로도 표현되는데, 이 식은 기업이 보유하고 있는 자산이 궁극적으로 누구에게 귀속되느냐를 나타내는 것이다. 가령 자산 1,000원, 부채 400원, 자본 600원이라면, 자산 1,000원 중 400원은 은행 등 기업의 채권자에게 돌아가야 할 몫, 즉 **채권자지분**(creditors' equity)이고, 600원은 기업의 소유주에게 돌아가야 할 몫, 즉 **소유주지분**(owners' equity)이다. 소유주지분은 자산에서 채권자지분을 빼고 남은 지분이라는 의미에서 **잔여지분**(residual equity)라고도 한다. 또한, 오늘날 보편적 기업형태인 주식회사의 소유주는 주주이므로 소유주지분을 **주주지분**(stockholders' equity)이라 부르기도 한다.

그런데 일반적으로 채권자지분보다는 부채(debt)라는 표현을 많이 쓰며, **소유주지분**은 간단히 **지분**(equity)이라고 일컫는다.

이에 **재무상태표 등식**을 달리 표현하면

자 산 = 부 채 + 지 분

이 된다.

(2) 경영성과와 이익 등식

경영성과(financial performance)는 일정 기간 동안 기업 경영활동의 결과로 얻은 성과로서 당기순이익(또는 당기순손실)으로 요약된다. 당기순이익은 다음과 같은 **이익등식**(income equation)으로 산출된다.

당기순이익 = 수 익 - 비 용

2) 회계에서 자본이라는 용어는 경제학의 자본(capital)이라는 용어와 구별된다. 회계에서의 자본은 자산에서 부채를 차감한 것이다. 반면 경제학에서 자본은 노동과 대비되는 기업 등 경제주체가 보유하고 있는 생산요소를 뜻하며, 이는 회계에서 자산의 개념과 유사하다. 또한, 타인자본과 자기자본은 경제학자가 도입한 용어로서 여기서 '자본'은 회계의 자산 개념으로 이해해야 한다.

여기서 **수익**(income, revenue)이란 일정 기간 동안 상품 또는 제품의 매출, 용역의 제공 등 기업의 경영활동으로부터 유입된 자원의 총액이다. 이때 자원이 항상 현금을 의미하는 것은 아니며, 따라서 수익이 반드시 현금의 유입, 즉 현금수입과 일치하지는 않는다. **비용**(expenses)은 일정 기간 동안 기업의 경영활동과 관련하여 소비된 자원의 총액이다. 이때의 자원 역시 항상 현금을 의미하는 것은 아니며, 따라서 비용이 반드시 현금의 유출, 즉 현금지출과 일치하지는 않는다.

이익(profit)은 수익에서 비용을 차감하여 산출한다. 수익 및 비용이 반드시 현금의 유입 및 유출을 의미하지는 않으므로 이익 역시 반드시 현금의 증가를 의미하는 것은 아니다. 만일 수익이 비용보다 작다면 손실(loss)이라 한다. 이익과 손실은 경영성과를 나타내는데, 일정 기간의 경영성과는 **당기순이익**(net profit, net income) 또는 당기순손실(net loss)로서 집약하여 재무제표에 표시된다.

지금까지 재무상태와 경영성과에 대한 개념을 살펴보았는데, 기업의 재무상태와 경영성과를 결정하는 요소인 자산, 부채, 자본, 수익, 그리고 비용에 영향을 미치는 회계의 대상이 되는 경제적 사건을, 앞에서 언급하였듯이, **거래**(transaction)라고 한다.

3. 재무정보의 보고: 재무제표

거래를 회계처리하여 산출한 기업의 재무상태 및 경영성과에 관한 정보를 **재무정보**(financial information)라고 한다. 재무정보는 기업 외부의 이해관계자에게 보고되는데, 그 보고수단이 **재무제표**(financial statements)이다. 재무제표는 **재무상태표**, (**포괄**)**손익계산서**, **자본변동표**, **현금흐름표** 및 **주석**으로 구성되어 있다.

재무상태표(statement of financial position)는 기말의 자산, 부채, 자본의 상태를 나타낸다. 재무상태표의 **핵심구조**는

자 산 = 부 채 + 자 본

이라는 재무상태표 등식이다. 재무상태표는 위 등식에 입각하여 기말 현재 기업이

보유하고 있는 자산과 더불어 그 자산이 어떻게 조달되었는지의 재무상태를 보고한다.

앞의 예에서 20×1년 기말 현재 자산이 1,000원이고 이를 조달한 원천이 부채 400원, 자본 600원이라면, 이 기업의 재무상태는 재무상태표에 다음과 같이 보고된다.

재무상태표

20×1년 12월 31일 현재

자 산 1,000	부 채 400
	자 본 600

손익계산서(statement of profit or loss)는 한 보고기간 동안의 기업의 경영성과를 보고한다. 손익계산서의 **핵심구조**는

수 익 − 비 용 = 당기순이익

이라는 이익 등식이다. 즉, 손익계산서는 이익 등식에 따라 기중에 발생한 수익에서 비용을 차감하여 당기순이익을 계산한 보고서이다.

앞의 예에서 20×1년도 1년 동안 슈퍼마켓의 상품매출 합계가 1,000원, 이 상품매출과 관련하여 발생한 비용(상품의 구입원가, 슈퍼마켓의 전기수도료, 판매직원의 월급 등)의 합계가 700원이라면, 이 기업의 경영성과는 다음과 같이 손익계산서에 보고된다.

손익계산서

20×1년도 1월 1일부터 12월 31일까지

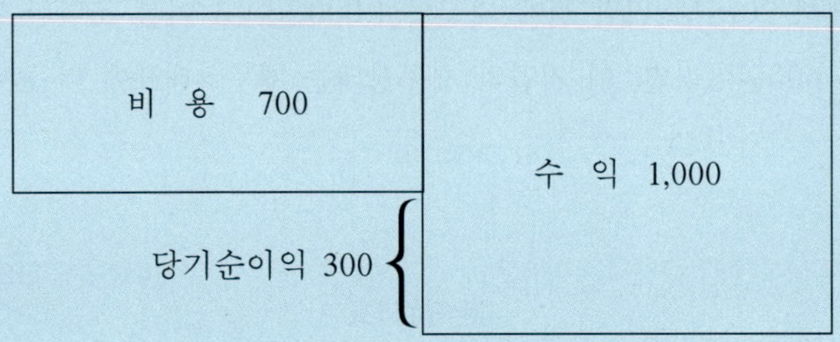

손익계산서는 당기순이익을 계산하여 보여준다. **포괄손익계산서**(statement of comprehensive income)**는 손익계산서의 확장된 형태로서** 당기순이익에 기타포괄이익(other comprehensive income)을 가산하여 총포괄이익까지 보여준다. 기타포괄이익과 포괄손익계산서에 대해서는 제2장에서 보다 자세히 설명하기로 한다.

자본변동표(statement of changes in equity)는 한 기간 동안 자본을 구성하는 자본금, 자본잉여금, 이익잉여금 등 주요 항목별 변동 내역을 보고한다.

현금흐름표(statement of cash flows)는 한 기간 동안 기업에서 현금이 얼마나 무슨 목적으로 유입·유출 되었는지, 즉 현금흐름(cash flow)의 내역을 보고한다.

이와 함께 재무제표의 **주석**(notes)은 재무제표 본문(재무상태표, 포괄손익계산서, 현금흐름표, 그리고 자본변동표)에 표시할 수 없는 정성적인 내용과 세부적인 수치를 보충적으로 제시한다. 주석은 각 재무제표를 제대로 이해하는 데 없어서는 안 될 재무제표의 중요한 일부이다.

4. 재무정보의 산출: 체계적인 인식과 측정

재무제표에 보고하는 재무정보의 산출에 대하여 살펴보자. 회계에서 **인식**(recognition)이란 특정 거래가 재무제표 요소(자산, 부채, 자본, 수익, 비용)의 세부항목에 미치는 영향을 파악하여 이를 **기록하는 행위**이다. 가령, 기업이 제품의 생산에 필요한 기계를 현금으로 구입하였다면 이 거래는 기계장치라는 자산을 증가시킨 동시에 현금이라는 또 다른 자산은 감소시킨 것으로 인식된다. 여기서 기계장치와 현금은 재무제표에 보고하는 자산의 세부 항목인데 그 각각을 계정(account)이라고 한다.

측정(measurement)이란 인식된 계정에 **금액을 부과하는 행위**이다. 가령 기계장치의 구입을 위해 현금 5억원을 지불하였다면 기계장치 계정의 증가와 현금 계정의 감소가 각각 5억원으로 측정된다.

인식과 측정은, 그 개념 자체는 쉽지만 그 적용은 회계의 거의 전부라 할 만큼 중요하고 어려운 문제이다. 측정상의 문제를 생각해 보자. 위의 예에서, 기계를 구입하기 위하여 회사 직원이 현지에 출장 간 일이 있다면 기계장치 계정의 증가를 구입가격만으로 측정할 것인가, 아니면 이에 출장비를 더한 금액으로 측정할 것인가? 기계의 운반비, 설치비, 시운전비도 더 해야 할 것인가? 또한 구입대금 5억원이 은행에서 빌린 돈이라면 이에 대한 이자도 기계장치 계정의 증가에 포함시킬 것인가?

측정뿐 아니라 인식의 문제도 만만치 않다. 가령 회사가 신제품 개발에 착수하였다고 하자. 신제품을 개발하기 위하여 구입한 기자재, 연구원의 월급 등 일련의 신제품 개발 관련 지출을 자산으로 인식할 것인가 아니면 당해 연도의 비용으로 인식할 것인가? 이와 유사한 인식의 문제는 도처에 깔려 있으며 아직도 회계학자들 사이에 논쟁의 대상인 것도 다수이다.

이러한 인식과 측정상의 세부적인 문제에도 불구하고, 회계는 인식과 측정 방법에 있어서 체계적인 원칙과 틀을 갖추고 있다. 그 원칙은 **일반적으로 인정된 회계원칙**이며 그 틀은 **복식부기시스템**이다.

(1) 일반적으로 인정된 회계원칙

일반적으로 인정된 회계원칙(Generally Accepted Accounting Principles: GAAP)은 원래 미국에서 기업회계기준을 지칭하는 용어인데, 세계적으로도 널리 통용되고 있다.[3] '일반적으로 인정된 회계원칙'이란 특정 거래를 인식·측정하고 그 결과를 재무제표에 보고하는 데 있어 적용되는 '일반적으로 인정된' 원칙을 의미한다. 요컨대, GAAP는 거래를 인식·측정·보고하는, 즉 회계 처리하는 원칙이다. 여기서, '일반적으로 인정된'이란 '실질적으로 권위 있는 지지(substantial authoritative support)'를 받는 상태를 의미하는 것으로 영미의 판례법적 문화권에서 나온 개념인데, 쉽게 말해서 법령, 학계의 연구, 지속적인 실무 등에 의하여 그 당위성이 다수의 지지를 받고 있는 상태로 이해할 수 있다. 일반적으로 인정된 회계원칙은 그 시대의 경제적·정치적 환경의 산물로서 그 환경에 따라 변화하기 마련이다. 즉, GAAP는 역사적으로 변화하여 왔으며, 변화하고 있고, 또 변화해 나갈 것이다.

'일반적으로 인정된 회계원칙'의 핵심인 명문화된 **기업회계기준서**의 제정권은 정부기관으로부터 민간기구로 이양되는 것이 세계적인 추세이다. 우리나라에서도 1999년에 기업회계기준서의 제정권이 정부 부처인 금융위원회에서 민간기구인 **한국회계기준위원회**(Korea Accounting Standards Board: KASB)로 이양되었다.[4] KASB가 비록 민간기구이긴 하지만 여기서 제정되는 기업회계기준서는 "주식회사의 외부감사에 관한 법률"에 의거하여 법률적인 강제성을 가진다.

자본의 국제적 흐름에 부응하여, 기업회계기준의 국제적 통일을 목표로 IASC(International Accounting Standard Committee)라는 국제회계기준위원회가 1973년에 설립되어 국제회계기준(International Accounting Standards: IAS)의 제정을 시작하였다. 그 후 2001년에 **국제회계기준위원회는** IASB(International Accounting Standard Board)라는 명칭으로 새롭게 개편되어 IASC의 모든 권한과 책임을 인수받고 **국제회계기준**의 명칭을 IFRS(International Financial Reporting Standards)로 변경하였다.

우리나라의 경우, 상장기업에 대해 2011년부터 국제회계기준(IFRS)의 전면 도입을 의무화하였다. 이에 따라 한국회계기준위원회(KASB)는 국제회계기준과 내용이 동일한 '**한국채택국제회계기준**'(K-IFRS)을 제정하여 모든 상장기업의 회계처리

3) 이에 미국 기업회계기준을 U.S. GAAP, 우리나라 기업회계기준을 Korean GAAP, 그리고 국제회계기준을 International GAAP이라 하기도 한다.

4) 미국은 오래전부터 민간기구인 재무회계기준위원회(Financial Accounting Standards Board: FASB)에서 회계기준을 제정하고 있다.

에 적용토록 하고 있다.[5)]

(2) 복식부기시스템

복식부기시스템(double-entry bookkeeping system)은

자 산 = 부 채 + 자 본

이라는 앞에서 언급한 재무상태표 등식(또는 회계 등식)과

차 변 = 대 변

이라는 등식으로 요약된다. **차변**(debit)과 **대변**(credit)이라는 용어는 그 자체로서 별 의미가 없다. 다만, 차변은 왼쪽, 대변은 오른쪽이라는 회계의 규약일 뿐이다.

위의 두 식을 말로 표현하면, 모든 거래는 항상 차변(왼쪽)과 대변(오른쪽)으로 구분·기록되는데, 이와 같은 기록은 항상 [**자산=부채+자본**]이라는 등식을 유지하며, 거래별 **차변금액의 합은 항상 대변금액의 합과 같다**는 것이다. 예컨대, 1만원을 은행에서 현금으로 차입하였다면, 차입금이라는 부채의 증가 1만원을 등식의 대변에, 그리고 현금이라는 자산의 증가 1만원을 등식의 차변에 동시에 기록한다. 이 기록의 결과는 위의 두 등식을 성립시킨다. 즉

자 산	=	부 채	+	자 본
현 금		차입금		
(₩10,000)		(₩10,000)		

그리고

차 변	=	대 변
(₩10,000)		(₩10,000)

어떠한 거래에서건 왼쪽과 오른쪽에 동시에 동일 금액이 기록됨으로써 항상 [자

5) 한편, 비상장기업 및 중소기업에 대해서는 한국회계기준위원회에서 국제회계기준을 단순화하여 제정한 일반기업회계기준 및 중소기업회계기준을 각각 적용토록 하고 있다.

산=부채+자본]과 [차변=대변]을 만족시킨다. 회계에서의 모든 거래는 예외 없이 항상 차변과 대변 각각에 동일한 금액으로 회계시스템에 입력된다.

모든 거래는 원인과 결과라는 양 단면을 지닌다. 위 거래에서 1만원의 은행 차입이 원인이고, 이로 인한 1만원의 현금 증가는 결과라고 할 수 있다. 이를 **거래의 이중성**(duality of transaction)이라 하는데, 이에 따른 회계기록시스템이 복식부기시스템인 것이다. 반면, 단식부기시스템에서는 거래의 결과 측면, 즉, 위 예에서 현금의 증가만을 기록한다.

5. 재무정보의 보고자, 외부감사인, 이용자

아래에서 재무정보의 **보고자**(작성자), **외부감사인** 및 여러 **이용자**에 대해 각각 논의하여 본다.

(1) 보고자(작성자)

재무보고의 보고주체는 물론 기업의 **경영자**이다. 유가증권시장 및 코스닥시장에 상장된 상장기업은 자본시장법 등 관련 법규에 의하여 매 회계연도말 재무제표를 포함한 사업보고서 및 각 분기말 재무제표를 포함한 분·반기보고서를 작성하여 금융감독원 **전자공시시스템**(DART: Data Analysis Retrieval and Transfer; http://dart.fss.or.kr)을 통하여 공시하여야 한다. 또한, 상장기업은 재무제표 이외의 주요 기업정보도 수시로 전자공시시스템에 공시하도록 되어 있다.

기업의 경영자는 가능한 한 자신의 경영능력을 유리하게 보이도록 경영성과 등 재무보고의 내용을 조정하고자 하는 유인을 가지고 있다고 볼 수 있는데, 실제로 이를 위해 기업회계기준의 허용범위 내에서 합법적인, 때로는 기업회계기준의 허용범위를 벗어난 불법적인 방법을 동원하는 경우가 있다. 후자의 방법을 이용한 재무제표 내용의 조작을 흔히 **분식회계**(fraudulent accounting, cosmetic accounting)라고 한다. 합법적 이익조정(earnings management)과 불법적 이익조작(earnings manipulation)의 경계선은 모호한 경우가 많다.

(2) 외부감사인

외부감사인(external auditor) 또는 단순히 **감사인**(auditor)은 개인 공인회계사(certified public accountant: CPA) 또는 공인회계사들로 구성된 **회계법인**(accounting firm)을 지칭한다. 이들은 경영자가 작성한 기업의 재무제표가 기업회계기준에 따라 공정하게 작성되었는지에 대한 전문적이고 독립적인 의견을 표명함으로써 당해 재무제표에 신뢰성을 부여한다. '신뢰성'의 정도는 외부감사인이 작성 · 보고하는 감사보고서상의 **감사의견**으로 나타나는데, 그 유형은 다음과 같다.:

① **적정의견**(unqualified opinion)
② **한정의견**(qualified opinion)
③ **부적정의견**(adverse opinion)
④ **의견거절**(disclaimer of opinion)

적정의견은 재무제표가 기업회계기준에 따라 올바르게 작성되었다고 판단했을 경우 표명한다. **한정의견**은 재무제표가 전반적으로는 기업회계기준에 따라 올바르게 작성되었으나 재무제표의 일부 항목에 있어 기업회계기준을 위반하였거나 회계감사의 범위가 일부 제한되었을 때 표명한다. **부적정의견**은 기업회계기준 위반사항이 매우 중요하거나 전반적일 경우에 표명한다. **의견거절**은 감사인의 독립성이 결여되어 있거나 회계감사 범위의 제한으로 재무제표 전체에 대해 충분하고 적합한 감사증거를 확보할 수 없을 경우에 표명한다.

(3) 이용자

재무보고의 이용자는 주주, 채권자, 신용평가기관, 증권분석가, 정부기관, 기타 계약당사자 등으로 구분할 수 있다.

① 주 주

주주(shareholders)는 기업에 자본을 투자한 자, 즉 투자자(investors)로서 경영자와는 **주인-대리인 관계**(principal-agent relationship)에 있다. 이론적으로 주주는 회사의 주인이며 경영자는 주주로부터 기업경영에 관한 의사결정권을 위임받은 대리인이다. 주주(주인)는 경영자(대리인)가 자기로부터 위탁받은 책임, 즉 **수탁책임**(stewardship)을 다하였는지를 파악할 필요가 있다. 그런데 주주가 경영자의 행동을 일일이 감시·감독(monitoring)하는 것은 불가능하다. 이러한 상황하에서 회사의 재무제표는 주주로 하여금 경영자가 책임 있게 노력했는지를 평가하는 데 유용한 정보를 제공한다.

주주의 범주에는 현재의 주주뿐만 아니라 잠재적 주주, 즉 현재 그 회사의 주식을 보유하고 있지 않지만 향후 주식 투자를 고려하고 있는 자도 포함된다. 현재 및 미래의 주주에게 회사의 재무제표는 투자의사결정의 중요한 정보원천이 된다.

② 채권자

채권자(creditors)는 회사에 여신(대출)을 공여거나 회사채를 보유한 자로서, 주주와 마찬가지로, 경영자와는 주인-대리인 관계에 있다고 볼 수 있다. 채권자의 범주에도 물론 잠재적 채권자가 포함된다. 현재의 채권자(금융기관, 회사채 보유자 등)는 자신의 채권이 제대로 보전되는지에 주된 관심을 갖고 있다. 만약, 채권보전에 적신호가 보인다면 채권의 회수 또는 추가적 담보요구 등의 수단을 강구할 것이다. 반면에, 회사의 재무상태가 견실하다면 추가적으로 여신을 공여하거나 채권을 사들여 안전하게 더 많은 이자수익을 확보코자 할 것이다. 잠재적 채권자의 주요 의사결정은 그 회사에 여신을 공여할 것인가, 그렇다면 그 금액과 조건(이자율, 대여기간, 상환방법 등)을 어떻게 할 것인가 등이다. 이와 같은 현재 및 잠재적 채권자의 의사결정에 있어 회사의 재무제표는 중요한 정보원천이 된다.

③ 신용평가기관

신용평가기관은 기업이나 기업이 발행하는 회사채 등의 신용등급을 매기는 기관이다. 우리나라의 신용평가기관으로 한국신용평가(KIS), 한국신용정보(NICE), 한국기업평가(KMCC) 등이 있다. 이들은 주로 회사채 및 기업어음(CP)을 발행한 기업이 그 원리금을 상환 만기일까지 제대로 갚을 수 있는지를 평가한 후 이에 따라 신용등급을 매겨 정기적으로 공표한다.[6] 세계적인 신용평가기관으로는 스탠더

6) 일반적으로 신용등급은 AAA, AA+, AA, AA−, A+, A, A−, BBB+, BBB, BBB−, BB+, BB, BB−, B, CCC, CC, C, D 등 총 18개의 영문 알파벳순으로 매겨지는데, AAA는 채무지급능력이 최상급임을,

드 앤드 푸어스(Standard & Poor's), 무디스 인베스터스 서비스(Moody's Investors Service), 피치IBCA 등이 있다. 이러한 세계적인 신용평가회사는 전 세계에 사무소와 직원을 두고 있으며 기업체의 신용평가는 물론 국가신용등급도 평가함으로써 세계경제에 막강한 영향력을 행사하고 있다. 기업의 재무제표가 신용평가회사들이 기업 또는 회사채를 평가하는 데 기본적인 주요 정보로 활용된다는 것은 두말할 나위도 없다.

④ 증권분석가

증권분석가(security analysts)는 증권회사 등의 연구팀에 소속되어 있으며, 증권업계에서는 간단히 '애널'이라 부른다. 이들의 주요 임무는 특정 산업 또는 특정 기업의 투자가치를 전문적으로 분석한 후 소속 증권회사 또는 자산운용사의 펀드 매니저(fund manager) 및 고객에게 투자가치 분석보고서를 제공하는 것이다. 이들은 담당 기업의 재무제표는 물론 기타 정보를 수시로 수집한 후 이를 분석하여 그 기업의 미래 이익을 예측하고 기업의 적정 가치를 평가한다.

⑤ 정부기관, 기타 계약당사자

정부기관들은 기업과 관련된 의사결정을 하게 되는데 그때 기업의 재무제표가 중요한 정보원천이 된다. 특히, 금융감독원, 한국거래소, 기획재정부, 공정거래위원회, 산업자원부, 국세청 등은 그들의 의사결정에 필요하다고 생각될 경우 해당 기업으로 하여금 재무제표에 포함되지 않은 다른 상세한 정보까지도 제출하도록 요구하고 있다.

기타 계약당사자로서는 종업원, 원재료 및 부품 납품회사, 고객 등을 들 수 있다. 종업원, 특히 노동조합은 재무제표의 수치(특히 이익, 인건비 등)를 사측과의 주요 협상카드로 활용한다. 또한, 원재료 및 부품 납품회사는 외상거래의 여러 조건을 결정하는데, 그리고 고객은 회사 제품의 애프터서비스 지속능력 등을 판단하는 데

AA+는 아주 우수함을 의미하며, 그 아래로 내려갈수록 그 지급능력이 떨어진다는 것을 의미한다. 보통 BBB−까지를 투자적격 등급이라 하고, BB 이하를 투자부적격 등급, 즉 투기등급이라고 한다. 그 가운데서도 C는 채무이행 가능성이 거의 없는 상태를, D는 부도나 화의 등으로 인해 이미 채무를 이행할 수 없는 상태에 있음을 뜻한다. 등급이 낮을수록 위험도가 커지기 때문에 회사채 또는 기업어음의 발행회사에게 돈을 빌려준 채권자는 더 높은 이자를 요구하게 된다.

기업의 재무제표 정보를 활용할 수 있다.

제3절 회계정보의 활용

회계정보, 즉 **재무정보**는 기업의 재무상태 및 경영성과에 대한 정보를 제공하는 역할을 하고 있다. 현대 사회에서 재무정보는 다양한 목적으로 폭넓게 활용된다. 개인이 경제활동을 영위하는 데 있어서도 재무정보와 회계에 대한 지식은 필수적이 되고 있다.

① 은행에서 대출 의사결정

많은 기업들이 은행에서 자금을 대출하여 필요한 자금을 조달한다. 은행에서 기업에 대출을 결정할 경우에는 기업의 재무정보에 의한 평가가 이루어진다. 대부분 은행에서는 기업의 재무상태와 경영실적에 가중치를 부여하여 재무적 점수를 산정한 후, 비재무적인 요소에 대한 정성적인 평가를 가산하여 대출 여부에 대한 종합적인 결론을 내린다. 즉 은행에서는 대출 신청기업의 재무정보를 토대로, 그 기업이 얼마나 양호한 경영실적과 건전한 재무상태를 보이고 있는지 판단하여 대출 승인 여부와 이자율 등의 대출 조건을 결정한다.

② 기업의 신용등급 평가

일정 규모 이상이 되는 대부분의 기업들은 신용등급을 평가받게 된다. 신용등급은 그 기업의 회사채 및 어음의 이자율을 결정하기 때문에 매우 중요하다. 신용등급이 낮으면 은행에서 차입하기도 어렵고, 차입하더라도 높은 이자를 지불하여야 한다. 신용등급이 낮은 기업은 주식이나 회사채를 발행하기도 어렵게 된다. 기업의 신용등급 평가에서는 기업의 재무적·비재무적 요소가 모두 고려되지만, 재무정보는 그 근거가 명확하고 객관적이기 때문에 등급 결정에 대한 영향력이 큰 편이다. 최근에는 기업만이 아니라, 국가 및 개인도 그 재정상태에 따라 신용등급이 결정된다.

③ 주식투자 의사결정

유능한 투자자들은 투자할 주식을 선택함에 있어 그 기업의 재무정보를 적극적으로 고려한다. 물론 재무정보만으로 투자를 결정하지는 않지만, 재무정보에 대한 분석은 기업에 대한 분석의 시발점을 제공한다. 위대한 장기투자자라는 별명을 가지고 있는 워렌 버펫(Warren Buffett), 진정한 가치투자자로 불리고 있는 벤자민 그레함(Benjamin Graham)도 투자의사결정에서 기업의 재무정보를 중요시하고 있다고 알려져 있다.

④ 도산 예측

도산은 기업의 문을 닫는 것으로 기업의 일생에서 가장 위험한 사건이다. 따라서 기업의 도산 위험을 사전에 예측하여 대응하는 것은 매우 중요한 일이다. 오래전부터 회계학에서는 도산 예측에 관한 연구가 진행되었는데 이에는 재무정보들이 중요하게 이용되었다. 연구 결과를 보면, 도산기업은 건전기업에 비하여 도산 수년 전부터 현금흐름이 나빠지고, 수익성이 악화되며, 유동비율과 부채비율 등 재무적 안전성이 불량하게 나타나고 있는바, 재무정보는 기업의 도산 예측에 유용하게 활용될 수 있다.

⑤ 개인의 재정관리

금융회사에서 빌린 돈을 갚지 못해 채무불이행자(이전에는 이를 신용불량자로 불렀다)로 전락한 뒤 워크아웃(채무재조정)을 신청하는 사람이 종종 있다. 우리나라에서도 가계 부문의 금융부채가 1,000조원을 넘어선 지 오래이다. 이제는 개인과 가정들도 재정 및 금융에 대한 지식을 배우고, 체계적으로 대응하여야 한다. 어떻게 돈을 벌고, 어떻게 돈을 쓰고, 어디에 투자하고, 어떤 보험을 들고, 노후 대비는 어떻게 하여야 하는지 계획을 세워야 한다. 따라서 기본적으로 현재 및 미래의 돈 흐름에 대한 회계 지식은 전공을 불문하고 모든 사람들에게 필수가 되고 있다.

보론 회계의 분야

회계는 재무회계, 관리회계, 세무회계, 회계감사 및 비영리회계의 다섯 분야로 구분될 수 있다.[7)]

이 중 **재무회계와 관리회계가 가장 기본이 되는 두 분야라 할 수 있다. 이 장의 본문에서는 재무회계에 초점을 맞추어** 논의하였다. 재무회계와 관리회계의 주된 목적은 정보를 제공하는 것이다. 이 둘은 정보제공의 주된 대상에서 차이가 있다. **재무회계**(financial accounting)는 기업 밖에 있는 투자자, 채권자, 정부기관 등 **외부이용자**(external users)에게 정보를 제공한다. 즉, 재무회계는 기업 전체의 경영성과와 재무상태에 대한 신뢰성 있는 정보를 외부이용자에게 제공하는 데 주된 목적이 있다. 이에 반하여 **관리회계**(management accounting)는 기업 내의 경영자, 부문담당자 등 **내부이용자**(internal users)에게 정보를 제공한다. 즉, 관리회계는 기업의 각 부문에 관한 정보를 내부이용자에게 적시에 제공하는 데 주된 목적이 있다. 재무회계 정보는 주기적으로(1년 또는 분기) 제공되는 데 반하여, 관리회계 정보는 비주기적으로, 즉 필요할 때마다 제공된다.

정보의 역할에는 의사결정(decision making)과 성과평가(performance evaluation)의 두 가지 측면이 있다. **재무회계**는 투자자가 주식투자 의사결정을, 채권자가 신용제공 또는 대출 의사결정을, 그리고 정부기관이 경제정책 의사결정을 하는 데 도움을 주는 정보를 제공한다. 또한 투자자인 주주는 재무회계 정보를 기업경영자의 성과평가에 이용할 수 있다. 실제로 국내외 많은 기업에서 경영자의 성과급을 회계수치(예, 당기순이익)에 근거하여 책정하고 있다.

기업경영은 불확실한 미래에 관하여 의사결정을 하는 것의 연속이다. **관리회계**는 경영자 또는 부문담당자가 불확실한 미래에 관하여 합리적으로 경영의사결정을 하는 데 도움을 주는 정보를 제공한다. 즉 관리회계는 각 제품의 원가, 제품의 질,

7) 제품 및 용역의 정확한 원가계산이 주된 목적인 원가회계는 관리회계의 일부분으로 볼 수 있다.

재고비용, 고객만족도, 시장점유율 등의 정보를 최고경영자 또는 부문담당자에게 적시에 제공하여 이들이 합리적으로 의사결정을 할 수 있도록 도와주는 역할을 한다. 또한 관리회계 정보는 상급자가 하급자의 성과를 평가하는 데 이용된다. 예를 들어, 공장장이 생산부서 직원의 성과평가에 제품원가나 제품 불량률에 관한 정보를 이용할 수 있다.

재무회계와 관리회계의 또 다른 차이는 정보의 작성에 대한 **외부 규제의 여부**이다. 재무회계 정보는 그 작성과 공시에 관하여 법적인 규제가 있다. 이는 그 정보를 이용하는 외부이용자를 보호하기 위한 조치이다. 만일 이러한 규제가 없다면 기업이 정보를 그릇되게 작성하여 외부이용자를 오도할 가능성이 있다. 이에 기업은 재무회계 정보를 기업회계기준이라는 법적인 규정에 따라서 작성해야 하며, 이에 대하여 외부 공인회계사로부터 회계감사를 받도록 되어 있다. 반면에 관리회계 정보는 기업 내부적으로만 사용되기 때문에 정보의 작성과 공시에 관한 법적인 규제가 없으며 외부 감사를 받을 필요도 없다. 지금까지 언급한 재무회계와 관리회계의 차이를 요약하면 아래의 표와 같다.

보론 표 1

재무회계와 관리회계의 차이

구 분	재무회계	관리회계
정보이용자	주주, 채권자 등 외부이용자	경영자 등 내부이용자
회계정보의 개체	한 기업 전체	한 기업의 각 부문(segment)
정보제공 시기	주기적(1년, 분기)	필요시 언제나
정보에 대한 외부 규제 여부	있음(기업회계기준)	없 음

기업차원에서의 **세무회계**(tax accounting)는 세법에 따라 법인세를 신뢰성 있게 계산하는 것이 기본적인 목적이다. 기업은 벌어들인 이익, 즉 과세소득에 대하여 과세당국에 법인세를 납부하여야 한다.[8)] 세법에서는 익금총액에서 손금총액을 차감한 금액을 과세의 기준인 **과세소득**(taxable income)이라 한다. 세법의 익금과 손금은 각각 재무회계의 수익과 비용에 해당된다. 또한, 과세소득은 재무회계에서 기업회계기준에 따라 계산한 **세전 회계이익**(pre-tax accounting income)과 유사한 개념이다.

8) 반대로 손실이 났을 경우는 과거에 이미 납부한 세금에서 그 손실액에 해당하는 법인세를 환급받거나 또는 향후 창출하는 과세소득에 대하여 현재 손실액만큼 미래 법인세 절감 혜택을 받는다.

그러나 세법 규정과 기업회계기준이 별도로 존재한다는 사실에서 알 수 있듯이, 세법에서의 과세소득 산정과 기업회계기준에서의 세전 회계이익의 산정은 세부적으로 차이가 있다. 세법상의 과세소득은 재무회계의 세전 회계이익에서 출발하여 차이가 나는 부분, 즉 **세무조정** 항목을 가감하여 산정되는데, 세무회계에서는 이러한 내용을 주로 다룬다.

세법상의 과세소득 = 익금총액 − 손금총액
= 재무회계의 세전 회계이익 ± 세무조정

예를 들어 설명하면, 기업이 지출한 접대비는 기업회계기준에서 전액 비용으로 처리되므로 그만큼 재무회계상 세전 회계이익이 감소된다. 반면에 세법에서는 접대비의 비용공제, 즉 손금 처리에 대하여 일정 한도액을 설정해 놓고 있으므로 기업이 그 한도를 초과하여 접대비를 지출하였을 경우 초과분에 대해 손금 처리를 인정하지 않는다. 따라서 이 경우 세법상의 과세소득은 재무회계상의 세전 회계이익보다 그 초과분만큼 커지게 된다. 이때 그 초과분이 세무조정 항목이다. 세무조정에는 익금산입(재무회계에서 수익으로 인식하지 않은 항목을 과세소득 계상 시 익금으로 포함시킴), 익금불산입(재무회계에서 수익으로 인식한 항목을 과세소득 계상 시 익금에서 제외시킴), 손금산입(재무회계에서 비용으로 인식하지 않은 항목을 과세소득 계상 시 손금에 포함시킴), 그리고 손금불산입(재무회계에서 비용으로 인식한 항목을 과세소득 계상 시 손금에서 제외시킴)의 네 가지 유형이 있다. 위 접대비 한도초과의 경우는 손금불산입에 해당한다. 요약하면 **세무회계**는 기업회계기준에 따라 재무회계에서 계산한 세전 회계이익, 즉 수익에서 비용을 차감한 금액 중 세법에서 인정하지 않는 항목을 파악하여 세무조정을 함으로써 과세소득을 계산하는 것을 주된 내용으로 다룬다.

회계감사(auditing)는 재무회계 정보가 외부이용자에게 공시되기 전 독립적인 외부 감사인이 그 정보의 신뢰성과 적합성을 검증하는 것이 주된 목적이다. 마지막으로 재무회계는 영리기업을 대상으로 하는 반면에, **비영리회계**(non-profit organization accounting)는 정부기관, 학교법인, 병원, 자선단체 등 비영리기관을 대상으로 이의 회계정보를 제공하는 것이 그 주된 목적이다.

연습문제

〈객관식 문제〉

01 다음 중 틀린 서술은?

① 회계기록을 통해 그 기업의 주된 활동과 그 활동의 결과를 파악할 수 있다.

② 경제실체는 그 실체의 소유주를 포함하는 포괄적 개념이다.

③ 주주총회에서 그 기업의 대표이사가 경질되었다는 사실은 회계상 경제적 사건으로 볼 수 없다.

④ 재무상태란 일정 시점에서의 자산, 부채 및 자본의 상태를 말한다.

⑤ 경영성과란 소위 이익 등식으로 표현될 수 있다.

02 [자산＝부채＋자본]에서 자본이란 개념과 부합하지 않은 서술은?

① 순자산이다.　② 소유주지분이다.

③ 자기자본을 말한다.　④ 기업이 보유하고 있는 자원을 뜻한다.

⑤ 주식회사의 경우 주주지분이다.

03 수익, 비용, 이익의 개념에 관하여 틀린 서술은?

① 수익, 비용, 이익은 경영성과를 나타낸다.

② 수익은 경영활동으로 벌어들인 자원의 금액이다.

③ 비용은 경영활동과 관련하여 소비한 자원의 금액이다.

④ 이익이 음(－)의 수치를 갖는 경우는 손실이라 칭한다.

⑤ 이익은 기초 대비 기말 현금의 증가, 즉 현금흐름을 의미한다.

04 다음 중 틀린 서술은?

① 일정 시점의 기업의 재무상태는 〔자산＝부채＋자본〕으로 요약된다.

② 인식이란 특정 거래가 재무제표 요소의 세부항목에 미치는 영향을 파악하여 이를 기록하는 행위이다.

③ 측정이란 인식된 계정에 금액을 부과하는 행위이다.

④ 거래를 인식·측정하면 항상 〔차변=대변〕이다.
⑤ 모든 경제적 사건은 재무제표에 항상 인식된다.

05 다음 중 틀린 서술은?
① 재무상태는 일정 기간 동안 기업 경영활동의 결과로 얻은 성과를 의미한다.
② 자산은 기업이 영업활동을 수행하기 위하여 보유하고 있는 자원이다.
③ 부채는 자산을 조달하기 위하여 기업이 진 빚이다.
④ 자본은 자산에서 부채를 차감한 값으로 잔여지분이라고도 한다.
⑤ 비용은 일정 기간 동안 기업의 경영활동과 관련하여 소비된 자원의 총액이다.

06 국제회계기준이 정하는 재무제표로 볼 수 없는 것은?
① 현금흐름표 ② 포괄손익계산서
③ 재무상태표 ④ 주석
⑤ 재무상태변동표

07 회계기준 제정과 관련이 없는 기관은?
① PCAOB ② FASB
③ IASB ④ KASB
⑤ 정답 없음

08 재무제표의 기업회계기준 위반사항이 매우 중요하고 전반적일 경우 감사인이 표명할 의견은?
① 적정의견 ② 부적정의견
③ 의견거절 ④ 한정의견
⑤ 무한정의견

09 재무정보는 기업 외부의 이해관계자들이 활용하게 되는데, 이와 관련하여 다음 중 옳지 않은 것은?
① 주주는 경영자가 수탁책임을 다하였는지를 평가하는 데 기업의 재무정보를 활용한다.
② 증권분석가는 기업에 대한 투자의견을 제시하기 위해 분석을 하는 데 기업의 재무정보를 활용한다.
③ 고객은 회사제품의 애프터서비스 지속능력 등을 판단하는 데 기업의 재무정보를

활용한다.

④ 채권자는 배당금이 얼마인지를 예측하는 데 기업의 재무정보를 활용한다.

⑤ 정부는 산업정책을 결정하는 데 기업의 재무정보를 활용한다.

10 다음 중 회계상의 거래에 속하지 않는 것은?

① 자동차 종합보험료 5백만원을 현금으로 지급하다.

② 원료 공급회사와 원재료를 2천만원에 구입하기로 계약을 체결하다.

③ 차입금에 대한 이자 1백만원을 현금 대신 어음으로 지급하다.

④ 은행에서 현금 1백만원을 차입하다.

⑤ 장부금액 1백만원의 장비가 침수로 소실되었다.

11 회계상 거래에 해당하는 것을 아래 〈보기〉에서 모두 고른 것은?

〈 보 기 〉

ㄱ. 화재로 인하여 1억원 상당의 공장건물이 소실되다.
ㄴ. 상품 1억원어치를 거래처에 주문할 예정이다.
ㄷ. 자금위기를 겪고 있는 거래처에 현금 1억원을 대여하다.
ㄹ. 연봉 1억원을 지급하기로 하고 경력사원을 채용하다.
ㅁ. 진열대에 쌓아 놓은 1억원 상당의 상품을 도난당하다.

① ㄱ, ㄴ
② ㄴ, ㄷ, ㅁ
③ ㄱ, ㄷ, ㄹ
④ ㄴ, ㄷ, ㄹ, ㅁ
⑤ ㄱ, ㄷ, ㅁ

〈주관식 문제〉

12 회계 정보의 활용

회계, 특히 재무회계는 특정 경제실체에서 일어난 경제적 사건을 체계적으로 인식·측정하여 요약하고 이를 보고하는 과정으로 정의된다. 회계처리의 결과 생성된 기업의 재무정보는 투자자, 채권자, 경영자 등 회계정보 이용자가 합리적인 의사결정을 할 수 있도록 유용한 정보를 제공한다. 투자자, 채권자, 경영자는 기업의 재무정보를 어떻게 활용하는지 설명하시오.

13 외부 공인회계사의 감사의견

외부 공인회계사가 피력하는 감사의견의 종류와 각 의견이 의미하는 바를 기술하시오.

14 각 회계분야의 목적(보론)

재무회계, 관리회계, 세무회계 및 회계감사 각각의 주된 목적은 무엇인가?

15 재무회계와 관리회계의 비교(보론)

회계는 정보이용자에 따라 내부정보이용자를 위한 관리회계와 외부정보이용자를 위한 재무회계로 분류된다. 다음 표의 빈칸에 적합한 내용을 〈보기〉에서 골라 그 기호를 쓰시오.

〈 보 기 〉

a. 미래적　　b. 준수해야 할 법규가 있다.
c. 재무제표　　d. 기업 부문별
e. 특수 목적의 보고서　　f. 과거적
g. 준수해야 할 법규가 없다.　　h. 기업 전체

구 분	재무회계	관리회계
목 적	기업의 외부이용자에게 유용한 정보 제공	기업의 내부이용자에게 유용한 정보 제공
보고수단	1.	2.
시간적 관점	3.	4.
범 위	5.	6.
법규의 유무	7.	8.

2장

재무제표

재무제표는 **재무상태표, 포괄손익계산서, 현금흐름표, 자본변동표, 그리고 주석**으로 구성된다. **재무상태표**(statement of financial position)는 회계기말 현재의 **재무상태**를 나타낸다. **포괄손익계산서**(statement of comprehensive income)는 한 회계기간 동안의 **포괄적인 경영성과**를 나타낸다. **현금흐름표**(statement of cash flows)는 한 회계기간 동안의 **현금의 증감내역**을 보고한다. **자본변동표**(statement of stockholders' equity)는 한 회계기간 동안 이익잉여금을 포함하여 각 **자본 항목의 변동내역**을 요약적으로 보고한다. **주석**(notes to financial statements)은 재무제표의 본문(재무상태표, 포괄손익계산서, 현금흐름표, 자본변동표)을 이해하는 데 필요한 정성적인 내용과 세부적인 수치를 보충적으로 제시한다.

일정 시점에서 기업의 재무상태는 [자산=부채+자본]이라는 재무상태표 등식으로 표현되며, 일정 기간 동안의 기업의 경영성과는 [당기순이익=수익−비용]이라는 이익 등식과 [총포괄이익=당기순이익+기타포괄이익]이라는 포괄이익 등식으로 표현된다. **자산, 부채, 그리고 자본은 재무상태표를 구성하므로 재무상태표 요소 또는 재무상태표 구성요소**라 하며, **수익과 비용은 손익계산서를 구성하므로 손익계산서 요소 또는 손익계산서 구성요소**라 한다. 수익과 비용에 **기타포괄이익**을 추가하여 **포괄손익계산서 요소**라 한다. 이들을 통칭하여 **재무제표의 요소**(elements of financial statements)라 한다.[1)]

재무제표의 요소는 재무상태표와 포괄이익계산서 항목의 대분류를 형성한다. 즉, 재무상태표 항목의 대분류는 **자산**, **부채**, **자본**이고, 포괄이익계산서 항목의 대분류는 **수익**, **비용**, **기타포괄이익**이다. 재무제표의 요소는 말 그대로 재무제표를 구성하는 기본단위이며 재무회계를 이해하는 데 있어 가장 핵심적인 개념이다. 이 장에서는 이들에 대하여 자세히 다룬다.

---

1) 자본변동표와 현금흐름표는 재무상태표 요소의 변동과 포괄손익계산서 요소를 반영하므로 기업회계기준에서는 자본변동표와 현금흐름표의 요소를 언급하지 않고 있다.

제1절 재무상태표 구성요소

1. 자 산

(1) 자산의 의미

자산(asset)은 기업이 과거에 취득하여 현재 통제(control)하고 있는 **경제적 자원**(economic resource)이다. 자산은 현금이나 건물이나 기계장치와 같은 구체적 물건일 수 있으며, 매출채권과 같이 장차 고객으로부터 받을 청구권일 수 있으며, 특허권과 같이 특정 기술을 배타적으로 사용할 수 있는 권리일 수도 있는 등 다양한 형태를 취한다.

자산은 기업의 영업활동과정에서 다른 자산과 교환되기도 하고 영업활동에 직접 사용될 수 있으므로 교환가치 또는 사용가치를 가지고 있다. 교환가치와 사용가치를 통틀어 **경제적 효익**(economic benefits)이라 일컬을 수 있는바, 자산은 미래 경제적 효익을 기대할 수 있는 경제적 자원이라 할 수 있다. 국제회계기준에서는 경제적 자원을 경제적 효익을 창출할 잠재력이 있는 **권리**(right)라고 하고 있다. 즉 자산을 권리로 간주하고 있다. 예로, 매출채권은 현금을 받을 권리인 것이며, 재고자산, 유형자산 및 무형자산은 그 자산을 사용하거나 처분할 권리인 것이다. 이에 **자산은 과거 사건의 결과로 기업이 현재 통제하고 있는 경제적 자원, 즉 경제적 효익을 창출할 잠재력이 있는 권리**로 정의된다.

현금을 제외한 모든 자산은 대개 궁극적으로 현금으로 전환되거나 비용으로 소멸된다. 현금으로 전환되는 예로, 거래처에 상품을 외상으로 팔았을 때 외상매출금이라는 자산이 기록되는데, 이는 추후 수금 시 현금으로 전환된다. 비용으로 소멸되는 예로, 기계장치는 구입 시 자산으로 기록되는데, 이는 추후 시간이 경과함에 따라 감가상각비라는 비용으로 소멸된다.

(2) 자산의 구분표시

일반적으로 재무상태표의 자산은 유동자산과 비유동자산으로 구분하여 표시한다. 현금및현금성자산과 단기투자 목적으로 보유하는 자산은 항상 **유동자산**(current assets)으로 분류한다. 이 두 자산 외에도, 재무보고기간말(회계기말 또는 재무상태표일)로부터 1년 이내 또는 정상영업주기 이내에 현금으로 전환되거나 비용으로 소멸될 자산은 유동자산으로 분류한다. 여기서 정상영업주기(normal operating cycle)란 정상적인 영업활동에서 현금을 투입(가령, 상품이나 원재료의 구입을 위해)한 시점부터 현금을 회수(가령, 상품이나 제품의 판매, 용역의 제공에 대해)한 시점까지의 기간을 말한다. 거의 대부분의 기업에서 정상영업주기는 1년 이내이지만, 숙성과정이 필요한 제조업(예: 와인제조업)의 경우처럼 정상영업주기가 1년을 초과할 수도 있다.

유동자산으로 분류하지 않은 모든 자산은 **비유동자산**(non-current assets)으로 분류한다.

재무상태표에 자산을 기재할 때, 현금으로 전환되거나 비용으로 소멸되는 속도가 빠른 순서로 즉, 빠른 것에서 느린 것의 차례로 기재하는 것이 일반적인데 이를 유동성배열법이라 한다. 유동성배열법에 따르면 〈표 2-1〉에서와 같이 유동자산이 비유동자산에 앞서 기재된다. 유동자산이나 비유동자산의 세부 항목을 기재할 때도 유동성배열법을 따르는 것이 일반적인데 이를 반드시 따라야 하는 것은 아니다. 국제회계기준은 유동성배열법을 요구하고 있지 않다.

① 유동자산

〈표 2-1〉에서 보는 바와 같이, 유동자산은 현금, 단기금융자산, 매출채권, 재고자산, 그리고 기타유동자산으로 구분된다. 유동자산 중 재고자산을 제외한 나머지 자산을 당좌자산(quick assets)이라 하는데, 이는 단기간 내에 현금화될 수 있는 자산을 뜻한다.

단기금융자산(short-term financial assets)은 단기적으로 보유하고 있는 금융자산으로서 주로 주식, 사채 등 금융상품에의 단기적 투자를 말한다.

상품을 매출할 때 신용을 바탕으로 매출대금을 나중에 받기로 하였다면 **외상매출금**(accounts receivable)이고, 매출대금을 어음으로 받았다면 **받을어음**(notes

표 2-1
자산의 구분 표시

I. 유동자산	
현 금	
단기금융자산	단기적으로 보유하고 있는 금융자산
매출채권	외상매출금, 받을어음
재고자산	상품, 제품, 재공품, 원재료 등
기타유동자산	선급비용, 미수수익 등
II. 비유동자산	
장기금융자산	장기적으로 보유하고 있는 금융자산
유형자산	토지, 건물, 기계장치 등
무형자산	산업재산권(특허권, 상표권 등), 개발비 등
기타비유동자산	장기성매출채권, 장기선급비용 등

receivable)이다. 일반적으로 외상매출금과 받을어음은 하나로 묶어 **매출채권**(trade receivables)으로 표기한다.

재고자산(inventories)은 판매나 제조를 위하여 창고 등에 보관 중인 자산을 뜻한다. 기업의 창고 등에 보관 중인 자산은 대체로 판매를 기다리고 있거나(**상품, 제품**), 판매할 제품을 제조하기 위하여 생산과정에 있거나(**재공품**), 판매할 제품의 생산과정에서 투입될(**원재료**) 자산이다. 재고자산이 현금으로 전환되기 위해서는 판매가 되어야 하며, 판매 후에도 대금회수까지 일정 기간이 소요된다. 특히 경제상황이 좋지 않을 경우 재고자산은 오랜 기간 동안 창고에 쌓여 있을 수 있다. 따라서 재고자산은 유동자산 중 현금화 속도가 늦은, 즉 유동성이 낮은 항목이라 할 수 있다.

기타유동자산 항목으로 선급비용과 미수수익을 들 수 있다. 선급비용과 미수수익은 추후 4장에서 자세히 다룰 것이므로 여기서는 간단히 소개해 본다. **선급비용**(prepaid expenses)은 장래 비용을 미리 지급한 것을 말한다. 선급임차료가 그 대표적인 예인데, 미리 지급한 즉, 선급한 임차료는 그 기간이 만료될 때까지 임차한 사무실 등을 사용할 권리를 내포한다. 그 권리를 선급임차료(선급비용)라는 자산으로 기록한다. **미수수익**(accrued revenues)은 아직 대금을 수취하지 않은 수익을 말한다. 즉, 수익은 발생(accrued)하였으나 아직 대금을 받지 않았기에 앞으로 그 대금을 받을 권리가 있다는 것을 기록한 항목이다. 미수이자가 그 대표적인 예이다. 빌려 준 돈에 대한 이자는 기간 경과와 비례하여 발생하는데 아직 받지 않은 경우 받을 권리가 있게 된다. 이때 그 권리를 미수이자(미수수익)라는 자산으로 기록한다.

② 비유동자산

〈표 2-1〉에서 보는 바와 같이, 비유동자산은 크게 장기금융자산, 유형자산, 무형자산, 그리고 기타비유동자산으로 구분된다. 우선, **장기금융자산**(long-term financial assets)은 장기적으로 보유하고 있는 금융자산으로서 주로 주식, 채권 등 금융상품에의 장기적 투자를 말한다.

유형자산(tangible assets)은 유형고정자산이라 부르기도 하는데, 기업이 영업활동에 장기간 사용하고자 보유하고 있는 물리적 실체를 가진 자산을 말한다. 이의 예로서 **토지**(land), **건물**(buildings), **기계장치**(machinery) 등을 들 수 있다.

무형자산(intangible assets)은 물리적 실체가 없지만, 기업이 보유·통제하고 있고 미래 경제적 효익을 가져다주리라 기대되는 자산이다. 이의 예로 **산업재산권**(특허권, 상표권 등), **개발비**(development costs) 등을 들 수 있다.

기타비유동자산은 장기금융자산, 유형자산 또는 무형자산으로 보고하기 어려운 비유동자산을 말하며, 그 예로 **장기성매출채권**, **장기선급비용** 등을 들 수 있다.[2)]

2. 부 채

(1) 부채의 의미

부채(liabilities)란 기업이 과거에 진 빚에 대해 현재 갚아야 할 의무이다. 부채를 갚기 위해서는 자산(즉 미래 경제적 효익)의 희생을 수반하는 것이 보통이다. 따라서 부채를 미래 경제적 효익의 희생(sacrifice of future economic benefits)을 초래하는 것이라 할 수 있다. 이에 부채는 **과거 사건에 의하여 발생한 경제적 자원(즉 자산)을 이전함으로써 이행될 현재의 의무**로 정의된다.

2) 뒤의 제9장에서 언급하겠지만, 장기성매출채권은 개념적으로는 장기금융자산에 속하나 재무상태표에 별도의 항목으로 보고하는바 본서에서는 이를 기타비유동자산으로 분류한다.

(2) 부채의 구분표시

자산과 마찬가지로 부채도 유동부채와 비유동부채로 구분하여 표시한다. 재무보고기간말로부터 1년 또는 정상영업주기 이내에 갚아야 할 부채는 **유동부채**(current liabilities)로 분류한다. 그 밖의 부채는 **비유동부채**(non-current liabilities)로 분류한다.

① 유동부채

〈표 2-2〉에서 보는 바와 같이, 유동부채의 대표적인 항목으로 단기금융부채, 매입채무, 미지급비용, 그리고 선수수익을 들 수 있다. **단기금융부채**는 보고기간말로부터 1년 이내에, 즉 단기에 변제하여야 할 금융부채로서 **단기차입금**이 그 대표적인 예이다.

상품이나 원재료 등을 신용으로 구입하였다면 **외상매입금**(accounts payable)이고, 매입대금으로 어음을 주었다면 **지급어음**(notes payable)이다. 일반적으로 외상매입금과 지급어음은 하나로 묶어 **매입채무**(trade payables)로 표기한다.

기타유동부채 항목으로 미지급비용과 선수수익을 들 수 있다. 미지급비용과 선수수익은 추후 4장에서 자세히 다룰 것인바, 여기서는 간단히 소개해 본다. **미지급비용**(accrued expenses)은 아직 대금을 지급하지 않은 비용을 말한다. 미지급이자가 그 대표적인 예인데, 빌린 돈에 대해 이자가 기간 경과와 비례하여 발생(accrued)하였으나 아직 현금으로 지급하지 않았다면 장차 지급할 의무가 있게 된다. 이 의무를 미지급이자(미지급비용)라는 부채로 기록한다. **선수수익**(deferred revenues)은 장래 수익에 대하여 미리 현금을 수취한 것을 말한다. 선수임대료가 그 대표적인 예인데, 임대료를 미리 받은 경우 그 대가로 향후 임차인에게 건물 등을 빌려주어야 할 의무가 있게 된다. 이 의무를 선수임대료(선수수익)라는 부채로 기록한다. 기업이 직원 또는 고객으로부터 원천징수한 소득세, 부가세, 의료보험료 등은 추후 제3자인 해당 기관(국세청, 의료보험공단 등)에 대신 납부해야 하는 의무가 있게 되는데, 이는 **예수금**이라는 부채로 기록한다.

② 비유동부채

〈표 2-2〉에서 보는 바와 같이, 비유동부채에는 장기금융부채, 장기충당부채, 그리고 기타비유동부채가 있다. **장기금융부채**는 재무상태표일, 즉 재무보고기간말로부터 1년 후에 갚아야 할 금융부채로서 사채와 장기차입금이 그 대표적인 예이다. **사채**(bonds payable)는 기업이 회사채를 발행하여 자본시장의 불특정다수에게 매각함으로써 자금을 조달한 장기부채이며, **장기차입금**은 기업이 은행 등 금융기관으로부터 자금을 차입한 장기부채이다. 사채와 같이 자본시장에서 자금을 직접 조달하는 방식은 **직접금융**(direct financing)이라 하는 반면, 금융기관으로부터 차입하여 자금을 조달하는 방식을 **간접금융**(indirect financing)이라 한다.

충당부채(provisions)는 과거의 사건에 기인하여 현재에 부담하고 있는 의무(채무)로서, 그 채무이행의 시기 또는 금액은 불확실하나, 지출 가능성이 높고 그 금액을 신뢰적으로 추정할 수 있는 부채를 말한다. 대부분의 충당부채는 그 지출의 시기가 불확실하지만 재무보고기간말로부터 1년 후로 추정되는 경우가 보통인데, 이러한 충당부채를 **장기충당부채**(long-term provisions)라 한다. 장기충당부채에는 제품보증충당부채 등이 있다. 장기금융부채 또는 장기충당부채로 보고하기 어려운 장기성매입채무, 장기선수수익 등은 **기타비유동부채**로 분류한다.[3)]

표 2-2 부채의 구분표시

Ⅰ. **유동부채**	
단기금융부채	단기차입금 등
매입채무	외상매입금, 지급어음
기타유동부채	미지급비용, 선수수익, 예수금 등
Ⅱ. **비유동부채**	
장기금융부채	사채, 장기차입금 등
장기충당부채	제품보증충당부채 등
기타비유동부채	장기성매입채무, 장기선수수익 등

3) 뒤의 제10장에서 언급하겠지만, 장기성매입채무는 개념적으로는 장기금융자산에 속하나 재무상태표에 별도의 항목으로 보고하는바 본서에서는 이를 기타비유동부채로 분류한다.

3. 자 본

(1) 자본의 의미

자본(capital)은 자산에서 부채(채권자지분)를 차감한 잔여지분 또는 소유주지분으로 정의된다. 자산에서 부채를 뺀 금액을 순자산이라고도 하므로, 결국 회계에서는 **자본**, **소유주지분**, **잔여지분**, 그리고 **순자산**이 동일한 개념이다.

(2) 자본의 구분표시

〈표 2-3〉에서 보는 바와 같이 자본은 크게 자본금, 자본잉여금, 이익잉여금, 그리고 기타포괄손익누계액으로 분류된다. **자본금**과 **자본잉여금**은 주주 또는 소유주의 출자 또는 증자 등으로 인한 자본의 증가액이다. 기업은 출자에 의하여 설립되고, 설립 후에도 증자를 통하여 자본을 조달한다. 주식회사의 경우 출자 또는 증자는 주식의 발행을 통하여 이루어지는데, 가령, 액면금액(par value)이 5,000원인 주식 100주를 주당 12,000원이 발행하였다면 120만원의 자본을 조달한 셈이다. 이 중 액면해당액 50만원(=₩5,000×100주)은 자본금으로 분류되고, 액면초과 해당액 70만원(=(₩12,000−₩5,000)×100주)은 주식발행초과금이라는 자본잉여금으로 분류된다.

이익잉여금(retained earnings)은 기업이 창업했을 때부터 현재까지 창출한 당기순이익의 누적분에서 주주에게 지급한 배당의 누적분을 차감한 것이다. 영어 표현인 'retained earnings'은 유보된(retained) 이익(earnings), 즉 당기순이익에서 배당을 차감한 후의 유보이익을 의미한다. **기타포괄손익누계액**(accumulated other

표 2-3
자본의 분류와 배열

구분	내용
Ⅰ. **자본금**	주주의 액면출자액
Ⅱ. **자본잉여금**	주식발행초과금(주주의 액면초과 출자액) 등
Ⅲ. **이익잉여금**	당기순이익에서 배당 차감 후의 누적액
Ⅳ. **기타포괄손익누계액**	기타포괄손익의 누적액

comprehensive income)은 당기순이익에는 포함되지 않는 기타포괄손익을 창업 후 현재까지 누적한 금액이다.

자본금과 자본잉여금은 주주 또는 소유주로부터의 출자 등에 기인하였으므로 **납입자본**(contributed capital)이라 하는 반면, 이익잉여금과 기타포괄손익누계액은 기업이 벌어들인 자본이므로 **창출자본**(earned capital)이라 한다.

제2절 손익계산서 구성요소

1. 수 익

수익(income, revenue)은 기업이 경영활동의 결과로 기중에 벌어들인 돈과 획득한 자원의 총액이다. 여기서 '벌어들인 돈과 획득한 자원의 총액'은 자산의 증가 또는 부채의 감소로 나타난다. 예컨대, 상품 100만원어치를 판매하였다고 하자. 이 경우 매출총액 100만원이 수익이다. 매출대가로 현금을 받았다면 현금이라는 자산의 증가를 가져오나, 매출 상대방에게 진 빚(차입금)을 상쇄하였다면 차입금이라는 부채의 감소를 가져온다. 이에 수익은 **기업의 경영활동과 관련하여 기중에 발생한 자산의 증가 또는 부채의 감소**로 정의될 수 있다.

〈표 2-4〉에서 보는 바와 같이, 여러 수익 항목들은 (포괄)손익계산서에 매출, 기

표 2-4 수익의 구분표시

구분	내용
Ⅰ. **매 출**	주된 영업활동의 결과로 벌어들인 수익: 상품 또는 제품의 판매액, 용역의 제공액
Ⅱ. **기타수익**	부수적인 활동에서 벌어들인 수익: 임대료, 유형자산처분이익, 무형자산처분이익 등
Ⅲ. **금융수익**	자금을 운영한 대가로 발생하는 수익: 이자수익, 배당금수익 등

타수익, 금융수익 등으로 구분 표시된다. **매출**(sales revenue)은 기업의 주된 또는 통상적인 영업활동의 결과로 벌어들인 수익이다. 여기에는 상품 또는 제품의 판매액, 용역의 제공액이 포함된다.

기타수익(other income)은 부수적인 또는 비통상적인 활동에서 벌어들인 수익이다. 기타수익의 예로 임대료, 유형자산처분이익, 무형자산처분이익 등이 있다. **금융수익**은 자금을 운영한 대가로 발생하는 수익으로서 이자수익, 배당금수익 등을 들 수 있다.

2. 비 용

비용(expenses)은 기업의 경영활동과 관련하여 기중에 지출된 돈과 소멸된 자원의 총액이다. 여기서 '지출된 돈과 소멸된 자원의 총액'은 자산의 감소 또는 부채의 증가로 나타나므로, 비용은 **영업활동과 관련하여 기중에 발생한 자산의 감소 또는 부채의 증가**로 정의될 수 있다.

(포괄)손익계산서에서 비용은 매출원가, 판매비, 관리비, 기타비용, 금융비용, 법인세비용 등으로 구분 표시될 수 있다. **매출원가**(costs of goods sold)는 판매된 상품, 판매된 제품, 또는 제공된 용역의 원가를 말한다. 기업이 주된 또는 통상적인 '영업'을 수행하자면 상품 · 제품 · 용역의 원가 즉, 매출원가뿐만 아니라, 상품 · 제품 · 용역을 판매하는데 그리고 영업활동 전반을 관리하는데 비용이 발생한다. 전자를 **판매비**(selling expenses)라 하며, 후자를 **관리비**(administrative expenses)라 한다. **기타비용**은 부수적인 또는 비통상적인 활동에서 발생한 비용이며, **금융비용**(financial expenses)은 자금을 차입한 대가로 발생한 비용이다. **법인세비용**은 법인세비용차감전순이익을 근거로 납부할 법인세액을 계산한 금액이다.

위에서 살펴 본 바와 같이, 비용을 매출원가, 판매비, 관리비, 기타비용, 금융비용, 법인세비용 등으로 구분하는 것은 비용이 발생한 활동(제조활동, 판매활동, 관리활동 등), 즉 **기능**(function)에 따라 비용을 분류한 것이다. 판매비에는 판매직원의 급여, 운송비, 광고비, 판매용 차량의 감가상각비 등이 포함된다. 여기서 급여, 운송비, 광고비, 감가상각비는 그 **성격**(nature)이 서로 다르다. 이처럼, 서로 다른 성격임

Ⅰ.	**매출원가**	매출한 상품 또는 제품의 원가, 제공한 용역의 원가
Ⅱ.	**판매비**	판매활동에서 발생한 비용: 판매직원의 급여, 운송비, 광고비, 접대비, 판매용 차량의 감가상각비 등
Ⅲ.	**관리비**	관리활동에서 발생한 비용: 관리직원의 급여, 사무실 건물의 감가상각비 등
Ⅳ.	**기타비용**	부수적인 활동에서 발생한 비용: 기부금, 유형자산처분손실 등
Ⅴ.	**금융비용**	자금을 차입한 대가로 발생한 비용: 이자비용 등
Ⅵ.	**법인세비용**	법인세비용차감전순이익에 대해 납부해야 할 법인세액

표 2-5
비용의 구분표시
(기능별로 분류한 경우)

에도 비용을 그 기능에 따라 묶어 분류하는 방법을 **비용의 기능별 분류**라 한다. 이 방법에 따르면, 가령, 똑같은 성격의 급여라도 기능별로 달리 분류될 수 있다. 예로, 판매직원에게 지급한 것이면 판매비로, 관리직원에게 지급한 것이면 관리비로 분류된다. 〈표 2-5〉는 기능별 분류에 따라 비용을 구분·표시한 것이다.

제3절 재무제표

재무정보, 즉 기업의 재무상태, 경영성과 등에 관한 정보는 기업 외부의 이해관계자에게 보고되는데, 그 보고수단을 **재무제표**(financial statements)라 한다. 재무제표는 **재무상태표**, **포괄손익계산서**, **자본변동표**, **현금흐름표** 및 **주석**으로 구성되어 있다.

1. 회계의 보고 기간

회계는 계속되는 영업활동을 인위적으로 한정된 기간으로 분할하여 그 기간 동안의 경영성과와 그 기간 말의 재무상태 등을 인식·측정·보고한다. 〈그림 2-1〉은 회계기간의 분할을 보여준다.

그림 2-1
회계기간의 분할

가령, 재무제표 작성 기준연도가 제5회계연도라면 제5회계연도를 **당기**(current period)라 한다. 제5회계연도(당기)에서 바라 본 제4회계연도를 **전기**(prior period)라 하고, 제6회계연도를 **차기**(next period)라 한다. 제5회계연도(당기)에서 볼 때 A시점은 **기초**(beginning of the period) 또는 **당기초**(beginning of the current period)가 되며 B시점은 **기말**(end of the period) 또는 **당기말**(end of the current period)이 된다. 제5회계연도에서 볼 때, A시점은 **당기초**인 동시에 **전기말**(end of the prior period)이며, B시점은 당기말인 동시에 **차기초**(beginning of the next period)다. 그리고 기초와 기말 사이를 **기중**(during of the period)이라 한다.

2. 재무상태표

(1) 재무상태표

재무상태표(statement of financial position)는 한국채택국제회계기준에 의거한 공식 용어이나, 전통적으로 **대차대조표**(balance sheet)라 불리어 왔다. 재무상태는 기말의 자산, 부채, 자본의 상태를 말하는 것이다. 재무상태표의 핵심구조는

자 산 = 부 채 + 자 본

이라는 재무상태표 등식이다. 즉, 재무상태표는 위 등식에 입각하여 자산, 부채, 자본의 세부 항목들의 기말잔액을 기록한 표이다.

잔액(balance)이란 한 시점에서 측정한 금액이다. 기업은 하나의 유기체와 같은

것으로서 기업의 자산, 부채 및 자본은 끊임없이 변한다. 가령, 오늘 아침에 A기업의 자산, 부채 및 자본의 잔액이 다음과 같다고 하자.

자 산	=	부 채	+	자 본
₩10,000	=	₩6,000	+	₩4,000

오전 중에 은행에서 3천원을 빌리고 소유주로부터 2천원을 추가 출자 받았다면 A기업의 자산, 부채 및 자본의 잔액은 다음과 같이 변할 것이다.

자 산	=	부 채	+	자 본
₩15,000	=	₩9,000	+	₩6,000

오후에 상품을 2천원에 외상으로 매입하였다면 A기업의 자산, 부채 및 자본의 잔액이 또 다음과 같이 변할 것이다.

자 산	=	부 채	+	자 본
₩17,000	=	₩11,000	+	₩6,000

이처럼, 기업의 자산, 부채 및 자본은 끊임없이 변한다. 기업의 자산, 부채 및 자본은 끊임없이 변하지만, 기중의 변동은 나타내지 않고 기말 현재의 잔액만을 나타낸 것이 재무상태표이다. 이런 의미에서, 재무상태표를 **정태적 보고서**(static statement)라 한다. 이에 반하여, 재무상태표를 제외한 여타의 재무제표(포괄손익계산서, 자본변동표, 현금흐름표)는 **동태적 보고서**(dynamic statement)라 한다. 왜냐하면 이들은 기중의 변동을 나타내기 때문이다.

재무상태표의 양식에는 계정식과 보고식이 있는데, **계정식**은 재무상태표 등식에 따라 자산은 차변에, 부채와 자본은 대변에 기록하는 양식이며, **보고식**은 자산, 부채, 자본을 순서대로 위에서 아래로 기록하는 양식이다. 최근 재무상태표를 보고식으로 작성·보고하는 것이 추세이나 계정식은 이해가 쉬워 학습하기 편리하다. 다음의 표는 계정식 재무상태표의 틀을 간단히 보여주고 있다.

재무상태표의 왼쪽(차변)에는 기업이 기말에 가지고 있는 모든 자원, 즉 **자산**을 나열한다. 재무상태표의 오른쪽(대변)에는 **부채**와 **자본**을 나열한다. 부채와 자본은

(주)다산의 재무상태표(계정식)

제5회계연도 12월 31일 현재

<table>
<tr><td rowspan="2">자 산</td><td>부 채</td></tr>
<tr><td>자 본</td></tr>
</table>

자산의 조달원천으로 볼 수 있다. 다시 말하면, 부채는 채권자로부터의 자산조달이며 자본은 주주 또는 소유주로부터의 자산조달로 볼 수 있다.

(2) 재무상태표의 구분표시

재무상태표를 구성하는 기본 요소들은 자산, 부채, 자본이다. 재무상태표에서는 각 기본 요소들을 좀 더 구분하여 표시한다. 즉 **자산**은 유동자산과 비유동자산으로, **부채**는 유동부채와 비유동부채, 그리고 **자본**은 자본금, 자본잉여금, 이익잉여금, 기타포괄손익누계액 등으로 구분하여 보고한다. 이를 제시하면 다음 표와 같다.

좀 느슨한 표현이기는 하지만, 뒤에 설명할 포괄손익계산서, 자본변동표, 현금흐름표는 재무상태표 항목들(자산, 자본, 현금 등)의 변동과 그 변동원인을 밝힌 보고서라고 할 수 있다. 이런 연유로 재무제표는 재무상태표를 중심으로 상호 연계(interrelated)되어 있다.

재무상태표는 기업의 안전성, 유동성, 채무상환능력 등을 평가하는 데 유용한 정보를 담고 있다.

(주)다산의 재무상태표(계정식)

제5회계연도 12월 31일 현재

<table>
<tr><td rowspan="6">자 산</td><td rowspan="2">유동자산</td><td rowspan="2">부 채</td><td>유동부채</td></tr>
<tr><td>비유동부채</td></tr>
<tr><td rowspan="4">비유동자산</td><td rowspan="4">자 본</td><td>자본금</td></tr>
<tr><td>자본잉여금</td></tr>
<tr><td>이익잉여금</td></tr>
<tr><td>기타포괄손익누계액</td></tr>
</table>

3. 포괄손익계산서

(1) 손익계산서와 포괄손익계산서

포괄손익계산서(statement of comprehensive income)는 한 보고기간 동안의 기업의 경영성과를 '포괄적'으로 나타내는 **총포괄이익**을 계산한 보고서이다. 포괄손익계산서를 이해하기 위하여 먼저 손익계산서에 대하여 알아본다.

손익계산서(income statement)는 한 보고기간 동안 기업의 경영성과에 관한 근원적인 지표인 **당기순이익**(net income)을 계산한 보고서로서, 손익계산서의 핵심구조는

수 익 − 비 용 = 당기순이익 (A)

이라는 이익 등식이다. 즉, 손익계산서는 기중에 발생한 수익, 비용 항목들을 이익 등식에 따라 가감하여 당기순이익을 계산한 보고서이다.

당기순이익은 당기에 벌어들인 이익이다. 당기순이익은 능동적인 경영활동의 결과로 생긴 이익이라 할 수 있다. 그러나 기업에는 때로 능동적인 경영활동의 결과로 볼 수 없는 일종의 수동적인 이익이 발생하는데, 그러한 이익을 **기타포괄이익**(other comprehensive income)이라 한다.[1] 기타포괄이익은 당기순이익 계산에 포함시키지 않으며, 따라서 손익계산서에 보고되지 않는다. 그렇지만 기타포괄이익도 이익으로

---

1) 기타포괄이익의 예로 보유한 부동산의 가격 상승으로 인한 자산재평가이익 등을 들 수 있다.

서 총제적인 경영성과의 일환으로 볼 수 있으므로 '이익계산서'에 포함시키는 것이 바람직하다. 이에 **국제회계기준(IFRS)은 당기순이익에 추가로 기타포괄이익을 포함시킨 포괄손익계산서의 작성을 요구하고 있다.**

포괄손익계산서의 핵심구조는 다음과 같다.

당기순이익 + 기타포괄이익 = 총포괄이익[2] (B)

포괄손익계산서를 보고하는 방법에는 두 가지가 있다. 그 하나는 식 (A)에 의거 손익계산서를 작성한 후, 식 (B)에 의거 총포괄이익(comprehensive income)을 산정하는 약식의 포괄손익계산서를 보고하는 방법이다. 다른 하나는 식 (A)와 식 (B)를 하나의 보고서(포괄손익계산서)로 통합하여 작성하는 방법이다. 이 방법에 따른 포괄손익계산서의 구조는 다음과 같다.

[수익 − 비용 = 당기순이익] + 기타포괄이익 = 총포괄이익

재무상태표의 금액은 기말잔액인 반면, (포괄)손익계산서의 금액은 기중의 발생액이라는 점에 주목할 필요가 있다. 발생액은 변동을 아우르는 개념이다. 이런 차원에서 (포괄)손익계산서는 동태적 보고서이다.

손익계산서는 주로 보고식 양식으로 작성되나, 이를 계정식 양식으로 단순화하여 나타내면 아래 그림과 같다.

(주)다산의 손익계산서(계정식)

제5회계연도 1월 1일부터 12월 31일까지

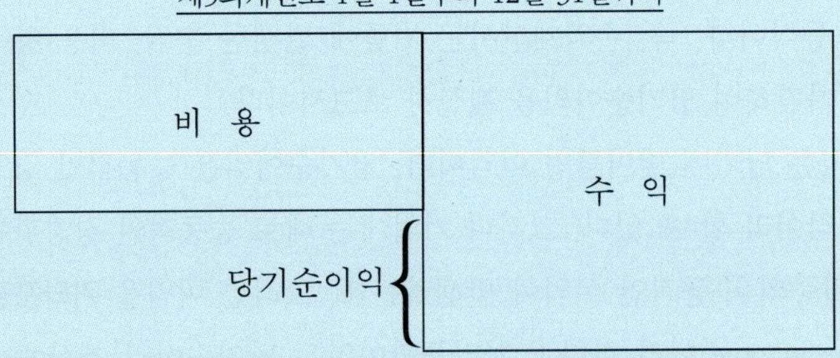

2) 당기순이익, 기타포괄이익, 총포괄이익은 음(−)의 금액일 경우 각각 당기순손실, 기타포괄손실, 총포괄손실이라 한다.

이 그림에서 보는 바와 같이, 수익은 오른쪽(대변)에, 비용은 왼쪽(차변)에 기록한다. 수익은 궁극적으로 자본의 증가를 가져온다. 따라서 재무상태표 자본과 동일하게 오른쪽(대변)에 기록한다. 반면, 비용은 궁극적으로 자본의 감소를 가져오므로 그 반대편, 즉 왼쪽(차변)에 기록한다.

재무상태표와 달리, 손익계산서는 왼쪽과 오른쪽의 균형이 맞지 않는다. 일반적으로 수익(오른쪽)이 비용(왼쪽)보다 큰데, 그 차액이 **당기순이익**이다. 당기순이익으로 인해 그만큼 당기에 자본이 창출된다. 즉 당기순이익은 기말 재무상태표의 자본(이익잉여금)을 증가시킨다. 포괄손익계산서의 기타포괄이익 역시 자본(기타포괄이익누계액)을 증가시킨다.

포괄손익계산서는 기업의 수익성, 이익의 지속성 등을 평가하는 데 유용한 정보를 담고 있다.

(2) 포괄손익계산서의 구분표시

〈표 2-6〉에서 보는 바와 같이, 포괄손익계산서는 매출총이익, 영업이익, 법인세비용차감전순이익, 당기순이익, 총포괄이익으로 구분·표시되어 있다. 이익이 음(−)일 경우 손실인데, 이익과 손실을 합쳐 '손익'이라 한다. 따라서 매출총이익, 영업이익, 법인세비용차감전순이익, 당기순이익, 총포괄이익은 각각 매출총손익, 영업손익, 법인세비용차감전순손익, 당기순손익, 총포괄손익이라 하는 것이 더 정확한 표현이겠으나 여기서는 편의상 '이익'이라는 용어를 사용한다.

매출총이익(gross margin 또는 gross profit)은 매출에 매출원가를 차감하여 계산한다. 즉,

매출총이익 = 매출 − 매출원가

매출총이익을 실무에서 그냥 마진(margin)이라고도 한다. 매출총이익률(=매출총이익/매출) 또는 마진율이 높다는 것은 일반적으로 그 기업이 판매하는 상품·제품이나 제공하는 용역이 독점적 위치에 있거나 기술력 등이 우수하다는 것을 시사한다.

매출총이익에 못지않게 중요한 이익은 다음과 같이 계산되는 **영업이익**(operating income)이다.

매출총이익 − 판매비 − 관리비 = 영업이익

즉, 영업이익은 영업수익(매출)에서 영업비용(매출원가, 판매비, 관리비)을 차감한 금액이다. 영업이익은 기업의 기본적인 이익창출능력을 파악하는데 중요한 정보라 할 수 있다.

법인세비용차감전순이익(income before income taxes)은 영업이익에서 기타수익을 더하고 기타비용을 차감한 다음, 금융수익과 금융비용을 가감하여 계산한다. 즉,

법인세비용차감전순이익 = 영업이익 + 기타수익 − 기타비용
+ 금융수익 − 금융비용

당기순이익(net income 또는 net earnings)은 법인세비용차감전순이익에 법인세비용을 차감하여 계산한다. 즉,

당기순이익 = 법인세비용차감전순이익 − 법인세비용

표 2-6 포괄손익계산서의 구분표시

매　출
− 매출원가
Ⅰ. 매출총이익
− 판 매 비
− 관 리 비
Ⅱ. 영업이익
+ 기타수익
− 기타비용
+ 금융수익
− 금융비용
Ⅲ. 법인세비용차감전순이익
− 법인세비용
Ⅳ. 당기순이익
+ 기타포괄이익
Ⅴ. 총포괄이익

여기서 **법인세비용**은 법인세비용차감전순이익에 법인세율(tax rate)을 곱하여 계산한 금액이다. 당기순이익은 당기에 벌어들인 순이익으로서 기업의 경영성과를 나타내는 대표적 수치이다. 기업이 순이익을 창출하지 못하면 존립기반이 무너지는 만큼 당기순이익은 이익 지표 중 재무정보이용자들이 가장 관심을 기울이는 수치이기도 하다. 당기순이익은 기말에 재무상태표의 자본항목인 이익잉여금으로 누적되면서 그만큼 자본을 증가시킨다.

당기순이익에 기타포괄이익을 더한 금액을 **총포괄이익**(total comprehensive income)이라 한다. 즉,

당기순이익 + 기타포괄이익 = 총포괄이익

여기서 **기타포괄이익**(other comprehensive income)은 당기순이익에 포함되지 않는 '이익'이다. 기타포괄이익의 예로 토지, 건물 등의 자산재평가이익을 들 수 있다. 기타포괄이익 역시 당기의 자본을 증가시킨다. 기타포괄이익은 기말에 재무상태표의 자본항목인 기타포괄손익누계액으로 누적된다.

4. 자본변동표

자본은 기업의 재무상태를 평가하는데 있어 중요한 항목이다. 재무상태표에는 자본의 기말잔액이 보고된다. 그런데, 가령, 전기 재무상태표에서 자본이 100억원이었는데, 당기 재무상태표에서 자본이 140억원이라면, 외부정보이용자(예: 투자자, 채권자)들은 왜 이 같은 자본의 변동이 생겼는지 궁금해 할 것이다. **자본변동표**(statement of changes in equity)는 이러한 외부정보이용자들의 정보욕구를 충족시켜 주기위하여 자본에 대한 기중의 변동을 보여준다.

자본은 크게 납입자본과 창출자본으로 구분할 수 있다. 납입자본(paid-in capital)은 소유주로부터 출자 받은 자본을 말한다. 납입자본의 예로 자본금과 자본잉여금 등이 있다. 창출자본(earned capital)은 기업이 창출한, 즉 벌어들인 자본이다. 창출자본의 예로 이익잉여금과 기타포괄손익누계액이 있다. 자본변동표는 자본의 각 항

목들, 즉 자본금, 자본잉여금, 이익잉여금, 기타포괄손익누계액 등에 대한 기중의 변동내역을 밝힌 표이다.

5. 현금흐름표

자본변동표가 자본의 기중 변동내역을 보여주듯이 현금흐름표는 현금의 기중 변동내역을 보여주는 재무제표이다. 현금은 그 자체로서 중요한 항목이다. 그런데, 가령, 재무상태표상 전기말(당기초) 현금이 20억원이었는데, 당기말 현금이 3억원이라면, 투자자나 채권자들은 왜 이 같은 변동이 생겼는지 궁금해 할 것이다. **현금흐름표**(statement of cash flows)는 이러한 정보이용자들의 정보욕구를 충족시켜 주기 위하여 기중의 현금흐름(cash flow), 즉 현금의 증감내역을 보여준다.

현금흐름표는 기업의 주요활동을 영업활동, 투자활동 및 재무활동으로 구분한 후 각 활동별로 현금유입(cash inflow)과 현금유출(cash outflow)을 보여준다. **영업활동**(operating activity)은 기업의 이익창출활동으로서 상품 또는 원재료의 구입, 재품의 생산, 상품 또는 제품의 판매, 용역의 제공 등의 활동이다. 영업을 하기 위해서는 토지, 건물, 기계장치 등의 자산이 필요한데, 이러한 자산을 취득하거나 처분하는 것을 **투자활동**(investing activity)이라 한다. 영업이나 투자를 하기 위해서는 돈이 필요하다. **재무활동**(financing activity)은 돈을 빌리거나 갚는 행위 및 소유주로부터 출자를 받거나 출자금의 일부를 반환하는 활동을 지칭한다.

현금흐름표의 핵심구조는 다음과 같다.

영업활동현금흐름 ± 투자활동현금흐름 ± 재무활동현금흐름
= 순현금흐름(증감액)
기초현금 + 순현금흐름(증감액) = 기말현금

현금흐름표는 기업의 현금창출능력, 대금상환 가능성 등을 평가하는 데 유용한 정보를 담고 있다.

6. 주 석

재무제표의 **주석**(notes)은 중요한 회계정책 및 방법 등 재무제표를 이해하는데 필요한 정성적인 내용을 기술하며, 또한 각 제무제표에 표시한 주요 항목에 대해 세부적인 내역을 제공한다. 재무제표의 **본문**(body)인 재무상태표, 포괄손익계산서 등은 재무항목에 대해 요약적인 금액 정보만을 제공하므로 정보이용자가 이를 제대로 이해하는데 어려움이 따를 수 있다. 예로, 재무상태표에는 "재고자산 5천만원"이라는 식으로 기업이 소유한 재고자산 전체 금액만을 간단히 제시한다. 재고자산에 대한 평가방법 등 추가적인 설명과 세부 내역은 주석이라는 '별지'의 형식을 통해 제공된다. 이처럼 **재무제표를 이해하는 데 필요한 추가적인 정보나 세부적인 내역을 별지에 기재한 것**을 주석이라 한다. 주석은 각 재무제표에 담긴 내용을 이해하는 데 없어서는 안 될 부분이다. 즉 **주석은 재무제표의 중요한 일부분이다.**

재무제표 주석 정보의 의미

재무상태표 · 손익계산서 · 자본변동표 · 현금흐름표 등 기본재무제표는 기업을 분석하는 데 매우 중요한 기본 정보다. 하지만 이 정보들만으로 기업을 분석할 수는 없다. 기업을 분석하는 데는 추가 정보인 주석이 필요하다. 주석은 회사가 보증을 서거나 담보로 잡힌 자산이 있는지 또는 연결재무제표에는 어느 연결대상 회사들이 포함돼 있는지 등 숫자로 표시될 수 없거나 회계기준에 따라 기본재무제표에 기재할 수 없는 정보를 제공한다.

특히 국제회계기준이 도입되면서 기본재무제표의 모습은 매우 단순해졌다. 상세정보는 주석으로 기재하기 때문에 국제회계기준에 따른 주석은 그 쪽수가 70% 정도나 증가했다.

재무제표 주석은 크게는 세 가지로 구분할 수 있다.

첫째 재무제표를 작성하는 데 있어 회사가 선택한 구체적인 회계기준과 회계정책에 대한 정보다. 이는 특정 회사의 회계정보를 이해하는 데 중요한 기준이 된다. 우선 주석에서 회사의 재무제표 작성기준이 한국채택국제회계기준(K-IFRS)인지 또는 일반 기업회계기준인지를 먼저 확인해야 한다. 다음에는 회사가 그 회계기준에 따라 가능한 회계정책 중 선택한 중요한 회계정책, 예를 들어 유형자산을 취득 이후에 원가모형으로 평가하는지 재평가모형으로 평가하는지에 대한 회사의 선택을 확인해야 한다. 또 회계정책이 변경될 경우 변경사유와 영향을 주석으로 공시하기 때문에 회사의 재무정보 변경에 대한 의미 있는 해석도 가능하다.

둘째 재무제표 각 항목에 대한 보충 정보다. 재무상태표에는 회사의 유형자산이 연초에 100이고 연말에 80이라는 정보만 제공하고 변동이 중요한 경우 주석에 100에서 80으로 감소한 내역을 상세하게 공시한다. 그 감소한 내역에 대해 어떤 회사는 일부 유형자산을 처분해서, 어떤 회사는 감가상각만을 통해서, 또 어떤 회사는 유형자산의 가치가 급락한 것을 손상차손을 인식하는 방법으로 감소한 것으로 설명한다. 따라서 회사의 자산·부채·자본·수익·비용이 어떤 사유로 증감하거나 발생했는지에 대해서는 주석을 통해서 확인할 수 있다.

마지막으로 숫자로 표시할 수 없어 기본재무제표에 표시되지 않지만 회사의 재무현황을 이해하는 데 필요한 중요 정보들이다. 이러한 예로는 소송현황·약정사항, 담보와 지급보증 내역, 특수관계자와의 거래 등이 있다.

회사가 중요한 소송을 진행 중이라면 이러한 정보는 투자자나 경영진 모두에게 중요하다. 진행하는 소송사건의 예측결과, 그리고 결과를 합리적으로 예측하기 어려운 경우에는 그러한 사실, 즉 우발부채가 존재한다는 내용을 주석에 공시한다. 예를 들면 지급보증은 기업의 재무안정성을 평가하기 위해서는 반드시 고려해야 하는 주석이다. 회사가 은행 차입을 위해 회사의 예금·토지·건물 등의 자산을 담보로 제공하거나 제3자로부터 보증을 제공받는 경우도 있으나 이는 기본재무제표에 표시되지 않는다. 이러한 담보로 제공된 자산의 현황과 지급보증 내역은 주석을 통해 얻을 수 있는 중요한 재무정보다.

또한 회사의 매출·매입 거래 등 주요 거래 중에서 지배·종속기업 등 회사 특수관계자와의 거래 규모가 어느 정도가 되는지, 서로 간 자금거래 및 지급보증 관계는 어떻게 되는지 등의 내용을 주석에 공시해 회사 특수관계자에의 의존 정도를 파악할 수 있는 정보를 제공하고 있다.

(서울경제, 2014. 12. 12. 신병일(삼정KPMG 부대표))

연습문제

〈객관식 문제〉

01 다음 중 자산의 개념과 맞지 않는 서술은?

① 기업이 가지고 있는 자원이다.

② 기업에 미래 경제적 효익을 가져다준다.

③ 당기에 소멸되지 않은 원가다.

④ 타인자본과 자기자본의 합이다.

⑤ 자본의 원천이다.

02 다음 중 자산항목에 속하지 않는 것은?

① 선급비용 ② 현 금

③ 건 물 ④ 선수수익

⑤ 미수수익

03 다음 중 부채항목에 속하지 않는 것은?

① 차입금 ② 미수수익

③ 매입채무 ④ 미지급비용

⑤ 선수수익

04 다음 중 자본항목에 속하지 않는 것은?

① 이익잉여금 ② 운전자본

③ 자본금 ④ 주식발행초과금

⑤ 기타포괄손익누계액

05 다음 중 유동자산에 속하지 않는 것은?

① 현 금 ② 선급보험료

③ 상 품 ④ 미수이자

⑤ 선수수익

06 다음 중 비유동자산에 속하지 않는 것은?

① 장기금융자산 ② 구축물
③ 개발비 ④ 특허권
⑤ 재고자산

07 다음 중 유동부채에 속하지 않는 것은?

① 지급어음 ② 사 채
③ 미지급법인세 ④ 선수임대료
⑤ 단기차입금

08 자본계정에 관한 다음 서술 중 틀린 것은?

① 자본금은 납입자본에 속한다.
② 자본잉여금과 이익잉여금을 창출자본이라 한다.
③ 이익잉여금은 기업이 창업했을 때부터 현재까지 창출한 당기순이익 누적분에서 배당의 누적분을 차감한 금액이다.
④ 주주의 출자액을 납입자본이라 한다.
⑤ 기타포괄손익누계액은 자본에 속한다.

09 다음 중 수익이 아닌 것은?

① 매 출 ② 미수수익
③ 이자수익 ④ 임대료수익
⑤ 배당금수익

10 다음 중 관리비에 속하는 것은?

① 매출운임 ② 관리사원의 급여
③ 광고비 ④ 판매용 차량의 감가상각비
⑤ 영업사원의 급여

11 다음 중 기타수익에 속하지 않은 것은?

① 임대료 ② 무형자산처분이익
③ 단기매매금융자산처분이익 ④ 유형자산처분이익
⑤ 이자수익

12 다음 중 기타비용에 속하지 않은 것은?

① 단기매매금융자산처분손실 ② 유형자산처분손실
③ 무형자산처분손실 ④ 대손상각비
⑤ 기부금

13 재무제표와 관련한 다음 서술 중 틀린 것은?

① 주석은 재무제표의 일부분이다.
② 재무상태표는 시점 개념이나 손익계산서는 기간 개념이다.
③ 현금흐름표는 한 기간 동안 현금의 증감내역을 보여준다.
④ 자본변동표는 자본의 각 항목들에 대해 기중의 변동내역을 나타낸다.
⑤ 포괄손익계산서의 최종 금액은 당기순이익이다.

14 손익계산서와 관련한 다음 서술 중 틀린 것은?

① 일정 기간 동안 기업의 경영성과를 보여주는 보고서이다.
② 당기순이익은 수익에서 비용을 차감한 금액이다.
③ 손익계산서의 금액은 기중의 발생액이다.
④ 수익이 비용보다 적을 때 당기순이익이 발생한다.
⑤ 손익계산서는 기업의 수익성, 이익의 지속성 등을 평가하는 데 유용한 정보를 제공한다.

15 다음 중 비용의 기능별 분류가 아닌 것은?

① 관리비 ② 매출원가
③ 기타비용 ④ 판매비
⑤ 이자비용

16 다음 중 비용의 성격별 분류가 아닌 것은?

① 원재료비 ② 급 여
③ 감가상각비 ④ 광고비
⑤ 판매관리비

17 다음 중 손익계산서에 보고되는 항목은?

① 이익잉여금 ② 선수수익
③ 매출원가 ④ 미지급비용
⑤ 매입채무

18 기타포괄이익에 관한 다음 서술 중 틀린 것은?

① 손익계산서를 거치지 않고 자본을 증가시키는 항목으로 볼 수 있다.
② 포괄손익계산서의 구성항목이다.
③ 당기순이익의 계산에 포함되지 않는다.
④ 총포괄이익에서 당기순이익을 뺀 금액이다.
⑤ 손익계산서에서 기타이익으로 보고되는 항목이다.

19 아래 주어진 자료를 이용하여 유동자산의 합계금액을 계산하면 얼마인가?

현 금	150,000원	상 품	180,000원
매입채무	420,000원	장기금융자산	305,000원
선급비용	230,000원	매출채권	520,000원
기계장치	340,000원	산업재산권	100,000원

① 980,000원
② 1,080,000원
③ 1,500,000원
④ 1,825,000원
⑤ 2,245,000원

20 포괄손익계산서의 구분표시 과정이다. (A)와 (B)에 들어갈 항목에 포함되는 계정과목을 틀리게 표시한 것은?

1단계: 매출액－매출원가＝매출총이익
2단계: 매출총이익－(A)＝영업이익
3단계: 영업이익＋기타수익－(B)＋금융수익－금융비용＝법인세비용차감전순이익
4단계: 법인세비용차감전순이익－법인세비용＝당기순이익
5단계: 당기순이익＋기타포괄이익＝총포괄이익

① A: 판매직원의 급여 B: 기부금
② A: 광고비 B: 유형자산처분손실
③ A: 관리직원의 급여 B: 무형자산처분손실
④ A: 이자비용 B: 차량 감가상각비
⑤ A: 운송비 B: 기부금

(자료) 다음은 21번~24번 문제에 대한 천마물산의 제6회계연도말 계정잔액이다. 천마물산은 유통업을 영위한다.

〈 보 기 〉

유형자산처분이익 600, 급여 15,000, 매출 100,000, 미지급비용 2,200, 감가상각비 1,800, 광고비 8,500, 매출원가 65,000, 대손상각비 500, 이자비용 1,400, 미수수익 1,800, 접대비 2,400, 법인세비용 1,000, 총포괄이익 3,000

21 매출총이익은 얼마인가?

① 35,000원　② 30,000원
③ 45,000원　④ 12,700원
⑤ 15,000원

22 영업이익은 얼마인가?

① 5,400원　② 6,800원
③ 8,600원　④ 9,100원
⑤ 정답 없음

23 당기순이익은 얼마인가?

① 4,000원　② 5,000원
③ 6,000원　④ 8,400원
⑤ 정답 없음

24 기타포괄이익은 얼마인가?

① −1,000원　② −2,000원
③ 2,000원　④ 1,000원
⑤ 정답 없음

(자료) 다음은 25번~28번 문제에 대한 ㈜학성의 제7회계연도 시산표이다. 손익계정을 제외한 모든 계정은 모두 적절하게 수정되었다고 가정한다.

시산표 (주)학성 제7회계연도 12월 31일			
현 금	75,000	매입채무	138,000
매출채권	150,000	미지급이자	6,000
재고자산	123,000	미지급급여	4,000
선급보험료	8,000	미지급법인세	25,000
토 지	830,000	장기차입금	250,000
매출원가	450,000	자본금	300,000
급여비용	60,000	자본잉여금	150,000
이자비용	18,000	이익잉여금, 1월 1일	122,000
임차료비용	33,000	매출수익	800,000
법인세비용	27,000		
배당금	21,000		
차변합계	1,795,000	**대변합계**	1,795,000

25 유동자산은 얼마인가?

① 233,000원 ② 281,000원
③ 348,000원 ④ 356,000원
⑤ 1,178,000원

26 유동부채는 얼마인가?

① 35,000원 ② 138,000원
③ 173,000원 ④ 285,000원
⑤ 423,000원

27 매출총이익은 얼마인가?

① 191,000원 ② 212,000원
③ 350,000원 ④ 662,000원
⑤ 707,000원

28 이익잉여금 기말잔액은 얼마인가?

① 122,000원　　② 272,000원
③ 313,000원　　④ 334,000원
⑤ 922,000원

〈주관식 문제〉

29 재무제표

국제회계기준에서 규정하고 있는 재무제표에는 재무상태표, 포괄손익계산서, 자본변동표, 그리고 현금흐름표가 있다. 이들 재무제표는 일정 시점의 상태를 나타내느냐, 아니면 일정 기간 동안의 변동내용을 나타내느냐에 따라서 각각 정태적 보고서와 동태적 보고서로 나뉜다. 각 재무제표를 정태적 보고서와 동태적 보고서로 분류하시오.

30 현금흐름표의 주요 활동 구분

현금흐름표는 기업의 주요 활동을 영업활동, 투자활동 및 재무활동으로 구분한다. 각 활동을 정의하시오.

31 손익계산서와 현금흐름표의 비교

장부상으로는 이익, 즉 흑자를 보이고 있으나, 현금의 부족으로 부채를 상환하지 못해 부도, 즉 도산하는 경우를 "흑자도산"이라고 한다. 어떠한 경우에 "흑자도산"이 발생하는지를 약술하시오.

32 재무상태표의 요소

다음 보기의 계정항목들이 유동자산, 장기금융자산, 유형자산, 무형자산, 유동부채, 비유동부채, 그리고 자본의 범주 중 어디에 속하는지 분류하시오.

〈 보 기 〉

매입채무, 미수수익, 이익잉여금, 미지급금, 선급비용, 단기대여금, 장기금융상품, 사채, 건물, 기계장치, 자본금, 특허권, 매출채권, 선수수익, 장기차입금, 재고자산, 장기대여금, 기타포괄이익누계액

33 포괄손익계산서의 요소

다음의 계정항목들이 매출, 기타수익, 금융수익, 판매비, 관리비, 기타비용, 그리고 금융비용의 범주 중 어디에 속하는지 분류하시오.

〈 보 기 〉

용역의 제공액, 이자수익, 급여, 배당금수익, 광고비, 임대료, 임차료, 기부금, 이자비용, 유형자산처분손실, 대손상각비, 감가상각비

34 재무상태표와 포괄손익계산서의 요소

(주)다산의 제6회계연도 재무제표 요소의 금액은 다음과 같다. 금액은 재무상태표 요소일 경우 제6회계연도말의 잔액이며, 포괄손익계산서 요소일 경우 제6회계연도 동안의 발생액이다.

매 출	₩35,000	이자비용	700
장기차입금	1,700	임대료	600
재고자산	8,000	현 금	500
매출원가	23,000	관리비	2,500
판매비	4,000	기타포괄이익누계액	2,500
자본금	2,000	미지급급여	1,500
기타 유동자산	6,000	기타 유동부채	5,000
법인세비용	2,200	유형자산	12,000
장기금융자산	3,000	사 채	8,000
이익잉여금	8,000	매출채권	1,200
매입채무	2,000	자산재평가이익	500
유형자산처분이익	900		

위의 자료에 근거하여 (주)다산의 제6회계연도의 포괄손익계산서와 제6회계연도말의 재무상태표를 작성한다고 가정하자. 이 두 재무제표에 보고될 다음 항목의 금액을 계산하시오.

1. 매출총이익 ________________
2. 영업이익 ________________
3. 법인세비용차감전순이익 ______
4. 당기순이익 ________________
5. 총포괄이익 ________________
6. 유동자산 ________________
7. 비유동자산 ________________
8. 유동부채 ________________
9. 비유동부채 ________________
10. 자 본 ________________

3장

복식부기시스템과 회계원칙

회계는 경제적 사건을 재무제표의 요소로 인식하고 측정함에 있어 체계적인 틀(framework)과 원칙(principle)을 갖추고 있다. 그 틀은 복식부기시스템이며, 그 원칙은 일반적으로 인정된 회계원칙(GAAP)이다. 비유해서 표현하자면, 복식부기시스템은 인식·측정한 결과를 담는 그릇이라 할 수 있으며, 회계원칙은 인식·측정할 때 적용되는 기준 또는 규칙이라 할 수 있다.

이 장에서는 복식부기시스템의 메커니즘을 좀 더 자세히 알아보고, 기본적인 회계원칙인 역사적 원가의 원칙, 수익인식의 원칙, 그리고 수익·비용대응의 원칙에 대하여 알아본다.

제1절 복식부기시스템의 세부적 고찰

제1장에서 설명한 바와 같이, **복식부기시스템**은 다음 두 개의 등식으로 요약된다.

자 산 = 부 채 + 자 본 (1)
차 변 = 대 변 (2)

식 (1)을 **회계등식**(또는 재무상태표 등식)이라 하며, 식 (2)는 차변의 합과 대변의 합이 항상 같다는 것을 나타낸다. **차변**(debit: Dr.)과 **대변**(credit: Cr.)은 그 자체로서 별 의미가 없다. 다만, 차변은 왼쪽, 대변은 오른쪽이라는 회계상의 규약일 뿐이다.

식 (1)과 식 (2)가 함께 의미하는 바는, 기업의 모든 경제적 사건(거래)은 항상 차변(왼쪽)과 대변(오른쪽)으로 구분·기록되며, 이와 같은 기록은 항상 '차변=대변'이라는 등식과 '자산=부채+자본'이라는 등식을 유지한다는 것이다.

1. 회계등식의 확장

식 (1)에 나타난 회계등식에는 왜 재무상태표의 요소(자산, 부채, 자본)만 포함되고 손익계산서의 요소(수익, 비용)는 포함되지 않는지 궁금해 하는 독자가 있을 것이다.[3] 여기서는 이 궁금증을 체계적으로 풀어본다.

제2장에서 살펴본 바와 같이, **자본**은 크게 자본금, 자본잉여금 및 이익잉여금의 합이다. 즉,

자 본 = 자본금 + 자본잉여금 + 이익잉여금 (3)

재무상태표의 금액은 기말잔액이므로 식 (3)에 있는 이익잉여금은 기말이익잉여금이다. 기말이익잉여금은 기초이익잉여금에 당기순이익을 더하고 배당을 뺀 금액이다. 즉,

기말이익잉여금 = 기초이익잉여금 + 당기순이익 − 배 당 (A)

위 식은 **재무상태표**와 **손익계산서**의 **연계성**(interrelation)을 보여준다. 즉, 손익계산서의 당기순이익은 재무상태표의 기말이익잉여금으로 누적되는 것이다.

그런데, 당기순이익은 이익 등식에 의해

당기순이익 = 수 익 − 비 용 (B)

이다. 논의의 단순화를 위하여 (A)에서 배당이 없다고 가정하고 (A)와 (B)를 이용하여 식 (3)을 다시 쓰면 다음과 같다.

자 본 = 자본금 + 자본잉여금 + 기초이익잉여금 + 수 익 − 비 용 (4)

위 식 (4)를 식 (1)에 대입하면 식 (5)의 회계등식이 도출된다.

자 산 = 부 채 + 자 본 (1)

---

3) 만일 포괄손익계산서의 요소를 이용한다면 추가로 기타포괄손익이 있게 되며, 재무상태표의 자본항목에는 추가로 기타포괄손익누계액이 나타나게 된다. 여기서는 편의상 손익계산서의 요소를 이용하고 있으므로 기타포괄손익이나 기타포괄손익누계액이 생략된다.

자 산 = 부 채 + 자본금 + 자본잉여금 + 기초이익잉여금
+ 수 익 − 비 용 (5)

그러면 이 확장된 회계등식을 이용하여 기업에서 거래들이 회계등식에 어떻게 표현되는지 알아보도록 하자.

■ 회계등식 적용의 예 ■

〈표 3-1〉은 삼진주식회사의 설립 첫 회계연도에 발생한 거래를 보여주고 있다. 삼진주식회사의 결산일은 12월 31일이다. 삼진주식회사는 설립 첫해이므로 기초이익잉여금이 존재하지 않기 때문에 기초이익잉여금을 삭제하고 자본잉여금을 자본금에 포함시키면 다음과 같이 간략하게 표시된다. 이 회계등식을 이용하여 삼진주식회사의 거래를 표시하여 보자.

자 산 = 부 채 + 자본금(자본잉여금 포함) + 수 익 − 비 용 (5-1)

표 3-1
삼진주식회사의 제1회계연도 거래내역

1) 1월 1일	주식을 발행하여 현금 10,000원의 자본금을 마련하다.
2) 1월 30일	건물을 현금 5,000원에 구입하다.
3) 2월 1일	은행으로부터 현금 10,000원을 연리 12%에 차입하다. 이자는 매년 1월 31일에 지급하며 만기일은 5년 후이다.
4) 1/1~12/31	상품을 5,000원에 샀다. 매입대금 중 3,000원은 현금 지급하고 잔액은 외상으로 하다.
5) 1/1~12/31	원가 4,000원의 상품을 7,500원에 외상으로 팔았다.
6) 1/1~12/31	한 해 동안 판매원의 급여 1,500원을 현금으로 지급하다.

1) 1월 1일 주식을 발행하여 현금 10,000원의 자본금을 마련하다.

자산(현금)	=	부 채	+	자본금	+	수 익	−	비 용
₩10,000	=			₩10,000				

2) 1월 30일 건물을 현금 5,000원에 구입하다.

자산(건물, 현금)	=	부 채	+	자본금	+	수 익	−	비 용
₩5,000, −₩5,000	=							

3) 2월 1일 은행으로부터 현금 10,000원을 연리 12%에 차입하다. 이자는 매년

1월 31일에 지급하며 만기일은 5년 후이다.

자산(현금)	=	부 채	+	자본금	+	수 익	−	비 용
₩10,000	=	₩10,000						

4) 1/1~12/31 상품을 5,000원에 샀다. 매입대금 중 3,000원은 현금 지급하고 잔액은 외상으로 하다.

자산(상품, 현금)	=	부 채	+	자본금	+	수 익	−	비 용
₩5,000, −₩3,000	=	₩2,000						

5) 1/1~12/31 원가 4,000원의 상품을 7,500원에 외상으로 팔았다.

자산(상품, 매출채권)	=	부 채	+	자본금	+	수 익	−	비 용
−₩4,000, +₩7,500	=					₩7,500		−₩4,000

6) 1/1~12/31 한 해 동안 판매원의 급여 1,500원을 현금으로 지급하다.

자산(현금)	=	부 채	+	자본금	+	수 익	−	비 용
−₩1,500	=							−₩1,500

2. 회계등식과 복식부기시스템

확장된 회계등식 (5)에서 오른쪽에 있는 마이너스(−)항목을 왼쪽으로 이항하면 회계등식은 다음과 같이 표현된다.

$$\text{자 산} + \text{비 용} = \text{부 채} + \text{자본금} + \text{자본잉여금} + \text{기초이익잉여금} + \text{수 익} \quad (6)$$

식 (6)은 재무상태표의 요소와 손익계산서의 요소를 모두 포함하고 있다. 회계의 오랜 관습상 위 등식의 좌측은 차변, 우측은 대변이라 한다. 이에 식 (6)의 왼쪽 항목, 즉 **자산, 비용**은 **차변항목**이며, 식 (6)의 오른쪽 항목, 즉 **부채, 자본금, 자본잉여금, 기초이익잉여금, 수익**은 **대변항목**이다.

여기서 차변항목과 대변항목의 의미는 그 항목이 재무상태표 항목이건 손익계산서 항목이건 간에 그 잔액이 **왼쪽(자산, 비용)인 경우는 차변에, 오른쪽(부채, 자본금,**

자본잉여금, 이익잉여금, 수익)인 경우는 대변에 생긴다는 말이다.

다른 각도에서 차변과 대변 항목을 설명해 보자. 식 (1)과 식 (2)에서 알 수 있는 바와 같이, **자산은 그 잔액을 차변에 기록하고 자산의 조달원천인 부채와 자본은 그 잔액을 대변에 기록한다**. 이것은 회계의 오랜 관행이며 약속이다. 그러면 이와 일관되기 위해서는 손익계산서의 수익, 비용을 어느 곳에 기록하여야 할까? 수익은 자산의 조달원천(자본)이 된다. 즉 **수익의 발생은 궁극적으로 자본을 증가시키므로 대변에 기록**하여야 할 것이다. 반대로, **비용의 발생은 차변에 기록**하여야 할 것이다. 이러한 원리가 적용된 위 (6)의 회계등식은 복식부기시스템의 산물이다.

복식부기시스템에 내재된 기본원리 제2절

복식부기시스템에 내재된 기본원리는 거래의 이중성, 계정기록의 규칙 및 차변·대변의 원리로 요약된다. 아래에서는 각각의 의미를 살펴본다.

1. 거래의 이중성

거래(transaction)란 기업의 재무상태와 경영성과에 영향을 주는 일체의 경제적 사건을 말한다. 재무상태는 일정 시점에서의 자산, 부채 및 자본의 상태(즉, 각 항목의 잔액)이며 경영성과(당기순이익)는 일정 기간 동안 발생한 수익에서 비용을 차감한 결과이다. 따라서 거래란 재무제표의 요소에 영향을 미치는 사건이라 할 수 있다. 달리 표현하면, 식 (6)의 왼쪽(차변) 항목들과 오른쪽(대변) 항목들의 변동을 초래하는 사건이 거래이다.

회계에서의 모든 거래는 원인과 결과로서 기록되는데, 식 (6)과 식 (2)를 동시에 만족시키면서 항상 둘 이상의 재무제표 요소의 세부 항목에 변동을 초래한다. 이를 거래의 이중성(duality of transaction)이라 한다. 가령, 은행에서 200만원을 빌렸다면(원인), 현금이 200만원 증가하게 된다(결과). 이 거래는 차입금(부채)의 증가와 동시에 현금(자산)의 증가로 기록한다. 다른 하나의 예로, 은행 이자가 10만원 발생하였다면(원인), 이의 지급으로 현금이 10만원 감소하게 된다(결과). 이 거래는 이자비용(비용)의 발생과 동시에 현금(자산)의 감소로 기록한다. 이처럼 회계상의 모든 거래는 그것이 기업에 미치는 경제적 효과를 원인과 결과로서 이중적으로 기록하며, 그 결과 둘 이상의 재무제표 요소의 세부 항목에 변동을 초래하게 된다.

2. 계정기록의 규칙

계정(account)이란 재무제표의 요소 또는 그 세부 항목(예컨대, 자산의 세부 항목인 현금, 부채의 세부 항목인 차입금 등)을 지칭하는 기본단위이다. 각 계정에 대해 그 증감내역을 기록하는 **장부**(book)가 있다. 장부는 "전통적"인 장부형태일 수도 있고, 컴퓨터 파일형태일 수도 있다. 이러한 장부에는 날짜를 기록하는 난, 이 계정에 증감을 일으킨 거래내역을 간략하게 기재할 적요란, 증가 또는 감소한 금액을 기록할 차변(debit)란과 대변(credit)란, 그리고 잔액 또는 누계액을 기록할 난이 있다. 일례로, 〈그림 3-1〉은 현금계정(현금출납부)의 가장 일반적인 형태를 보여주고 있다.

그림 3-1
현금출납부

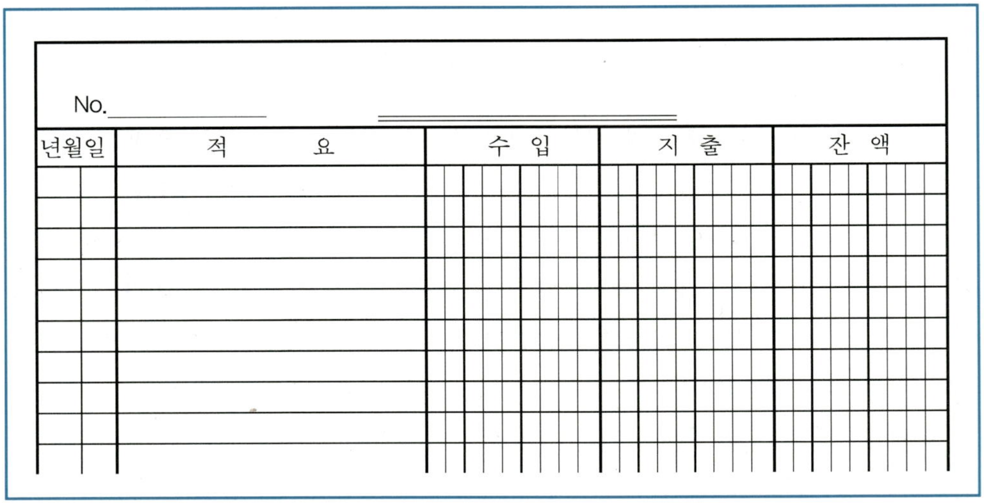
No.

년월일	적 요	수 입	지 출	잔 액

거래의 이중성에 의해 모든 거래는 반드시 둘 이상의 계정에 변동(증가 또는 감소)을 초래한다. 이를 염두에 두고, 거래가 발생하면 우선 어떠한 계정들이 얼마나 영향을 받는지를 파악하여야 한다. 그런 후 **계정기록의 규칙**에 따라 거래를 기록한다.

계정기록의 규칙은 **계정의 증가는 같은 쪽에, 계정의 감소는 반대쪽에 기록한다**는 것이다. 따라서 **차변계정**(즉, 잔액 또는 발생액이 차변에 나타나는 계정: 자산, 비용)의 경우는 증가하면 같은 쪽인 차변에, 감소하면 반대쪽인 대변에 기록한다. 반면에 **대변계정**(즉, 잔액 또는 발생액이 대변에 나타나는 계정: 부채, 자본, 수익)의 경우는 증가하면 대변에, 감소하면 반대쪽인 차변에 기록한다.

가령, 은행에서 200만원을 빌렸다면, 이 거래는 현금이라는 자산계정을 200만원 증가시켰고 동시에 차입금이라는 부채계정을 200만원 증가시켰다. 이는 계정기록의 규칙에 따라 다음과 같이 기록된다.

(차변) 현　금	2,000,000	(대변) 차입금	2,000,000

즉 현금은 차변계정이므로 그 증가를 차변에 기록하고, 차입금은 대변계정이므로 그 증가를 대변에 기록한다. 또한, 은행에 이자 10만원을 지급하였다면, 이 거래는 이자비용이라는 비용(차변계정)을 10만원 발생, 즉 증가시켰고, 현금이라는 자산(차변계정)을 10만원 감소시켰으므로, 계정기록의 규칙에 따라 기록하면 다음과 같다.

(차변) 이자비용	100,000	(대변) 현　금	100,000

즉, 이자비용은 차변계정이므로 그 증가를 차변에 기록하며, 동시에 차변계정인 현금의 감소는 그 반대쪽인 대변에 기록한다.

이처럼 거래를 분석하여 계정기록의 규칙에 따라 기록하는 행위를 **분개**(journal entry)라 한다.

3. 차변 · 대변의 원리

모든 거래는 "증가는 같은 쪽, 감소는 반대쪽"이라는 계정기록의 규칙에 따라 하나 이상의 차변계정과 하나 이상의 대변계정에 기록되며, 차변계정 금액의 합과 대변계정 금액의 합은 항상 같게 유지된다. 이를 **차변·대변의 원리**라 하며, 이는 복식부기체계의 핵심이다.

차변·대변의 원리는 다음의 표로 요약될 수 있다.

표 3-2 차변·대변의 원리

구 분	차 변	대 변
자산(차변항목)	**증 가**	감 소
부채(대변항목)	감 소	**증 가**
자본(대변항목)	감 소	**증 가**
수익(대변항목)		**발 생**
비용(차변항목)	**발 생**	

제3절 회계원칙

복식부기시스템을 거래에 의해 영향을 받은 재무제표의 요소 또는 그 세부 항목(즉 계정)을 인식하고 측정한 결과를 담는 그릇이라 한다면, 회계원칙은 이러한 인식·측정에 적용되는 규칙이라 할 수 있다. 즉, **회계원칙**(accounting principles)은 주어진 거래로 인하여 변동된 계정들을 인식하고 그 변동액을 측정하는 규칙이다. 이 절에서는 기본적인 회계원칙인 역사적 원가원칙, 수익인식의 원칙, 그리고 수익·비용대응의 원칙에 대하여 알아본다.

1. 역사적 원가의 원칙

역사적 원가의 원칙(historical cost principle[2)]) — **원가주의, 원가원칙** 또는 **취득원**

가주의라고도 함 — 은 자산의 첫 기록은 취득시점에서 발생한 원가로 하며, 이 역사적 원가가 자산의 취득 후 평가기준이 된다는 것이다. “취득시점에서 발생한 원가”는 취득 시에는 그 당시의 시가(market value) 또는 공정가치(fair value)일 것이다. 그러나 시간의 경과에 따라 취득원가는 과거원가, 즉 역사적 원가(historical cost)가 된다. 예로, 토지를 100만원에 구입하였다면 이 토지의 첫 기록은 취득원가인 100만원이 된다. 그 후 토지의 시가가 150만원으로 상승하였다 하더라도 역사적 원가의 원칙에 따르면 이 토지는 장부상에 계속 취득원가인 100만원으로 평가하고 기록한다.

역사적 원가, 즉 취득원가에 따라 평가한 자산의 장부상의 금액(장부금액)은 시간이 경과함에 따라 시가와 괴리가 커지는 것이 보통이다. 그럼에도 불구하고 자산을 취득원가에 근거하여 평가하는 주된 이유는 회계수치의 신뢰성(reliability)을 우선시하는 회계의 전통 때문이라고 할 수 있다. 회계수치의 신뢰성을 확보하기 위해서는 그 회계수치에 대한 객관적 검증자료가 있어야 한다. 자산을 취득원가로 측정하는 경우 당해 자산에 대한 객관적 증빙서류(구입계약서, 관련 영수증 등)와 취득 후 지금까지 당해 자산과 관련한 계속적인 장부기록이 존재하는 반면, 시가로 측정하는 경우는 아직 외부와의 거래가 일어난 상태가 아니므로 객관적 증빙서류와 계속적인 장부기록이 없는 것이 보통이다. 따라서 자산을 취득원가로 측정하는 것이 시가로 측정하는 것보다 신뢰성이 더 높다고 할 수 있다.

과거에는 회계정보의 신뢰성을 강조하여 역사적 원가의 원칙을 고수하여 왔지만, 최근 역사적 원가가 자산의 현실적인 가치를 반영하지 못한다는 점이 부각되면서 이 원칙은 약화되고 있는 추세이다. 국제회계기준은 유형자산과 무형자산에 대해 역사적 원가와 더불어 공정가치(fair value) 평가를 허용하고 있다. 또한 금융자산에 대해서는 주로 공정가치 평가가 요구되고 있다. 공정가치는 일반적으로 시장에서 거래되는 가격이다. 자산을 공정가치로 평가해야 한다면, 이를 **공정가치의 원칙**(fair value principle)이라 할 수 있다. 역사적 원가의 원칙과 공정가치의 원칙을 아울러 **측정의 원칙**(measurement principle)이라 한다.

---

4) principle이라는 단어는 회계에서 원칙이라 하기도 하고 주의라 하기도 한다.

에버랜드 동물가족의 가격은 □□ 원이다

국내 최대 테마파크 사업자 삼성에버랜드가 동물원에서 사육하는 동물들의 가치는 얼마나 될까. 에버랜드의 최근 사업년도 회계장부에 따르면 정답은 9억 6,000만원이다. 수천 마리 동물들의 몸값이 강남의 30평대 아파트 1채 값과 별 차이가 없다.

개별 동물의 가치를 따져보면 더 의아하다. 수년 전 서울대공원은 '로랜드 고릴라'를 들여오면서 한 마리 수입가격이 무려 3억 5,000만원이라고 밝힌 바 있다. 북극곰과 코끼리의 국제 시세도 2억~3억원, 기린은 1억원에 이른다. 에버랜드 사파리에는 '귀하신' 백호(白虎)도 10마리나 있다.

몸값 비싼 동물 몇 마리만 합해도 에버랜드 동물 가치는 10억원이 금방 넘어설 듯하다. 그럼에도 불구하고 장부가치가 이처럼 낮은 이유는 무엇일까.

에버랜드 측은 장부상 동물 가치가 실제 가치를 반영하지 못하는 이유를 원가법과 거듭된 자손 번식으로 설명하고 있다.

7일 에버랜드 관계자는 "동물 거래 시장이 활성화돼있지 못한 만큼 정확한 가치를 산정하기 어려워 장부상에는 시가가 아닌 최초 구입 시 금액으로 기록하고 있다"고 말했다. 이어 "교배로 새끼를 낳은 경우는 장부가액에 표시가 안 된다"고 덧붙였다.

또한 구입한 동물은 상업용 자산으로, 감가상각(정액법, 5년)을 적용해 가치를 깎아나간다. 해마다 새 동물을 사더라도 비슷한 가격을 상각하면서 최근 수년간 장부 가치가 10억원 안팎에서 유지됐다는 설명이다.

지난 2월 14번째 새끼를 낳아 화제가 된 에버랜드의 23살 기린 '장순이'를 예로 들어보자. 만약 18년 전 5살짜리 장순이를 1억원에 구입했다면, 2009년 현재 에버랜드 장부상 장순이는 감가상각을 끝낸 소액의 잔존가치로만 표시된다.

그런데 새끼 14마리는 구입한 적이 없으니 장부에도 없다. 결국 장순이를 포함한 15마리의 기린 가족은 1마리 시세에도 못 미치게 된다. 어느 정도 자란 기린의 시세가 1억원이라면 14억원의 부외(簿外) 가치가 존재하는 셈이다.

에버랜드는 이렇게 태어난 동물을 수출하기도 한다. 하지만 많은 경우 거래가 다른 동물원과 물물교환 형식으로 이뤄지고 있다고 회사 측은 설명했다.

한편 식물은 동물과 달리 감가상각비를 따로 계산하지 않는다. 따라서 에버랜드의 장부상 식물 가치 총액은 170억원으로 동물의 17배에 달한다.

(이데일리, 2009. 6. 7. 이태호 기자)

2. 수익인식의 원칙

수익인식의 원칙(revenue recognition principle)은 수익의 기간귀속에 관한 원칙이다. 즉, 수익을 언제 또는 어느 기간에 장부에 계상(인식)할 것인가를 결정하는 원칙이다.

수익은 재화의 판매자 또는 용역의 제공자가 고객에게 재화(goods)**나 용역**(service)**의 통제**(control)**를 이전함으로써 자기의 수행의무**(performance obligation)**를 이행하였을 때 인식한다**. 수익인식의 전제 조건으로, 수익은 실현가능(realizable)하여야 한다. 수익이 실현가능하다는 것은 판매한 상품 또는 제공한 용역의 대가의 수취가 거의 확실하다는 뜻이다.

수익 인식을 하는 주 대상인 재화 판매나 용역 제공은 고객과의 계약에서 이루어진다. 수익을 인식할 때는 우선적으로 계약상의 수행의무들을 식별하는 것이 중요하다. 그 다음 식별된 수행의무별로 재화나 용역의 통제가 언제 이전되는지를 파악하여 수행의무가 이행되는 그 시점 또는 기간에 수익을 인식하여야 한다.

일반적으로 **재화 판매의 경우 판매시점**(point of sale) **또는 인도시점**(point of delivery)**을 수익의 인식시점으로 간주한다**. 즉, 판매자는 재화를 판매한 날에 수익을 인식한다. 왜냐하면, 일반적으로 판매한 날에 재화가 이전되어 구매자가 그 재화를 통제하게 됨으로써 판매자가 자기의 수행의무를 이행하였다고 볼 수 있을뿐더러, 판매한 날에 판매한 재화의 대가로 현금을 받았거나 매출채권(외상매출금)이라는 대금청구권을 확보(수익의 실현)하였기 때문이다. 예로, 12월 2일에 상품을 100만원에 외상으로 팔았다면, 그 날에 100만원의 수익을 인식하여야 한다.

용역 제공의 경우는 용역 제공 기간에 걸쳐 수익을 인식한다. 가령, 청소용역회사가 고객에게 일정 기간 동안 청소용역을 제공하기로 계약하였다면 청소용역회사는 그 기간 동안 용역이 제공됨에 따라 연속적으로 수익을 인식한다.

3. 수익 · 비용대응의 원칙

수익 · 비용대응의 원칙 — 단순히 **대응원칙**(matching principle)이라고도 함 — 은

수익을 창출하는 데 지출된 또는 지출될 비용은 그 수익을 인식한 때와 같은 회계기간에 인식해야 한다는 원칙이다. 앞의 예에서, 12월 2일 100만원에 판매한 상품의 원가가 65만원이라면, 대응원칙에 따라 매출원가 65만원을 12월 2일, 즉 수익을 인식한 날에 같이 인식하여야 한다.

대응에는 직접대응과 간접대응이 있다. 직접대응의 대표적인 예가 매출(수익)에 직접 대응되는 매출원가이다. 매출원가 외에도 직접대응의 예로 판매한 상품의 운송비, 영업사원의 커미션 등을 들 수 있는데, 요컨대 **직접대응**은 비용이 수익의 창출과 직접적으로 연계된 경우이다. 반면, 관리사원의 봉급, 건물임차료, 통신비, 전기료 등의 일반관리비는 전반적으로 수익창출에 필요한 비용이나, 수익과 직접적으로 연계시키기 어렵다. 따라서 이러한 비용은 해당 기간의 수익과 일괄 대응하여, 즉 해당 기간에 귀속시켜 인식하는데, 이를 수익과 **간접대응** 또는 **기간대응** 되는 기간비용이라 한다.

제4절 기간손익의 계산과 발생기준회계

1. 회계기간

기업의 영업활동은 끊임없이 계속되고 있지만, 기업의 이해관계자들은 그들의 의사결정을 위하여 수시로 재무정보를 필요로 한다. 이와 같은 필요성에 부응하기 위하여, 회계는 계속되는 영업활동을 인위적으로 한정된 기간으로 분할하여 그 기간 동안의 경영성과와 그 기간 말 현재의 재무상태 등을 인식·측정·보고한다.

보통 회계기간은 1년(연간), 6개월(반기), 또는 3개월(분기) 단위로 분할된다. 회계기간의 말일을 **회계기말** 또는 **결산일**이라 한다. 대부분 기업들의 결산일은, 회계기간이 1년일 경우, 12월 31일이다. 그러나 결산일을 꼭 12월 31일로 정해야 할 의무는 없다. 일부 기업들은 결산일을 3월 31일, 6월 30일 등으로 정함으로써 통상

연도 말에 일어나는 여러 가지 '혼잡'을 피하고 있다. 결산일이 3월 31일이라면 회계기간은, 1년인 경우 4월 1일부터 다음 해 3월 31일까지가 된다.

2. 기간손익의 계산: 현금기준회계와 발생기준회계

한 회계기간 동안의 손익, 즉 기간손익을 계산하는 방법으로 두 가지를 생각할 수 있다. 하나는 현금기준회계이며 다른 하나는 발생기준회계이다.[3)]

(1) 현금기준회계

현금기준회계(cash-basis accounting)는 해당 기간 동안에 "현금으로 수취한 수익"과 "현금으로 지급한 비용"만 각각 그 기간의 수익과 비용으로 인식하여 기간손익을 계산하는 방법이다. 현금기준회계는, 말하자면, 가계부 형태의 회계라 할 수 있다.

현금기준회계는 수익의 기간귀속과 수익·비용의 대응을 적절히 하지 못함으로써 기간손익의 왜곡을 초래하게 되는 단점이 있다. 예를 들어, A기업이 현금 65만원에 구입한 상품을 12월 2일에, 두 달 후 대금을 받기로 하고, 100만원에 팔았다고 하자. A기업의 결산일이 12월 31일이라고 하면, 현금기준회계에서는 결산일 현재 매출대금을 현금으로 받지 않았으므로 매출 100만원은 당기의 수익이 아니라 차기의 수익으로 잡힌다. 그러나 이는 수익인식의 원칙에 어긋난다. 수익인식의 원칙의 잣대에서 볼 때, 매출 100만원은 당기의 수익으로 인식하여야 한다. 왜냐하면, 판매한 날에 판매자의 수행의무가 이행되었으며 대금의 회수도 거의 확실하다고 볼 수 있기 때문이다.[4)] 그 결과, 현금기준회계는 **수익 기간귀속의 왜곡을 초래**한다. 뿐만 아니라, 현금기준회계는 **수익·비용 대응의 왜곡도 초래**한다. 왜냐하면, 현금기준회계하에서는 매출 100만원은 차기에 대금을 수취하게 되므로 차기의 수익으로 인식하나, 그와 관련된 매출원가 65만원은 당기에 상품 구입 시 대금을 지급하였으

3) 현금기준, 발생기준을 각각 현금주의, 발생주의라고도 한다.

4) 일반적으로 만약 판매자가 외상대금의 회수가 거의 확실하다고 판단하지 않았다면 애초에 외상매출을 하지 않았을 것이다.

므로 당기의 비용으로 인식하기 때문이다.

(2) 발생기준회계

발생기준회계(accrual-basis accounting)는 이와 같은 현금기준회계의 왜곡현상을 방지하는 일환으로 나온 기간손익의 인식·측정 방법이라 할 수 있다. 발생기준회계 하에서는, **현금의 수취나 지급에 상관없이, 수익은 수익인식의 원칙에 따라, 비용은 수익·비용대응의 원칙에 따라 인식하여 기간손익을 계산한다**. 발생기준회계를 위의 예에 적용하면 매출수익 100만원은 당기수익으로, 매출원가 65만원은 당기비용으로 인식된다. 현재, 어느 나라에서나 **회계기준은 기본적으로 발생기준을 채택**하고 있다. 그 이유는, 앞에서 살펴 본 바와 같이, 발생기준회계가 현금기준회계가 가지는 기간귀속과 대응의 문제를 해결함으로써 기간손익을 보다 명확히 산정하고, 그럼으로써 기업의 경영성과를 보다 잘 평가할 수 있기 때문이다.[5)]

3. 발생기준회계의 특징

기간손익을 계산함에 있어 발생기준회계를 적용하면 발생항목과 이연항목이 나타나게 되며, 때로 비용의 추정배분이 필요하게 된다. 아래에서는 발생기준회계의 이 세 가지 특징, 즉 발생, 이연, 비용의 추정배분에 대하여 개념적으로 알아본다.

(1) 발 생

발생(accrual)이라는 말은 현금의 수취 또는 현금의 지급 이전에 이미 수익 또는 비용이 '발생'하였다는 의미를 가진다. 수익인식의 원칙을 적용하다보면 현금을 받

---

5) 발생기준회계의 우수성은 미국의 재무회계개념보고서(Statement of Financial Accounting Concepts)에서 다음과 같이 기술하고 있다: "발생기준회계로 측정된 기업의 이익과 그 구성요소에 관한 정보는 일반적으로 현금의 수입과 지출에 관한 정보보다 기업의 경영성과를 더 잘 나타낸다." 발생기준회계의 우수성은 학자들의 연구에서도 입증되고 있다. 예컨대, 발생기준에 의한 회계이익(accounting earnings)이 현금기준에 의한 현금이익(현금흐름: cash flows)에 비해 기업의 미래 경영성과에 대한 예측력이 더 높으며, 따라서 기업가치를 설명하는 데 우월한 정보를 제공한다는 실증연구 결과가 제시되고 있다.

지 않았지만 수익으로 인식해야 할 경우가 생기고, 수익·비용대응의 원칙을 적용하다보면 현금을 주지 않았지만 비용으로 인식해야할 경우가 생긴다. 이처럼, **현금을 받기 전에 수익을 인식하고, 현금을 주기 전에 비용을 인식하는 것을 발생**이라 한다. 이와 관련하여, 제2장에서 간략히 언급하였고 제4장에서 자세히 다룰 미수수익 및 미지급비용을 발생항목이라고 한다.

(2) 이 연

이연(deferral)이라는 말은 수익 또는 비용의 인식을 현금의 수수시점 이후로 '이연' 즉 미룬다는 의미를 가진다. 수익인식의 원칙을 적용하다보면 현금을 받았지만 아직 수익으로 인식할 수 없어 수익의 인식을 차후로 연기해야 할 경우가 생기고, 수익·비용대응의 원칙을 적용하다보면 현금을 주었지만 아직 비용으로 인식할 수 없어 비용의 인식을 차후로 연기해야 할 경우가 생긴다. 이처럼, **현금을 받고난 후 나중에 수익을 인식하고, 현금을 주고난 후 나중에 비용을 인식하는 것을 이연**이라 한다. 이와 관련하여, 제2장에서 간략히 언급하였고 제4장에서 자세히 다룰 선수수익 및 선급비용을 이연항목이라고 한다.

(3) 비용의 추정배분

건물이나 기계장치와 같은 유형자산은 구입 후 수년간을 사용하므로 그 취득원가를 구입연도에 전액 비용으로 처리하는 것은 불합리하다. 이 경우 유형자산의 예상 사용기간에 걸쳐 기간별로 취득원가의 소멸분을 비용으로 추정·배분하여야 하는데, 이 추정·배분된 금액을 **감가상각비**라 한다. 즉 감가상각비는 비용 추정배분의 대표적인 예이다.

비용 추정배분의 또 다른 예로 매출채권에 대한 대손추정을 들 수 있다. 거래처의 부도 등으로 매출채권 중 일부는 궁극적으로 회수가 불가능해지는 것이 상례이다. 따라서 수익·비용대응의 원칙에 의거 매출채권의 기말잔액에 대하여 미래에 못 받을 예상액, 즉 대손예상액을 추정하여 해당 기간에 비용으로 배분하여야 하는데, 이 추정·배분된 금액을 대손상각비라 한다. 즉 **대손상각비**는 비용 추정·배분의 또 다른 한 예라 할 수 있다.

연습문제

〈객관식 문제〉

01 다음 중 가장 올바른 회계등식은?

① 자산+비용=부채+자본금+자본잉여금+기초이익잉여금+수익
② 자산+비용=부채+자본금+자본잉여금+기말이익잉여금+수익
③ 자산+수익=부채+자본금+자본잉여금+기초이익잉여금+비용
④ 자본=자산+부채
⑤ 자산−부채=자본+기초이익잉여금

02 다음 중 틀린 등식은?

① 자산=채권자지분+자본
② 자산=타인자본+자기자본
③ 자산+비용=부채+자본금+자본잉여금+기말이익잉여금+수익
④ 자산=주주지분+채권자지분
⑤ 차변=대변

03 계정기록의 규칙에 맞는 서술은?

① 자산의 증가와 수익의 발생은 차변에 기록한다.
② 부채계정의 증가는 차변에, 감소는 대변에 기록한다.
③ 자본계정의 증가는 차변에, 감소는 대변에 기록한다.
④ 비용의 발생은 차변에 기록한다.
⑤ 이익잉여금의 감소는 대변에 기록한다.

04 다음 중 계정기록의 규칙에 맞지 않은 것은?

① 이익잉여금의 증가는 대변에 기록한다.
② 차입금의 증가는 대변에 기록한다.
③ 감가상각비의 발생은 차변에 기록한다.

④ 선수수익의 감소는 차변에 기록한다.
⑤ 선급비용의 감소는 차변에 기록한다.

05 다음은 건영(주)의 특정 회계연도의 자료다.

기말자본금	5,000	당기순이익	4,500
기초이익잉여금	15,000	기말자본잉여금	10,000

건영(주)의 기말 자본총액은 얼마인가?

① 5,000 ② 15,000
③ 19,500 ④ 34,500
⑤ 13,000

06 은행 차입금 200만원과 이자비용 10만원을 현금으로 지급한 경우 나타나지 않는 거래요소는?

① 자산의 감소 ② 비용의 발생
③ 부채의 감소 ④ 자산의 증가
⑤ 정답 없음

07 다음 중 거래의 요소로서 결합될 수 없는 거래는?

① 자산의 증가와 자본의 증가 ② 자산의 감소와 부채의 감소
③ 부채의 감소와 수익의 발생 ④ 자산의 증가와 비용의 발생
⑤ 자산의 증가와 수익의 발생

08 학성(주)의 기초자산은 800,000원이고 기초부채는 500,000원이었다. 기중에 자산이 120,000원 증가하고 부채가 80,000원 감소하였다면 기말자본은 얼마인가?

① 260,000원 ② 300,000원
③ 340,000원 ④ 420,000원
⑤ 500,000원

09 다음 중 비용의 기간귀속과 관련이 있는 것은?

① 역사적 원가의 원칙 ② 수익인식의 원칙
③ 회계기간의 가정 ④ 수익·비용대응의 원칙
⑤ 현금기준회계

10 다음 중 틀린 서술은?

① 모든 거래는 둘 이상의 계정에 변동을 초래한다.
② 대변계정의 증가는 대변에, 감소는 차변에 기록한다.
③ 거래를 분석하여 계정기록의 규칙에 따라 기록하는 행위를 분개라 한다.
④ 자본의 증가는 대변에 기록한다.
⑤ 수익의 발생은 자산을 증가시키므로 차변에 기록한다.

11 고객에게 재화의 판매 시 수익은 언제 인식하여야 하나?

① 재화의 주문 접수 시
② 재화의 제조 완료 시
③ 재화의 운송 시작 시
④ 재화의 배달 완료 시
⑤ 재화의 통제 이전 시

12 다음 중 수익인식의 원칙과 무관한 서술은?

① 수익을 언제 인식할 것인가라는 물음에 답을 제시하는 기준이라 할 수 있다.
② 통상적으로 판매시점이 수익인식 시점이다.
③ 수익의 인식에는 직접인식과 간접인식이 있다.
④ 수행의무가 이행되고 대금이 회수되었거나 회수가 거의 확실할 때 수익을 인식한다.
⑤ 서비스(용역)의 경우 제공되는 기간에 걸쳐 수익을 인식한다.

13 경산기업은 결산기말에 선급보험료 3,000원 중 당회계연도에 해당하는 보험료 1,000원을 비용으로 계상하였다. 이는 다음 중 어느 원칙에 의한 것인가?

① 수익인식의 원칙 ② 수익 · 비용대응의 원칙
③ 역사적 원가원칙 ④ 구분계산의 원칙
⑤ 실현주의

14 오성기업이 3년 전 5,000만원을 주고 구입한 토지의 시가가 결산일 현재 1억 1,000만원이다. 오성기업은 재무상태표상 이 토지를 역사적 원가인 5,000만원으로 기록하고 있다. 이러한 회계처리는,

① 대응원칙의 적용이다. ② 정보의 신뢰성 측면에서 바람직하다.
③ 회계기간의 가정에 기인한다. ④ 수익인식의 원칙에 어긋난다.
⑤ 국제회계기준에 어긋난다.

15 현금기준회계에 관한 틀린 서술은?

① 기간손익을 왜곡한다.

② 수익의 기간귀속과 비용의 대응에 문제를 야기한다.

③ 비용의 추정배분이 요구된다.

④ 일반적으로 인정되지 않은 기간손익 계산방법이다.

⑤ 국제회계기준에서 채택하고 있지 않다.

16 기간손익을 계산함에 있어 발생기준회계를 적용하면 발생항목과 이연항목이 나타나게 된다. 이와 관련된 계정과목이 아닌 것은?

① 미수수익 ② 미지급비용

③ 선급비용 ④ 선수금

⑤ 선수수익

17 발생기준회계의 특징을 나타내는 거래는?

① 원가 4,000원의 상품을 현금 3,500원에 팔다.

② 선급보험료 1,000원 중 300원은 당기의 보험료이다.

③ 은행에서 20,000원을 차입하다.

④ 액면 100원의 사채를 110원에 발행하다.

⑤ 은행 차입금에 대한 이자 10원을 지급하다.

18 다음 중 발생기준회계와 무관한 것은?

① 회계기간의 가정 ② 수익·비용대응의 원칙

③ 수익인식의 원칙 ④ 발생 및 이연

⑤ 측정의 신뢰성

19 (주)화양의 제7회계연도 기초자산은 400,000원, 기초부채는 300,000원이었고, 기말자산은 500,000원, 기말부채는 350,000이다. 제7회계연도 총비용이 250,000원이고 기중 배당금이 30,000원이라면, 총수익은 얼마인가? 단, 제7회계연도 중에 증자와 감자는 없었다고 가정한다.

① 150,000원 ② 300,000원

③ 320,000원 ④ 330,000원

⑤ 430,000원

20 다음은 천마주식회사의 자료이다.

제7회계연도말:	자 산	8,000	부 채	5,000
제8회계연도말:	자 산	6,800	부 채	3,200

제8회계연도 중 주주로부터의 출자나 주주에게로의 환원(배당 등)이 없었다면 제8회계연도의 당기순이익은 얼마인가?

① 600 ② 700
③ −600 ④ −700
⑤ 알 수 없음

21 다음은 천마주식회사의 자료이다.

회계연도	기초자본	출자액	배당액	당기순이익
제5회계연도말:	2,000원	500원	300원	200원
제6회계연도말:	( )	300원	0원	100원

제6회계연도말 자본은 얼마인가?

① 2,400 ② 2,500
③ 2,700 ④ 2,800
⑤ 알 수 없음

22 다음은 천마주식회사의 자료이다.

제4회계연도말:	자 산	1,400	부 채	800	자 본	?
제5회계연도말:	자 산	1,200	부 채	?	자 본	200
제5회계연도중:	총수익	?	총비용	1,000		

제5회계연도 중 주주로부터의 출자나 주주에게로의 환원(배당 등)이 없었다면, 제5회계연도의 중 총수익은 얼마인가?

① 600 ② 400
③ 1,600 ④ 1,400
⑤ 알 수 없음

〈주관식 문제〉

23 차변 · 대변의 원리와 거래의 이중성

기업에서 일어나는 거래에는 여러 가지가 있는데, 이는 자산의 증가·감소, 부채의 증가·감소, 자본의 증가·감소, 비용의 발생, 수익의 발생이 결합된 관계로 표현된다. 아래 물음에 답하시오.

1. 거래의 이중성을 설명하시오.
2. 다음 각 거래의 결합관계를 〈보기〉와 같이 밝히시오.

〈 보 기 〉

상품 100,000원을 외상매입하다.
자산의 증가 ↔ 부채의 증가

① 주식을 발행하여 현금 50만원을 받다.
② 은행차입금 이자 10만원이 발생하여 현금으로 지급하다.
③ 당사 소유차량을 거래처의 기계장치와 교환하다.
④ 은행차입금 50만원을 현금으로 상환하는 대신 주식을 발행하여 교부하다.
⑤ 본사 건물에 대해 20만원의 감가상각비를 계상하다.
⑥ 화재발생으로 창고에 있던 상품 30만원이 소실되다.
⑦ 주주에게 배당금 100만원을 지급하다.
⑧ 상품을 10만원에 외상으로 구입하다.
⑨ 장부금액 10만원의 토지를 15만원에 처분하다.
⑩ 은행예금에 대해 발생한 이자 10만원을 수취하다.

24 재무상태표 등식(1)

〔자산=부채+자본〕을 재무상태표 등식이라 한다. 다음 빈칸에 알맞은 금액을 구하시오. 단, 기중에 소유주로부터의 출자나 소유주에게로의 환원(배당 등)이 없었다고 가정한다.

구 분	기 초			기 말			기 중	
	자산	부채	자본	자산	부채	자본	총수익	총비용
(1)	600	①	100	800	300	②	900	③
(2)	①	200	②	500	200	③	500	300
(3)	700	400	①	600	②	100	③	500

25 재무상태표 등식(2)

다음 각각의 경우가 재무상태표 등식에 어떤 영향을 주는지를 간략히 설명하시오. 단, 재무상태표 등식에 영향을 미치지 않는 경우, 즉 회계상 거래가 아닌 경우는 "영향 없음"으로 표시하시오.

1. 회사가 대주주의 현금 100억원 출자에 의하여 설립되었다.
2. 대주주가 동종업계의 전직 CEO를 영입하기로 하고 연봉 10억원의 계약을 체결하였다.
3. 은행에서 현금 40억원을 차입하였다.
4. 은행 차입금 40억원을 이자 1억원과 함께 상환하였다.
5. 대주주가 다른 투자자를 영입하여 회사가 그로부터 50억원의 출자금을 받았다.
6. CEO에게 "월급"으로 현금 1억원을 지급하였다.
7. 주주에게 "배당"으로 현금 5억원을 지급하였다.

26 이익 등식

〔당기순이익=수익−비용〕의 이익 등식을 통해 한 회계기간 동안 당기순이익을 산출할 수 있다. 한 회계기간 동안 다음 각각의 거래가 당기순이익에 어떻게 영향을 미치는가를 간략히 서술하시오. 단, 이익 등식에 영향을 미치지 않는 경우는 "영향 없음"으로 표시하시오.

1. 원가 30억원인 상품을 현금 15억원, 나머지는 외상으로 매입하였다.
2. 원가 10억원의 상품을 전액 외상으로 18억원에 매출하였다.
3. 상품 외상매입 대금 잔액 15억원을 현금으로 지급하였다.
4. 상품 외상매출 대금 18억원을 현금으로 수령하였다.
5. 원가 10억원의 토지를 18억원에 매각하고 대금을 추후에 수령하기로 하였다.
6. CEO에게 "월급"으로 현금 1억원을 지급하였다.
7. 주주에게 "배당"으로 현금 5억원을 지급하였다.

27 회계원칙

다음의 각 항에 해당하는 회계원칙은 무엇인가?

1. 자산을 취득시점에서 발생한 원가로 평가하는 원칙
2. 발생기준회계의 핵심이 되는 두 원칙
3. 무상보증비는 실제 지출기간이 아니라 제품 판매기간에 인식한다.

28 현금기준회계와 발생기준회계(1)

현금기준회계와 발생기준회계를 간략히 비교·설명하시오.

29 발생기준회계의 특징

수익과 비용의 인식에 있어 발생기준회계의 특징은 발생, 이연, 그리고 비용의 추정배분의 세 가지로 요약될 수 있다. 다음의 각 거래 또는 항목이 이 세 가지 특징 중 어느 것에 해당하는지 답하시오.

1. 외상 매출
2. 미지급이자
3. 선급보험료
4. 선수임대료
5. 감가상각비

30 수익인식

대부분의 상품매매거래에서 수익은 판매시점에서 인식한다. 그 이유는 무엇인지 수익인식의 원칙에 입각하여 설명하시오.

31 현금기준회계와 발생기준회계(2)

건물보수공사를 전문으로 하는 (주)천마엔지니어링의 회사 설립 후 3회계기간 동안의 거래는 다음과 같다.

제1회계연도:

회계연도 개시일에 은행에서 연리 10%에 2년 후 원금과 이자를 함께 갚는 조건으로 2억원을 빌렸고, 2년 치의 재해보험료 1천만원을 현금으로 지급하였으며, 건물보수공사에 필요한 장비(내용연수 5년, 잔존가치 0원)를 5억원에 외상으로 구입하였다. 대금은 추후에 받는 조건으로 연중에 7억원의 건물보수공사를 수주하였는데 공사는 당해연도에 완성되어 발주자에게 인도되었다. 건물보수공사에 든 제비용(인건비, 관리비 등) 1억원은 모두 현금으로 지급하였다.

제2회계연도:

건물보수공사대금 중 4억원을 현금으로 받았으며, 건설장비 외상대금 중 3억원을 현금으로 지급하였다. 또한 회계연도말에 은행에 원리금 2억 4,000만원을 갚았다.

제3회계연도:
건물보수공사대금의 나머지 3억원을 현금으로 받았으며, 건설장비 외상대금의 나머지 2억원을 현금으로 지급하였다.

다음의 물음에 대해 답하시오.

1. 현금기준회계(cash-basis accounting)를 적용하여 (주)천마엔지니어링의 세 회계기간 동안의 기간별 손익을 계산하시오.
2. 1에서 본 현금기준 손익계산의 문제점이 무엇인지 구체적으로 지적하시오.
3. 2에서 지적된 현금기준 손익계산의 문제점을 발생기준 손익계산에서는 어떻게 해소하는지 구체적으로 언급하시오.
4. 발생기준회계(accrual-basis accounting)를 적용하여 (주)천마엔지니어링의 세 회계기간 동안의 기간별 손익을 계산하시오.

4장

회계순환과정

이 장은 거래의 발생으로부터 재무제표의 작성에 이르는 일련의 과정, 즉 **회계순환과정**을 설명한다. 회계순환과정은 재무회계정보를 산출해 내는 큰 틀로서 그 안에 재무회계의 기본원리가 내재되어 있다. 따라서 이 장을 철저히 이해한다면 재무회계에 대한 여러분의 안목이 크게 향상될 것이라 믿는다.

제1절 회계순환과정의 개념적 이해

기업의 한 회계기간 동안에 발생한 모든 경제적 사건, 즉 거래(transaction)의 재무적인 결과는 그 기간의 재무제표로 요약된다. 거래의 발생에서 재무제표 작성까지를 **회계순환과정**(accounting cycle)이라 한다.

회계순환과정은 ① 거래 발생의 확인 → ② 거래의 분석 → ③ 분개 → ④ 전기 → ⑤ 수정전시산표 작성 → ⑥ 수정분개 → ⑦ 수정후시산표 작성 → ⑧ (포괄)손익계산서 작성 → ⑨ 마감분개 → ⑩ 마감후시산표, 재무상태표 및 기타 재무제표 작성까지 크게 10단계로 나누어진다.

오늘날에는 컴퓨터와 회계소프트웨어의 발달로 회계순환과정 중 생략되는 단계가 많다. 그러나 회계학원론을 배우는 입장에서는 회계순환과정의 모든 단계를 차근차근 익힘으로써 재무정보가 생성되는 메커니즘과 그 논리를 터득할 수 있을 것이다. 이하에서는 회계순환과정의 각 단계를 설명한다.

1. 거래 발생의 확인

기업은 우선 거래가 발생한 것을 확인하여야 한다. 기업의 회계시스템은 발생한 거래가 누락되지 않도록 자기 검증기능을 갖추어야 한다. 거래의 누락은 재무정보의 왜곡을 초래한다. 특히, 거래의 의도적 누락은 재무정보에 중대한 왜곡을 가져오는 위법적·탈법적 행위이다.

거래는 크게 외부적 거래와 내부적 거래로 분류될 수 있다. **외부적 거래**(external transactions 또는 explicit transactions)는 회계연도 중 일상적으로 이루어지는 거래상대방이 존재하는 거래를 말한다. 상품을 매출하거나 은행에서 자금을 차입하거나 원재료를 구입하는 거래를 외부적 거래의 예로 들 수 있다. **내부적 거래**(internal transactions 또는 implicit transactions)는 거래상대방이 존재하지 않고 기업 내에서 생성된 거래를 말하는데, 발생기준회계로 말미암아 불가피하게 인식하게 되는 회계기말의 수정사항(예: 감가상각비)이 그 좋은 예이다.

기업의 회계시스템은 거래가 발생한 사실을 뒷받침해주는 증빙체계를 갖추어야 한다. 가령, 매출이 일어나면 매출송장 등이 그 거래의 증빙서류(documentary evidence)가 된다. 물품 구입대금의 지급은 지로영수증이나 은행의 송금확인서 등이 그 증빙이 된다. 감가상각비 계산스케줄이나 재고조사표는 내부적인 증빙이 된다.

2. 거래의 분석

거래의 분석(transaction analysis)이란 복식부기체계에 따라 발생한 거래에 의해 영향을 받는 둘 이상의 계정과목을 파악한 후 그 영향을 금액으로 측정하는 것이다. 가령, 은행에서 1,000원을 빌렸다면, 이 거래가 현금이라는 자산계정을 1,000원 증가시켰고 차입금이라는 부채계정을 1,000원 증가시켰다고 분석한다.

3. 분 개

(1) 분개의 의의

분개(journal entry, journalizing)란 거래의 분석에 의해 파악된 계정과목과 금액을 계정기록의 규칙에 따라 차변(왼쪽)과 대변(오른쪽)으로 나누어 기록하는 행위이다. 분개에는 외부적 거래에 대한 **원시분개**(original journal entries) 이외에, 다음에 설명할, 내부적 거래에 대한 **수정분개**(adjusting journal entries) 및 재무제표 작성 후 기계적으로 하게 되는 **마감분개**(closing journal entries)의 세 유형이 있다.

외부적 거래에 대한 원시분개를 간단히 분개라 한다. 가령 은행에서 1,000원을 빌렸다면 이 거래에 대한 (원시)분개는 다음과 같다.

(차변) 현　금	1,000	(대변) 차입금	1,000

재무회계의 핵심은 회계의 대상이 되는 경제적 사건, 즉 외부적 거래 및 내부적 거래의 인식과 측정이라 할 수 있는데, 그 인식과 측정은 분개 및 수정분개에 의해 이루어진다. 따라서 **분개 및 수정분개야말로 회계순환과정의 핵심이라 할 수 있다.** 마감분개를 포함한 그 밖의 회계순환과정은 단순한 기계적인 과정이다. 요즈음 거의 모든 기업의 회계시스템은 전산화되어 있는 바, 일단 분개 및 수정분개가 올바로 행해지면 마감분개를 포함한 나머지 회계순환과정은 회계시스템에 내장된 프로그램에 의하여 사용자의 선택에 따라 자동으로 행해진다.

(2) 분개장

모든 유형의 분개가 이루어지는 회계 장부 내지 파일을 **분개장**(journal)이라 한다. 분개장은 기업에서 일어나는 모든 거래에 대해 거래발생순으로 분개를 행하는 장부로서 '기업의 일기장'이라 할 수 있다. 재무회계에서의 모든 기록은 예외 없이 분개장을 통해서만 이루어지고, 분개장은 유일하게 '읽고 쓰기가 가능한'(read and write) 파일 내지 장부이다. 반면 뒤에서 언급하는 원장은 '읽기만이 가능한'(read only) 파일 내지 장부이다. 따라서 분개장을 때로는 **원시장부**(book of origin)라고도 부른다.

분개장의 형태로는 전통적인 회계장부 이외에, 편의점이나 백화점 등에서 흔히 쓰는 바코드리더(bar code reader) 및 RFID(radio frequency identification)리더, 금융기관의 전표시스템, 전산회계시스템(computerized accounting system)의 거래파일(transaction file) 등을 들 수 있다. 어떠한 형태의 분개장을 사용하든 그 내용은 같다.

예를 들어 전산회계시스템에서의 분개장인 거래파일의 경우는 각 분개가 하나의 레코드(record)이며, 각 레코드는 거래일자, 차변계정 과목 및 금액, 대변계정 과목 및 금액 등 여러 필드(field)로 구성되어 있다. 또한, 편의점에서 물건을 살 때 점원이 계산대에서 스캐닝을 하는 행위는 상점의 매출거래를 분개하는 것이며 그 결과가 바코드 리더라는 분개장에 기록되는 것이다. 어떠한 형태의 분개장을 사용하더라도 각 거래별 차변금액의 합계와 대변금액의 합계는 항상 같다.

4. 전 기

(1) 전기의 의의

전기(posting)란 분개장에 기록되어 있는 정보를 **원장**(ledger)의 해당 계정에 옮겨 적는 행위를 말한다. 이때, 분개장의 각 거래에 대한 분개에서 차변계정의 금액은 원장 해당 계정의 차변에, 대변계정의 금액은 원장 해당 계정의 대변에 기계적으로 옮겨 놓는다.

전기 행위가 마치 우체국의 집배원이 해당 주소지의 우체통에 우편물을 넣는 것과 유사하기 때문인지 영어에서는 'posting'이라는 용어를 쓴다. 전기를 함으로써 분개장에 나열된 수많은 거래 정보는 계정과목별로 정리된다. 앞에서도 언급했듯이 실무에서는 전기의 과정이 회계시스템에 내장된 프로그램에 의해 자동으로 행해진다.

(2) 원 장

원장(ledger)은 자산, 부채, 자본, 수익, 비용에 관한 모든 계정을 망라한 장부 내지 파일을 말한다. 즉 원장은 회사에서 사용하는 모든 계정을 모아 놓은 장부이다. 원장에 존재하는 모든 계정의 계정과목(account title), 각 계정과목에 부여되는 계정번호(account number) 및 각 계정에 대한 설명을 모아 놓는 표를 **계정과목표**(chart of accounts)라 한다. 본 장 제2절에 제시할 삼진(주)의 사례에 해당하는 계정과목표는 〈표 4-1〉과 같다. 이 표에서 자산계정, 부채계정, 자본계정, 수익계정, 비용계정은 각각 1×××, 2×××, 3×××, 4×××, 5××× 식의 계정번호가 부여되어 있다. 이때 계정번호는 회계시스템에 내장되어 회계순환과정을 수행하는 여러 프로그램을 작

표 4-1
삼진주식회사의 계정과목표

계정번호	계정과목	계정번호	계정과목
	〈자 산〉		〈부 채〉
1000	현 금	2000	매입채무
1100	매출채권	2100	선수임대료
1110	(대손충당금)	2200	미지급이자
1200	상 품	2250	미지급법인세
1300	선급보험료	2600	장기차입금
1600	건 물		
1610	(감가상각누계액)		〈자 본〉
		3000	자본금
	〈비 용〉	3300	이익잉여금
5000	매출원가		
5100	대손상각비		〈수 익〉
5200	감가상각비	4000	매 출
5300	보험료	4100	임대료
5400	급 여	9999*	집합손익*
5600	이자비용		
5700	법인세비용		

* 본 장 뒷부분의 마감분개에서 설명하기로 한다.

동시키는 키(key)의 역할을 한다.

어떠한 회계시스템이든 **분개장과 원장만이 영구적 장부 내지 파일**이며 회계순환과정에서 나타나는 시산표, 재무제표 등은 모두 사용자의 필요에 의해 생성되는 '임시장부' 내지 '임시파일' 이다. 분개장과 마찬가지로 원장의 형태에도 여러 가지가 있을 수 있는데 대표적인 것이 전산회계시스템의 마스터 파일(master file)이다. 이때 각 계정은 마스터 파일 내의 하위 파일(sub-file)로 생각하면 된다.

(3) T-계정

원장의 각 계정을 영문 T자 형태로 약식 표시하면서 **T-계정**이라 부른다.[1] T-계정의 왼쪽은 차변, 오른쪽은 대변을 나타낸다. 가령, 은행에서 1,000원을 빌렸다면,

1) T-계정은 기업에서 실제 사용하는 장부라기보다는 회계교육용 고안물이라 할 수 있다.

이 거래에 대한 분개는 다음과 같은데,

(차변) 현　금	1,000	(대변) 차입금	1,000

이를 T-계정 형식의 해당 계정(즉, 현금 계정과 차입금 계정)에 전기하면 다음과 같다.

현　금	
1,000	

차입금	
	1,000

5. 수정전시산표의 작성

시산표(trial balance)란 원장의 각 계정과목(즉, 자산, 부채, 자본, 수익, 비용의 세부적 계정)들의 잔액을 차변과 대변으로 구분하여 나열해 놓은 표이다. 각 분개의 차변금액 합계와 대변금액 합계는 항상 일치하므로, 모든 분개를 전기한 후에도 모든 차변계정 잔액의 합과 모든 대변계정 잔액의 합은 같아야 한다. 시산표란 말은 이러한 차변계정 잔액의 합과 대변계정 잔액의 합이 과연 같은지, 즉 균형(balance)을 이루는지를 시험적(trial)으로 검증하기 위하여 작성되는 표라는 뜻에서 붙여진 명칭이다.

수정전시산표(pre-adjusted trial balance)는 회계기말에, 다음에 설명할 수정분개를 하기 전에, 원장의 각 계정과목들의 잔액을 차변과 대변으로 구분하여 나열해 놓은 표이다. 수정전시산표의 작성은 차변계정 잔액의 합이 대변계정 잔액의 합과 일치하는지를 검증함으로써 분개와 전기 과정의 회계기록에 오류가 있었는지를 확인케 하고 수정분개를 하는 데 필요한 기초정보를 제공해 준다.

오늘날 컴퓨터와 회계소프트웨어의 발달로 기록 및 계산상의 오류발생은 현저하게 줄게 되었다. 예를 들어, 분개 시 담당자가 차변금액과 대변금액을 서로 다르게 컴퓨터에 입력하는 실수를 범하는 경우 회계시스템에의 입력 자체가 거부되어 오류가 미연에 방지되게 된다. 따라서 기록 및 계산상의 오류 여부를 검증할 목적으로 작성되는 수정전시산표와 뒤에 설명할 수정후시산표 및 마감후시산표는 그 중요성이 떨어질 뿐만 아니라 실제로 생략되는 경우도 많다.

6. 수정분개

수정분개(adjusting journal entries)는 외부의 거래상대방이 없는, 회사에서 스스로 파악한 **내부적 거래에 대한 분개**이다. 따라서 거래상대방이 존재하는 외부적 거래에 대한 분개, 즉 (원시)분개(original journal entries)와 대비된다. 수정분개는 회계기말에 행한다. 즉 **회계기말에 모든 내부적 거래를 일괄적으로 파악한 후 이에 대해 수정분개를 해야** 한다. 수정분개는 발생기준회계의 산물이다. 발생기준회계에서는 현금의 수취나 지급에 상관없이, 수익은 수익인식의 원칙에 따라, 그리고 비용은 대응원칙에 따라 발생 시에 인식한다. 발생기준회계에서 당기에 인식해야 할 수익에 대한 현금의 수취는 당기에 일어날 수도 있고 전기에 이미 일어났을 수도 있으며 차기 이후에 일어날 수도 있다. 같은 맥락으로, 당기에 인식해야 할 비용에 대한 현금의 지급은 당기에 일어날 수도 있고 전기에 이미 일어났을 수도 있으며 차기 이후에 일어날 수도 있다.

수정분개는 현금의 수취시점과 수익의 인식시점이 다르거나, 현금의 지급시점과 비용의 발생시점이 다른 경우에 이루어진다. 이러한 수정분개 시 사용되는 여러 계정은 아래의 〈계정과목 해설〉로 요약될 수 있다.

〈계정과목 해설〉

구 분	용 도	未(현금 추후 수취/지급)	先(현금 선 수취/지급)
현금 수취	수익의 인식	미수수익(발생)	선수수익(이연)
현금 지급	비용의 인식	미지급비용(발생)	선급비용(이연)

첫째, **수익의 인식시점에 현금을 아직(未) 수취하지 않은 경우**에는 추후 '받을 돈'을 의미하는 **미수수익**이라는 자산계정을 사용한다. 또한, **비용의 인식시점에 현금을 아직(未) 지급하지 않은 경우**에는 추후 '갚을 돈'을 의미하는 **미지급비용**이라는 부채계정을 사용한다.

둘째, **현금을 먼저(先) 수취한 후 나중에 수익의 인식이 이루어지는 경우**에는 추후의 '서비스 제공 의무'를 의미하는 **선수수익**이라는 부채계정을 사용한다. 또한 현금을 먼저(先) 지급한 후 나중에 비용의 인식이 이루어지는 경우에는 추후의 '서비스 받을 권리'를 의미하는 **선급비용**이라는 자산계정을 사용한다.

수정분개는 제3장의 발생기준회계에서 설명한 바 있는 발생(accrual)에 대한 분개, 이연(deferral)에 대한 분개 및 비용의 추정배분(allocation by estimation)에 대한 분개로 분류될 수 있다. 아래에서는 각 수정분개의 유형을 예를 들어 설명한다.

(1) 발생 분개

발생분개는 회계기말 현재 현금의 수취나 지급이 이루어지지 않아 아직 회사 장부에 반영되지 않은 수익 또는 비용을 당기에 인식하는 수정분개이다. 이에는 다음의 두 가지 유형이 있다.

① 현금의 수취가 있기 **전**에 당기수익으로 인식하는 수정분개
② 현금의 지급이 있기 **전**에 당기비용으로 인식하는 수정분개

①은 수익과 이와 관련된 자산을 계상하는 것이고, ②는 비용과 이와 관련된 부채를 계상하는 수정분개이다.

① 현금의 수취가 있기 전에 당기수익으로 인식하는 수정분개의 예

결산일이 12월 31일인 A사는 10월 1일 Z사에 돈 12,000원을 빌려주고 1년 만기, 연 이자율 10%, 원금과 이자 만기지급 조건의 어음을 받았다. 이 경우, 결산일인 12월 31일에는 현금은 받지 않았지만 당회계연도에 10월 1일부터의 3개월간 이자수익 300원(=₩12,000×10%×3/12)이 발생하였으므로 수익인식의 원칙에 따라 이를 당기의 수익으로 인식하여야 한다. 한편, 이 이자수익 300원은 아직 현금으로 받지 않았으나 만기일에 받을 권리가 있으므로 동 권리를 **미수이자(미수수익)**라는 자산으로 계상하여야 한다.

(차변) 미수이자	300	(대변) 이자수익	300

② 현금의 지급이 있기 전에 당기비용으로 인식하는 수정분개의 예

B사는 7월 1일에 은행으로부터 5,000원을 빌리고 원금과 1년간의 이자 400원을 다음 해 6월 30에 갚기로 하였다. B사의 결산일은 12월 31일이다. 이 경우, 결산일인 12월 31일에는 현금은 지급하지 않았지만 당회계연도에 7월 1일부터의 6개월간 이자비용 200원(=₩400×6/12)이 발생하였으므로 대응원칙에 따라 당기의 비용으로 인식하여야 한다. 동시에, 이 이자비용 200원은 아직 현금으로 지급하지 않았으나 만기일에 지급해야 할 의무이므로 동 의무를 **미지급이자**(**미지급비용**)라는 부채로 기록해야 한다.

(차변) 이자비용	200	(대변) 미지급이자	200

(2) 이연 분개

이연분개는 발생분개와는 정반대의 개념으로서 현금의 수취나 지급이 있을 때 수익이나 비용을 바로 인식하는 것이 아니라 뒤로 이연시킨 후 회계기말에 수익이나 비용을 인식하는 수정분개이다. 이연분개에도 다음의 두 가지 유형이 있다.

① 현금의 수취가 있은 **후**에 당기수익으로 인식하는 수정분개
② 현금의 지급이 있은 **후**에 당기비용으로 인식하는 수정분개

① 현금의 수취가 있은 후에 당기수익으로 인식하는 수정분개의 예

A사는 12월 31일 결산일의 수정전시산표에 선수임대료 900원이 있음을 확인하였다. 건물임대차계약서를 보니 900원은 9월 1일에 1년간의 건물임대료를 미리 받은 것이고 임대기간은 9월 1일부터 다음 해 8월 31일까지였다. 9월 1일 임대료 900원을 미리 받은 날에 A사는 다음과 같은 분개를 분개장에 기록하였다.

(차변) 현　금	900	(대변) 선수임대료	900

여기서 **선수임대료**(**선수수익**)는 향후 1년간 건물에 대한 임대서비스를 제공해 줄 의무가 있음을 나타내는 부채계정이다. 즉 위 분개는 현금의 수취 시 수익을 바로 인식하지 않고 현금의 선 수취에 따른 의무를 부채로 기록함으로써 수익의 인

식을 뒤로 미룬, 즉 이연시킨 결과이다.

결산일인 12월 31일에 A사는 미리 받은 임대료 900원 중 9월부터 12월까지의 4개월분에 해당하는 300원(=₩900×4/12)은 당기에 벌어들인 것이므로 임대료라는 당기의 수익으로 인식하고 그 만큼 선수임대료이라는 부채를 감소시키는 다음의 수정분개를 하여야 한다.

(차변) 선수임대료	300	(대변) 임대료	300

이 수정분개가 전기된 후의 선수임대료 계정의 잔액은 600원(=₩900−₩300)이 되는데, 이는 차기에 수익(임대료)으로 인식될 금액이다.

② 현금의 지급이 있은 후에 당기비용으로 인식하는 수정분개의 예

B사는 12월 31일 수정전시산표에 선급보험료 600원이 있음을 발견하였다. 보험증서를 보니 600원은 4월 1일에 1년간의 보험료를 미리 납부한 것이었다. 4월 1일 보험료 600원을 미리 지급했을 때 B사는 다음과 같은 분개를 분개장에 기록하였다.

(차변) 선급보험료	600	(대변) 현　금	600

여기서 **선급보험료(선급비용)**는 향후 1년간 보험서비스를 받을 권리가 있음을 나타내는 자산계정이다. 즉 위 분개는 현금의 지급 시 비용을 바로 인식하지 않고 현금의 선 지급에 따른 권리를 자산으로 기록함으로써 비용의 인식을 뒤로 미룬, 즉 이연시킨 결과이다.

이에 대해 결산일인 12월 31일에는 다음과 같은 수정분개를 하여야 한다.

(차변) 보험료	450	(대변) 선급보험료	450

즉, 선급보험료 600원 중 4월부터 12월까지의 9개월분에 해당하는 450원(=₩600×9/12)은 당기에 발생한 비용이므로 보험료라는 비용을 450원 인식하고 선급보험료라는 자산을 450원 감소시킨다. 이 수정분개가 전기된 후의 선급보험료 계정의 잔액은 150원(=₩600−₩450)이 되는데, 이는 차기에 비용(보험료)으로 인식될 금액이다.

(3) 비용의 추정배분 분개

비용의 추정배분 분개는 기말에 자산의 소멸분을 추정하여 비용으로 인식하는 것이다. 이의 대표적인 예가 유형자산과 무형자산에 대한 감가상각의 추정과 매출채권 등에 대한 대손의 추정이다.

① 감가상각 추정의 예

천마회사가 금년 1월 1일 사무실 건물을 현금 10,000원에 취득하였다면, 그 날의 분개는 다음과 같다.

(차변) 건 물	10,000	(대변) 현 금	10,000

천마회사는 이 건물을 향후 10년간 사용할 수 있으며 10년 후 이 건물의 잔존가치는 없는 것으로 예상하였다. 천마회사의 결산일은 12월 31일이다. 그렇다면 결산일인 12월 31일에 천마회사는 이 건물을 1년간 사용한 것에 대한 '사용원가' 즉, 감가상각비를 추정하여 당기의 비용으로 인식하는 수정분개를 하여야 한다. 천마회사가 감가상각을 10년에 걸쳐 매년 균등하게 한다면 당기의 **감가상각비**는 1,000원이다. 따라서 결산일에 다음과 같은 수정분개를 하여야 한다.

(차변) 감가상각비	1,000	(대변) 감가상각누계액	1,000

여기서 **감가상각누계액**은 차감적 평가계정 또는 **차감계정**이라 하는데, 이 말은 관련 유형자산(이 경우, 건물)에서 차감하여 유형자산의 장부금액을 평가하는 계정이라는 의미이다. 위의 수정분개 후 **건물의 장부금액(재무상태표평가액)은 취득원가에서 감가상각누계액을 차감한 후의 가액**인 9,000원(=₩10,000−₩1,000)이 된다. 이 감가상각비 계상은 건물의 취득원가 10,000원을 10년에 걸쳐 매년 1,000원씩 비용(감가상각비)으로 추정·배분하는 절차이다.

유형자산은 일종의 '장기선급비용'이라 생각할 수 있다. 즉, 유형자산의 취득 시 '장기선급비용'의 의미를 지니는 자산으로 기록한 후 시간의 경과에 따라 이를 감가상각비라는 비용으로 인식한다는 점은 앞에서 설명한 선급비용의 회계처리와 유사하다.

② 대손상각 추정의 예

회계기말 현재 천마회사의 수정전시산표에 외상매출에 의한 매출채권 잔액이 7,000원 있다고 하자. 이 채권잔액 7,000원을 향후 전부 회수할 수 있다는 보장은 없다.[2] 따라서 회계기말 현재 매출채권 잔액 중 추후 '떼일 돈', 즉 대손상각비를 미리 추정하여 당기의 비용으로 계상하여야 한다. 실제로 매출채권을 떼일 때 대손 처리하는 것이 아니라 매출이 인식된 회계기간 말에 미래에 '떼일 돈'을 미리 추정하여 대손 처리하는 것이 수익·비용대응의 원칙에 부합하는 방법이다.

결산일인 12월 31일 천마회사가 매출채권 7,000원 중 궁극적으로 받지 못할 금액을 50원으로 추정한다면 기말수정분개는 다음과 같다.

(차변) 대손상각비	50	(대변) 대손충당금	50

여기서 **대손충당금**은 감가상각누계액과 마찬가지로 당해 자산(이 경우 매출채권)의 차감적 평가계정 또는 차감계정이다. 이 수정분개 후 천마회사의 **매출채권의 장부금액(재무상태표평가액)은 매출채권에서 대손충당금을 차감한 후의 가액**인 6,950원(=₩7,000−₩50)이 된다.

7. 수정후시산표의 작성

수정분개를 하고 이를 모든 해당 계정에 전기하여 계정 잔액을 업데이트한 후, 모든 계정의 잔액을 차변과 대변으로 구분하여 나열한 수정후시산표(post-adjusted trial balance)를 작성한다. 수정후시산표의 작성은 수정분개를 반영한 원장의 모든 계정잔액의 차변합계가 대변합계와 일치하는지를 살펴봄으로써 수정분개와 전기의 오류 여부를 확인할 수 있게 한다. 또한 재무제표, 특히 손익계산서의 작성을 용이하게 한다. 앞에서 언급한 수정전시산표나 수정후시산표는 분개장 또는 원장과는 달리 회계기말에 작성되는 '임시파일'이다.

---

2) 회사의 회계기말 매출채권 잔액은 수많은 고객으로부터 받을 금액의 합이다. 회사는 외상매출 시 개별 고객에 대한 신용조회 등을 통해 대손상각을 최소화하고자 할 것이나 이러한 신용조회 등이 매출채권의 100% 회수를 보장하는 것은 아니다.

8. 손익계산서의 작성

수정후시산표에는 자산, 부채, 자본, 수익, 비용에 해당하는 모든 계정잔액들이 망라되는데, 이 중 손익계산서 항목(수익, 비용)의 계정잔액들은 당기손익에 영향을 미치는 모든 거래(외부적 거래 및 내부적 거래)를 반영한 결과이다. 따라서 **수정후시산표의 수익, 비용 계정잔액들을 체계적으로 정리함으로써 손익계산서는 쉽게 작성될 수 있다.** 반면, 재무상태표는 아래에 설명하는 마감분개 후에야 작성이 가능하다.

9. 마감분개

손익계산서 항목의 수명은 한 회계기간이다.[3] 따라서, **손익계산서의 작성 후 수익, 비용에 해당하는 계정들은 그 잔액을 모두 '0'으로 리셋(resetting)시켜야, 즉 마감(closing)시켜야 한다.** 그렇게 함으로써 다음 회계기간 초부터는 모든 수익, 비용 항목을 새롭게 집계하게 된다.

마감분개(closing journal entries)란 이처럼 손익계산서에 포함되는 계정들의 잔액을 '0'으로 만드는 동시에 손익계산서의 당기순이익을 재무상태표의 이익잉여금 계정으로 이체하는 분개를 지칭한다.

예로, 천마회사의 수익은 매출 10,000원, 이자수익 300원을 합하여 총 10,300원이고, 비용은 급여 6,500원, 보험료 500원, 감가상각비 1,200원, 그리고 대손상각비 100원을 합하여 총 8,300원이라고 하자. 이 경우 당기순이익은 2,000원(=₩10,300 −₩8,300)이다. 이에 대한 마감분개는 다음과 같이 세 단계로 이루어진다.

≪1단계≫ 모든 수익의 잔액을 '0'으로 마감하는 분개

(차변)	매 출	10,000	(대변) 집합손익	10,300
	이자수익	300		

---

3) 따라서 손익계산서에 포함되는 계정(수익, 비용)을 임시계정(temporary account)이라 한다. 이에 반하여, 재무상태표에 포함되는 계정(자산, 부채, 자본)은 지속적으로 존재하는 계정이므로 영구계정(permanent account)이라 한다.

≪2단계≫ 모든 비용의 잔액을 '0'으로 마감하는 분개

(차변) 집합손익	8,300	(대변) 급 여	6,500
		보험료	500
		감가상각비	1,200
		대손상각비	100

위의 두 분개를 전기하면, **집합손익**(income summary) 계정의 대변에는 모든 수익 계정잔액의 합계가, 차변에는 모든 비용 계정잔액의 합계가 기록된다. 집합손익 계정의 대변잔액과 차변잔액의 차이가 바로 당기순이익 또는 당기순손실이다.

집합손익 계정도 다음 회계기간 초에는 '0'으로 다시 시작해야 한다. 즉, 집합손익 계정도 마감분개의 대상이 된다. 집합손익 계정은 그 대변잔액이 차변잔액보다 클 경우(당기순이익의 경우) 이익잉여금을 동액만큼 증가시키면서 '0'으로 마감되고, 대변잔액이 차변잔액보다 작을 경우(당기순손실의 경우) 이익잉여금을 동액만큼 감소시키면서 '0'으로 마감된다. 천마회사의 집합손익 마감분개는 전자에 해당되며 다음과 같다.

≪3단계≫ 집합손익 계정잔액인 당기순이익을 이익잉여금으로 대체하는 분개

(차변) 집합손익	2,000	(대변) 이익잉여금	2,000

이렇게 당기순이익이나 당기순손실은 집합손익 계정을 이용한 마감분개의 과정을 거쳐 재무상태표의 이익잉여금으로 이전된다. 다시 말하면, 앞에서 언급한 바 있는 손익계산서와 재무상태표의 연계는 이와 같은 마감분개의 과정을 통해 이루어진다.

10. 마감후시산표, 재무상태표 및 기타 재무제표의 작성

마감분개를 전기하고 나면 모든 수익, 비용 계정들은 잔액이 '0'이 되어 사라지게 된다. 따라서 **마감후시산표**(post-closing trial balance)에는 오직 재무상태표 계정(자산, 부채, 자본)들만 남게 된다. 이 계정들의 잔액을 재무상태표의 형식에 맞게 정리함으로써 재무상태표를 작성할 수 있다.

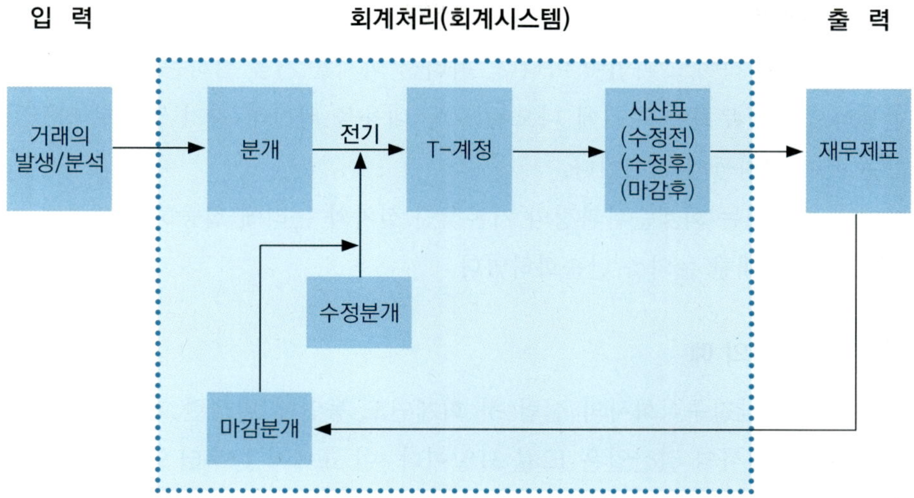

그림 4-1
회계순환과정

자본변동표는 재무상태표의 자본 계정 잔액과 그 변동내역을 참조하여 작성할 수 있고, 현금흐름표는 원칙적으로 전기말 재무상태표의 현금 계정 잔액과 당기말 재무상태표의 현금계정 잔액의 차이 및 그 차이의 내역을 파악하여 작성할 수 있다. 자본변동표와 현금흐름표의 작성은 중급재무회계에서 다룬다.

이제까지 설명한 회계순환과정을 그림으로 도해하면 〈그림 4-1〉과 같다. 아래의 도해에서 보는 바와 같이 모든 유형의 분개(원시, 수정, 마감)는 항상 원장상의 해당 T-계정으로 반드시 전기되어야 하고, 전기 후 모든 T-계정의 잔액은 항상 시산표(수정전, 수정후, 또는 마감후)에 집합될 수 있다.

제2절 회계순환과정의 예시

본 절에서는 제1절에서 공부한 회계순환과정의 개념과 메커니즘을 확고히 하기 위하여 예로써 회계순환과정의 각 단계를 설명한다. 편의상, 추가적 설명이나 계산을 필요로 하지 않는 단계는 생략한다. 재무회계의 기본적인 절차와 논리가 모두 이 절에 담겨있다고 하여도 과언이 아니다. 따라서 회계를 처음 접하는 학생들은 이 절을 반복적으로 공부하여 여기에 나오는 모든 내용을 완전히 자기 것으로 만들었으면 하는 것이 저자들의 바램이다.

아래의 예에서는 회계순환과정의 기본적인 절차와 논리에 집중하기 위하여 거래의 형식과 이에 대한 논의를 단순화하였다.

회계순환과정의 예

〈표 4-2〉는 삼진주식회사의 설립 첫 회계연도 동안에 발생한 거래를 보여주고 있다. 삼진주식회사의 결산일은 12월 31일이다. 이 표에서 1)부터 9)까지는 외부적 거래이고 10)부터 15)까지는 기말수정분개를 요하는 내부적 거래이다.

표 4-2 삼진주식회사의 제1회계연도 거래내역

1) 1월 1일	주식을 발행하여 현금 10,000원의 자본금을 마련하다.
2) 1월 30일	건물을 현금 5,000원에 구입하다.
3) 2월 1일	은행으로부터 현금 8,000원을 연리 12%에 차입하다. 이자는 매년 7월 31일과 1월 31일에 지급하며 만기일은 5년 후이다.
4) 1/1~12/31	상품을 5,000원에 샀다. 매입대금 중 3,000원은 현금지급하고 잔액은 외상으로 하다.
5) 1/1~12/31	원가 4,000원의 상품을 8,500원에 팔았다. 매출대금 중 5,500원은 현금으로 받고 잔액은 외상으로 하다.
6) 1/1~12/31	한 해 동안 판매원의 급여 1,500원을 현금으로 지급하다.
7) 7월 31일	위 3)의 은행차입금에 대한 이자 480원을 현금으로 지급하다.
8) 9월 1일	향후 6개월분 건물 일부의 임대료 240원을 미리 받다.
9) 11월 1일	향후 1년분 보험료 180원을 미리 납부하다.
10) 12월 31일	건물에 대한 감가상각비 500원을 계상하다.
11) 12월 31일	매출채권 잔액에 대하여 80원을 회수불능으로 추정하다.
12) 12월 31일	위 3)의 은행차입금 발생이자에 대한 수정분개
13) 12월 31일	위 8)의 선수임대료에 대한 수정분개
14) 12월 31일	위 9)의 선급보험료에 대한 수정분개
15) 12월 31일	당기의 이익에 대한 법인세비용 201원을 추정·계상하다. 동 법인세는 내년 3월 중 납부 예정이다.

1. 분 개

분개는 제3장에서 설명한 차변·대변의 원리에 따라 분개장에 거래발생순으로 행해야 한다. 이때 사용되는 분개장의 형태에는 앞에서 설명한 바와 같이 여러 가지가 있을 수 있다. 분개장의 형태에 관계없이 모든 분개는 차변·대변의 원리에 따라 이루어지며 각 분개의 차변금액의 합과 대변금액의 합은 항상 같아야 한다.

분개의 원리를 다시 한 번 표로 나타내면 〈표 4-3〉과 같은데 이를 흔히 **거래의 8요소**라고 한다.

표 4-3
분개의 원리

차 변	대 변
자산의 **증가**	자산의 감소
부채의 감소	부채의 **증가**
자본의 감소	자본의 **증가**
비용의 **발생**	수익의 **발생**

* 3장 〈표 3-2〉 차변·대변의 원리와 기본적으로 같다.

이제 〈표 4-2〉의 각 거래에 대한 분개를 하면 다음과 같다.

1) (차변) 현　금　10,000　(대변) 자본금　10,000

차변: 현금(자산)의 증가
대변: 자본금(자본)의 증가

2) (차변) 건　물　5,000　(대변) 현　금　5,000

차변: 건물(자산)의 증가
대변: 현금(자산)의 감소

3) (차변) 현　금　8,000　(대변) 장기차입금　8,000

차변: 현금(자산)의 증가
대변: 장기차입금(부채)의 증가

4) (차변) 상　품　5,000　(대변) 현　금　3,000
매입채무　2,000

차변: 상품(자산)의 증가
대변: 현금(자산)의 감소 및 매입채무(부채)의 증가

5) (차변) 현 금	5,500	(대변) 매 출	8,500
매출채권	3,000		

차변: 현금(자산)과 매출채권(자산)의 증가
대변: 매출(수익)의 발생

5) (차변) 매출원가	4,000	(대변) 상 품	4,000

차변: 매출원가(비용)의 발생
대변: 상품(자산)의 감소

상품판매는 두 개의 분개로 기록되어야 한다.[4] 위 5)의 첫 번째 분개는 수익(매출)의 인식과 그에 따른 자산(현금과 매출채권)의 증가에 대한 분개이다. 두 번째 분개는 비용(매출원가)의 인식과 자산(상품)의 감소에 대한 분개로서 수익·비용대응의 원칙에 따라 수익(매출)에 대응하는 비용(매출원가)의 발생과 동시에 자산(상품)의 감소를 기록한다.

6) (차변) 급 여	1,500	(대변) 현 금	1,500

차변: 급여(비용)의 발생
대변: 현금(자산)의 감소

7) (차변) 이자비용*	480	(대변) 현 금	480

차변: 이자비용(비용)의 발생
대변: 현금(자산)의 감소
*이자비용＝₩8,000×12%×6/12＝480원

이때 차변에 사용되는 계정은 단순히 이자라고 할 것이 아니라 이자비용이라고

---

4) 이 매출거래로 인하여 현금과 매출채권이 각각 5,500원과 3,000원 증가했고 상품이 4,000원 감소한 반면, 수익(매출)과 비용(매출원가)의 차이 4,500원(＝₩8,500－₩4,000), 즉 매출총이익(영세상인들의 실무에서는 상품매매익이라고도 함) 4,500원이 발생하였으므로 다음과 같이 분개하는 경우를 영세상인들의 실무에서 가끔 본다.

(차변) 현 금	5,500	(대변) 상 품	4,000
매출채권	3,000	매출총이익 (또는 상품매매이익)	4,500

그러나 이는 수익(매출)과 비용(매출원가)을 총액으로 기재해야 하는 원칙에 어긋나는 부적절한 분개이다.

명기해야 한다. 이자와 관련된 계정으로는 이자비용, 이자수익, 미수이자, 선수이자, 미지급이자, 미수이자 등이 있을 수 있으므로 거래의 내용에 따라 정확한 계정을 사용해야 한다.

8) (차변) 현 금	240	(대변) 선수임대료	240

차변: 현금(자산)의 증가
대변: 선수임대료(부채)의 증가

임대료를 받은 시점에서는 향후 임대서비스를 제공할 의무가 있으므로 그 의무를 선수임대료(선수수익)라는 부채로 기록하여야 한다. 향후 임대서비스를 제공함에 따라, 즉 시간이 흐름에 따라 차후 거래 13)이 요구하는 바처럼 선수임대료를 수익으로 전환시키는 수정분개를 해야 한다.[5)]

9) (차변) 선급보험료	180	(대변) 현 금	180

차변: 선급보험료(자산)의 증가
대변: 현금(자산)의 감소

보험료를 납부한 시점에서는 향후 보험서비스를 받을 권리가 있으므로 그 권리를 선급보험료(선급비용)라는 자산으로 기록하여야 한다. 향후 보험서비스를 받음에 따라, 즉 시간이 경과함에 따라 차후 거래 14)가 요구하는 바처럼 선급보험료를 비용으로 전환시키는 수정분개를 해야 한다.[6)]

2. 전 기

전기의 과정은 모든 전산회계시스템에서 사용자의 선택에 따라 자동으로 행해진다. 이때 모든 분개의 차변계정과 대변계정의 금액은 앞에서 설명하였듯이 계정과

---

5) 이때 임대료를 받은 시점에서 이를 일단 임대료라는 수익으로 기록한 후 회계기말의 수정분개를 통해 기간이 경과하지 않은 임대료 부분을 선수임대료라는 부채로 인식하는 대체적인 방법을 사용할 수도 있으나 개념적으로 바람직하지 않다.

6) 선수임대료의 경우와 마찬가지로, 선급보험료도 현금지급 시 일단 보험료라는 비용으로 기록한 후 기말의 수정분개를 통해 기간 미경과분을 선급보험료라는 자산으로 인식하는 대체적인 방법을 사용할 수도 있으나 개념적으로 바람직하지 않다.

목표상 각 계정에 부여된 고유번호, 즉 계정번호에 의해 각각 해당 T-계정의 차변과 대변에 그대로 복사되게 된다.

위의 1)과 2)의 분개를 전기하는 것을 예로 들어보자.

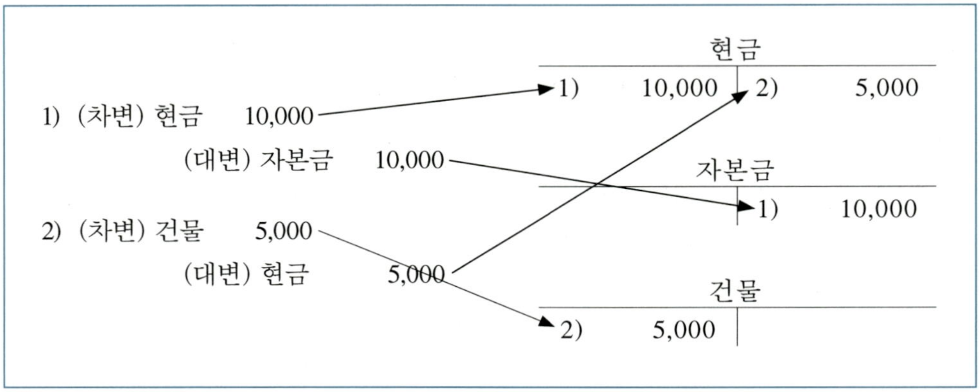

위에서 보듯이 분개의 차변금액은 해당 계정의 차변에, 분개의 대변금액은 해당 계정의 대변에 옮겨 적는 단순한 행위가 전기이다. 앞의 1)부터 9)까지의 분개를 전기한 결과는 다음과 같다. 참고로, 독자들의 이해를 돕기 위해 각 분개의 번호를 금액 앞에 명기하였으며, 한 계정에 전기가 두 번 이상 되었을 경우 잔액을 계산하였다.

〈재무상태표 계정〉

〈자산계정〉

현 금

1)	10,000	2)	5,000
3)	8,000	4)	3,000
5)	5,500	6)	1,500
8)	240	7)	480
		9)	180
잔액	13,580		

상 품

4)	5,000	5)	4,000
잔액	1,000		

매출채권

5)	3,000		

건 물

2)	5,000		

선급보험료

9)	180		

〈부채계정〉

매입채무 (차변)	매입채무 (대변)
	4) 2,000

선수임대료 (차변)	선수임대료 (대변)
	8) 240

장기차입금 (차변)	장기차입금 (대변)
	3) 8,000

〈자본계정〉

자본금 (차변)	자본금 (대변)
	1) 10,000

〈손익계산서 계정〉

〈수익계정〉

매 출 (차변)	매 출 (대변)
	5) 8,500

〈비용계정〉

매출원가 (차변)	매출원가 (대변)
5) 4,000	

급 여 (차변)	급 여 (대변)
6) 1,500	

이자비용 (차변)	이자비용 (대변)
7) 480	

자산에 속하는 현금 계정을 예로 들면, 모든 현금의 증가는 현금 계정의 차변에 기록되는 바, 차변합계인 기중의 총 현금 증가액은 23,740원이다. 현금 계정 대변의 합계는 10,160원인데 이는 기중의 총현금 감소액을 의미한다. 따라서 기말 현재의 현금 계정은 13,580원의 차변잔액(debit balance)을 갖는다. 반면에, 부채에 속하는 계정의 경우는 그 증가는 대변에, 그 감소는 차변에 기록되는데, 대변총계가 차변총계보다 크게 되므로 항상 대변잔액(credit balance)을 갖는다. 이렇게 자산과 비용에 속하는 계정은 항상 차변잔액을, 부채, 자본 및 수익에 속하는 계정은 항상 대변잔액을 지니게 되는데 이를 각 계정의 **정상잔액**(normal balance)이라고 한다. 여기서 한 가지 주의할 점은 "차변합계는 대변합계와 같다"라는 회계의 보편적 원리가 개별 T-계정 잔액 수준에서는 성립하지 않는다는 것이다.

3. 수정전시산표의 작성

앞 절에서 각 T-계정의 잔액을 집합시켜 놓은 수정전시산표는 〈표 4-4〉와 같다.

표 4-4
삼진(주)의 수정전시산표

수정전시산표 삼진주식회사 제1회계연도 1월 1일부터 12월 31일까지			
현 금	13,580	매입채무	2,000
매출채권	3,000	선수임대료	240
상 품	1,000	장기차입금	8,000
선급보험료	180	자본금	10,000
건 물	5,000	매 출	8,500
매출원가	4,000		
급 여	1,500		
이자비용	480		
차변합계	28,740	대변합계	28,740

4. 수정분개

10)부터 15)까지의 내부적 거래에 대한 기말수정분개는 다음과 같다.

10) (차변) 감가상각비 500 (대변) 감가상각누계액 500

건물의 추정 사용원가 500원이 비용(감가상각비)으로 소멸되었다.

여기서 감가상각누계액이 건물 계정의 차감계정이라는 것은 전술한 바와 같다. 이 분개 후 건물의 장부금액은 4,500원(=₩5,000−₩500)이 된다.

11) (차변) 대손상각비 80 (대변) 대손충당금 80

매출채권의 추정 회수불능액 80원이 비용(대손상각비)으로 소멸되었다.

여기서 대손충당금은 감가상각누계액과 같은 성질의 계정인 바, 매출채권 계정의 차감계정이다. 이 분개 후 매출채권의 장부금액은 2,920원(=₩3,000−₩80)이 된다.

12) (차변) 이자비용 400 (대변) 미지급이자 400

비용(이자비용)의 발생으로 부채(미지급이자)가 증가하였다.
이자비용 = ₩8,000 × 12% × 5/12 = 400원

이자지급일인 7월 31일부터 12월 31일 현재까지 5개월이 지났다. 이자비용은 차입금에 대한 기간비용이다. 따라서 비록 회계기말 현재 현금으로 이자가 지급되지 않았더라도 이 기간비용을 해당 회계기간에 인식해야 한다. 미지급이자는 발생한 이자를 지급할 의무를 나타내는 재무상태표의 부채계정이다.

13) (차변) 선수임대료 160 (대변) 임대료 160

수익(임대료)의 발생으로 부채(선수임대료)가 감소하였다.
임대료 = ₩240 × 4/6 = 160원

임대료는 임대기간에 걸쳐 인식하는 수익이다. 6개월분의 임대료로 240원을 미리 수취하였다. 12월 31일 현재 4개월이 지났으므로 이 중 160원을 수익으로 인식해야 한다. 동시에, 임대서비스의 의무를 4개월 이행했으므로 선수임대료라는 부채가 동 금액만큼 감소한다.

14) (차변) 보험료 30 (대변) 선급보험료 30

비용(보험료)의 발생으로 자산(선급보험료)이 감소하였다.
보험료 = ₩180 × 2/12 = 30원

보험료는 기간비용이다. 애초 12개월분의 선급보험료로 180원을 지급하였다. 12월 31일 현재 2개월이 지났으므로 이 중 30원을 비용으로 인식해야 한다. 동시에, 보험서비스를 받을 권한이 2개월분만큼 소멸하였으므로 선급보험료라는 자산이 동 금액만큼 감소한다.

15) (차변) 법인세비용 201 (대변) 미지급법인세 201

비용(법인세비용)의 발생으로 부채(미지급법인세)가 증가하였다.

당기의 세전 회계이익에 대하여 법인세비용을 인식하여야 한다. 동시에 법인세의 실제 납부는 다음 해이므로 미지급법인세라는 부채를 기록하여야 한다. 이때 미지급법인세는 기한 내에 법인세를 과세당국에 납부해야 하는 의무를 나타내는 부채계정이다.

앞에서 언급한 바와 같이 모든 유형의 분개는 항상 원장의 해당 T-계정으로 전기된다. 10)부터 15)까지의 수정분개를 전기한 후 새로이 T-계정 잔액을 구한 결과는 다음과 같다.

〈재무상태표 계정〉

〈자산계정〉

현 금

1)	10,000	2)	5,000
3)	8,000	4)	3,000
5)	5,500	6)	1,500
8)	240	7)	480
		9)	180
잔액	13,580		

상 품

4)	5,000	5)	4,000
잔액	1,000		

매출채권

5)	3,000		

건 물

2)	5,000		

선급보험료

9)	180	14)	30
잔액	150		

대손충당금

		11)	80

감가상각누계액

		10)	500

〈부채계정〉

매입채무

		4)	2,000

선수임대료

13)	160	8)	240
		잔액	80

미지급이자

		12)	400

미지급법인세

		15)	201

장기차입금

		3)	8,000

〈자본계정〉

자본금

		1)	10,000

〈손익계산서 계정〉

〈수익계정〉

매 출

		5)	8,500

임대료

		13)	160

〈비용계정〉

매출원가	
5) 4,000	

급 여	
6) 1,500	

대손상각비	
11) 80	

감가상각비	
10) 500	

보험료	
14) 30	

법인세비용	
15) 201	

이자비용	
7) 480	
12) 400	
잔액 880	

5. 수정후시산표의 작성

수정분개 전기 후의 모든 차변계정 잔액과 대변계정 잔액을 정리하는 수정후시산표를 작성하면 다음과 같다.

표 4-5 삼진(주)의 수정후시산표

수정후시산표
삼진주식회사
제1회계연도 1월 1일부터 12월 31일까지

차변	금액	대변	금액
현 금	13,580	감가상각누계액	500
매출채권	3,000	대손충당금	80
상 품	1,000	매입채무	2,000
선급보험료	150	선수임대료	80
건 물	5,000	미지급이자	400
매출원가	4,000	미지급법인세	201
대손상각비	80	장기차입금	8,000
감가상각비	500	자본금	10,000
보험료	30	매 출	8,500
급 여	1,500	임대료	160
이자비용	880		
법인세비용	201		
차변합계	29,921	대변합계	29,921

6. 손익계산서의 작성

수정후시산표에 있는 수익과 비용 계정들의 잔액을 옮겨 적음으로써 손익계산서를 작성할 수 있다. 수익 계정잔액은 손익계산서의 대변에, 비용 계정잔액은 손익계산서의 차변에 옮겨 적는다. 대변합계(수익의 합)가 차변합계(비용의 합)보다 큰 경우 그 차이가 바로 **당기순이익**(net income)이고, 반대로 차변합계가 더 큰 경우는 그 차이가 **당기순손실**(net loss)이다. 이렇게 대변과 차변의 형식으로 작성한 손익계산서를 **계정식 손익계산서**라 한다.

〈표 4-6〉은 계정식 손익계산서를, 〈표 4-7〉은 단계별 이익을 보여주는 다단계의 보고식 손익계산서를 보여준다.

위의 **다단계 포괄손익계산서**는 이익을 매출총이익, 영업이익, 법인세차감전순이익, 당기순이익, 그리고 총포괄이익으로 구분 표시한다. 이 예에서는 기타포괄이익이 없으므로 총포괄이익은 당기순이익과 같은 금액이다.

표 4-6
삼진(주)의 손익계산서
(계정식)

손익계산서
삼진주식회사
제1회계연도 1월 1일부터 12월 31일까지

비 용		**수 익**	
매출원가	4,000	매 출	8,500
대손상각비	80	임대료	160
감가상각비	500		
보험료	30		
급 여	1,500		
이자비용	880		
법인세비용	201		
소 계	7,191		
당기순이익	**1,469**		
총 계	8,660	총 계	8,660

표 4-7
삼진(주)의 손익계산서 (보고식)

손익계산서 삼진주식회사 제1회계연도 1월 1일부터 12월 31일까지	
매 출	8,500
매출원가	(4,000)
매출총이익	**4,500**
대손상각비	(80)
감가상각비	(500)
보험료	(30)
급 여	(1,500)
영업이익	**2,390**
임대료	160
이자비용	(880)
법인세비용차감전순이익	**1,670**
법인세비용	(201)
당기순이익	**1,469**

7. 마감분개

앞에서 언급했듯이 회계에서의 모든 기록은 예외 없이 분개를 통해서만 이루어질 수 있다. 손익계산서 계정의 마감과정, 즉 모든 손익계산서 계정의 잔액을 '0'으로 만드는 과정도 **마감분개**(closing journal entries)라는 유형의 분개를 통하여 이루어진다. 이때 '마감'이라는 의미는 예를 들어 은행에서 '오늘은 마감되었다'할 때 오늘의 거래가 끝났다는 의미의 마감(cut-off)이 아니라 **손익계산서 계정 잔액들을 '0'으로 리셋(resetting)하여 마감(closing)한다는 것**이다.

이러한 마감분개의 과정을 삼진(주)의 경우로 예시하면 다음의 표와 같다.

마감분개는 손익계산서 계정을 마감하는 동시에 재무상태표의 자본계정인 이익잉여금을 당기순이익만큼 증가시키는 역할을 한다. 다음에 제시된 T-계정에서 앞에서 언급한 세 단계의 마감분개에 대한 전기는 각각 '마1)', '마2)', '마3)'으로 식별한다.

표 4-8

3단계의 마감분개 과정

≪1단계≫ 수익의 잔액을 '0'으로 마감하는 분개

(차변)	매 출	8,500	(대변)	집합손익	8,660
	임대료	160			

≪2단계≫ 비용의 잔액을 '0'으로 마감하는 분개

(차변)	집합손익	7,191	(대변)	매출원가	4,000
				대손상각비	80
				감가상각비	500
				보험료	30
				급 여	1,500
				이자비용	880
				법인세비용	201

≪3단계≫ 당기순이익을 이익잉여금으로 대체하는 분개

(차변)	집합손익	1,469	(대변)	이익잉여금	1,469

〈마감된 손익계산서 계정〉

〈수익계정〉

매 출

마1)	8,500	5)	8,500

임대료

마1)	160	13)	160

〈비용계정〉

매출원가

5)	4,000	마2)	4,000

급 여

6)	1,500	마2)	1,500

대손상각비

11)	80	마2)	80

감가상각비

10)	500	마2)	500

이자비용

7)	480	마2)	880
12)	400		

보험료

14)	30	마2)	30

법인세비용

15)	8,500	**마2)**	201

〈집합손익계정〉

집합손익

마2)	7,191	**마1)**	8,660
마3)	1,469		

〈추가 재무상태표 계정〉

〈자본계정〉

이익잉여금

		마3)	1,469

8. 마감후시산표의 작성

마감분개를 하고 이를 전기한 후에 남아 있는 재무상태표 계정의 잔액을 차변과 대변에 맞춰 집합·나열한 것이 **마감후시산표**이다. 마감후시산표는 차기 회계기간으로 이월되는 재무상태표 계정의 잔액을 보여줌으로 이월시산표라 부르기도 한다. 삼진주식회사의 마감후시산표는 다음과 같다.

〈표 4-9〉에서 볼 수 있듯이 마감후시산표에는 수정후시산표의 손익계산서 계정(임시계정; temporary accounts)들이 '0'으로 마감되었으므로 재무상태표 계정(영구계정; permanent accounts) 잔액들만이 나타남을 알 수 있다.

표 4-9
삼진(주)의 마감후시산표

마감후시산표 삼진주식회사 제1회계연도 12월 31일 현재			
현 금	13,580	대손충당금	80
매출채권	3,000	감가상각누계액	500
상 품	1,000	매입채무	2,000
선급보험료	150	선수임대료	80
건 물	5,000	미지급이자	400
		미지급법인세	201
		장기차입금	8,000
		자본금	10,000
		이익잉여금	1,469
차변합계	22,730	대변합계	22,730

9. 재무상태표의 작성

위의 마감후시산표에는 대손충당금과 감가상각누계액이 대변잔액을 지니므로 대변에 나타났다. 그러나 재무상태표에서는 **이 두 계정을 관련 자산인 매출채권과 건물이 있는 차변으로 옮겨 이 두 계정에서 각각 차감하는 형식으로 표시**하여야 한다. 〈표 4-10〉의 계정식 재무상태표는 이렇게 마감후시산표를 간단히 조정하여 작성된다.

재무상태표는 손익계산서의 경우와는 달리 차변과 대변의 합이 같아야 한다. 재무상태표의 각 계정은 **영구계정**(permanent account)이다. 즉, 손익계산서 계정과는 달리 마감되지 않고 누적적으로 계속 남아 있는 계정이다.

지금까지는 배당의 지급이 없는 경우를 가정했다. 만약 회계기말에 배당이 있는 경우는 어떻게 회계 처리해야 할까? 배당은 당기순이익이 확정된 후 주주총회에서 결정된다. 따라서 배당의 지급은 당기순이익 계산에 반영되지 않으며, 따라서 손익계산서에 전혀 영향을 주지 않음에 유의해야 한다. 물론 배당의 지급은 재무상태표에 영향을 미친다. 만일 삼진주식회사가 제1회계연도말에 현금배당을 120원 지급

표 4-10
삼진(주)의 재무상태표

재무상태표 삼진주식회사 제1회계연도 12월 31일 현재			
자 산		**부 채**	
현 금	13,580	매입채무	2,000
매출채권	3,000	선수임대료	80
(대손충당금)	(80)	미지급이자	400
상 품	1,000	미지급법인세	201
선급보험료	150	장기차입금	8,000
건 물	5,000	**자 본**	
(감가상각누계액)	(500)	자본금	10,000
		이익잉여금	1,469
자산 총계	22,150	부채와 자본 총계	22,150

했다면 재무상태표는 어떻게 될까? 배당은 기업에 누적된 유보이익, 즉 이익잉여금이 있을 때만 가능하며, 현금배당의 지급은 이익잉여금의 감소와 동시에 현금의 감소를 가져온다. 따라서 현금배당은 다음과 같이 분개한다.

16) (차변) 이익잉여금 120 (대변) 현 금 120

위의 분개를 앞에서 제시한 현금 T-계정과 이익잉여금 T-계정에 추가로 전기하면 다음과 같이 두 계정의 잔액이 각각 120원만큼 감소한다.

현 금

1)	10,000	2)	5,000
3)	8,000	4)	3,000
5)	5,500	6)	1,500
8)	240	7)	480
		9)	180
		16)	120
잔액	13,460		

이익잉여금

16)	120	마3)	1,469
		잔액	1,349

따라서 현금배당을 지급한 경우의 재무상태표는 현금배당이 없는 경우에 비하여 현금과 이익잉여금이 각각 120원씩 감소하여 다음과 같게 된다.

표 4-11
삼진(주)의 재무상태표
(배당 지급 후)

재무상태표 삼진주식회사 제1회계연도 12월 31일 현재			
자 산		**부 채**	
현 금	13,460	매입채무	2,000
매출채권	3,000	선수임대료	80
(대손충당금)	(80)	미지급이자	400
상 품	1,000	미지급법인세	201
선급보험료	150	장기차입금	8,000
건 물	5,000	**자 본**	
(감가상각누계액)	(500)	자본금	10,000
		이익잉여금	1,349
자산 총계	22,030	부채와 자본 총계	22,030

보론 회계순환과정 종합예제

보론예제 (주)기린은 당년도 1월 1일에 설립되었다. (주)기린의 결산일은 12월 31일이다. 제1회계연도 동안 발생한 거래는 다음과 같이 요약된다.

1) 1/1 주식을 발행하여 현금 9,600원의 자본금을 마련하다.
2) 1/1 은행으로부터 현금 21,000원을 연리 10%에 차입하다. 이자는 매년말 지급하며 만기일은 3년 후이다.
3) 1/5 건물을 8,000원에 현금구입하다.
4) 1/1~12/31 상품 40,000원을 매입하였는데, 이 중 10,000원을 현금으로 지급하였으며 나머지는 외상으로 남아 있다.
5) 1/1~12/31 원가 25,000원의 상품을 45,000원에 매출하였는데, 이 중 30,000원의 대금

을 회수하였으며 나머지는 외상으로 남아 있다.

6) 1/1~12/31 급여 8,000원을 현금지급하다.

7) 7/1 향후 1년간 보험료 1,000원을 미리 납부하다.

8) 9/1 향후 6개월분 건물 일부의 임대료 4,200원을 미리 받다.

9) 12/31 위 2)의 차입금 이자 2,100원을 현금지급하다.

10) 12/31 매출채권 잔액의 3%를 대손충당금으로 설정하다.

11) 12/31 건물에 대한 감가상각비로 800원을 계상하다.

12) 12/31 위 7)과 관련된 수정분개

13) 12/31 위 8)과 관련된 수정분개

14) 12/31 법인세비용은 1,300원이다. 법인세는 내년도 3월에 납부할 예정이다.

※ 다음 물음에 답하시오.

[1] 위의 거래를 분개하시오.

[풀이]

	차변	금액	대변	금액
1)	(차변) 현 금	9,600	(대변) 자본금	9,600
2)	(차변) 현 금	21,000	(대변) 장기차입금	21,000
3)	(차변) 건 물	8,000	(대변) 현 금	8,000
4)	(차변) 상 품	40,000	(대변) 현 금	10,000
			매입채무	30,000
5)	(차변) 현 금	30,000	(대변) 매 출	45,000
	매출채권	15,000		
	(차변) 매출원가	25,000	(대변) 상 품	25,000
6)	(차변) 급 여	8,000	(대변) 현 금	8,000
7)	(차변) 선급보험료	1,000	(대변) 현 금	1,000
8)	(차변) 현 금	4,200	(대변) 선수임대료	4,200
9)	(차변) 이자비용	2,100	(대변) 현 금	2,100
10)	(차변) 대손상각비*	450	(대변) 대손충당금	450

* ₩15,000×3%=450원

11) (차변) 감가상각비 800 (대변) 감가상각누계액 800

12) (차변) 보험료* 500 (대변) 선급보험료 500

* ₩1,000×6/12=500원

13) (차변) 선수임대료* 2,800 (대변) 임대료 2,800

* ₩4,200×4/6=2,800원

14) (차변) 법인세비용 1,300 (대변) 미지급법인세 1,300

[2] 수정후시산표를 작성하시오.

[풀이] ■■■■■

수정후시산표
(주)기린
제1회계연도 1월 1일에서 12월 31일까지

현 금	35,700	매입채무	30,000
매출채권	15,000	선수임대료	1,400
상 품	15,000	미지급법인세	1,300
선급보험료	500	대손충당금	450
건 물	8,000	감가상각누계액	800
매출원가	25,000	장기차입금	21,000
급 여	8,000	자본금	9,600
이자비용	2,100	매 출	45,000
보험료	500	임대료	2,800
대손상각비	450		
감가상각비	800		
법인세비용	1,300		
차변합계	112,350	**대변합계**	112,350

[3] 다단계의 보고식 손익계산서를 작성하시오.

[풀이]

포괄손익계산서 (주)기린 제1회계연도 1월 1일부터 12월 31일까지	
매 출	45,000
매출원가	(25,000)
매출총이익	20,000
급 여	(8,000)
보험료	(500)
대손상각비	(450)
감가상각비	(800)
영업이익	10,250
임대료	2,800
이자비용	(2,100)
법인세비용차감전순이익	10,950
법인세비용	(1,300)
당기순이익	9,650

[4] 마감분개를 하시오.

[풀이]

(차변)	매 출	45,000	(대변) 집합손익	47,800
	임대료	2,800		
(차변)	집합손익	38,150	(대변) 매출원가	25,000
			급 여	8,000
			이자비용	2,100
			보험료	500
			대손상각비	450
			감가상각비	800
			법인세비용	1,300
(차변)	집합손익	9,650	(대변) 이익잉여금	9,650

[5] 마감후시산표를 작성하시오.

[풀이] ▪▪▪▪▪

마감후시산표 (주)기린 제1회계연도 12월 31일 현재			
현 금	37,700	매입채무	30,000
매출채권	15,000	선수임대료	1,400
선급보험료	500	미지급법인세	1,300
상 품	15,000	대손충당금	450
건 물	8,000	감가상각누계액	800
		장기차입금	21,000
		자본금	9,600
		이익잉여금	9,650
차변합계	74,200	**대변합계**	74,200

[6] 재무상태표를 작성하시오.

[풀이] ▪▪▪▪▪

재무상태표 (주)기린 제1회계연도 12월 31일 현재			
자 산		**부 채**	
유동자산		**유동부채**	
현 금	35,700	매입채무	30,000
매출채권	15,000	선수임대료	1,400
(대손충당금)	(450)	미지급법인세	1,300
선급보험료	500	**비유동부채**	
상 품	15,000	장기차입금	21,000
비유동자산		**자 본**	
건 물	8,000	자본금	9,600
(감가상각누계액)	(800)	이익잉여금	9,650
자산 총계	72,950	**부채와 자본 총계**	72,950

연습문제

〈객관식 문제〉

01 다음 중 회계순환과정 순서논리에 맞지 않은 것은?

① 분 개 → 전 기 → 수정전시산표 작성
② 수정후시산표 작성 → 손익계산서 작성 → 마감분개
③ 수정전시산표 작성 → 수정분개 → 수정후시산표 작성
④ 손익계산서 작성 → 마감분개 → 마감후시산표 작성
⑤ 마감분개 → 마감후시산표 작성 → 손익계산서 작성

02 전기(posting)란?

① 각 계정과목의 거래내역을 역사적으로 요약한 것이다.
② 각 분개를 해당 계정에 옮겨 적는 행위다.
③ 일시적 계정을 해당 장부에 기록하는 행위다.
④ 영구적 계정을 해당 장부에 기록하는 행위다.
⑤ 거래를 분개장에 옮겨 적는 행위다.

03 다음 중 내부적 거래가 아닌 것은?

① 상품 3,000원을 외상매입하다.
② 감가상각비 500원을 설정하다.
③ 대손상각비 100원을 설정하다.
④ 선수임대료 1,000원 중 600원을 당기의 임대료로 계상하다.
⑤ 미수이자 100원을 기록하다.

04 다음 중 외부적 거래에 속하는 것은?

① 당기순이익 1,200원을 이익잉여금으로 이체하다.
② 은행에서 10,000원을 빌리다.
③ 감가상각비 800원을 설정하다.

④ 대손상각비 100원을 설정하다.
⑤ 선급임차료 500원 중 300원을 당기의 임차료로 계상하다.

05 다음 중 분개장의 기능을 하지 않는 것은?
① 대형 할인점에서 사용하는 바코드 리더(bar code reader)
② 은행의 전표시스템
③ 매출거래처별 외상잔액 보조원장
④ 전산회계시스템의 거래파일(transaction file)
⑤ 백화점의 RFID

06 회계연도 중 통상적으로 빈번히 일어나는 거래의 분개에 대한 옳은 명칭은?
① 분 개　② 수정분개
③ 마감분개　④ 이연분개
⑤ 발생분개

07 영남상회의 분개장을 보니 다음과 같은 분개가 있었다.

(차변) 현 금	1,000	(대변) 선수수익	1,000

이 분개는?
① 역분개다.　② 수정분개다.
③ 마감분개다.　④ 이연분개다.
⑤ 발생분개다.

08 다음은 회계기말에 행한 수정분개이다. 발생분개는 어느 것인가?

	차변	금액	대변	금액
①	(차변) 미수이자	1,000	(대변) 이자수익	1,000
②	(차변) 감가상각비	1,000	(대변) 감가상각누계액	1,000
③	(차변) 선수이자	1,000	(대변) 이자수익	1,000
④	(차변) 보험료	1,000	(대변) 선급보험료	1,000
⑤	(차변) 선수수선료	1,000	(대변) 수선료	1,000

09 다음 중 영구계정이 아닌 것은?
① 미수수익　② 미지급비용
③ 대손충당금　④ 감가상각누계액
⑤ 집합손익

10 기말수정분개에는 발생분개, 이연분개, 비용의 추정배분 분개가 있다. 다음 중 이연분개를 할 때 나타나는 계정과목은?

① 선급비용　② 대손상각비
③ 미수수익　④ 매출채권
⑤ 미지급비용

11 연말 수정분개의 항목을 검토해본 결과 선수임대료에 차기(debit)하고, 임대료에 대기(credit)한 것이 발견되었다. 이 수정분개는 다음 중 무엇을 기록하기 위함인가?

① 수익의 인식　② 소멸되지 않은 원가의 이연
③ 소멸된 원가의 인식　④ 수익의 이연
⑤ 비용의 추정배분

12 다음 중 틀린 서술은?

① 마감후시산표에는 수익, 비용 계정이 없다.
② 수익, 비용 계정의 "수명"은 한 회계기간이다.
③ 자산, 부채, 자본 계정을 영구계정이라 한다.
④ 수정분개는 회계기말에 하는 분개이다.
⑤ 마감분개는 수정후시산표 작성 후 손익계산서 작성 전에 이루어진다.

13 다음 중 당기순이익을 증가시키는 항목은?

① 급　여　② 유형자산처분손실
③ 임대료　④ 매출원가
⑤ 보험료

(자료) 다음은 14번~17번 문제에 대한 자료이다. 천마산업은 금년 1월 1일에 설립되었다. 12월 31일에 마감되는 제1회계연도 동안 발생한 거래를 요약하면 다음과 같다.

(1) 1/1　주식을 발행하여 현금 14,000원의 자본금을 마련하다.
(2) 1/1　은행으로부터 현금 12,000원을 연리 12%에 차입하다. 이자는 매년말 지급하며 만기일은 3년 후이다.
(3) 1/1　건물을 10,000원에 구입하다.
(4) 1/1~12/31　상품 12,000원어치를 외상으로 매입하였다.
(5) 1/1~12/31　원가 6,000원인 상품을 10,000원에 매출하고 8,000원은 현금으로 받고 나머지는 외상으로 하였다.

(6) 1/1~12/31 매입채무 9,000원을 현금으로 상환하였다.
(7) 1/1~12/31 급여 2,000원을 현금으로 지급하였다.
(8) 7/1 향후 1년치 보험료 200원을 현금으로 지급하다.
(9) 10/1 향후 6개월 건물 일부의 임대료 1,200원을 현금으로 미리 받다.
(10) 12/31 위 2)의 차입금 이자를 현금지급하다(이자비용은 각자 계산할 것).
(11) 12/31 건물의 감가상각비 400원을 계상하다.
(12) 12/31 매출채권에 대한 대손충당금 300원을 설정하다.
(13) 12/31 위 (8) 보험료에 대한 수정분개.
(14) 12/31 위 (9) 임대료에 대한 수정분개.

14 위 (13)의 수정분개로 옳은 것은?

① (차) 보험료 100 (대) 선급보험료 100
② (차) 선급보험료 100 (대) 선급비용 100
③ (차) 선급비용 200 (대) 선급보험료 200
④ (차) 선급보험료 200 (대) 보험료 200
⑤ 정답 없음

15 위 (14)의 수정분개로 옳은 것은?

① (차) 선수임대료 400 (대) 임대료 400
② (차) 임대료 400 (대) 선수수익 400
③ (차) 선수임대료 600 (대) 임대료 600
④ (차) 선수수익 600 (대) 임대료 600
⑤ 정답 없음

16 제1회계연도 영업이익은 얼마인가?

① 1,300원 ② 1,200원
③ 1,100원 ④ −240원
⑤ −340원

17 제1회계연도 당기순이익은 얼마인가?

① −240원 ② 160원
③ 260원 ④ 360원
⑤ 1,300원

(자료) 다음은 18번~23번 문제에 대한 압량주식회사의 제3회계연도 12월 31일(결산일) 현재의 재무상태표와 제4회계연도의 거래내역이다.

재무상태표			
압량주식회사	제3회계연도 12월 31일 현재		(단위: 원)
자 산		**부 채**	
현 금	₩2,000	매입채무	₩4,000
매출채권	3,000	장기차입금	3,000
상 품	4,000	**자 본**	
선급보험료	5,000	자본금	15,000
건 물	12,000	이익잉여금	2,000
감가상각누계액	(2,000)		
자산 총계	24,000	부채와 자본 총계	24,000

제4회계연도 거래:

(1) 3/5　주주에게 배당 500원을 선언하고 현금지급하다.
(2) 4/1　건물 일부에 대한 1년간의 임대료 300원을 현금으로 미리 받다.
(3) 6/1　거래처에 현금 1,200원, 1년 만기, 연 이자율 10%를 받기로 하고 빌려주다.
(4) 1/1~12/31　상품 12,000원어치를 외상으로 매입하였다.
(5) 1/1~12/31　원가 14,000원인 상품을 30,000원에 매출하고 10,000원은 현금으로 받고 나머지는 외상으로 하였다.
(6) 1/1~12/31　매입채무 중 9,000원을 현금 상환하였다.
(7) 1/1~12/31　급여 2,500원을 현금으로 지급하였다.
(8) 1/1~12/31　매출채권 중 10,000원을 현금으로 회수하였다.
(9) 12/31　장기차입금에 대한 1년간의 이자 300원을 현금으로 지급하였다.
(10) 12/31　위의 재무상태표상 선급보험료 중 당기 발생액은 2,500원이다.
(11) 12/31　건물에 대한 감가상각비 3,000원을 계상하다.
(12) 12/31　매출채권에 대한 대손충당금 200원을 설정하다.
(13) 12/31　위 (2)와 관련한 수정분개
(14) 12/31　위 (3)과 관련한 수정분개

18 위의 거래 (1)을 분개할 때 차기해야 할 계정과목과 금액은?

① 배당금 500　　② 배당금비용 500

③ 이익잉여금 500 ④ 미지급배당금 500
⑤ 현금 500

19 거래 (13)의 거래 (2)에 대한 기말 수정분개로 옳은 것은?

① (차) 선수임대료	225	(대) 임대료	225
② (차) 현 금	225	(대) 임대료	225
③ (차) 선급임대료	200	(대) 임대료	200
④ (차) 현 금	300	(대) 미수임대료	300
⑤ (차) 선수임대료	200	(대) 임대료	200

20 위의 거래 (10)에 대한 기말 수정분개로 옳은 것은?

① (차) 보험료	2,500	(대) 선수보험료	2,500
② (차) 선급보험료	5,000	(대) 선급비용	5,000
③ (차) 선급비용	2,500	(대) 선급보험료	2,500
④ (차) 보험료	2,500	(대) 선급보험료	2,500
⑤ (차) 선급비용	5,000	(대) 선급보험료	5,000

21 거래 (14)의 거래 (3)에 대한 기말 수정분개로 옳은 것은?

① (차) 현 금	60	(대) 이자수익	60
② (차) 미수이자	70	(대) 이자수익	70
③ (차) 미수이자	120	(대) 이자수익	120
④ (차) 현 금	70	(대) 미수이자	70
⑤ (차) 미수이자	60	(대) 이자수익	60

22 제4회계연도 당기순이익은 얼마인가?

① 7,460원 ② 7,500원
③ 7,760원 ④ 7,785원
⑤ 7,795원

23 제4회계연도말 이익잉여금은 얼마인가?

① 8,960원 ② 9,000원
③ 9,260원 ④ 9,295원
⑤ 9,795원

〈주관식 문제〉

24 회계상 거래 여부

부채란 「과거 사건의 결과로 생긴, 경제적 자원의 이전을 초래하는 현재의 의무」로 정의할 수 있다. 다음의 거래나 사건에 대해 부채로 인식할 수 있는지의 여부를 간략히 설명하시오.

1. 자금사정이 악화되어 당기 종업원 급여를 차기에 지급하기로 하였다.
2. 무디스 신용평가 결과 우리 기업의 신용이 악화되었다.
3. 차기에 용역을 제공하기로 하고 미리 1억원을 받았다.
4. 회사채 1억원을 발행하였다.
5. 보통주식 2억원을 발행하였다.
6. 회사의 당좌예금 잔고를 초과하여 현금을 차입·인출할 당좌차월계약을 체결하였다.

25 거래내용에 대한 추정

다음의 각 분개에 해당하는 거래내용을 추정해 보시오.

1. (차변)	현 금	50,000	(대변)	자본금	50,000
2. (차변)	건 물	20,000	(대변)	현 금	20,000
3. (차변)	상 품	15,000	(대변)	현 금	8,000
				매입채무	7,000
4. (차변)	소모품	3,000	(대변)	미지급금	3,000
5. (차변)	현 금	20,000	(대변)	매 출	25,000
	매출원가	5,000			
6. (차변)	선급보험료	6,000	(대변)	현 금	6,000
7. (차변)	급 여	8,000	(대변)	현 금	8,000

26 미수수익, 미지급비용, 선수수익, 선급비용(1)

다음은 (주)학성의 재무상태표와 손익계산서에서 발췌한 자료이다.

	제5회계연도 12월 31일	제6회계연도 12월 31일
미수이자	0원	5,200원
소모품자산	3,000원	4.200원
미지급급여	4,200원	3,500원
선수용역수익	3,600원	1,800원

	제6회계연도
미수이자	21,800원
소모품자산	16,300원
미지급급여	39,500원
선수용역수익	72,200원

1. (주)학성이 제6회계연도에 이자수익과 관련하여 수취한 현금은 얼마인가?
2. (주)학성은 소모품을 전액 현금으로 구매한다고 가정할 때, 제6회계연도에 소모품 구매에 지급한 현금은 얼마인가?
3. (주)학성이 제6회계연도에 급여와 관련하여 지급한 현금은 얼마인가?
4. (주)학성이 제6회계연도에 용역수익과 관련하여 수취한 현금은 얼마인가?

27 미수수익, 미지급비용, 선수수익, 선급비용(2)

다음은 (주)천마의 제1회계연도 중 발생한 재무제표의 요소에 영향을 미치는 사건이다. (주)천마의 제1회계연도말 재무상태표와 제1회계연도의 손익계산서에 인식할 현금 이외의 계정과 금액을 기술하시오. (주)천마의 결산일은 12월 31일이다.

1. 제1회계연도 10월 1일에 10,000원을 1년 후에 원금과 이자 12%를 받는 조건으로 대여하였다.
2. 제1회계연도 10월 1일에 10,000원을 1년 후에 원금과 이자 12%를 주는 조건으로 차입하였다.
3. 제1회계연도 7월 1일에 향후 2년 치 보험료 10,000원을 수취하였다. 보험기간은 제1회계연도 7월 1일부터 시작한다.
4. 제1회계연도 7월 1일에 향후 2년 치 보험료 10,000원을 지급하였다. 보험기간은 제1회계연도 7월 1일부터 시작한다.

28 재무제표 작성(1)

거여(주)의 설립 첫 회계연도 동안 발생한 거래는 다음과 같이 요약된다. 거여(주)의 결산일은 12월 31일이다.

① 1/1 주식을 발행하여 현금 10,000원의 자본금을 마련하다.

② 1/1 은행으로부터 현금 20,000원을 연리 15%에 차입하다. 이자는 매 연말 지급하며, 만기일은 3년 후이다.

③ 1/5 건물을 10,000원에 현금구입하다.
④ 9/28 타 회사 유가증권 2,500원을 단기매매 목적으로 현금구입하다.
(힌트: 단기매매금융자산을 차변에 기록)
⑤ 1/1~12/31 상품 50,000원을 매입하였는데, 이 중 10,000원을 현금으로 지급하였으며 나머지는 외상으로 남아 있다.
⑥ 1/1~12/31 원가 30,000원의 상품을 55,000원에 매출하였는데 이 중 40,000원의 대금을 회수하였으며 나머지는 외상으로 남아 있다.
⑦ 1/1~12/31 급여 12,000원을 현금지급하다.
⑧ 10/16 향후 3개월 치 보험료 900원을 미리 납부하다.
⑨ 11/1 향후 6개월 치 건물 일부에 대한 임대료 1,200원을 미리 수취하다.
⑩ 12/31 차입금 이자 3,000원을 현금지급하다.
⑪ 12/31 매출채권 잔액의 4%를 대손충당금으로 설정하다.
⑫ 12/31 건물에 대한 감가상각비를 1,000원으로 계상하다.
⑬ 12/31 9/28에 구입한 유가증권의 연말 시가는 3,200원이다.
(힌트: 단기매매금융자산평가이익을 대변에 기록)
⑭ 12/31 위 8)과 관련된 수정분개
⑮ 12/31 위 9)와 관련된 수정분개
⑯ 12/31 법인세비용은 800원이다. 법인세는 내년도 3월에 납부할 예정이다.

다음의 물음에 대해 답하시오.

1. 위의 모든 거래를 분개하시오.
2. 1의 분개를 각 T계정에 전기하시오.
3. 수정후시산표를 작성하시오.
4. 제1회계연도의 다단계의 보고식 손익계산서를 작성하시오.
5. 마감분개를 하시오.
6. 제1회계연도 12월 31일 현재의 재무상태표를 작성하시오.

29 재무제표 작성(2)

다음은 (주)대지의 제1회계연도 12월 31일 현재의 재무상태표와 제2회계연도의 거래내역이다.

재무상태표			
(주)대지	제1회계연도 12월 31일 현재		(단위: 원)
자 산		**부 채**	
현 금	₩7,500	매입채무	₩7,200
매출채권	7,000	장기차입금	10,000
상 품	9,200	기타부채	1,800
선급보험료	6,300	**자 본**	
기계장치	10,000	자본금	14,000
감가상각누계액	(2,000)	자본잉여금	2,000
		이익잉여금	3,000
자산 총계	38,000	부채와 자본 총계	38,000

〈제2회계연도 거래내역〉

① 주주에게 배당 400원을 선언하고 현금으로 지급하였다.
② 상품 6,000원을 외상으로 매입하였다.
③ 현금이 부족하여 은행으로부터 1년간 4,000원을 차입하였다.
④ 전기 매출채권은 전액 당기 중 회수되었다.
⑤ 종업원에 대한 급여 4,000원을 지급하였다.
⑥ 원가 8,000원인 상품을 20,000원에 매출하면서 절반은 현금으로 받고 절반은 외상으로 하였다.
⑦ 거래처 접대비로 2,000원을 지급하였다.
⑧ 당기 중 매입채무를 상환한 금액은 6,000원이다.
⑨ 선급보험료 중 3,000원은 당기 보험료이다.
⑩ 기계장치에 대한 당기 감가상각비는 2,000원이다.

다음의 물음에 대해 답하시오.

1. 위의 모든 거래를 분개하시오.
2. 1의 분개를 각 T계정에 전기하시오.
3. 수정후시산표를 작성하시오.

4. 제2회계연도의 다단계의 보고식 손익계산서를 작성하시오.
5. 마감분개를 하시오.
6. 제2회계연도 12월 31일 현재의 재무상태표를 작성하시오.

30 재무제표 작성(3)

(주)기린물류는 A마트, C택배회사, 그리고 기타 중소기업의 운송업무 대행업체이다. 이 기업은 운송차량을 임차하여 사용하고 있는데, 제1회계연도 12월 31일 현재 자산, 부채, 그리고 자본의 잔액은 다음과 같다.

재무상태표			
(주)기린물류	제1회계연도 12월 31일 현재		(단위: 원)
자 산		부 채	
현 금	₩800,000	매입채무	₩140,000
매출채권	420,000	자 본	
대손충당금	(10,000)	자본금	1,040,000
선급보험료	180,000	이익잉여금	300,000
기계장치	100,000		
감가상각누계액	(10,000)		
자산 총계	1,480,000	부채와 자본 총계	1,480,000

다음은 제2회계연도 중에 발생한 (주)기린물류의 거래자료 내역이다.

① 전기 매입채무 중에서 70,000원을 현금으로 상환하였다.
② 운송차량 임차료 350,000원을 현금으로 지급하였다.
③ A마트의 전기 매출채권 중에서 300,000원을 현금으로 받았다.
④ A마트에게 운송용역을 제공하고 이에 대한 운임 1,100,000원을 청구하였다.
⑤ 급여 260,000원을 현금으로 지급하였다.
⑥ C택배회사에게 운송용역을 제공하고 운임 250,000원을 즉시 현금으로 받았다.
⑦ 사무실 관리비 18,000원을 현금으로 지급하였다.
⑧ 광고비 90,000원을 현금으로 지급하였다.
⑨ 선급보험료 중에서 당기분 보험료는 15,000원이다.
⑩ 매출채권 잔액의 1%를 대손충당금으로 설정하다.
⑪ 기계장치에 대한 당기 감가상각비는 20,000원이다.

참고로 (주)기린물류는 운송용역을 제공할 때 매출(수익)을 인식하고, 모든 비용은 수익에 간접대응시킨다. 법인세는 없다고 가정하라.

다음의 물음에 대해 답하시오.

1. 위의 모든 거래를 분개하시오.
2. 1의 분개를 각 T계정에 전기하시오.
3. 수정후시산표를 작성하시오.
4. 제2회계연도의 다단계의 보고식 손익계산서를 작성하시오.
5. 제2회계연도 12월 31일 현재의 재무상태표를 작성하시오.

제 II 부

자산별 회계처리

5장

현금및현금성자산과 단기금융자산

우리는 제2장과 제3장에서 회계의 기초개념과 발생기준회계의 논리를 배웠으며 제4장에서 거래의 발생으로부터 재무제표가 만들어지기까지의 회계순환과정을 익혔다. 여기까지의 논의는 회계의 총론에 해당한다. 이제, 제5장부터 제11장에 이르기까지를 재무회계의 각론 또는 계정과목론이라 할 수 있는데, 여기서는 재무제표의 주요 계정에 관한 구체적 회계처리방법을 배우게 된다.

제1절 현금및현금성자산

현금은 기업이 보유하고 있는 자산 중 유동성(liquidity)이 가장 높은 자산이다. 기업의 경영상황이나 경영주기(business cycle)에 따라서 특정 시점에서의 현금보유액이 지나치게 많거나 적을 수 있다. 현금이 지나치게 부족할 경우 채무불이행에 따른 위험에 봉착할 수 있다. 가령, 이익을 내고 있는 기업이라 할지라도 현금이 부족하여 갚아야 할 빚을 제때 갚지 못한다면 그 기업은 도산할 수밖에 없는데, 이러한 경우를 **흑자도산**이라 한다. 반면, 지나치게 많은 현금의 보유는 **기회비용**(opportunity cost)을 유발한다. 현금은 그 자체로는 이익을 창출하지 못한다. 현금이 특정 수익자산 등에 투자될 때 비로소 이익을 창출한다. 따라서 적정수준 이상의 현금보유는 그 현금을 특정 수익자산 등에 투자함으로써 얻을 수 있는 이익의 상실, 즉 기회비용을 유발한다. 이에 기업의 경영자는 정교한 자금수지계획을 수립하여 적정수준의 현금을 보유하도록 노력하여야 할 것이다.

현금은 도난 또는 횡령의 위험이 크므로 사전에 적절한 **내부통제시스템**(internal control system)을 구축하여야 한다. 현금의 내부통제에서 가장 중요한 것이 현금의 보관, 수취 및 지급 업무와 현금거래의 승인 및 기록 업무 간의 **업무분장**(segregation of duties)이다. 현금지출의 결제업무, 현금의 수취 및 지급 업무, 그리고 현금거래의 기록업무를 동일인에게 맡기는 것은 매우 위험하다. 현금을 수취하고서도 이를 기록하지 않거나 지급하지 않고서도 지급한 것으로 기록하는 소위 현금횡령이 발생할 수 있기 때문이다. 실제로 이러한 현금횡령의 여러 사례가 보고되고 있는데 이를 적발하기란 쉽지 않다. 현금의 수취나 지급에 대해 될 수 있는 한 증거를 확보하여야 하며 이러한 차원에서 수표를 이용하거나 카드로 대금결제를 하게 하는 것이 바람직하다. 또한 현금 계정의 잔액과 실제 현금보유액을 수시로 비교, 검사하는 절차가 확립되어 있어야 한다.

현금흐름표상에서 '현금'이라 함은 현금뿐 아니라 현금성자산도 포함한다. 이에 기업들은 재무상태표에 **현금**과 **현금성자산**을 하나로 묶어 **현금및현금성자산**으로 보고하는 것이 일반적이다. 아래에서는 현금및현금성자산에 포함되는 항목에는 어떤 것이 있는지 살펴보고, 현금의 내부통제와 관련된 소액현금제도 및 현금과부족 계정에 대해서 알아본다.

1. 현금및현금성자산에 포함되는 항목

(1) 현 금

회계에서 **현금**(cash)은 **통화**는 물론 **통화대용증권**, **요구불예금** 및 **요구불금융상품**을 포함하는 개념이다.

① 통 화

우리가 일상생활에서 돈이라 할 때 **통화**(currency)를 일컫는데, 여기에는 지폐와 동전, 그리고 외국 통화와 뒤에 설명할 소액현금(petty cash)이 포함된다.

② 통화대용증권

통화대용증권(currency equivalent)이란 통화와 동일한 구매력을 가진 증서이다. 통화대용증권에는 자기앞수표, 당좌수표, 송금수표, 가계수표, 우편환 등과 같은 타인발행 수표와 지급기일이 도래한 공사채의 이자표 및 배당지급 통지표 등이 포함된다.

③ 요구불예금

요구불예금(deposit on demand)이란 은행에 예치한 예금 중에서 예금자의 청구가 있으면 즉시 지급해야 하는 예금을 일컫는다. 여기에는 당좌예금, 보통예금, 저축예금, MMDA(수시입출금식예금; money market deposit account) 등이 있다.

④ 요구불금융상품

금융상품(financial instruments)은 궁극적으로 일정한 현금을 받을 권리나 줄 의무를 표방한 명시적·묵시적 계약이라 할 수 있다. 금융상품은 보유자 입장에서는 금융자산이 되고 발행자 입장에서는 금융부채 또는 지분이 된다. **요구불금융상품**은 금융상품 중 수수료 없이 아무 때나 환매(즉, 현금의 청구)가 가능한 금융상품으로 은행 또는 증권회사의 MMF(머니마켓펀드; money market fund), 증권회사의 CMA(어음관리계좌; cash management account) 등이 여기에 속한다.

(2) 현금성자산

현금성자산(cash equivalents)이라 함은 큰 거래비용 없이 현금으로의 전환이 용이하고 이자율변동에 따른 가치변동의 위험이 중요하지 않은 **금융상품으로서, 취득 당시 만기 또는 상환일이 3개월 이내인 것을 말한다.** 현금성자산의 예로 취득 당시 만기가 3개월 이내에 도래하는 국공채 및 회사채와 취득 당시 만기가 3개월 이내에 도래하는 정기예금, 정기적금, 양도성예금증서(CD; certificate of deposit), 환매채(RP; repurchase agreement), 기업어음(CP; commercial paper), 표지어음 등을 들 수 있다.[1)]

---

1) 양도성예금증서(CD), 기업어음(CP), 표지어음은 증권회사 등 금융기관에서 취급하는 통상 만기 180일 이내의 단기금융상품이다. 환매채(RP)는 금융기관이 일정 기간(통상 1년 이내)에 이자를 붙여 다시 사는 조건으로 발행한 채권이다. 이러한 금융상품은 위험이 크지 않은 반면 은행의 보통예금보다 금리가 높은 편이므로 단기자금을 운용하기에 좋다.

2. 현금및현금성자산의 분류에 유의할 점

앞에서 설명한 바와 같이, 취득 당시 만기 또는 상환일이 3개월 이내인 금융상품은 현금성자산으로 분류해야 한다. 그러나 취득 당시 만기가 3개월을 초과하나 재무상태표일(회계기말)을 기준으로 만기가 1년 이내인 금융상품은 **단기금융자산**으로 분류한다. 반면, 재무상태표일을 기준으로 만기가 1년 후에 도래하는 금융상품은 **장기금융자산**으로 분류한다.

같은 맥락으로, 사용이 제한된 예금(양건성 예금: 금융회사에서의 대출 시 소위 '꺾기'의 일종으로 요구하는 강제적인 예금 등) 및 특수목적 적립기금(감채기금 등)도 취득 당시 만기(즉, 사용제한이 풀리는 날 또는 특수목적이 달성된 날)가 3개월 이내인 경우는 현금성자산으로, 재무상태표일 현재 만기가 1년 이내일 경우는 단기금융자산으로, 1년 후일 경우는 장기금융자산으로 분류한다. 또한 단기적인 매매차익 목적으로 취득한 유가증권 등의 금융상품(단기매매금융자산)은 단기금융자산으로 분류한다. 그러나 장기(1년 초과) 보유 목적으로 취득한 금융상품은 장기금융자산으로 분류한다.

〈표 5-1〉은 금융상품의 **현금성자산, 단기금융자산, 장기금융자산**으로의 분류기준을 요약하고 있다.

지급일이 차후로 명시된 선일자수표(post-dated checks), 차용증서(IOU), 어음 및 가불증은 수취채권으로 분류하여야 한다. 당좌예금잔액을 초과하여 실제 인출한 당좌차월(bank overdraft)은 단기차입금으로 분류한다. 또한, 미리 구입해서 보관 중인 우표나 수입인지를 현금으로 취급하는 경우를 종종 볼 수 있는데 이는 옳지 않다.

표 5-1 현금 및 현금성 자산의 분류

구분	내용
현 금	통화, 통화대용증권, 요구불예금 및 요구불금융상품
현금성자산	취득 당시 만기 3개월 이내인 금융상품
단기금융자산	취득 당시 만기가 3개월을 초과하고 재무상태표일 기준으로 만기가 1년 이내인 금융상품, 또는 단기매매 목적의 금융상품
장기금융자산	재무상태표일 기준으로 만기가 1년을 초과하는 금융상품, 또는 장기 보유 목적의 금융상품

이들은 소모품이나 선급비용 등 적절한 계정으로 처리해야 할 것이다.[2)]

예제 5-1
현금성자산

다음의 주어진 항목들 중 현금성자산으로 분류할 수 있는 것은?

통화, 소액현금, 자기앞수표, 당좌예금, 당좌차월, 보통예금, 차용증서, 환매채(RP), 양도성예금증서(CD), 정기예금, 머니마켓펀드(MMF), 감채기금, 단기매매금융자산

[풀이]

환매채(RP), 양도성예금증서(CD), 정기예금, 감채기금의 경우 취득 당시 만기가 3개월 이내면 현금성자산으로 분류한다. 그러나 이들의 만기가 3개월 초과, 1년 이내이면 단기금융자산으로 분류하고, 만일 만기가 1년을 초과하면 장기금융자산으로 분류한다.

통화, 소액현금, 자기앞수표, 당좌예금, 보통예금, 머니마켓펀드(MMF)는 현금으로 분류한다. 또한 당좌차월은 단기차입금으로, 차용증서는 수취채권으로, 단기매매금융자산은 단기금융자산으로 분류한다.

3. 소액현금제도

소액현금(petty cash)이란 기업이 교통비, 사무용품비 등과 같은 일상적인 소액지출을 위해 별도로 보관하고 있는 현금이다. 일상적인 소액지출이 있을 때마다 매번 통상적인 지출승인을 받아 현금을 인출하고 그에 따른 적절한 회계처리를 하는 것은 번거로울 것이다. 이러한 번거로움 없이 소액현금을 따로 떼어놓아 효율적으로 관리·통제하는 회계절차 중의 하나가 **소액현금제도**(imprest petty cash fund system)이다. 이를 예로써 단계별로 설명해 보자.

2) 보관 중인 우표나 수입인지는 금액이 중요하지 않은 경우 소모품비(또는 우표는 통신비, 수입인지는 인지대)로 비용 처리할 수 있고, 금액이 중요한 경우는 소모품이라는 자산으로 인식하였다가 실제 사용액만큼 소모품비(또는 우표는 통신비, 수입인지는 인지대)로 비용 처리하면 된다.

(1) 소액현금의 설정

(주)진시는 5월 1일에 그 달에 필요한 소액현금을 100만원으로 설정하고 이를 은행에서 인출하여 소액현금담당자에게 건네주었다. 이에 대한 분개는 다음과 같다.

(차변) 소액현금	1,000,000	(대변) 당좌예금	1,000,000

소액현금과 당좌예금은 모두 현금에 속한다. 따라서 위의 분개로 재무상태표상의 현금금액이 달라지지는 않는다. 다만 관리·통제의 목적으로 이 두 계정을 별도로 설정하는 것이다. 이 두 계정은 모두 현금및현금성자산 계정의 보조계정(subsidiary accounts)으로 생각하면 된다.[3)]

(2) 소액현금의 사용

5월 중 소액현금이 지출될 때마다 소액현금담당자는 소액현금을 수취인에게 건네주면서 소액현금 인출증에 지출 목적의 명기와 함께 서명을 받아 놓는다. 그러나 그 시점에서 각 지출에 대한 분개는 하지 않는다. 추후에 회계담당자가 소액현금담당자로부터 지출내역을 보고받고 그 지출금액을 보충할 때 여러 소액현금의 지출에 대해 한꺼번에 분개를 한다.

(3) 소액현금의 보충

5월 31일 현재 소액현금 인출증에 명시된 5월 중 소액현금 지출액의 합이 90만원이라고 하자. 회계담당자는 소액현금담당자에게 90만원의 소액현금을 당좌예금에서 보충해 주면서 이를 소액현금 지출 시의 증빙에 따라 아래와 같이 적절히 비용으로 처리한다.

---

3) 보조계정이란 재무제표에 나타나는 통제계정(control account)에 부속되는 구체적인 계정이다. 재무상태표상의 현금및현금성자산은 통제계정으로서 그 밑에 각 부서와 여러 거래 금융기관 지점별로 보유하고 있는 소액현금, 당좌예금 등 여러 보조계정들을 거느린다.

(차변) 교통비	300,000	(대변) 당좌예금	900,000
통신비	150,000		
사무용품비	450,000		

이렇게 함으로써 소액현금 잔고는 최초 수준인 100만원으로 유지된다. **소액현금 제도하에서는 소액현금을 최초 설정할 때와 보충받는 시점에서만 분개가 이루어진**다. 빈번하게 발생하는 소액현금의 매 지출시점마다 회계처리를 하는 것은 번거롭고 비효율적이기 때문이다. 소액현금을 보충받는 시점에서 소액현금이 아닌 당좌예금을 대변에 기록하는 것에 유의해야 한다. 이렇게 함으로써 소액현금 계정은 당초의 설정금액으로 유지되는 것이다.

(4) 소액현금 설정액의 증감

소액현금 계정은 최초 설정할 때와 추후 최초 설정액을 증가 또는 감소시킬 경우에만 기록된다. 위의 예에서 5월 31일에 소액현금 설정액을 120만원으로 증액하고자 한다면 분개는 다음과 같을 것이다.

(차변) 교통비	300,000	(대변) 당좌예금	1,100,000
통신비	150,000		
사무용품비	450,000		
소액현금	200,000		

4. 현금과부족

장부상의 현금잔액과 실제 현금보유액은 수시로 그 일치 여부를 확인하여야 한다. 두 금액이 서로 어긋날 경우 그 이유를 파악할 수 없다면 일단 그 차액을 **현금과부족**(cash short and over) 계정으로 처리하여 장부상의 현금잔액을 실제 현금보유액에 일치시킨다. 실제 현금보유액이 장부상의 금액보다 작다면 그 차액을 현금 계정의 대변에 기록하여 장부잔액을 감소시키는 동시에 현금과부족 계정의 차변에 기록한다. 거꾸로, 실제 현금보유액이 장부상의 금액보다 많다면 그 차액을 현금 계정의 차변에 기록하여 장부잔액을 증가시키는 동시에 현금과부족 계정의 대변에 기록한다.

현금과부족 계정은 추후 그 원인이 파악되면 적절한 계정으로 대체하여야 한다. 만일 재무제표 작성시점까지 그 원인이 규명되지 않으면 현금과부족 계정의 차변잔액은 손익계산서상의 기타비용(잡손실)으로, 대변잔액은 기타수익(잡이익)으로 대체한다.

예를 들어 장부상의 현금 잔액은 10만원인데, 현금 보유액은 7만원뿐이라면 3만원의 현금부족(short)이 발생하였음으로 다음과 같이 분개한다.

(차변) 현금과부족	30,000	(대변) 당좌예금	30,000

이후 이 부족분이 출장비를 지급한 것으로 밝혀졌다면 다음과 같이 분개한다.

(차변) 여비교통비	30,000	(대변) 현금과부족	30,000

만일 이 부족분의 용도가 끝내 밝혀지지 않았다면 다음과 같이 잡손실로 처리한다.

(차변) 잡손실	30,000	(대변) 현금과부족	30,000

예제 5-2
소액현금

(주)개벽은 10월 1일에 영업을 개시하면서 소액현금을 200만원으로 설정하고 동 금액을 은행에서 인출하였다. 소액현금은 매월말 정산한 후 부족액을 보충한다. 10월 중 소액현금으로 사무용품비 130만원, 그리고 통신비 50만원을 지출하였으며, 10월말 현재 소액현금 잔액은 20만원이다.

[1] 10월 1일 소액현금 설정 시의 분개를 하시오.

[풀이]■■■■■

(차변) 소액현금	2,000,000	(대변) 당좌예금	2,000,000

[2] 10월 중 소액현금 지출 시의 분개를 하시오.

[풀이]■■■■■

분개 없음.

[3] 10월 31일 소액현금 보충 시의 분개를 하시오.

[풀이] ■■■■■

(차변) 사무용품비	1,300,000	(대변) 당좌예금	1,800,000
통신비	500,000		

[4] 만일 10월 31일 남아 있는 소액현금 잔액이 15만원이라면 분개는?

[풀이] ■■■■■

(차변) 사무용품비	1,300,000	(대변) 당좌예금	1,800,000
통신비	500,000		
(차변) 현금과부족	50,000	(대변) 당좌예금	50,000

단기금융자산 제2절

금융자산(financial assets)이란 **미래에 현금을 받을 계약상의 권리**를 말한다. 물론 현금과 보유하고 있는 타기업의 주식도 금융자산에 속한다. 따라서 금융자산에는 현금및현금성자산, 타기업이 발행한 유가증권(주식, 채권 등), 금융기관이 취급하는 단기금융상품, 매출채권, 대여금 등이 포함된다. 국제회계기준은 이 가운데 현금및현금성자산, 매출채권, 대여금 등은 금융자산이지만 재무상태표에 금융자산과 분리하여 별도의 항목으로 구분표시 하도록 하고 있다. **단기금융자산**은 단기적으로 보유하고 있는 금융자산이다.

재무상태표상 대부분의 단기금융자산은 **유가증권**의 형태를 취하고 있으므로 이 절에서는 유가증권의 정의와 분류를 알아보고, 이 중 단기 매매차익 목적으로 보유하고 있는 유가증권인 단기매매금융자산의 회계처리에 대하여 논의한다.

1. 유가증권의 정의와 분류

유가증권(securities)은 재산상의 권리와 의무를 표시한 증권이다. 어음, 수표, 상품권, 보험증권, 주식, 채권(국채, 공채, 회사채) 등 법률적으로 재산권을 표시한 모든 증서는 유가증권이다. 그러나 회계에서 자산의 평가와 관련하여 유가증권이라 할 때는 기업이 투자 목적으로 보유하는 주식과 채권 형태의 유가증권에 국한한다. 이러한 범주의 유가증권은 발행자의 자본조달 형태에 따라 **지분증권**, **채무증권** 및 **수익증권**으로 구분할 수 있다.

(1) 지분증권

지분증권(equity securities)은 기업의 잔여지분을 나타내는 유가증권이다. 지분증권으로 조달한 자금은 **발행자의 자기자본이** 된다. 지분증권은 이자가 발생하지 않으며 만기가 없다. 지분증권의 대표적인 예는 **주식**이다.

(2) 채무증권

채무증권(debt securities)은 채권·채무를 나타내는 유가증권이다. 즉, 채무증권으로 조달한 자금은 **발행자의 타인자본이** 된다. 채무증권은 이자가 발생하며 원금 상환일, 즉 만기가 있다. 채무증권은 간단히 **채권**이라고 하며 그 예로 국채, 공채 및 회사채(사채)를 들 수 있다.

(3) 수익증권

수익증권은 자산운용회사가 개발하여 증권회사, 은행 등을 통해 일반에게 판매하는 펀드 등 간접투자상품이다. 수익증권의 판매를 통하여 조달한 자금은 여러 지분증권(주식)이나 채무증권(채권) 등에 투자되며 이 투자로부터 얻은 이익은 판매 및 운용 수수료를 제외하고 수익증권의 소지자에게 분배된다. 최근 간접투자가 활성화됨에 따라 자산운용회사가 다양한 유형의 펀드 등 수익증권을 개발하고 있다.

2. 보유 목적에 따른 유가증권 분류

회계처리상 유가증권은, 〈표 5-2〉에서 보는 바와 같이, 다른 기업 지분에 대한 대규모 투자가 아닌 경우와 다른 기업 지분에 대한 대규모 투자인 경우로 나눈 후, 각 경우에 대해 기업의 보유 목적에 따라 추가적으로 분류한다.

표 5-2
보유목적에 따른 유가증권 분류

다른 기업 지분에 대한 대규모 투자가 아닌 경우	
단기매매 목적 금융자산	단기 매매차익 목적으로 보유하고 있는 지분증권과 채무증권
원리금 수취 목적 금융자산	계약기간 동안 원금과 이자를 수취할 목적으로 보유하고 있는 채무증권
매도 등 그 밖의 목적 금융자산	(단기 매매차익을 추구하는 것이 아닌) 매도 등의 목적으로 보유하고 있는 지분증권과 채무증권

다른 기업 지분에 대한 대규모 투자인 경우	
관계기업투자	다른 기업의 의결권 있는 주식을 통상 20% 이상(50% 미만) 보유하여 그 기업에 중대한 영향력을 행사할 수 있을 때
종속기업투자	다른 기업의 의결권 있는 주식을 50% 초과 보유하거나 지분율이 50% 이하이더라도 그 기업을 실질적으로 지배할 수 있을 때

(1) 다른 기업 지분에 대한 대규모 투자가 아닌 경우

다른 기업 지분에 대한 대규모 투자가 아닌 경우의 유가증권은 여유자금의 장·단기 운용 목적으로 취득한 지분증권(주식)과 채무증권(채권)을 말한다. 다른 기업 지분에 대한 대규모 투자가 아닌 경우의 유가증권은 **단기매매 목적의 금융자산**(단기매매금융자산), **원리금 수취 목적의 금융자산** 및 **매도 등 그 밖의 목적의 금융자산**으로 나뉜다.

단기매매금융자산(trading financial assets)은 단기적 매매차익을 목적으로 취득한 것으로 그 속성상 매매가 빈번한 증권시장에서 유통되는 상장기업의 지분증권 또는 채무증권이다. **원리금 수취 목적의 금융자산**은 계약기간 동안(통상 만기까지) 보유하면서 원금과 이자를 수취할 목적으로 취득한 회사채 등의 채무증권이다. 지분증권은 여기에 해당하지 않는다. **매도 등 그 밖의 목적의 금융자산**은 단기 매매차익을 추구하진 않지만 추후 적절한 시점에 매도 등을 할 목적으로 취득한 지분증권 또는 채무증권이다. 원리금 수취 목적의 금융자산과 매도 등 그 밖의 목적의 금융자산은 보유기간이 1년 이내로 예상된다면 단기금융자산(유동자산)으로, 보유 기간이 1년을 초과하리라 예상된다면 장기금융자산(비유동자산)으로 구분한다.

(2) 다른 기업 지분에 대한 대규모 투자인 경우

다른 기업 지분에 대한 대규모 투자인 경우의 유가증권이란 다른 기업에 중대한 영향력을 행사하거나 그 기업을 지배·통제할 목적으로 보유한 지분증권(주식)을 말한다. 여기에는 **관계기업투자**와 **종속기업투자**를 들 수 있다. 관계기업투자는 본서의 제9장에서 다룬다. 지배기업(parent)이 의결권 있는 주식을 50% 이상 보유하거나 지분율이 50% 미만이더라도 실질적으로 지배할 수 있는 경우 그 피지배기업을 종속기업(subsidiary)이라 한다. 종속기업은 소위 연결(consolidation)의 대상이 되는바, 지배기업과 종속회사를 합친 전체에 대해 하나의 연결 재무제표(consolidated financial statements)가 작성된다. 따라서 종속기업투자는 재무상태표에 별도의 항목으로 나타나지 않는다. 연결의 방법과 연결 재무제표의 작성은 고급재무회계의 영역이다.

이하에서는 단기매매 목적의 금융자산(단기매매금융자산)의 회계처리에 대하여 알아본다. 원리금 수취 목적의 금융자산과 매도 등 그 밖의 목적의 금융자산의 회계처리는 제9장에서 다루기로 한다.

3. 단기매매금융자산의 회계처리

(1) 단기매매금융자산의 취득

회계에서 자산은 취득 시 취득원가로 기록한다. 일반적으로 취득원가는 매입가액에 매입에 소요된 모든 부대비용(수수료, 각종 세금 등)을 합하여 계산한다. 그렇지만 단기매매금융자산의 경우에는 예외적으로 부대비용을 취득원가에 가산하지 않고 당기비용으로 처리해야 한다. 이는 국제회계기준에서 단기매매금융자산은 공정가치(fair value)로 측정해야 하는데, 그 평가손익을 바로 당기손익으로 인식토록 하고 있기 때문인 듯하다. 이에 부대비용을 보수적으로 비용처리하게 규정한 것으로 보인다.

가령, A사의 보통주 100주를 단기매매차익 목적으로 주당 600원에 구입하고 수수료로 500원을 지급하였다면, 취득시점의 분개는 다음과 같다.

(차변)	단기매매금융자산	60,000	(대변) 현　금	60,500
	수수료(비용)	500		

(2) 배당금, 이자 등의 수령

위 A사의 보통주에 대하여 주당 50원의 배당을 현금으로 받았다면, 분개는 다음과 같다.

(차변)	현　금	5,000	(대변) 배당금수익	5,000

만일 보유한 타 회사 발행 회사채에 대한 이자를 수령하였다면 이는 이자수익으로 처리한다. 배당금수익이나 이자수익은 모두 손익계산서의 금융수익 항목으로 보고된다.

(3) 단기매매금융자산의 기말평가

단기매매금융자산의 **기말평가**란 회계기말에 수정분개에 의하여 단기매매금융자산의 재무상태표일의 장부금액, 즉 재무상태표가액을 현실화시키는 회계처리를 지칭한다. 기업회계기준은 단기매매금융자산을 회계기말에 공정가치로 평가하도록 하고 있다(공정가치법). **공정가치**(fair value)란 합리적인 판단력을 가진 거래당사자 간에 교환가격이나 시장가격이며, 교환가격이나 시장가격이 없는 경우, 공신력 있는 기관(한국채권평가, 한국신용평가 등)의 평가액을 말한다. 단기매매금융자산은 모두 증권시장(유가증권시장, 코스닥시장, 코넥스시장, 회사채시장)에서 유통되므로 단기매매금융자산의 공정가치는 증권시장에서 형성된 **시장가격**(**시가**; market price)인 경우가 보통이다.

가령, 회계기말에 위의 A사 보통주의 주당 시장가격이 700원이라면, 기말수정분개는 다음과 같게 된다.

(차변) 단기매매금융자산 10,000 (대변) 단기매매금융자산평가이익* 10,000

* (₩700×100주)−₩60,000

이 수정분개로 인하여 단기매매금융자산의 기말평가액(재무상태표가액)은 공정가치 7만원(=₩60,000+₩10,000)으로 현실화된다.

만일 회계기말에 A사 보통주의 주당 시가가 550원이라면, 기말수정분개는 다음과 같을 것이다.

(차변) 단기매매금융자산평가손실* 5,000 (대변)단기매매금융자산 5,000

* (₩550×100주)−₩60,000

단기매매금융자산평가이익과 단기매매금융자산평가손실 계정은 모두 당기손익(기타수익 또는 기타비용)으로 인식한다. 단기매매금융자산은 공정가치로 측정하고 그 평가손익은 당기손익으로 인식하므로 국제회계기준에서는 이를 "**당기손익 인식 금융자산**", 또는 "**당기손익-공정가치 측정 금융자산**"으로 지칭하기도 한다.

(4) 단기매매금융자산의 처분

단기매매금융자산의 처분손익은 처분대가로 받은 금액에서 처분 당시의 장부금액을 뺀 금액이다. 회계기말 현재 A사 보통주의 주당 시장가격이 700원인 경우, A사 보통주에 대한 수정분개가 이루어진 후 다음 회계기간 중 A사 보통주 전부(100주)를 주당 620원에 팔았다면, 처분시점의 분개는 다음과 같다.

(차변) 현 금* 62,000 (대변) 단기매매금융자산** 70,000
단기매매금융자산처분손실*** 8,000

* 처분대가로 받은 금액=₩620×100주
** 처분시점의 장부금액
*** ₩62,000−₩70,000

단기매매금융자산처분이익 또는 단기매매금융자산처분손실은 평가이익 또는 평가손실과 마찬가지로 당기손익(기타수익 또는 기타비용)으로 인식한다.

예제 5-3

단기매매금융자산의 회계처리, 공정가치법

(주)진시는 제1회계연도 11월 1일에 (주)해양의 주식 100주를 단기적인 매매차익 목적으로 취득하였다. 취득시점, 제1회계연도말, 그리고 처분시점(제2회계연도 5월 1일)의 시가는 다음과 같다. 취득과 처분 시 발생한 거래수수료는 무시한다.

	취득시점	제1회계연도말	처분시점
(주)해양 주식 100주	주당 ₩3	주당 ₩2	주당 ₩3.5

[1] 제1회계연도 11월 1일 취득분개를 하시오.

[풀이]■■■■■

총취득원가는 300원(=100×₩3)이다. 따라서 취득 시의 분개는 다음과 같다.

(차변) 단기매매금융자산 300 (대변) 현 금 300

[2] 제1회계연도말에 필요한 수정분개를 하시오.

[풀이]■■■■■

(주)해양 주식의 기말 시가총액은 200원(=100×₩2)이다. 따라서 제1회계연도 12월 31일 기말평가에서 시가와 취득원가와의 차액인 100원을 단기매매금융자산평가손실로 인식하여야 한다.

(차변) 단기매매금융자산평가손실 100 (대변) 단기매매금융자산 100

[3] 제2회계연도 5월 1일 (주)해양 주식의 처분에 대한 분개를 하시오.

[풀이]■■■■■

(주)해양 주식에 대한 처분이익은 다음과 같다.

처분대가로 받은 금액 = (₩3.5×100)	₩350
−)장부금액 = 제1회계연도말 평가액(₩2×100)	200
단기매매금융자산처분이익	₩150

따라서 분개는 다음과 같다.

(차변) 현　금	350	(대변) 단기매매금융자산	200
		단기매매금융자산처분이익	150

연습문제

〈객관식 문제〉

01 다음 중 현금으로 분류할 수 없는 것은?

① 외국 통화 ② 타인발행수표
③ 배당지급 통지표 ④ 소액현금
⑤ 양도성예금증서

02 다음 중 현금으로 분류할 수 없는 것은?

① 통 화 ② 통화대용증권
③ 요구불예금 ④ 요구불금융상품
⑤ 환매채(RP)

03 다음 중 현금에 해당하는 통화대용증권으로 분류할 수 없는 것은?

① 우편환증서 ② 수입인지
③ 배당지급 통지표 ④ 당좌수표
⑤ 가계수표

04 가입 당시 만기가 3개월을 초과하나 재무상태표일 현재 만기가 1년 이내인 정기예금의 정당한 재무상태표 계정과목 분류는?

① 현금및현금성자산 ② 요구불금융상품
③ 단기금융자산 ④ 현금성자산
⑤ 단기금융부채

05 다음 자료에서 ㈜덕산이 제5회계연도 재무상태표에 현금및현금성자산으로 보고해야 할 금액은 얼마인가?

통 화	320,000원
(주)학성 발행수표	180,000원
제5회계연도 11월 23일 취득하여 보유 중인 우표	230,000원
제5회계연도 12월 26일 취득한 양도성예금증서 (만기 제6회계연도 8월 25일)	600,000원
제5회계연도 12월 27일 취득한 환매채 (만기 제6회계연도 2월 15일)	650,000원

① 730,000원
② 780,000원
③ 1,100,000원
④ 1,150,000원
⑤ 1,750,000원

06 아래의 자료에서 현금및현금성자산의 합계액은?

120일 만기 양도성예금증서(CD)	300,000원
당좌차월	60,000원
머니마켓펀드(MMF)	200,000원
당좌예금	120,000원
90일 환매조건의 환매채(RP)	350,000원
6개월 이후 만기도래 정기예금	160,000원
선일자수표	40,000원
차용증서	70,000원
60일 만기 국공채	100,000원

① 650,000원
② 670,000원
③ 770,000원
④ 830,000원
⑤ 840,000원

07 이자가 발생하는 유가증권을 지칭하는 것으로 맞는 것은?

① 지분증권
② 채무증권
③ 수익증권
④ 창고증권
⑤ 간접투자증권

08 단기매매금융자산에 해당하는 것은?

① 상각후원가 측정
② 당기손익-공정가치 측정
③ 원가 측정
④ 기타포괄손익-공정가치 측정
⑤ 순실현가능가치 측정

09 단기매매금융자산의 회계처리와 관련하여 다음 중 맞는 것은?

① 주식일 경우 공정가치법을, 채권일 경우 역사적 원가주의를 적용한다.
② 처분이익과 처분손실은 영업이익의 계산에 포함시킨다.
③ 평가이익과 평가손실은 미실현된 상태이므로 손익계산서에 보고하지 않는다.
④ 배당금수익과 이자수익은 모두 금융수익 항목으로 보고한다.
⑤ 처분손익은 처분가와 취득원가간의 차이로 계상한다.

10 제2회계연도 기중에 장부상 현금잔액은 100,000원인데, 실제 보유한 현금잔액은 120,000원으로 확인되어 그 차이에 대한 원인을 조사 중이다. 기말결산 때까지 원인을 규명하지 못했을 경우 이의 회계처리 시 대변 계정과목은?

① 현 금
② 현금과부족
③ 잡손실
④ 소액현금
⑤ 잡이익

11 (주)덕산은 회계기간 중에 장부상의 현금 잔액은 800,000원이나 실제 현금 보유액은 600,000원이며 그 원인은 파악할 수 없다는 것을 발견했다. 이에 대한 올바른 분개는?

①	(차) 현금과부족	200,000원	(대) 당좌예금	200,000원
②	(차) 당좌예금	200,000원	(대) 현금과부족	200,000원
③	(차) 잡손실	200,000원	(대) 현금과부족	200,000원
④	(차) 현금과부족	200,000원	(대) 잡이익	200,000원
⑤	(차) 당좌예금	200,000원	(대) 잡이익	200,000원

12 천마산업은 현금 보유액이 장부잔액보다 50,000원 많은 것을 발견하였으나 원인을 규명하지 못하여 현금과부족 계정을 이용하여 회계처리하였다. 그 후 현금 불일치의 원인이 매출채권 회수의 기장 누락에 있었음을 발견하였다. 현금 불일치의 원인을 규명한 시점의 분개는?

①	(차) 현금과부족	50,000원	(대) 매출채권	50,000원

② (차) 매출채권 50,000원 (대) 현금과부족 50,000원
③ (차) 당좌예금 50,000원 (대) 매출채권 50,000원
④ (차) 현금과부족 50,000원 (대) 당좌예금 50,000원
⑤ (차) 당좌예금 50,000원 (대) 매출채권 50,000원

13 삼양기업의 제1회계연도 단기매매금융자산의 취득내역은 다음과 같다.

	수 량	취득원가	결산일 종가
A사 보통주	500주	₩15	₩12
B사 보통주	1,000주	10	15
C사 보통주	750주	12	15

결산일 현재 단기매매금융자산 평가액은 얼마인가?
① 2,250원 ② 25,000원
③ 26,500원 ④ 32,250원
⑤ 정답 없음

(자료) 다음은 14번~16번 문제에 대한 천마(주)의 제3회계연도 단기매매차익 목적 유가증권 거래내역은 다음과 같다.

(1) 3. 1.	A사 보통주 100주를 주당 104원에 매입하다.
(2) 8. 5.	A사 보통주 50주를 주당 115원에 매각하다.
(3) 12.31.	A사 보통주 주당 시장가격(종가): 96원

14 위의 3월 1일 거래를 분개할 때 차기(차변에 기록)할 내용은?
① 단기매매금융자산 10,400 ② 단기매매금융자산 10,500
③ 투자유가증권 10,400 ④ 매도가능금융자산 10,400
⑤ 정답 없음

15 위의 8월 5일 거래에서 발생한 처분손실 또는 처분이익은 얼마인가?
① 처분손실 550원 ② 처분이익 340원
③ 처분이익 550원 ④ 처분이익 470원
⑤ 정답 없음

16 12월 31일 회계기말에 인식해야할 평가손실 또는 평가이익은 얼마인가?

① 평가손실 400원 ② 평가손실 430원
③ 평가이익 450원 ④ 평가이익 470원
⑤ 정답 없음

17 천마증권은 소액현금제도를 채택하고 있다. 정액전도금은 100만원이며 제8회계연도 1월 한 달 동안 소액지출내역은 다음과 같다.

사무용품비	12만원	우편료	8만원
접대비	33만원	교통비	19만원
현금부족액	2만원		

1월 31일 현재 소액현금 계정의 잔액은 얼마인가?

① 26만원 ② 28만원
③ 30만원 ④ 100만원
⑤ 정답 없음

〈주관식 문제〉

18 현금및현금성자산

다음 〈보기〉 중 현금및현금성자산이 아닌 것을 모두 고르시오.

〈 보 기 〉

동전, 수입인지, MMDA, MMF, CD(양도성예금증서), 타인발행 당좌수표, CP(기업어음), 급여가불증, 우편환, 만기가 지난 국채, 우표, 요구불예금, 저축성예금

19 정액소액현금제도(1)

정액소액현금제도하에서 월초에 소액현금이 400원으로 설정되었다. 월중에 제잡비로 소액현금을 270원 지출하였고, 월말에 소액현금이 105원이 남아 있다면, 월말에 소액현금을 얼마나 보충하여야 하는가?

20 정액소액현금제도(2)

다음 소액현금에 관한 거래를 분개하시오.

5월 1일 소액현금으로 2,000,000원 정액을 최초 설정하고 동 금액만큼 은행에서 인출
3일 직원 출장비 400,000원을 지급
10일 사무용소모품 구입 500,000원
18일 전화요금 300,000원을 지급
25일 고객접대용 다과 400,000원 구입
31일 소액현금 잔액은 380,000원이고 소액현금을 보충 받음

21 소액현금제도(횡령)

(주)거산은 500,000원의 정액소액현금제도를 설정하여 경리직원인 김소산에게 담당하도록 하고 있다. 어느 날 갑자기 김소산이 출근하지 않기 시작했다. 재무담당 이사는 경리부장에게 조사를 지시했고 경리부장이 수소문한 결과 김소산은 해외로 이민간 것으로 밝혀졌다. 즉시 김소산이 담당하던 금고를 열어보니 금고 안에는 다음과 같은 내용물이 들어 있었다.

a. 거래처로부터 받은 매출채권 결제영수증	₩9,000,000
b. 회사의 당월분 전화요금 납입영수증	₩250,000
c. 사장의 서명이 있는 사장 개인 차입증서	₩300,000
d. 경리부 회식비증명서	₩50,000
e. 현 금	₩10,000

김소산이 횡령한 금액을 결정하시오.

22 단기매매금융자산의 분류조건

유가증권은 단기매매 목적, 원리금 수취 목적, 매도 등 그 밖의 목적으로 분류된다. 유가증권이 단기매매 목적으로 분류되기 위한 조건은 무엇인가?

23 단기매매금융자산의 평가

현행 기업회계기준 상 단기매매금융자산의 평가는 어떻게 해야 하는가?

24 단기매매금융자산의 취득, 평가, 처분(1)

(주)한세는 제7회계연도 중 단기매매차익 목적으로 A사 주식을 200원에, 그리고 B사 사채를 300원에 취득하였다. 제7회계연도말 직전 A사 주식에 대해 배당금 10원을 수취한 후 바로 동 주식을 180원에 처분하였다. B사 사채는 계속 보유하고 있는데 이 사채에 대해 제7회계연도에 발생한 이자는 15원이며 제7회계연도말 시가는 350원이었다. (주)한세

가 이 두 유가증권으로 인해 제7회계연도에 인식할 총 이익 또는 손실은?

25 단기매매금융자산의 취득, 평가, 처분(2)

다음은 경기(주)의 단기매매차익 목적 유가증권 투자와 관련된 자료이다.

거래일	거래내역	수 량	매입 또는 처분단가
1/5	A주식 매입	10,000주	₩15
10/1	B주식 매입	5,000주	₩ 8
10/30	A주식 처분	3,000주	₩ 9
12/20	B주식 배당금 수령(주당 ₩1)		

A, B주식 모두 액면금액은 5원이며 당회계기말 현재 단위당 시가는 A주식 11원, B주식 9.5원이다. 당회계기간에 필요한 모든 분개를 하시오.

26 단기매매금융자산의 취득, 평가, 처분(3)

(주)라노스는 단기매매차익 목적으로 아래와 같은 유가증권을 보유하고 있다. (주)라노스의 결산일은 12월 31일이다. 아래 유가증권은 모두 제1회계연도 11월 1일에 취득한 것이다. 다리회사 사채는 액면금액 100,000원, 연리 12%, 이자지급일은 매년 10월 31일이다.

종 목	취득원가	제1회계연도말 시가
가리회사 주식	₩200,000	₩180,000
나리회사 주식	250,000	300,000
다리회사 사채	100,000	100,000
계	₩550,000	₩580,000

제2회계연도 중 거래는 다음과 같다.

(1) 3월 6일 나리회사 주식을 모두 280,000원에 매각하였다.
(2) 7월 20일 가리회사로부터 현금배당금 30,000원을 받았다.
(3) 10월 31일 다리회사로부터 1년분 이자 12,000원을 받았다.

제2회계연도말 현재 보유 단기매매금융자산의 시가는 다음과 같다.

종 목	제2회계연도말 시가
가리회사 주식 다리회사 사채	₩195,000 90,000
계	₩285,000

1. 제1회계연도말 단기매매금융자산의 평가와 이자수익을 인식하는 수정분개를 하시오.
2. 제2회계연도의 기중 및 기말에 해야 할 모든 분개를 하시오.

27 단기매매금융자산의 취득과 평가

(주)길쌈은 (주)토속이 발행한 사채를 취득하였다. 아래 자료를 토대로 당기에 필요한 모든 회계처리를 하시오.

사채 액면금액	₩100,000(액면발행함)
액면이자율	연 12%
발행일	당기 1월 1일
이자지급일	매년 말
(주)길쌈의 사채취득일	당기 5월 1일. 경과분 이자의 지급과 함께 액면금액으로 취득
(주)길쌈의 사채취득 목적	단기매매차익 목적
사채 취득 시 수수료 비용	1,000원을 현금으로 지급함

(주)길쌈은 시가로 보유 회사채를 평가하며 기말의 동 회사채 시가는 95,000원이다.

6장

수취채권과 지급채무

개념과 분류 제1절

1. 수취채권의 의의와 종류

수취채권(receivables)은 가까운 장래에, 즉 단기간 내에 현금의 유입을 가져오는 청구권이다. 회계에서 단기간이란 통상 재무상태표일로부터 1년 이내를 말하므로, 수취채권은 재무상태표일로부터 1년 이내에 현금으로 회수될 것으로 기대되는 유동자산이다. 수취채권은 크게 **매출채권**과 **비매출채권**으로 분류된다.

(1) 매출채권

매출채권(trade receivables)은 **기업의 통상적이고 주된 수익창출활동**인 상품·제품의 판매 또는 용역의 제공 등과 같은 매출거래가 외상으로 이루어졌을 때 발생하는 채권이다. 외상매출이 순수하게 신용에 근거하여 이루어졌을 때에는 **외상매출금**(accounts receivable)이라 하며, 외상이 어음(notes)[1]에 근거하여 이루어졌을 때는 **받을어음**(notes receivable)이라 한다. 외상매출금 계정과 받을어음 계정은 합산하여 **매출채권**이라는 단일계정으로 재무상태표에 표시된다.

(2) 비매출채권

매출채권 이외의 수취채권은 모두 **비매출채권**(non-trade receivables)으로 분류되는데, 여기에는 미수금, 미수수익 및 단기대여금 등이 포함된다. **미수금**(non-trade account receivables)이란 아직 받지 않은 돈이라는 말인데, 매출채권도 그 의미상 미

---

1) 자산총액 10억원 이상 기업은 전자어음법에 의하여 의무적으로 종이어음이 아닌 전자어음을 발행해야 한다. 전자어음은 전산시스템 내에서 유통·보관되기 때문에 위변조가 불가능하고 거래의 투명성을 확보할 수 있다는 장점이 있다.

수금에 해당된다. 그러나 회계에서 **미수금**은 통상적이고 주된 거래가 아닌 **일시적이거나 부수적인 거래**가 외상으로 이루어졌을 경우에 한하여 사용되는 계정이다. 가령, 상품매매회사가 건물을 처분하고 그 처분대가를 미래에 받기로 했을 때, 미수금이라는 계정을 사용한다.

미수수익(accrued revenues)은 매출 이외의 수익이 당기에 발생하였으나 아직 현금을 수취하지 않은 금액이다. 미수수익은 제4장에서 언급했듯이 발생기준항목으로서 대부분 기말수정분개에서 나타난다. 가령, 상품매매회사가 건물을 임대한 경우, 결산일 현재 임대료라는 수익이 발생하였으나 현금을 받지 않았을 때 미수임대료 계정에 차기하고 임대료 계정에 대기하는 수정분개를 하는데, 여기서 미수임대료가 미수수익의 한 예이다. 미수수익의 다른 예로서 미수이자, 미수수수료 등을 생각할 수 있다.

단기대여금(short-term loans)은 기업이 빌려준 돈 중 재무상태표일로부터 1년 이내에 상환기한이 도래하는 금액이다. 타 회사에의 대여금뿐 아니라 종업원이나 임직원에 대한 일시대여금 등도 이에 속한다.

표 6-1
수취채권의 종류

구분		계정	내용
매출채권	통상적인 거래에서 발생한 수취채권	외상매출금	외상이 신용에 바탕을 둔 경우 받을 금액
		받을어음	외상이 어음에 바탕을 둔 경우 받을 금액
비매출채권	매출채권 이외의 모든 수취채권	미수금	일시적이거나 부수적인 외상거래(예: 유형자산의 처분)로부터 받을 금액
		미수수익	매출 이외의 수익이 당기에 발생하였으나 아직 현금을 받지 않은 금액 (예: 미수임대료, 미수이자)
		단기대여금	돈을 단기간 빌려준 경우 받을 금액

2. 지급채무의 의의와 종류

지급채무(payables)는 수취채권과 대칭되는 개념이다. 즉, 지급채무는 가까운 장래에 현금의 유출을 가져오는 채무로서 재무상태표일로부터 1년 이내에 현금으로 지급해야 할 채무이다. 지급채무도 수취채권과 마찬가지로 크게 **매입채무**와 **비매입**

채무로 분류된다.

표 6-2
지급채무의 종류

매입채무	통상적인 거래에서 발생한 지급채무	외상매입금	외상이 신용에 바탕을 둔 경우 지급할 금액
		지급어음	외상이 어음에 바탕을 둔 경우 지급할 금액
비매입채무	매입채무 이외의 모든 지급채무	미지급금	일시적이거나 부수적인 외상거래(예: 유형자산의 취득)에 의해 갚아야 할 금액
		미지급비용	매입 이외의 비용이 당기에 발생하였으나 아직 현금을 지급하지 않은 금액 (예: 미지급이자, 미지급임차료)
		단기차입금	돈을 단기간 빌린 경우 지급할 금액

(1) 매입채무

매입채무(trade payables)는 **기업이 통상적이고 주된 수익창출활동**에 필요한 상품 또는 원재료를 외상으로 매입했을 때 발생하는 채무이다. 외상이 신용에 근거하여 이루어졌을 때에는 **외상매입금**(accounts payable)이라 하며, 외상이 어음(notes)에 근거하여 이루어졌을 때는 **지급어음**(notes payable)이라 한다. 외상매입금 계정과 지급어음 계정은 합산하여 **매입채무**라는 단일계정으로 재무상태표에 표시된다.

(2) 비매입채무

매입채무 이외의 지급채무는 모두 **비매입채무**(non-trade payables)로 분류되는데, 여기에는 미지급금, 미지급비용 및 단기차입금 등이 포함된다. **미지급금**(non-trade account payables)은 **일시적이거나 부수적인 거래**가 외상으로 이루어졌을 경우 갚아야 할 대금이다. 가령, 상품매매회사가 건물을 취득하고 그 취득대금을 미래에 주기로 하면서 어음을 발행한 경우 미지급금 계정을 사용한다.

미지급비용(accrued expenses)은 매입 이외의 비용이 당기에 발생하였으나 아직 현금을 지급하지 않은 금액이다. 미지급비용은 제4장에서 언급했듯이 발생기준항목으로서 대부분 기말수정분개에서 나타난다. 가령, 결산일 현재 은행차입금에 대한 이자가 발생하였으나 현금을 지급하지 않았을 때 이자비용 계정에 차기하고 미지급이자 계정에 대기하는 수정분개를 하는데, 여기서 미지급이자가 미지급비용의 한 예이다. 미지급비용의 다른 예로서는 미지급임차료, 미지급수수료 등을 생각할 수 있다.

단기차입금(short-term borrowings)은 기업이 빌린 돈 중 재무상태표일로부터 1년 이내에 상환기한이 도래하는 금액이다. 기업이 마이너스 통장을 사용할 경우 결산일 현재 마이너스 잔액은 단기차입금으로 분류되어야 한다. 당좌예금의 마이너스 잔액인 당좌차월 역시 단기차입금으로 분류된다.

매출채권 또는 비매출채권, 그리고 매입채무 또는 비매입채무의 분류기준인 주된 상거래 여부는 거래당사자의 업종에 따라 다르다. 예를 들어, 컴퓨터 판매상인 A기업이 문방구 판매상인 B기업에 컴퓨터를 외상으로 팔았다 하자. 이때 A기업에게는 동 거래가 주된 상거래이므로 컴퓨터의 외상판매에 따른 채권은 매출채권으로 분류된다. 그러나 B기업의 주된 상거래는 문방구의 매입 및 매출이므로 컴퓨터의 외상구입은 유형자산의 취득이라는 부수적 거래이다. 따라서 B기업에게는 동 거래에 의한 채무가 매입채무가 아닌 미지급금으로 기록되어야 한다.

예제 6-1

매출채권과 매입채무, 비매출채권과 비매입채무

상품매매기업인 A사와 B사가 다음의 각 거래에 대해 기록할 계정 항목을 명시하고, 각 항목이 매출채권, 매입채무, 비매출채권, 비매입채무 중 어디에 속하는지 명기하시오.

(1) A사는 B사에게 아무런 증서 없이 외상으로 상품을 판매하였다.
(2) A사는 B사에게 약속어음을 받고 상품을 판매하였다.
(3) A사는 B사에게 사용하고 있던 기계장치를 외상으로 판매하였다.
(4) A사는 B사에게 단기로 자금을 대여하였다.
(5) (4)와 관련하여 A사는 발생 이자를 인식하였다. 이자는 아직 수취하지 않았다.

[풀이]

	A사	B사
(1)	외상매출금 (매출채권)	외상매입금 (매입채무)
(2)	받을어음 (매출채권)	지급어음 (매입채무)
(3)	미수금 (비매출채권)	미지급금 (비매입채무)
(4)	단기대여금 (비매출채권)	단기차입금 (비매입채무)
(5)	미수이자 (비매출채권)	미지급이자 (비매입채무)

매출채권과 매입채무의 회계처리 제2절

매출채권과 매입채무는 기업의 **통상적이고 주된 수익창출활동**에서 **발생**하는 단기 채권과 채무이다. 이 절의 주안점은 매출채권과 매입채무의 재무상태표가액이 어떻게 결정되는지에 대한 전반적인 이해를 돕는 데 있다.

채권과 채무의 재무상태표가액은 원칙적으로 미래에 받을 또는 지급할 금액을 재무상태표일 현재의 가치로 환산한 현재가치(present value)로 평가해야 한다. 그러나 매출채권과 매입채무와 같은 단기성 채권·채무는 실제로 받을 또는 지급할 금액과 그 금액의 현재가치간의 차이가 그다지 크지 않으므로 현재가치로 평가하지 않는다.

아래에서는 매출채권과 매입채무의 회계처리를 매출·매입 시점과 그 이후로 나누어 설명한다.

1. 매출·매입 시점

상품 등 재고자산의 신용 매출·매입 시점에서 판매자와 구매자가 해야 할 분개는 다음과 같다.

판매자:	(차변) 매출채권	×××	(대변) 매　출	×××
	(차변) 매출원가	×××	(대변) 재고자산	×××
구매자:	(차변) 재고자산	×××	(대변) 매입채무	×××

위의 분개에서 **매출채권/매입채무** 대신, 외상매출금/외상매입금(외상이 순수 신용으로 이루어진 경우) 또는 받을어음/지급어음(외상이 어음으로 이루어진 경우) 계정을 사용할 수도 있다. 매입액은 재고자산가액이 되므로 매입 시 **재고자산**을 차기한다.

매출거래와 매입거래의 주요 증빙은 송장(invoice)이다. 위 분개에서 각 계정의 금액은 송장가격(invoice price)에 근거한다. 상품의 카탈로그에는 통상 실제 송장가격보다 높은 판매가액이 표시되어 있다. 실제 판매가, 즉 송장가격은 카탈로그의 표시가격(list price)에서 거래할인이나 수량할인을 차감한 금액이다. 거래할인(trade discount)은 특정 고객에게 표시가격에서 차감해 주는 금액이고, 수량할인(quantity discount)은 거래수량이 일정 수준을 초과하는 경우 일정률을 할인해 주는 대량구매할인이다. 거래할인과 수량할인은 회계기록에 나타나지 않는다.

상품매매 시 판매자가 운임을 부담하면 판매자는 이를 운송비라는 판매비로 처리한다. 그러나 구매자가 운임을 부담하면 이를 매입운임이라 하는데, **매입운임**은 재고자산의 원가에 포함된다.

판매자가 운임 부담:	(차변) 운송비	×××	(대변) 현　금		×××
구매자가 운임 부담:	(차변) 재고자산	×××	(대변) 현　금		×××

2. 매출 · 매입 시점 이후

매출 · 매입 시점 이후에 매출채권/매입채무의 재무상태표가액에 영향을 주는 요소는 현금할인인 매출할인/매입할인과 매출에누리와환입/매입에누리와환출이 있고, 추가적으로 매출채권의 경우 회계기말의 대손 추정이다.

(1) 현금할인: 매출할인, 매입할인

현금할인(cash discount)은 고객이 외상대금을 일정 기간 내에 갚으면 일정률의 할인을 해주는 상거래 관행으로 일종의 외상대금 조기회수 촉진책이다. 현금할인은, 판매자 입장에서는 **매출할인**(sales discount)이고 구매자 입장에서는 **매입할인**(purchase discount)이다.

현금할인의 통상적인 표기방식은 다음의 예와 같다.

2/10, n/30

여기서, 2/10은 10일 이내에 갚은 외상대금에 대하여는 2%의 현금할인이 주어진다는 것을 의미하고, n/30은 나머지(n 즉 'net')는 30일 이내에 갚아야 한다는 것을 의미한다.

매출시점에서 현금할인에 대한 회계처리는 할인액을 매출 또는 매입액에서 차감하는 순액법과 매출과 매입을 현금할인 전의 총액으로 기입하는 총액법으로 나눌 수 있다. 실무에서는 총액법을 많이 사용하고 있는데 이는 회계처리가 간편하기 때문이다. **총액법**에서는 **매출할인** 또는 **매입할인**을 매출 또는 재고자산(매입)의 차감계정으로 처리한다. 만일 3만원의 외상매출을 2/10, n/30의 할인조건으로 판매한 다음, 이 중 1만원에 해당하는 외상매출만이 할인기간 내에 지불되고, 나머지는 그 이후에 지불된다면 분개는 다음과 같다:

판매자 판매 시:	(차) 매출채권	30,000	(대) 매 출	30,000
할인기간 내 현금수취:	(차) 현 금	9,800	(대) 매출채권	10,000
	매출할인	200		
할인기간 후 현금수취:	(차) 현 금	20,000	(대) 매출채권	20,000
구매자 구입 시:	(차) 재고자산	30,000	(대) 매입채무	30,000
할인기간 내 현금지불:	(차) 매입채무	10,000	(대) 현 금	9,800
			재고자산	200
할인기간 후 현금지불:	(차) 매입채무	20,000	(대) 현 금	20,000

다음으로 **순액법**에 의한 회계처리를 살펴보자. 위 예제에서 2/10, n/30의 할인조건으로 3만원의 외상매출이 있는 경우, 현금할인은 600원(=₩30,000×2%)이다. 따라서 순액법에서는 매출 시 매출액과 매출채권은 할인액을 공제한 29,400원으로 기록한다. 이 중 1만원에 해당하는 외상매출만이 할인기간 내에 지불되고, 나머지는 그 이후에 지불된다면 분개는 다음과 같다:

판매 시:	(차) 매출채권	29,400	(대) 매 출	29,400
할인기간 내 현금수취:	(차) 현 금	9,800	(대) 매출채권	9,800
할인기간 후 현금수취:	(차) 현 금	20,000	(대) 매출채권	19,600
			매출할인포기이익	400

구매자 구입 시:	(차) 재고자산	29,400	(대) 매입채무	29,400
할인기간 내 현금지불:	(차) 매입채무	9,800	(대) 현 금	9,800
할인기간 후 현금지불:	(차) 매입채무	19,600	(대) 현 금	20,000
	매입할인포기손실	400		

여기서 **매출할인포기이익**과 **매입할인포기손실**은 일종의 금융수익(이자수익)과 금융비용(이자비용)으로 볼 수 있다.

(2) 매출에누리와환입, 매입에누리와환출

매출에누리는 상품의 매출 후 결함의 발견 등으로 값을 깎아 준 경우이고, **매출환입**은 당초 거래조건과 부합하지 않는 등의 이유로 상품이 반품된 경우이다. 매출에누리와 매출환입은 상품의 반품 여부에 따라 상거래에서는 구분되는 개념이지만, 두 경우 모두 매출채권의 감소를 가져온다는 점에서 회계에서는 기본적으로 이 둘을 구분하지 않고 **매출에누리와환입**(sales allowances and returns)이라는 단일계정으로 처리한다. 매출에누리와환입을 구매자 입장에서 본 것이 **매입에누리와환출**(purchase allowances and returns)인데, 이는 매입채무의 감소와 더불어 재고자산의 감소로 처리한다. 판매자와 구매자 입장에서 분개는 다음과 같다.[2)]

판매자:	(차변) 매출에누리와환입	×××	(대변) 매출채권	×××
구매자:	(차변) 매입채무	×××	(대변) 재고자산	×××

매출에누리와환입은 매출의 차감계정이다. 손익계산서에 보고되는 매출은 매출에누리와환입을 차감한 후의 순매출액이다.

(3) 순매출액

손익계산서에 보고되는 '매출'은 순매출액을 의미한다. 순매출액은 다음과 같이

---

2) 매출환입의 경우는 판매자의 입장에서 매출에누리와는 달리 반품에 의한 재고자산의 증가를 가져오므로 '(차변) 재고자산 (대변) 매출원가'의 추가 분개를 해야 한다.

계산된다.

순매출액 = 매출액 − 매출할인 − 매출에누리와환입

예제 6-2

매출채권과 매입채무의 회계처리

판매회사의 상품에 대한 가격 관련 자료는 다음과 같다.

표시가격:	개당	1,000원(취득원가 600원)
구매회사에의 거래할인:	개당	100원
대량(100개 이상) 구매에 따른 수량할인:	표시가격의	10%
현금할인 조건:	2/10, n/30	

상품의 운송비는 개당 1원인데 이는 구매자가 현금으로 지급한다.

물음 **다음 각 거래에 대하여 판매회사와 구매회사가 해야 할 분개를 총액법에 따라 하시오.**

[1] 11월 1일, 판매회사가 상품 100개를 구매회사에 외상으로 매출하였다.

[풀이]

표시가격은 개당 1,000원이나, 거래할인 개당 100원 및 수량할인 개당 100 후의 개당 송장가격은 800원이고, 따라서 매출은 80,000원〔=₩800×100개〕이다. 한편 판매회사의 매출원가는 60,000원〔=₩600×100개〕이다. 따라서 매출·매입 시점의 판매회사와 구매회사의 분개는 다음과 같다.

판매회사:	(차변) 매출채권	80,000	(대변) 매 출	80,000
	(차변) 매출원가	60,000	(대변) 재고자산	60,000
구매회사:	(차변) 재고자산	80,100	(대변) 매입채무	80,000
			현 금	100

[2] 11월 9일, 구매회사가 현금할인기간 내에 외상대금 3만원(현금할인 적용 전 금액)에 대해 현금 지급하였다.

[풀이]

현금 지급액은 할인액 600원(=₩30,000×2%)을 차감한 29,400원이다. 따라서 분개는 다음과 같다.

판매회사: (차변) 현 금	29,400	(대변) 매출채권	30,000
매출할인	600		
구매회사: (차변) 매입채무	30,000	(대변) 현 금	29,400
		재고자산	600

[3] 11월 30일, 구매회사가 현금할인기간이 지난 후 외상대금 5만원(현금할인 적용 전 금액)에 대해 현금 지급하였다.

[풀이]■■■■■

현금 지급액은 그대로 50,000원이다. 따라서 분개는 다음과 같다.

판매회사: (차변) 현 금	50,000	(대변) 매출채권	50,000
구매회사: (차변) 매입채무	50,000	(대변) 현 금	50,000

참고 **위 거래들을 판매회사와 구매회사가 순액법에 따라 분개하면 다음과 같다.**

[1] 11월 1일, 판매회사가 상품 100개를 구매회사에 외상으로 매출하였다.

[풀이]■■■■■

상품의 판매가격은 80,000원이나, 순액법하에서는 매출을 매출할인 2% 차감 후인 78,400원으로 기록한다. 한편 판매회사의 매출원가는 60,000원〔=₩600×100개〕이다. 따라서 매출·매입 시점의 판매회사와 구매회사의 분개는 다음과 같다.

판매회사: (차변) 매출채권	78,400	(대변) 매 출	78,400
(차변) 매출원가	60,000	(대변) 재고자산	60,000
구매회사: (차변) 재고자산	78,500	(대변) 매입채무	78,400
		현 금	100

[2] 11월 9일, 구매회사가 현금할인기간 내에 외상대금 3만원(현금할인 적용 전 금액)에 대해 2%를 할인받고 현금 지급하였다.

[풀이]▪▪▪▪▪

현금 지급액은 할인액 600원(=₩30,000×2%)을 차감한 29,400원이다. 이미 매출채권 및 매입채무에 대하여는 할인액이 반영되어 있으므로, 분개는 다음과 같다.

판매회사: (차변) 현 금 29,400 (대변) 매출채권 29,400

구매회사: (차변) 매입채무 29,400 (대변) 현 금 29,400

[3] 11월 30일, 구매회사가 현금할인기간이 지난 후 외상대금 5만원(현금할인 적용 전 금액)에 대해 현금 지급하였다.

[풀이]▪▪▪▪▪

현금 지급액은 50,000원인데, 매출채권 및 매입채무에는 할인액이 반영되어 있으므로, 할인기간 경과에 따른 금액을 처리하여야 한다. 따라서 분개는 다음과 같다.

판매회사: (차변) 현 금 50,000 (대변) 매출채권 49,000
매출할인포기이익 1,000

구매회사: (차변) 매입채무 49,000 (대변) 현 금 50,000
매입할인포기손실 1,000

제3절 매출채권의 대손 회계처리

회계기말 현재의 매출채권은 일반적으로 수많은 거래처로부터 다음 회계기간 중에 회수할 금액이다. 그러나 그중 일부 거래처로부터의 매출채권은 그 금액의 전부 또는 일부를 회수하지 못할 수도 있다. 매출채권을 회수하지 못할 것으로 판단되는 경우 해당 금액을 비용으로 처리해야 하는데, 국제회계기준에서는 이를 자산의 손상으로 인한 **손상차손**(impairment loss)의 일환으로 처리하도록 하고 있다. 손상차손은 매출채권뿐만 아니라 단기매매금융자산을 제외한 금융자산, 유형자산, 무형자산의 경우에도 손상 발생 시 인식해야 한다.

매출채권에 발생한 손상차손은 일반적으로 **대손**(bad debt)이라 하고 **대손상각비**(bad debt expense)라는 비용계정을 사용하여 처리한다. 대손은 매출채권뿐만 아니라 대여금이나 다른 수취채권에서도 발생할 수 있다. 대손의 회계처리는 동일하므로, 이 절에서 설명하는 매출채권의 대손 회계처리는 대여금이나 다른 수취채권에도 적용될 수 있다.

매출채권 대손의 회계처리 방법으로 **직접상각법**과 **충당금설정법**이 있다. 전자는 대손이 실제로 발생할 때 대손을 인식하는 방법이고, 후자는 회계기말에 수정분개를 통해 향후 대손으로 확정될 금액을 추정하여 대손을 인식하는 방법이다. 국제회계기준에서는 충당금설정법만을 허용한다. 이하에서는 각 방법에 대하여 논의한다.

1. 직접상각법

직접상각법(direct write-off method)은 기중에 대손이 실제로 확정됨에 따라 대손을 인식하는 방법이다. 이 방법 하에서는 실제로 확정된 대손금액을 대손상각비로 비용처리하고 매출채권에서 직접 차감한다. 직접상각법은 회계처리가 단순하다는 것이 장점이 있으나 **수익·비용대응의 원칙에 어긋나므로 국제회계기준에서 허용되지 않는 방법**이다. 대손상각비는 외상매출과 관련된 비용이므로, 수익·비용대응원칙에 따르면, 외상매출 수익과 동일한 회계기간에 인식되어야 한다. 그런데, 특정 거래처에 대한 매출채권이 대손(회수불능)으로 확정되기까지는 그 거래처에 대한 매출을 인식한 후 상당한 기간이 걸리는 것이 보통이다. 이에 직접상각법 하에서는 수익(매출)을 인식한 회계기간과 관련된 비용(대손상각비)을 인식한 회계기간이 서로 다르게 될 수 있으므로 직접상각법은 수익·비용대응의 원칙에 어긋나는 방법이다.

또한 직접상각법하에서는 **매출채권이 과대 계상된다는 단점이 있다**. 매출채권은 재무상태표에 향후 거래처로부터 실제 받을 수 있으리라 기대되는 회수 예상액, 즉 순실현가능가치(net realizable value)로 평가되어야 한다. 그런데, 매출채권의 일부가 향후 대손으로 예상될 수 있음에도 불구하고 직접상각법 하에서는 매출채권이 이를 감안하기 전의 총액으로 보고되므로 과대 계상된다고 할 수 있다.

2. 충당금설정법

국제회계기준에서는 매출채권에 대해 향후 기대되는 손실(회수불능 예상액)을 추정하는 방식으로 대손충당금을 계상한 후 이를 매출채권의 차감으로 설정하도록 하고 있다. 이를 **충당금설정법**(allowance method)이라 한다. 동 방법하에서는 매 회계기말에 매출채권 잔액 중 미래 회수불능 예상액만큼 **대손충당금**(allowance for uncollectible accounts)을 설정하고, 이에 따라 계산된 대손상각비를 기말수정분개를 통해 인식해야 한다. 충당금설정법은 **수익·비용대응의 원칙에 충실한 방법이라 할 수 있으며**, 매출채권을 회수가능액만큼 재무상태표에 보고한다는 점에서 바람직한 방법이다. 아래에서는 충당금설정법하에서 기말의 대손 추정, 대손의 최종 확정, 대손 확정 채권의 추후 회수에 대한 회계처리 절차를 순서대로 알아본다.

(1) 기말의 대손 추정

국제회계기준에서는 매 회계기말 매출채권에 대해 예상되는 회수불능액(또는 기대신용손실; expected credit loss)을 추정하여 대손충당금을 설정하도록 하고 있다.

이러한 충당금설정법하에서 대손충당금을 설정하는 기말수정분개는 다음과 같다.

(차변) 대손상각비	×××	(대변) 대손충당금	×××

대손상각비(bad debt expense)는 당기의 매출에 대응하여 보고해 할 손익계산서상의 비용 항목이고, **대손충당금**은 재무상태표상 매출채권의 차감(음의 자산)으로 보고되는 항목이다. 재무상태표에 매출채권을 보고할 때는 매출채권의 총액에서 대손충당금을 차감하는 형식으로 표시할 수도 있고 매출채권 총액에서 대손충당금을 차감한 순매출채권으로 표시할 수도 있다.

예를 들어 보자.

표 6-3 계양회사의 대손 추정 관련 자료

기말 매출채권 잔액	₩3,000,000
기말 수정분개 전 대손충당금 잔액	20,000
기말 매출채권의 예상 대손금액(회수불능액)	60,000

계양회사의 기말 매출채권 잔액 300만원에 대해 추정되는 예상 대손금액 6만원이 바로 기말 수정분개 후 **대손충당금** 잔액이 되어야 한다. 그런데, 수정분개 전 대손충당금 잔액 2만원이 있으므로, 기말 대손충당금 잔액이 6만원이 되게 하기 위해서는 4만원(=₩60,000−₩20,000)만 증액하면 된다. 따라서 기말수정분개는 다음과 같다.

(차변) 대손상각비	40,000	(대변) 대손충당금	40,000

이 수정분개 후 매출채권의 **장부금액**(재무상태표 평가액)은 294만원(=₩3,000,000−₩60,000)이 된다.

만약, 수정분개 전 대손충당금 잔액이 2만원이 아니라 7만원이었다면, 수정분개 후 대손충당금 잔액이 6만원이 되게 하기 위해서는 대손충당금을 오히려 1만원(=₩60,000−₩70,000)만큼 감소시켜야, 즉 환입하여야 한다. 따라서 이 경우 기말의 수정분개는 다음과 같은데, 이때 **대손충당금환입**은 음(−)의 대손상각비로서 손익계산서에 수익으로 보고된다.

(차변) 대손충당금	10,000	(대변) 대손충당금환입	10,000

위의 예에서는 편의상 매출채권의 예상되는 대손금액이 바로 주어졌다. 그러나 실무에 있어서 이 예상 대손금액을 추정하는 것은, 외상거래로 발생한 모든 매출채권에 대해 채무불이행 위험을 평가한 후 이에 걸맞는 대손율을 일일이 결정하여야 하므로, 상당히 어렵고 번거로운 일이다. 이에 기업들은 과거 대손 경험을 바탕으로 매출채권의 연체 일수에 따라 대손율을 사전적으로 정해 놓고 이에 따라 대손금액을 추정하는 정형화된 방식을 사용하곤 한다. 이는 일명 **연령분석법**(aging method)이라 하는데, 국제회계기준에서 대손충당금 설정의 간편법(expedient method)으로 인정되고 있다.

다음은 진시(주)의 당회계연도말 현재의 회계자료이다.

예제 6-3
충당금설정법

매출채권 잔액: ₩50,000
대손충당금 수정 전 잔액: ₩300

[1] 과거 경험에 따르면 평균적으로 매출채권 잔액의 4%가 대손될 것으로 예상된다고 하자. 당회계연도말의 수정분개를 하시오. 또한 당기에 인식해야 할 대손상각비 및 수정 후 대손충당금 잔액을 계산하시오.

[풀이]

수정 후 대손충당금 잔액은 2,000원(=₩50,000×0.04)이다. 수정분개 전 대손충당금 잔액이 300원 남아 있으므로 대손충당금을 1,700원만 증가시키면 된다.

(차변) 대손상각비	1,700	(대변) 대손충당금	1,700

당기의 대손상각비는 1,700원이다.

[2] 과거 경험에 따르면 평균적으로 매출채권 잔액의 0.4%만이 대손될 것으로 예상된다고 하자. 당회계연도말의 수정분개를 하시오. 또한 당기에 인식해야 할 대손상각비 및 수정 후 대손충당금 잔액을 계산하시오.

[풀이]

수정 후 대손충당금 잔액은 200원(=₩50,000×0.004)이어야 한다. 수정분개 전 대손충당금 잔액이 300원 남아 있으므로 대손충당금을 오히려 100원 감소, 즉 환입시켜야 한다.

(차변) 대손충당금	100	(대변) 대손충당금환입	100

따라서 당기에 '음'의 대손상각비인 대손충당금환입 100원이 나타난다.

[3] 과거 경험에 의해 매출채권의 연령, 즉 경과기간에 따른 차등 대손율과 이에 따른 예상대손금액이 다음과 같다고 하자. 당회계연도말의 수정분개를 하시오.

매출채권 잔액	연 령	추정 대손율	예상 대손금액
₩50,000 : ₩10,000	만기 미도래	0.1%	10
25,000	만기 후 1~30일	1%	250
15,000	만기 후 30일 초과	10%	1,500
			₩1,760

[풀이]

매출채권이 정상회수기간 내(만기 미도래)일 경우 대손 가능성은 낮을 것이나, 만기가 될 때까지 미회수 되었고 그 미회수된 기간이 길수록 대손 가능성은 클 것이다. 이에 각 매출채권의 미회수기간인 연령에 따라 대손율을 차등 적용하여 예상 대손금액을 계산한다. 이를 연령분석법이라 한다. 재무상태표에 보고될 대손충당금은 이렇게 계산된 예상 대손금액 1,760원이다. 그런데 수정분개 전 대손충당금 잔액이 300원 남아 있으므로 이를 1,760원이 되게 하기 위해서는 1,460원을 보충해야 한다. 이 보충분이 바로 손익계산서에 보고될 대손상각비이다. 따라서 당기말의 수정분개는 다음과 같다.

(차변) 대손상각비	1,460	(대변) 대손충당금	1,450

(2) 대손의 확정(매출채권의 포기)

특정 거래처 매출채권에 대한 **대손의 확정**은 동 매출채권의 포기를 의미하므로, 대손 확정 시에는 그 거래처에 대한 **매출채권을 장부에서 제거**(write-off)하여야 한다. 동시에 대손 확정액만큼 이미 설정되어 있는 대손충당금(즉 예상 대손금액 추정치)을 감소시킨다. 여기서 유의할 점은 대손 확정 시에 대손 확정액을 비용처리하지 않고 대손충당금의 감소로 처리한다는 것이다. 만일 대손 확정액을 확정된 '손실'로 보아 비용으로 처리한다면 전 회계연도말에 계상한 비용(대손상각비)을 이중으로 다시 계상하는 잘못된 결과가 초래된다.

예를 들어, 〈표 6-3〉의 예에서 계양회사의 기말 대손충당금이 6만원으로 설정되어 있는데, 그 다음해 5월 9일에 특정 거래처 A에 대한 매출채권 4만원이 대손으로 확정되었을 경우의 분개는 다음과 같다.

(차변) 대손충당금	40,000	(대변) 매출채권	40,000

이 분개에 의하여 매출채권 잔액은 4만원만큼 감소한다. 동시에 대손충당금 잔액도 동액만큼 감소한다. 이의 결과 **순매출채권 금액(즉, 매출채권 잔액－대손충당금 잔액)이 변동하지 않으며, 비용(대손상각비)이 직접 인식되지도 않는다.** 대손상각비는 대손 확정 시가 아니라 회계기말에 수정분개를 통해 인식하는 것이다. 물론 기중에 대손의 확정이라는 'bad news'가 생기면 그 회계기말의 수정분개 시 그 금액만큼 대손충당금이 추가 설정됨으로써 당기에 대손상각비가 그만큼 더 많이 인식되게 되는 결과가 초래될 것이다.

(3) 대손 확정 채권의 추후 회수

자주 발생하지는 않지만, 대손으로 확정한 매출채권이 차후에 현금으로 회수되었다고 하자. 이 경우에는 아래와 같은 두 개의 분개를 동시에 해주어야 한다.

(차변) 매출채권	×××	(대변) 대손충당금	×××
(차변) 현　금	×××	(대변) 매출채권	×××

첫 번째 분개는 대손의 확정과는 정확히 반대의 분개로써 매출채권을 다시 살리는 분개이고, 두 번째 분개는 매출채권의 회수에 따른 현금의 증가를 나타내는 분개이다.[3] 이미 대손으로 확정한 채권의 회수라는 'good news'는 얼핏 이익에 영향을 미치지 않는 것으로 보이지만 회계기말의 수정분개 시 그 금액만큼 대손충당금이 덜 설정됨으로써 당기 대손상각비가 그만큼 덜 인식되게 되어 궁극적으로 이익을 증가시키게 된다.

3. 매출채권과 매입채무의 재무상태표 보고

매출채권은 이의 차감계정인 대손충당금과 함께 재무상태표에 보고된다. 재무상

3) 이 두 분개를 합쳐 '차) 현금　대) 대손충당금'으로 표현할 수도 있으나 이보다는 매출채권의 부활 및 매출채권의 회수를 각각 별개의 분개로 나타내는 것이 개념적으로 바람직한 방법이다.

태표에 보고될 매출채권과 대손충당금의 기말잔액 산출과정을 총액법의 가정하에 T-계정으로 표시하면 다음과 같다.

매출채권	
기초잔액	현금(대금회수)
외상매출	매출할인
	매출에누리와환입
	대손확정
기말잔액	

대손충당금	
대손확정	기초잔액
	대손상각비
	기말잔액

대손충당금은 매출채권의 차감적 평가계정이다. 매출채권 잔액에서 대손충당금 잔액을 차감한 금액을 매출채권의 순실현가능가치라 한다. 이는 장차 구매자로부터 받을 수 있으리라 예상되는 금액이다. 재무상태표에서 매출채권은 순실현가능가치로 평가된다. 따라서,

매출채권의 재무상태표평가액 = 매출채권 기말잔액 − 대손충당금 기말잔액

이와 대비하여 재무상태표에 보고될 매입채무의 기말잔액 산출과정을 총액법의 가정 하에 T-계정으로 표시하면 다음과 같다.

매입채무	
현금(대금지급)	기초잔액
매입할인	외상매입
매입에누리와환출	
	기말잔액

어음회계 제4절

1. 상업어음과 융통어음

약속어음(promissory note)은 발행인이 만기일에 어음의 수취인 또는 소지인에게 일정 금액을 지불하기로 약속한 증서다. 약속어음의 권면(증권의 겉면)에는 일반적으로 액면금액, 연 이자율, 발행일, 만기일, 발행인 등이 기재되어 있다. 약속어음은 발행 목적에 따라 상업어음과 융통어음으로 구분된다.

상업어음(commercial notes)은 **진성어음**이라고도 하는데, 영업상의 거래대금을 결제하기 위해 발행되는 어음이다. 상업어음에 대한 계정명칭은 그 어음의 발행원인인 상거래의 성격에 따라 받을어음과 지급어음 또는 미수금과 미지급금으로 구분된다. 수취인 입장에서 보면, 통상적이고 주된 수익창출활동(상품·제품의 매출 또는 용역의 제공)의 결과로 수취한 어음은 **받을어음**(또는 **매출채권**)으로 기록하고, 일시적이거나 부수적인 거래(예: 유형자산의 처분)의 결과로 받은 어음은 미수금으로 처리한다.

발행인 입장에서 보면, 통상적이고 주된 수익창출활동에 필요한 상품 또는 원재료의 매입과 관련하여 발행한 어음은 **지급어음**(또는 **매입채무**)으로 기록하고, 일시적이거나 부수적인 거래(예: 유형자산의 취득)의 결과로 발행한 어음은 **미지급금**으로 처리한다.

이에 반하여, 금융어음 또는 **융통어음**(accommodation bill)은 상거래를 수반하지 않고 순전히 자금을 융통할 목적으로 발행되는 어음으로, **발행인에게는 차입금**이 되고 **수취인에게는 대여금**이 된다.

2. 이자부어음과 무이자부어음

모든 어음에는 명시적 또는 암묵적으로 이자가 붙는다. 이자를 산출하는 데 기초가 되는 금액을 **원금**(principal amount)이라 하는데, 상업어음의 경우에는 매매대금이, 융통어음의 경우에는 융통한 금액이 어음의 원금이 된다.

어음의 **액면금액**(face amount)은 어음의 권면에 기재된 금액이다. 어음의 액면금액은 원금과 같을 수도 있고 다를 수도 있다. 어음의 액면금액을 원금으로 기재하는 형식의 어음을 **이자부어음**(interest-bearing notes)이라 한다. 이자부어음의 경우 어음의 권면에 이자율(통상 연리)이 명시된다. 이렇게 어음의 권면에 표시된 이자율을 **표시이자율**(stated interest rate)이라 한다.

만기까지의 이자를 원금에 합하여 어음의 액면금액으로 기재하는 형식의 어음을 **무이자부어음**(non-interest bearing notes)이라고 한다. 무이자부어음의 경우에는 이자가 액면금액에 포함되어 있으므로 어음의 권면에 이자율 표시가 없다.

무이자부어음을 회계처리할 때에는 암묵적인 내재이자율을 추론하여야 한다. 실제 거래상황에서 무이자부어음 액면금액의 원금부분과 이자부분을 분리하는 것은 어렵지 않다. 가령, 돈 10만원을 빌려주고 액면금액 12만원의 1년 만기 무이자부어음을 받았다면, 이 어음의 원금은 10만원, 이자는 2만원, 그리고 어음에 내재된 이자율은 연리 20%(=₩20,000/₩100,000)임을 알 수 있다. 같은 맥락으로, 상품 10만원(송장가격)어치를 신용매출한 대가로 액면금액 11만원의 1년 만기 무이자부어음을 받았다면, 이 어음의 원금은 10만원이고 이자는 1만원 그리고 내재이자율은 10%(=₩10,000/₩100,000)이다.

어음의 **만기금액**(maturity amount)이란 어음의 만기일에 결제할 금액을 말한다. 이자부어음의 만기금액은 액면금액에 만기일에 지급할 표시이자를 합한 금액이며, 무이자부어음의 만기금액은 액면금액이다.

3. 어음거래의 회계처리

어음과 관련한 회계처리는 어음발행일, 결산일, 그리고 어음결제일에 일어난다.

상업어음이든 융통어음이든 계정명칭만 다를 뿐, 근본적인 회계처리는 같다. 여기서는 상업어음의 예를 들어 설명한다.

(1) 이자부어음의 회계처리

〔예제 6-4〕는 상거래에서 발생한 이자부어음의 회계처리를 예시한다.

예제 6-4
이자부어음의 회계처리

조영상사는 4월 1일에 상품 3만원을 삼풍상회에 신용매출하고 1년 만기, 액면금액 3만원인 이자부어음(표시이자율 연리 10%)을 받았다. 조영상사와 삼풍상회의 결산일은 12월 31일이다.

[1] 어음발행일인 4월 1일에 조영상사와 삼풍상회의 분개를 하시오.

[풀이] ■■■■■

조영상사:	(차변) 받을어음	30,000	(대변) 매출채권	30,000
삼풍상회:	(차변) 상품(재고자산)	30,000	(대변) 지급어음	30,000

* 받을어음 및 지급어음 계정 대신에 매출채권 및 매입채무 계정을 사용해도 무방하다.

[2] 결산일(당해연도 12월 31일)에 조영상사와 삼풍상회의 분개를 하시오.

[풀이] ■■■■■

조영상사:	(차변) 미수이자	2,250	(대변) 이자수익	2,250
삼풍상회:	(차변) 이자비용	2,250	(대변) 미지급이자	2,250

* 9개월(4/1～12/31) 동안 발생이자＝₩30,000×10%×9/12＝₩2,250

[3] 어음결제일(익년 3월 31일)에 조영상사와 삼풍상회의 분개를 하시오.

[풀이] ■■■■■

조영상사:	(차변) 현 금	33,000	(대변) 받을어음	30,000
			미수이자	2,250
			이자수익	750

삼풍상회: (차변) 지급어음	30,000	(대변) 현 금	33,000
미지급이자	2,250		
이자비용	750		

* 어음의 만기금액=₩30,000+(₩30,000×10%)=₩33,000

** 3개월(1/1~3/31) 동안 발생이자=₩30,000×10%×3/12=₩750

(2) 무이자부어음의 회계처리

무이자부어음은 경제적 실질(economic substance)에 있어 이자부어음과 동일하므로 이에 대한 회계처리 또한 이자부어음과 동일하여야 한다. 다만, 무이자부어음은 어음의 권면에 이자율의 표시가 없으므로 거래내용을 참작하여 어음에 암묵적으로 내재된 이자율을 추론하여야 한다. 〔예제 6-5〕는 무이자부어음의 회계처리를 예시한다.

예제 6-5 무이자부어음의 회계처리

조영상사는 4월 1일에 상품 3만원을 삼풍상회에 신용매출하고 1년 만기, 액면금액 33,000원인 무이자부어음을 받았다. 조영상사와 삼풍상회의 결산일은 12월 31일이다.

물음 **조영상사와 삼풍상회의 입장에서 다음 각 날짜에 필요한 분개를 하시오.**

1. 당해연도 4월 1일 (어음발행일)
2. 당해연도 12월 31일 (결산일)
3. 익년 3월 31일 (어음결제일)

[풀이]

위의 거래상황에서 무이자부어음의 원금이 3만원, 이자 3천원 그리고 암묵이자율은 연리 10%(=₩3,000/₩30,000)임을 알 수 있다.

1. 당해연도 4월 1일 (어음발행일)

위 설명과 같이, 어음 액면은 33,000원이나, 실제 원금은 이자 3,000원을 제외한 30,000원이다. 따라서 어음발행일에 받을어음과 지급어음의 금액을 30,000원으로 아래와 같이 분개한다.

조영상사:	(차변) 받을어음	30,000	(대변) 매 출	30,000
삼풍상회:	(차변) 상품(재고자산)	30,000	(대변) 지급어음	30,000

* 받을어음 및 지급어음 계정 대신에 매출채권 및 매입채무 계정을 사용해도 무방하다.

2. 당해연도 12월 31일 (결산일)
결산일의 분개는 〔예제 6-4〕에 제시된 풀이와 동일하다.

3. 익년 3월 31일 (어음결제일)
어음결제일의 분개는 〔예제 6-4〕에 제시된 풀이와 동일하다.

4. 어음의 부도

어음의 만기일(결제일)이 다가오면 어음소지인은 거래은행에 어음의 만기금액을 추심의뢰한다. 만기일에 어음발행인의 은행계좌에 잔고가 부족하여 어음대금을 결제 받지 못하는 경우를 부도라 하며, 부도가 난 어음을 **부도어음**(dishonored note)이라 한다.

부도가 발생하면 어음소지인은 어음의 만기금액을 그냥 포기하지는 않고 **일단 부도어음이라는 수취채권 계정에 차기**하여 '특별관리'하며 대금회수 노력을 기울일 것이다. 부도에 따른 각종 수수료 등의 관련 비용도 모두 부도어음 계정에 포함시킨다. 국제회계기준에서 부도어음은 재무상태표의 공식 계정과목이 아니다. 따라서 회수가능성이 있으나 결산일 현재 회수하지 못한 부도어음은 재무상태표에 매출채권 또는 장기성매출채권으로 보고하면서 이에 대해 일반 매출채권보다 훨씬 높은 대손충당금을 설정하여야 할 것이다.

한편, 어음의 발행회사는 어음의 만기일에 그 대금을 지급하지 못한 경우에도 회사의 갱생노력을 하는 것이 일반적이다. 따라서 일단은 부도처리된 어음에 대한 기록을 그대로 유지하는 동시에 발생이자에 대한 이자비용 및 미지급이자를 기록하여야 한다.

연습문제

〈객관식 문제〉

01 다음 중 수취채권으로 분류할 수 없는 것은?

① 외상매출금 ② 받을어음
③ 미수금 ④ 단기대여금
⑤ 단기금융자산

02 현금을 받지 않았으나 당기에 발생한 임대료는 다음 중 어느 계정으로 분류되는가?

① 미수금 ② 미수수익
③ 선수금 ④ 선급금
⑤ 미지급비용

03 상품매매업을 영위하는 영대주식회사는 유형자산을 매각하고 매각대금을 어음으로 받았다. 이 거래의 분개 시 차기해야 할 계정과목은?

① 받을어음 ② 수취채권
③ 미수금 ④ 미수수익
⑤ 매출채권

04 매입 이외의 비용이 발생하였으나 아직 현금으로 지급하지 않은 금액은 다음 중 어느 계정으로 분류하는가?

① 미지급금 ② 미지급비용
③ 지급채무 ④ 단기차입금
⑤ 채 무

05 다음 중 대손처리를 할 수 없는 계정은?

① 외상매출금 ② 단기대여금
③ 선수금 ④ 받을어음
⑤ 매출채권

06 천마산업은 거래처의 파산으로 매출채권 7만원을 회수할 수 없게 되었다. 장부를 보니 이날 현재 대손충당금 대변잔액은 8만원이었다. 이때 대손상각비 계정에 차기할 금액은?

① 10만원 ② 8만원
③ 2만원 ④ 6만원
⑤ 0

07 천마산업은 거래처의 파산으로 매출채권 10만원을 회수할 수 없게 되었다. 장부를 보니 이날 현재 대손충당금 대변잔액은 8만원이었다. 이때 대손상각비 계정에 차기할 금액은?

① 10만원 ② 8만원
③ 2만원 ④ 6만원
⑤ 0

08 천마산업은 거래처 부도로 인해 회수불가능한 것으로 판명된 매출채권 100,000원을 제각처리하였다. 이때 대손충당금 잔액은 120,000원이었다. 매출채권에 대한 대손 확정에 관한 회계처리가 천마산업의 유동자산과 당기순이익에 미치는 영향으로 옳은 것은?

	유동자산	당기순이익		유동자산	당기순이익
①	감소	감소	②	감소	불변
③	불변	감소	④	불변	불변
⑤	증가	감소			

09 천마산업은 거래처 부도로 인해 회수불가능한 것으로 판명된 매출채권 100,000원을 제각처리하였다. 이때 대손충당금 잔액은 70,000원이었다. 매출채권에 대한 대손 확정에 관한 회계처리가 천마산업의 유동자산과 당기순이익에 미치는 영향으로 옳은 것은?

	유동자산	당기순이익		유동자산	당기순이익
①	감소	감소	②	감소	불변
③	불변	감소	④	불변	불변
⑤	증가	감소			

10 계양회사는 전기에 대손처리한 매출채권 100,000원을 당기에 현금으로 회수하였다. 이를 하나의 분개로 회계처리한다면 옳은 것은?

① (차) 매출채권 100,000원 (대) 현 금 100,000원

② (차) 매출채권	100,000원	(대) 대손충당금	100,000원
③ (차) 대손상각비	100,000원	(대) 대손충당금	100,000원
④ (차) 현 금	100,000원	(대) 대손충당금	100,000원
⑤ (차) 현 금	100,000원	(대) 대손상각비	100,000원

11 다음은 (주)학성의 외상매출금과 관련된 자료이다. (주)학성이 5월에 (주)황금으로부터 수령한 현금총액은 얼마인가?

- 5월 4일 (주)학성은 (주)황금에 2/10, n/30 조건으로 상품을 100,000원에 외상매출하였다.
- 5월 7일 (주)황금으로부터 판매가격 20,000의 상품이 반품되어 동액만큼 외상매출금을 감해 주었다.
- 5월 13일 (주)황금으로부터 외상매출금 50,000원에 해당하는 금액을 받았다.
- 5월 22일 (주)황금으로부터 외상매출금 잔액을 현금으로 수령하였다.

① 50,000원 ② 75,000원
③ 79,000원 ④ 80,000원
⑤ 100,000원

12 다음은 (주)학성의 제5회계연도 매출채권과 관련된 회계자료이다. 제5회계연도 손익계산서에 보고될 대손상각비와 재무상태표에 보고될 대손충당금 잔액은 각각 얼마인가?

1월 1일	기초 대손충당금	40,000원
2월 27일	매출채권 대손 확정	35,000원
8월 3일	전년도에 대손 확정되었던 매출채권의 회수	4,000원
12월 31일	기말 매출채권 잔액에 대한 대손 예상액	38,000원

	대손상각비	대손충당금
①	₩29,000	₩29,000
②	₩29,000	₩38,000
③	₩35,000	₩38,000
④	₩38,000	₩29,000
⑤	₩38,000	₩38,000

13 매출채권 잔액 50,000원과 대손충당금 잔액 4,500원을 가지고 있던 (주)학성은 매출채권 4,000원의 대손을 확정하였다. (주)학성의 대손처리 전과 후의 매출채권 장부금액(순매출채권 금액)은 각각 얼마인가?

	대손처리 전	대손처리 후		대손처리 전	대손처리 후
①	₩45,500	₩41,500	②	₩45,500	₩45,500
③	₩46,000	₩45,500	④	₩50,000	₩46,000
⑤	₩50,000	₩50,000			

(자료) 다음은 14번~15번 문제에 대한 달구별(주)의 수정전 계정잔액이다.

	차 변	대 변
외상매출금	₩25,000	
대손충당금		₩56

14 외상매출금 잔액으로부터 기대되는 예상 회수액의 현재가치가 24,500원일 경우 대손충당금 기말잔액은 얼마가 되어야 하나?

① 444원 ② 500원
③ 400원 ④ 344원
⑤ 정답 없음

15 외상매출금 잔액으로부터 기대되는 예상 회수액의 현재가치가 24,500원일 경우 기말수정분개 시 대손상각비는 얼마인가?

① 444원 ② 556원
③ 400원 ④ 344원
⑤ 정답 없음

(자료) 다음은 16번~18번 문제에 대한 아리아나(주)의 제6회계연도의 회계자료다. 모든 거래는 외상으로 이루어졌음을 가정한다.

매 출	1,000,000원	매출운임	150,000원
매출에누리와환입	120,000	매출할인	40,000
매출채권의 기초잔액	290,000	매출채권의 현금 회수액	890,000
대손충당금 기초잔액	28,000	대손상각비	75,000
대손확정액	54,000	매입채무 기초잔액	170,000
매 입	670,000	매입운임	90,000
매입채무 현금 지급액	600,000	매입에누리와환출	48,000
매입할인	25,000		

16 아리아나(주)의 제6회계연도의 순매출은 얼마인가?

① 840,000원 ② 880,000원
③ 960,000원 ④ 800,000원
⑤ 정답 없음

17 아리아나(주)의 제6회계연도말 매입채무 재무상태표 평가액은 얼마인가? (매입운임도 매입채무에 포함시키시오.)

① 257,000원 ② 232,000원
③ 347,000원 ④ 240,000원
⑤ 정답 없음

18 아리아나(주)의 제6회계연도말 순매출채권 재무상태표 평가액은 얼마인가?

① 191,000원 ② 240,000원
③ 186,000원 ④ 137,000원
⑤ 정답 없음

〈주관식 문제〉

19 계정과목 구분

① 매출채권과 매입채무, ② 미수금과 미지급금, ③ 대여금과 차입금간의 구분기준은 무엇인지 설명하시오.

20 매출에누리와환입 및 매입에누리와환출의 개념

매출에누리와환입 및 매입에누리와환출의 개념과 이의 회계처리에 대해 설명하시오.

21 매출할인 및 매입할인의 개념

매출할인 및 매입할인의 개념과 이의 회계처리에 대해 설명하시오.

22 대손상각방법 비교

대손상각의 처리방법은 크게 직접상각법(직접법)과 충당금설정법(간접법)이 있다. 이 중 회사의 설립연도에는 어느 방법 하에서 당기순이익이 더 크게 보고될 것인지에 대해 설명하시오.

23 어음의 종류

진성어음(상업어음)과 융통어음(금융어음)을 구분해서 비교·설명하시오.

24 순매출액, 순매입액, 매출채권과 매입채무의 재무상태표평가액

다음은 가람(주)의 제7회계연도 회계자료의 일부이다. 모든 매출, 매입거래는 외상으로 가정한다.

매　출	500,000원	매출운임	60,000원
매출에누리와환입	50,000	매출할인	20,000
매출채권의 기초잔액	185,000	매출채권의 현금 회수액	450,000
대손충당금 기초잔액	10,000	대손상각비	35,000
대손확정액	27,000	매입채무 기초잔액	210,000
매　입	300,000	매입운임	80,000
매입채무 현금 지급액	370,000	매입에누리와환출	55,000
매입할인	25,000		

1. 가람(주)의 제7회계연도 순매출은 얼마인가?
2. 가람(주) 매출채권의 제7회계연도말 재무상태표 평가액은 얼마인가?
3. 가람(주) 매입채무(매입운임 포함)의 제7회계연도말 재무상태표 평가액은 얼마인가?

25 대손충당금의 설정

(주)다산의 제2회계연도말 외상매출금 잔액은 600,000원이다. 제2회계연도말의 수정분개 직전 대손충당금의 대변잔액은 17,000원이다. 제2회계연도말 현재 외상매출금 잔액에 대해 예상되는 회수불능액이 60,000원으로 추정된다.

1. (주)다산이 제2회계연도말에 대손상각비를 인식하는 분개를 하시오.
2. (주)다산이 제2회계연도말 재무상태표에 보고할 외상매출금 평가액을 계산하시오.

26 대손의 확정 및 대손충당금의 설정

가회(주)의 제3회계연도 외상매출금과 대손충당금의 기초잔액은 각각 10,000원과 500원이다. 제3회계연도의 외상매출액은 40,000원이며, 현금회수액은 34,000원이다. 제3회계연도 중 외상매출액의 300원이 회수불능(대손)으로 판명되었다. 가회(주)가 외상매출금 잔액의 5%를 대손충당금으로 설정할 때 제3회계연도말에 수정분개로써 인식할 대손상각비를 계산하시오.

27 대손의 추정: 연령분석법

철산(주)은 제2회계연도말 현재의 매출채권 1,100,000원을 분석하여 다음과 같은 연령분석표를 만들었다. 제2회계연도말 수정분개 직전 대손충당금 대변잔액은 2,000원이다.

매출 후 경과기간	매출채권 잔액	추정 대손율
0~30일	₩500,000	1%
31일~90일	400,000	3%
91일 이상	200,000	8%

제2회계연도말에 필요한 수정분개를 하시오.

28 대손의 확정 및 대손충당금의 설정: 연령분석법

위의 문제 26번의 연장으로, 철산(주)의 그 다음해인 제3회계연도말 매출채권 잔액이 2,200,000원이고, 연령분석법에 의해 재무상태표에 보고되어야 하는 대손충당금 금액이 66,000원이라 하자. 제3회계연도 중 대손 확정액이 20,000원이라고 할 때, 대손 확정에 따른 분개와 제3회계연도말 대손충당금 설정분개를 하시오.

29 대손충당금의 설정과 대손의 확정 등(총액법)

발해주식회사의 회계기간은 1월 1일부터 12월 31일까지이다. 1월 1일 현재 외상매출금 잔액은 50,000원이고 대손충당금 잔액은 2,000원이다. 당회계연도 중 다음의 거래가 발생하였다. 외상매출금에 대한 결제조건으로 2/10, n/40을 제시하고 있다. 총액법을 가정하시오.

(1) 고객들에게 외상으로 매출한 상품대금은 총 12만원(매출할인 차감전)이고 이의 매출원가는 7만원이다.

(2) 고객들로부터 회수한 외상매출금은 총 10만원(매출할인 차감 전)이다. 이 중 6만원에 대해서는 매출 후 10일 이내에 대금을 받았다.

(3) 6월 1일 외상매출금 1,500원이 대손으로 확정되어 상각하였다.

(4) 12월 31일 현재 외상매출금 잔액에 대해 예상되는 회수불능액이 2,300원으로 추정된다.

다음의 물음에 답하시오.

1. 당회계연도말 외상매출금의 재무상태표평가액은 얼마인가?

2. 당회계기간의 대손상각비는 얼마인가?
3. 당회계기간 동안 위의 거래들에 국한하여 인식할 이익은 얼마인가?

30 대손충당금의 설정과 대손의 확정 등(순액법)

위의 문제 28번과 동일하나, 순액법을 가정하고 답하시오.

7장

재고자산

개념과 분류 제1절

1. 재고자산의 의의 및 분류

재고자산(inventories)은 창고 등에 보관 중인 자산을 뜻한다. 기업의 창고 등에 보관 중인 자산은 대체로 판매를 기다리고 있거나(상품, 제품, 반제품), 판매할 제품을 제조하기 위하여 생산과정에 있거나(재공품), 판매할 제품의 생산과정에서 투입될(원재료, 소모품, 저장품) 자산이다. 이와 같이 **재고자산은 직접적인 판매 목적이거나 판매 목적과 연관되어 보유하고 있는 자산**이다.

물리적 실체를 가지는 자산으로서 재고자산으로 파악되지 않은 것은 거의 없을 정도로 재고자산은 다양한 형태를 가진다. 예컨대, 기계장치는 이를 공장에서 사용하는 기업에서는 유형자산으로 분류되지만, 제조·판매하는 기업에게는 재고자산이다. 특정 자산이 재고자산인지 아닌지의 판단기준은 그 **기업의 정상적인 영업활동과정에서 판매 목적으로 보유하고 있는가의 여부**이다. 예를 들면, 젖소 사육판매회사에서 젖소는 정상적인 영업활동과정에서 판매 목적으로 보유하고 있으므로 재고자산이다. 그러나 우유가공업체에서 원유를 얻기 위해 기르고 있는 젖소는 판매 목적이 아니므로 재고자산으로 분류하여서는 안 된다. 이 경우 젖소는 별도의 생물자산으로 분류해야 한다. 또 다른 예로, 부동산을 생각해 보자. 제조기업이 소유하고 있는 부동산은 영업활동에 사용하고 있으면 유형자산, 그렇지 않으면 투자부동산으로 분류해야 한다. 그러나 부동산매매업체가 판매 목적으로 보유하고 있는 부동산은 재고자산으로 분류한다.

서비스기업이 아닌 대다수 기업의 총자산 중 재고자산이 차지하는 비중은 상당하다. 그런데 과다한 재고자산의 보유는 기업의 자금난을 가중시키는 반면, 재고의 부족은 수요에 즉각적으로 대응하지 못함으로 인한 기회손실을 유발한다. 따라서 재고자산의 관리는 경영계획과 통제에서 빼놓을 수 없는 대상이다. 또한, 재고자산은 기업의 정상적인 영업활동에서 끊임없이 사용되고 보충되는 이른바 활동성이 높은 자산이므로 도난, 증발, 파손 등에 대비한 관리방법도 강구되어야 한다. 회계에서 재고자산은 다음과 같이 분류한다.

(1) 판매 목적으로 보유하고 있는 자산

상품(merchandise): 판매를 목적으로 구입한 상품, 미착상품, 적송품 등.
제품(finished goods): 판매를 목적으로 제조한 완제품 등.
반제품(semi-finished goods): 제조한 중간제품과 부분품 등으로서 그 상태로 판매 가능한 것.

(2) 생산 중에 있는 자산

재공품(work in process): 제품의 제조과정에서 생산 중에 있는 미완성품.

(3) 생산과정에서 사용될 자산

원재료(raw materials): 원료, 재료 등.
소모품(supplies): 윤활유, 샌드페이퍼 등과 같이 생산과정에서 소모될 것.
저장품: 소모공구기구, 수선용부분품 등.

상품은 상품매매기업의 재고자산이고, 제품, 반제품, 재공품, 원재료, 소모품, 저장품은 제조기업의 재고자산이다. 반면 서비스(용역) 기업의 경우는 상품 또는 제품 등의 판매가 아닌 서비스 제공이 주된 영업활동이므로 재고자산은 없다.

2. 재고자산 평가의 중요성

재고자산의 평가(inventory valuation)란 회계기말 재무상태표에 표시될 재고자산의 금액을 결정하는 것을 말하며, 그 식은 다음과 같다.

기말재고액 = 기말재고 수량 × 단위원가

기말재고액 또는 **기말재고원가**(cost of ending inventory)를 결정하기 위해서는 보유 기말재고의 수량과 구입 단위원가를 결정하여야 하는데, 다양한 거래형태, 구입가격의 변동 및 빈번한 재고수불 등으로 인하여 이들을 결정함에 있어서 세심한 주의가 요구된다.

재고자산의 평가가 중요한 이유는 이것이 재무상태표의 재고자산뿐만 아니라 손익계산서의 매출원가 산정에도 결정적인 영향을 주기 때문이다. 기말재고자산의 평가와 매출원가의 결정은 서로 맞물려 있는 사항이다. 상품매매기업의 경우, 이들의 관계는 다음과 같이 **매출원가의 산식**으로 나타낼 수 있다.

매출원가 = (기초재고액 + 순매입액) − 기말재고액
= 판매가능재고액 − 기말재고액

위의 식에서 볼 수 있듯이 **판매가능재고액** 또는 **판매가능재고원가**(cost of goods available for sale)가 주어졌을 때, **매출원가**(cost of goods sold; cost of sales)는 **기말재고액과 반대로 움직인다**. 이는 재고의 평가, 즉 기말재고액을 얼마로 평가하느냐에 따라 매출원가의 산정이 달라진다는 것을 뜻한다.

더 나아가, **매출총이익**은 매출원가에 반비례하므로(즉, 매출총이익=순매출액−매출원가), 재고자산 평가는 매출총이익을 통해 당기순이익에도 영향을 주게 된다. 뿐만 아니라, 기말재고액은 다음 회계기간의 기초재고액이므로 재고자산의 평가는 다음 회계기간의 판매가능재고액, 매출원가, 매출총이익 등에 영향을 주게 된다. 결과적으로 재고자산의 평가는 현재와 미래의 재무상태표 및 손익계산서에 영향을 미친다.

제2절 기록방법

재고자산의 기록방법이란 재고자산의 입·출고와 관련하여 수량과 금액을 파악하고 기록하는 방법을 일컫는데, 여기에는 **계속기록법**과 **실지재고조사법**이 있다. 전자는 재고자산의 입·출고가 있을 때마다 수량과 금액을 회계장부에 일일이 계속적으로 기록하는 방법이며, 후자는 재고자산의 입·출고의 기록을 단순화한 일종의 간편법이다. 기업은 당해 재고자산의 특성과 회사의 정보처리능력에 따라 이 두 방법 중 하나를 선택하여 사용할 수 있다.

1. 계속기록법

계속기록법(perpetual inventory system)은 **재고자산의 입고 시에는 물론 출고 시에도 그 증감 수량과 금액을 일일이 계속 기록하는 방법이다.** 요즈음 수퍼마켓 등에서 물건을 판매할 때 판매직원이 스캐너(scanner)로 물건의 바코드(bar code)나 RFID를 읽어내는 것을 볼 수 있다. 이렇게 상품의 매출 시마다 판매수량과 금액을 전산처리함으로써 재고자산 기록을 계속적으로 갱신하는 방법이 계속기록법이다.

계속기록법하에서는 재고자산이 매입 또는 반품 등으로 증가할 때 재고자산 계정에 차기(debit)하고, 매출 등으로 감소할 때 재고자산 계정에 대기(credit)한다. 계속기록법하에서는 재고자산에 대해 계속적으로 기록을 업데이트하며, 특히 매출시점에서 출고되는 재고자산의 원가만큼 매출원가를 인식한다. 따라서 기말 재고자산의 장부금액이 기말시점에서의 재고자산 계정 잔액으로 바로 파악되며, 한 회계기간의 매출원가 역시 별도의 회계처리 과정 없이 자동 산출된다.

계속기록법은 엄격한 내부통제와 안전한 재고 수준의 유지를 위해 바람직한 재고자산 기록방법이다. 종래에 이 방법의 단점으로 지적되어온 과다한 회계처리 비용 및 정보지연 문제는 요즈음 비교적 적은 비용으로 구축할 수 있는 컴퓨터 지원

회계처리시스템의 출현으로 해소되어 점점 더 많은 기업에서 이 재고자산 기록방법을 적용하고 있다.

계속기록법하에서의 재고통제 기능을 제대로 살리기 위해서는 적어도 1년에 한 번 이상은 **재고실사**를 해야 한다. 회계장부상의 재고량과 실사에서 확인된 재고량의 차이는 재고통제에 유용한 정보가 된다. 장부기록상의 오류가 없는 한, 재고감모로 인해 실사수량이 장부수량보다 적은 것이 보통이며, 이 경우 장부기록을 실사결과와 일치시키기 위해 다음과 같은 분개를 해야 한다.

(차변) 재고자산감모손실 ××× (대변) 재고자산 ×××

재고자산감모손실은 도난, 파손, 증발 등에 의한 재고자산 수량의 감소를 나타내는 계정과목이다. 재고자산감모손실의 비용 구분에 대하여 국제회계기준에 명확한 규정은 없다. 재고자산감모손실은 영업활동에서 정상적으로 발생하였을 경우(즉, 원가성이 있는 경우) 매출원가에 포함시키나, 비정상적으로 발생한 경우(즉, 원가성이 없는 경우) 기타비용으로 보고하여야 할 것이다.

계속기록법하에서 재고자산의 기말 장부금액을 실사 결과에 따라 감액하여 일치시킨 후에는 다음과 같은 등식이 성립한다.

기말재고액 = 판매가능재고액 − 매출원가 − 재고자산감모손실

〔예제 7-1〕은 계속기록법하의 회계처리를 제시한다.

예제 7-1

계속기록법에 의한 회계처리

장부기록 요약

	수 량	단 가	금 액
기초재고	40개	₩10(원가)	₩400
당기순매입	160개	10(원가)	1,600
당기매출	150개	₩14(판매가)	2,100
기말재고	50개	10(원가)	500

≪추가정보≫

1) 실지재고조사에 의한 기말재고 수량은 48개로 확인되었다.

2) 기말재고 수량에 대한 장부기록과 실사결과의 차이 2개(재고감모)는 매출원가에 포함시키지 않고 기타비용으로 처리한다.

≪요구사항≫

1. 모든 거래는 외상으로 이루어졌다는 가정하에, 재고자산의 매입과 매출에 관련된 분개와 회계기말에 필요한 수정분개를 하시오.
2. 당회계기간 동안의 매출총이익을 계산하시오.

[풀이]

1. 분 개

1) 매입 시: 재고자산의 입고에 대해 재고자산(또는 상품) 계정에 차기한다.

(차변) 재고자산	1,600	(대변) 매입채무	1,600

2) 매출 시: 매출에 대한 분개와 아울러 재고자산의 출고에 대해 재고자산(또는 상품) 계정에 대기하고 동시에 그 금액을 매출원가로 인식한다.

(1) 매출의 인식

(차변) 매출채권	2,100	(대변) 매 출	2,100

(2) 매출원가의 인식

(차변) 매출원가	1,500*	(대변) 재고자산	1,500

* 매출원가=매출수량×단가=150개×₩10=₩1,500

3) 회계기말: 장부상 기말재고자산의 수량과 금액은 각각 50개(=40개+160개−150개)와 500원이다. 이 장부기록과 실사 결과(48개)가 일치하지 않으므로 이에 대한 수정분개가 필요하다.

(차변) 재고자산감모손실	20*	(대변) 재고자산	20

*2개×₩10=₩20

위의 분개를 토대로 재고자산 T-계정의 기말잔액은, 다음 등식에 의한 기말재고액과 정확히 같음을 확인할 수 있다.

기말재고액 = 판매가능재고액−매출원가−재고자산감모손실
= ₩2,000−₩1,500−₩20 = ₩480

2. 매출총이익 = ₩2,100 − ₩1,500 = ₩600

2. 실지재고조사법

실지재고조사법(periodic inventory system)하에서는 **매출 시 재고자산의 출고와 매출원가에 대한 기록을 일일이 하지 않는다.** 재고자산에 관한 출고기록이 없으므로 당기의 매출원가 수량과 기말재고 수량을 장부상으로 파악할 수 없다. 따라서 이 방법하에서는 회계기말에 실시하는 재고실사를 통해서만 기말재고 수량과 당기의 매출원가 수량을 파악할 수 있다. 즉,

기말재고 수량 = 실지재고조사에서 파악된 수량
매출원가 수량 = (기초재고 수량 + 당기순매입 수량) − 기말재고 수량
= 판매가능재고 수량 − 기말재고 수량

가령, 기초재고 수량이 100개, 당기순매입 수량이 600개이며 실지재고조사에서 파악된 기말재고 수량이 150개라면, 당기의 매출원가 수량은 550개로 파악된다. 위의 두 번째 식을 수량이 아닌 금액으로 표현하면 앞 절에서 보인 매출원가의 기본산식이 된다.[1)]

매출원가 = (기초재고액 + 당기 순매입액) − 기말재고액
= 판매가능재고액 − 기말재고액

이 방법은 재고실사 결과 기말재고로 존재하지 않는 재고자산은, 다른 증거가 없는 한, 기중에 매출된 것으로 간주할 수밖에 없다는 단점을 가지고 있다. 즉, 도난 등에 의한 재고자산의 감모를 파악할 수 없다는 단점이 있다. 따라서 실지재고조사법은 엄격한 내부통제가 요구되는 고가의 재고자산에는 적합한 방법이라고 할 수 없다. 그러나 실지재고조사법은 각 매출시점에서 매출원가를 인식하는 장부기록을 요하지 않으므로 회계처리가 단순하다는 장점이 있다. 이에 실지재고조사법은 매출

1) 매출수량을 취득가로 나타내면 매출원가가 된다. 반면에 매출수량을 판매가로 나타내면 매출액이 된다. 즉, 매출원가와 매출액의 수량은 같다.

이 빈번하게 다량으로 이루어지며 저가인 재고자산에 적용하기 좋은 방법이라고 할 수 있다.

실지재고조사법하에서는 기중에 개별 재고자산에 대한 기록을 일일이 갱신하지 않는다. 즉, 재고자산을 구입 또는 판매할 경우 재고자산 계정에 차기 또는 대기하지 않는다. 그 대신 재고자산을 구입 시 매입이라는 임시계정에 차기하고, 재고자산을 판매 시 매출에 대한 분개만 할 뿐 재고자산의 감소 및 매출원가의 발생에 대한 분개는 하지 않는다. 이 방법하에서는 기중의 재고 증감에 대한 기록을 업데이트하지 않으므로 기말 수정분개가 있을 때까지 재고자산 계정은 기초재고 금액을 그대로 유지하게 된다. 재고자산의 업데이트와 기중 매출원가의 발생에 대한 기록은 기말의 수정분개 과정에서야 이루어진다.

〔예제 7-2〕는 실지재고조사법하의 회계처리를 제시한다.

예제 7-2

실지재고 조사법에 의한 회계처리

실지재고조사 직전 장부기록 요약

	수 량	단 가	금 액
기초재고	40개	₩10(원가)	₩400
당기순매입	160개	10(원가)	1,600
당기매출	?	14(판매가)	2,100
기말재고	?	10(원가)	?

≪추가정보≫

실지재고조사에 의한 기말재고 수량은 48개로 확인되었다.

≪요구사항≫

1. 모든 거래는 외상으로 이루어졌다는 가정하에, 재고자산의 매입과 매출에 관련된 분개와 회계기말에 필요한 수정분개를 하시오.
2. 당회계기간 동안의 매출총이익을 계산하시오.
3. 실지재고조사법과 〔예제 7-1〕의 계속기록법 간 매출총이익의 차이에 대하여 설명하시오.

[풀이]

1. 분 개

1) 매입 시: 개별 재고자산에 대한 기록을 갱신하지 않으므로 매입이라는 임시계

정에 차기한다.

(차변) 매 입	1,600	(대변) 매입채무	1,600

2) 매출 시: 매출시점에서 재고자산의 감소 및 매출원가의 발생을 기록하지 않고 매출만 인식한다.

(차변) 매출채권	2,100	(대변) 매 출	2,100

3) 회계기말: 기말재고 수량을 실사에 의해서 파악한 후 매출원가 산정을 위한 수정분개를 한다.

(1) 기초재고액을 매출원가 계정에 대체(가산)

(차변) 매출원가	400	(대변) 재고자산(기초)	400

(2) 당기 순매입액을 매출원가 계정에 대체(가산)

(차변) 매출원가	1,600	(대변) 매 입	1,600

(3) 실사에서 파악된 기말재고액을 매출원가 계정에 대체(차감)*

(차변) 재고자산(기말)	480	(대변) 매출원가	480

* 기말재고액=실사에서 파악된 기말재고 수량×매입단가=48개×₩10=₩480

위 분개 (1)은 기말 수정분개전 재고자산 계정잔액인 기초재고액을 일단 '0'으로 만드는 동시에 동 금액을 비용 계정인 매출원가 계정에 가산하는 분개이다. (2)는 매입 계정의 잔액을 '0'으로 마감하는 동시에 당기 순매입액을 매출원가 계정에 가산하는 분개이다. (3)은 재고자산 실사에서 파악된 기말재고액으로 재고자산 계정을 업데이트 하는 동시에 동 금액을 (1)과 (2)에 의해 매출원가 계정에 차기된 판매가능재고액으로부터 기말재고액을 차감하여 매출원가 계정을 완성하는 분개이다.
분개 (1), (2), (3)을 하나로 통합하면 다음과 같이 간단히 정리된다.

(차변) 재고자산(기말)	480	(대변) 재고자산(기초)	400
매출원가	1,520	매 입	1,600

위의 분개는 당기의 매출원가 산정을 함축하고 있다.

매출원가 = 기초재고액+당기 순매입액−기말재고액
= ₩400+₩1,600−₩480 = ₩1,520

2. 매출총이익 = 매출－매출원가 = ₩2,100－₩1,520 = ₩580
3. 두 방법 간의 매출총이익 차이 20원(=₩600－₩580)은 재고자산감모손실에 기인한다. 계속기록법하에서는 재고자산감모손실 20원을 별도로 파악해 낼 수 있다. 그러나, 실지재고조사법하에서는 기말재고액에 포함되어 있지 않은 재고자산 감모분 20원을 별도로 파악할 수 없으므로 기말에 남아 있지 않은 재고자산은 모두 매출된 것으로 간주되어 매출원가에 자동적으로 포함된다. 따라서 실지재고조사법하의 매출원가가 계속기록법하의 매출원가보다 20원 크게 계상된다.

재고자산의 기록방법으로서 계속기록법과 실지재고조사법 간의 기본적인 차이를 살펴보면 다음과 같다.

표 7-1 계속기록법과 실지재고조사법 간의 기본적인 차이

구 분	계속기록법	실지재고조사법
매 입	차) 재고자산 대) 매입채무	차) 매 입 대) 매입채무
매 출	차) 매출채권 대) 매 출 차) 매출원가 대) 재고자산	차) 매출채권 대) 매 출 －없음－
결산시 (수정분개)	－없음－	차)재고자산(기말) 대)재고자산(기초) 매출원가 매 입
결산시 (감모손실 파악)	차) 재고자산감모손실 대) 재고자산	감모손실을 파악할 수 없음.

제3절 구입원가와 순매입액

재고자산의 구입원가(purchase cost) 또는 취득원가(acquisition cost)는 원칙적으로 재고자산을 판매 가능한 상태로 판매 가능한 장소에 옮기는 데까지 소요된 모든 지출을 합한 금액이다. 그러나 이것은 어디까지나 '원칙'임에 유의할 필요가 있다.

즉, 이 원칙을 구체적으로 적용함에 있어서는 이론적 견해의 차이가 있을 수 있고, 회계관습이나 실무상 편의 등으로 다르게 회계처리하는 경우도 있을 수 있다.

재고자산의 취득경로는 대체로 두 가지로 나누어지는데, 그 하나는 원재료, 상품과 같이 외부로부터 구입한 경우와 다른 하나는 제품, 재공품, 반제품과 같이 자가 제조한 경우이다. 자가 제조한 재고자산의 취득원가 결정은 원가회계(cost accounting)에서 학습하게 되며, 여기서는 외부 구입 재고자산인 상품의 구입원가 결정문제만 다룬다.

재고자산의 구입원가는 순매입액으로서 다음의 산식으로 계산된다.

순매입액 = 매입액 + 매입부대비용 − 매입할인 − 매입에누리와환출

아래에서는 위 산식의 각 항목에 대하여 알아본다.

1. 매입액

매입액은 매입가액을 구성하는 항목 중 가장 큰 비중을 차지하는 것으로, 표시가격(list price)에서 거래할인(trade discounts) 및 수량할인(quantity discounts)을 차감한 후인 송장가격(invoice price)이다. 거래할인은 특정 고객(예컨대, 도매상)에 대하여 제공되는 할인이며, 수량할인은 구매수량이 일정 수준 이상일 경우 표시가격에서 일정률을 할인해 주는 것을 말한다. 거래할인과 수량할인은 아예 대금지급 의무가 없으므로 장부에 기록되지 않는다. 외상매입의 경우 매입액을 기록하는 분개는 다음과 같다.

계속기록법	(차변) 재고자산	×××	(대변) 매입채무	×××
실지재고조사법	(차변) 매　입	×××	(대변) 매입채무	×××

2. 매입부대비용

매입부대비용은 재고자산을 판매 가능한 상태로 판매 가능한 장소에 옮기는 데까지 소요된 지출 중 매입액을 제외한 금액인데, 외부부대비용과 내부부대비용으로 나누어 생각할 수 있다. 외부부대비용은 구매자가 부담한 인수운임은 물론, 하역비, 보관비, 매입수수료, 세금과공과 등과 같이 재고자산이 입고될 때까지 외부에 지출되는 부대비용이다. 구매자가 부담하는 모든 외부부대비용은 재고자산의 취득원가에 산입한다.

내부부대비용은 재고자산이 입고된 후 기업 내부에서 발생하는 부대비용으로, 재고자산의 검수, 선별, 정리, 운반, 보관 등과 관련하여 발생한 비용과 구매부서의 비용을 포함한다. 내부부대비용도 재고자산을 판매 가능한 상태로 판매 가능한 장소에 옮기는 데까지 소요된 지출이라 볼 수 있으므로 취득원가에 산입하는 것이 원칙적으로 타당하다. 그러나 일반적으로 내부부대비용은 금액이 크지 않고 개별 재고자산에 배분하기가 어렵기 때문에 재고자산의 취득원가에 산입하지 않고 간단히 관리비로 처리하는 것이 일반적인 회계관습이다.

3. 매입할인

매입할인(purchase discounts)은 **현금할인**(cash discounts)이라고도 하며, 정해진 기간 내에 조속히 외상대금을 지급할 때 송장가격에서 일정률의 할인을 받는 거래조건이다. 이는 판매자의 입장에서 볼 때, 외상대금의 조기회수를 촉진시키는 한편, 외상대금이 조기에 회수되지 않는 경우에는 그 대가로 일종의 이자 보상을 요구하는 것으로 볼 수 있다.

가령, 상품의 송장가격이 1,000원이고 할인조건이 2/10, n/30인 경우를 생각해 보자.[2)] 이 경우 구매자는 10일 내에 980원(₩1,000－₩1,000×2%)을 지급함으로써 매입채무를 변제할 수 있다. 즉, 이 상품의 현금등가액(cash equivalent price)은 980원이다. 할인기간이 지난 후 매입채무를 변제한다면 구매일로부터 30일 또는 할인기간 종료일로부터 20일 내에 1,000원을 지급하여야 한다. 이 경우 구매자는 980원의 자금을 20일간 활용하기 위하여 20원을 추가로 지급한 셈이 되고, 판매자는

2) 제6장 제2절에서 설명했듯이, '2/10, n/30'이란 만일 10일 이내에 대금을 지불한다면 송장가격의 2% 현금할인이 주어지고, 신용기간인 30일 이내에 나머지(n, 즉 'net') 금액을 지불하여야 한다는 조건이다.

980원의 자금을 20일 후에 받는 대가로 20원을 추가로 보상받는 셈이 된다.

자산의 취득원가는 취득 당시의 현금등가액으로 기록하는 것이 타당하다. 재고자산의 구입가액을 현금등가액인 980원으로 나타내기 위해서는 송장가격에서 현금할인을 차감한 순액을 재고자산 계정(계속기록법의 경우) 또는 매입 계정(실지재고조사법의 경우)에 차기하여야 한다. 이러한 회계처리 방법이 **순액법**(net method)이다. 순액법하에서 할인기간 후에 매입채무를 상환함으로 인해 포기한 할인액 20원은 재고자산의 구입가액에 산입해서는 안 되며 매입할인포기손실이라는 금융비용으로 처리하여야 한다.

순액법보다 간편한 실무적 방법으로 **총액법**(gross method)이 있다. 총액법에서는 송장가격, 즉 총액 1,000원을 재고자산의 구입가액으로 하여 재고자산 계정(계속기록법의 경우) 또는 매입 계정(실지재고조사법의 경우)에 차기한다. 할인기간 내에 매입채무를 상환함으로 인한 할인액 20원은 재고자산(계속기록법의 경우) 또는 매입의 차감계정인 매입할인(실지재고조사법의 경우)에 대기한다.

아래에서는 실무적으로 간편한 총액법의 예를 먼저 제시하고, 그 다음 순액법의 예를 제시한다.

예제 7-3

매입할인에 대한 회계처리
(총액법)

압량기업은 송장가격이 1,000원인 상품을 2/10, n/30의 조건으로 매입하였다. 매입에 따른 운송회사에의 운임 10원은 압량기업이 부담하였다.

≪요구사항≫
총액법에 따라 상품매입에 따른 모든 분개를 하고 다음 각 가정하에 대금지급에 관한 분개를 하시오. 또한 각각의 경우 당기 순매입액을 계산하시오.

가정 1: 압량기업은 할인기간 내에 대금을 지급하였다.
가정 2: 압량기업은 할인기간 경과 후 대금을 지급하였다.

[풀이]

각각의 거래에 대한 분개를 실지재고조사법(계속기록법)하에서 보이면 다음과 같다.

상품매입 분개

(차변) 매　입(재고자산)	1,000	(대변) 매입채무	1,000

운임지급 분개

(차변) 매 입(재고자산) 10 (대변) 매입채무 10

대금지급 분개

	(차변)		(대변)	
가정 1:	매입채무	1,000	현 금*	980
			매입할인	20
가정 2:	매입채무	1,000	현 금	1,000

* 현금 지급액은 매입 1,000원 중 2%인 20원을 할인받은 980원이다.

가정 1(할인기간 내 대금 지급)에서의 당기 순매입액은 다음과 같이 계산된다:

당기순매입＝매입(₩1,000)＋매입운임(₩10)－매입할인(₩20)＝₩990

가정 2(할인기간 후 대금 지급)에서의 당기 순매입액은 다음과 같이 계산된다:

당기순매입＝매입(₩1,000)＋매입운임(₩10)＝₩1,010

예제 7-4

매입할인에 대한 회계처리
(순액법)

압량기업은 송장가격이 1,000원인 상품을 2/10, n/30의 조건으로 매입하였다. 매입에 따른 운송회사에의 운임 10원은 압량기업이 부담하였다.

≪요구사항≫
순액법에 따라 상품매입에 따른 모든 분개를 하고 다음 각 가정하에 대금지급에 관한 분개를 하시오. 또한 각각의 경우 당기 순매입액을 계산하시오.

가정 1: 압량기업은 할인기간 내에 대금을 지급하였다.
가정 2: 압량기업은 할인기간 경과 후 대금을 지급하였다.

[풀이]

각각의 거래에 대한 분개를 실지재고조사법(계속기록법)하에서 보이면 다음과 같다.

상품매입 분개

(차변) 매 입(재고자산) 980 (대변) 매입채무 980

운임지급 분개

(차변) 매입운임(재고자산) 10 (대변) 매입채무 10

대금지급 분개

	차변	금액	대변	금액
가정 1:	(차변) 매입채무	980	(대변) 현　금*	980
가정 2:	(차변) 매입채무	980	(대변) 현　금	1,000
	매입할인포기손실	20		

* 현금 지급액은 매입 1,000원 중 2%인 20원을 할인받은 980원이다.

가정 1과 2에 관계없이 당기 순매입액은 다음과 같이 계산될 수 있다:

당기순매입＝매입할인 차감 후의 매입(₩1,000－₩20)＋매입운임(₩10)＝₩990

4. 매입에누리와환출

매입에누리(purchase allowances)는 매입한 상품에 결함이 있는 등의 경우에 송장 가격의 일부를 에누리, 즉 값을 할인 받은 금액이다. 매입한 상품의 결함이 중대할 경우 등에는 상품을 판매자에게 되돌려 보낼 수도 있는데 이를 **매입환출**(purchase returns)이라 한다. 매입에누리와 매입환출은 일괄하여 **매입에누리와환출**(purchase allowances and returns)이라는 단일계정으로 처리하는 것이 일반적이다. 매입에누리와 매입환출에 대한 분개는 다음과 같다.

	차변	금액	대변	금액
계속기록법	(차변) 매입채무	×××	(대변) 재고자산	×××
실지재고조사법	(차변) 매입채무	×××	(대변) 매입에누리와환출	×××

실지재고조사법하에서 매입에누리와환출은 매입에 대한 차감계정이다.

제4절 구입원가의 배분과 원가흐름의 가정

재고자산 회계의 핵심은 아래 그림에서 보는 바와 같이 판매가능재고액을 기말재고액과 당기의 매출원가로 배분하는 문제이다.

그림 7-1
구입원가의 배분

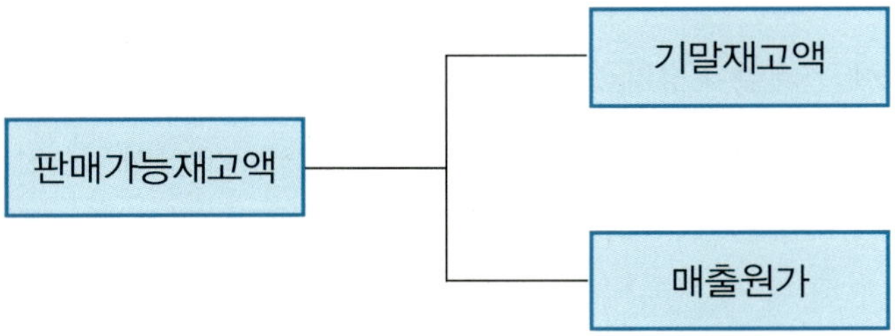

만일 여러 시점에서 취득한 재고자산의 구입단가, 즉 단위당 구입원가가 일정하다면 위의 배분문제는 간단해진다. 가령, 기초재고 60개와 당기매입 340개로 구성된 판매가능재고 400개의 단위당 원가가 12원으로 일정하다고 하자. 이 경우 기중에 300개가 팔리고 기말재고로 100개가 남아 있다면, 기말재고액은 1,200원이며 매출원가는 3,600원이라고 간단히 계산된다.

그러나 **일반적으로 물가는 변동하므로 재고자산의 단위당 구입원가가 일정하지 않다**. 가령, 위의 판매가능재고 400개가 다음의 〈표 7-2〉와 같이 일정치 않은 단위원가 또는 구입단가로 구성되어 있다고 하자.

이 경우 매출 300개와 기말재고 100개에 대하여 각각 어느 단가를 적용할 것인가 하는 문제가 생기며, 이에 따라 매출원가와 기말재고액 각각 금액이 다르게 된다. 따라서 합리적이고 체계적인 재고자산의 구입원가를 매출원가와 기말재고액으로 배분하는 방법의 필요성이 대두된다. 한 가지 명심해야 할 점은, 재고자산감모손실의 영향을 무시하면, 상이한 배분방법 사용하더라도 **기말재고액과 매출원가의 합은 항상 동일한 판매가능재고액**이라는 것이다.

재고자산의 구입원가 배분방법은 **재고자산의 단위원가 결정방법**이라고도 불리는데, 이에는 **개별법**, **선입선출법**, **후입선출법** 및 **평균법**(총평균법, 이동평균법)이 있다. 개별법은 재고자산의 실제 실물흐름(physical flow)에 근거한 구입원가의 배분방법이며, 나머지 세 방법은 재고자산 원가흐름에 대한 가정(cost flow assumption)에 근거한 구입원가의 배분방법이다.

여기서 원가흐름이란 재고자산의 구입원가(통상, 구입단가로 표시)의 발생 순서를 지칭한다. 가령, 〈표 7-2〉에서 달력상 가장 먼저 발생한 구입단가는 기초재고의 10원이다. 그 다음으로 발생한 것이 5월 7일의 구입단가 12원이며 가장 최근에 발생한 구입단가는 5월 25일의 15원이다.

재고자산의 원가는 매출원가(비용)로 소멸하거나 기말 재고자산으로 남는다. **선입선출법**, **후입선출법** 및 **평균법**하의 원가흐름에 대한 가정은 다음과 같다.

평가방법	원가흐름에 대한 가정
선입선출법	재고자산의 원가는 원가발생 순서에 따라 매출원가로 소멸한다.
후입선출법	재고자산의 원가는 원가발생 역순서에 따라 매출원가로 소멸한다.
평균법	재고자산의 원가는 원가발생 순서와 관계없이 섞여서 그 평균이 매출원가로 소멸한다.

위의 각 방법은 어디까지나 원가흐름에 대한 가정에 근거한 것이지 재고자산의 실제 실물흐름과는 기본적으로 무관하다는 데 유의하여야 한다. 가령, 주유소의 경우 재고자산의 실물흐름은 평균적인 방법으로 이루어질 것이나 주유소의 재고자산 단위원가 결정방법으로 반드시 평균법을 사용해야 하는 것은 아니다.

한편 기업이 다양한 재고자산을 취급할 경우 그 성격과 용도 면에서 유사한 재고자산에 대해 동일한 재고자산 단위원가 결정방법을 적용해야 한다. 그러나 성격과 용도 면에서 상이한 재고자산에 대해서는 서로 다른 단위원가 결정방법을 적용할 수 있다.

더 나아가 재고자산 기록방법과 관련하여, 재고자산 단위원가 결정방법은 실지재고조사법과 계속기록법의 두 방법에 모두 적용되지만, 각 단위원가 결정방법이 적용되는 시점의 차이로 인해 때로는 두 기록방법 간에 결과가 서로 다를 수 있다. **실지재고조사법**하에서는 기중에는 재고자산의 증감을 전혀 기록하지 않고 있다가 기말이 되어서야 실제로 재고조사를 실시하여 기말재고 수량을 파악한다. 따라서 재고자산 단위원가 결정방법을 **기말에 한 번 적용**하여 기말재고액을 계산한다. 반면, **계속기록법**하에서는 기중에 재고자산의 증감이 있을 때마다 계속적으로 재고자산 계정의 기록을 갱신한다. 따라서 **매출시점마다** 재고자산 단위원가 결정방법을 적용하여 매출원가를 결정한다.

이하에서는, 재고자산의 실제 실물흐름에 기초한 개별법에 대해 먼저 알아본 후 재고자산에 대한 원가흐름의 가정에 기초한 선입선출법, 후입선출법 및 평균법에 대해 알아본다. 재고자산 기록방법과 관련하여서는, 우선 실지재고조사법하에서의 단위원가 결정방법에 대해 논의한 후 계속기록법하의 재고자산 단위원가 결정방법을 설명한다. 단, 국제회계기준은 위 세 가지의 재고자산 원가흐름 가정 중 후입선출법은 허용하지 않으므로 본문에서의 논의는 선입선출법과 평균법에 국한한다. 후입선출법에 대해서는 보론에서 다룬다.[3]

1. 실물흐름에 따른 단위원가 결정방법: 개별법

개별법(specific identification method)은 재고자산에 대한 구입원가를 개별적으로 확인하여 기말재고액과 매출원가를 산정하는 방법이다. 개별법은 실지재고조사법과 계속기록법의 두 재고자산 기록방법에서 모두 적용 가능하다.

계속기록법하에서는 재고자산이 팔릴 때마다 팔린 품목의 구입원가를 개별적으로 확인하여 매출원가로 기록한다. 이 경우 장부상 기말재고액은 기록에 의하여 자동적으로 다음과 같이 계산된다.

장부상 기말재고액 = 판매가능재고액 − 매출원가

실지재고조사법하에서는 기말재고로 남아 있는 상품에 대한 취득원가를 실지재고조사를 통해 확인하여 기말재고액을 먼저 결정하고, 그에 따라 매출원가는 다음과 같이 계산한다.

매출원가 = 판매가능재고액 − 실지재고조사에 의한 기말재고액

3) 비상장기업이 적용하는 일반기업회계기준에서는 후입선출법을 허용하고 있다.

표 7-2
기본자료

일 자	적 요	수 량	단 가	총원가
5. 1	기초재고	60개	₩10	₩600
5. 7	매 입	180	12	2,160
5.17	매 입	120	13	1,560
5.25	매 입	40	15	600
	판매가능재고	400개		₩4,920
5.13	매 출	(160)		
5.21	매 출	(140)		
5.31	기말재고	100개		

기말재고 100개의 구성

일 자	적 요	수 량	단 가
5. 1	기초재고	20개	₩10
5. 7	매 입	40	12
5.25	매 입	40	15
		100개	

가령, 〈표 7-2〉의 기본자료와 함께 기말재고 100개가 다음과 같이 구성되어 있음이 확인되었다고 가정하자.

계속기록법하에서는, 각 매출시점마다 분개를 통해 매출원가를 인식하고 재고자산 기록을 갱신하므로, 별도의 계산과정 없이 매출원가 총액 3,640원(40개×₩10+140개×₩12+120개×₩13) 및 기말재고액 1,280원(₩4,920−₩3,640)이 바로 파악된다.

실지재고조사법하에서는 기말재고액과 매출원가가 각각 다음과 같이 계산된다.

기말재고액 = (20×₩10) + (40×₩12) + (40×₩15) = ₩1,280

매출원가 = 판매가능재고액 − 기말재고액

₩3,640 ₩4,920 ₩1,280

개별법은 매출원가와 기말재고액을 개별적으로 확인된 실제원가로 평가한다는 면에서 바람직한 방법인 것처럼 보인다. 그러나 이 방법은 이론적·실무적 결함을 가지고 있다. 이론적으로 볼 때, 이 방법은 경영자에게 조작(manipulation) 소지를 마련한다. 예컨대, 〈표 7-2〉에서, 5월 13일 160개의 매출 시, 판매가능재고는 전월에 10원에 구입한 60개와 5월 7일에 12원에 구입한 것 180개로 구성되어 있다. 따라서 5월 13일에 경영자는 원가 10원짜리와 12원짜리 중 임의적으로 160개를 선별하여 팔 수 있으며, 이러한 임의적 선택이 동 매출에 따른 이익을 좌우한다. 한편, 실무 차원에서 볼 때, 이 방법은 재고품목의 취득원가를 일일이 확인해야 하는 번거로움이 따른다. 따라서 귀금속, 모피코트, 특별주문품 등과 같은 거래량이 비교적 적은 고가품의 경우에만 제한적으로 적용한다.

개별법이 가지는 이론적·실무적 결함을 보완하기 위해 나온 방법이 재고자산의 원가흐름 가정에 기초한 재고자산 단위원가 결정방법이다. 이하에서는 실지재고조사법하에서의 단위원가 결정방법을 먼저 알아본 후 다음 절에서 계속기록방법하의 결정방법을 알아본다.

2. 원가흐름 가정에 따른 단위원가 결정방법: 실지재고조사법

(1) 선입선출법

선입선출법(first-in, first-out method: FIFO)은 재고자산의 원가가 원가발생순서에 따라 매출원가로 소멸한다는 가정에 근거한다. 따라서 이 방법에서는 **매출원가가 오래전에 발생한 원가를 반영하는 반면, 기말재고액은 최근에 발생한 원가를 나타낸**다.

〈표 7-2〉의 기본자료를 이용하여 **실지재고조사법하의 기말재고액과 매출원가를** 계산해 보자.

표 7-2
기본자료

일 자	적 요	수 량	단 가	총원가
5. 1	기초재고	60개	₩10	₩600
5. 7	매 입	180	12	2,160
5.17	매 입	120	13	1,560
5.25	매 입	40	15	600
	판매가능재고	400개		₩4,920
5.13	매 출	(160)		
5.21	매 출	(140)		
5.31	기말재고	100개		

선입선출법에서의 기말재고 평가

	기말재고량		기말재고액
5월 25일 구입	40개	@15원	600원
5월 17일 구입 120개 중	60개	@13원	780원
	100개		1,380원

따라서

매출원가 = 판매가능재고액 － 기말재고액
₩3,540 ₩4,920 ₩1,380

선입선출법에서는 기말재고액이 최근에 발생한 원가를 반영하므로 재무상태표상의 **기말재고액**이 기말 현재의 **현행원가**(current cost)에 가까운 금액이 되는 바람직한 측면이 있다. 이에 반하여, 매출원가는 오래전에 발생한 원가를 반영하는 바, 손익계산서상에서 오래전의 매출원가가 최근의 매출액에 대응되는 결과를 초래한다. 이는 수익·비용대응의 관점에서 볼 때 바람직하지 못하다. 또한, 물가상승기에 이 방법을 적용하면 매출총이익이 상대적으로 과대 계상되어 상대적으로 많은 법인세를 납부하게 된다.

(2) 평균법(총평균법)

평균법(average method)은 재고자산의 원가가 그 발생순서와 관계없이 평균적으로 섞여서 매출원가로 소멸한다는 가정에 근거한다. 이 방법에서는 기말재고액과 매출원가가 재고자산 발생원가의 가중평균을 반영하게 된다. 실지재고조사법하에서의 평균법을 **총평균법**(total weighted average method)이라 한다.

〈표 7-2〉의 기본자료를 이용하여 **실지재고조사법하의 총평균법**에 따른 **기말재고액과 매출원가**를 계산하면 다음과 같다.

표 7-2 기본자료

일 자	적 요	수 량	단 가	총원가
5. 1	기초재고	60개	₩10	₩600
5. 7	매 입	180	12	2,160
5.17	매 입	120	13	1,560
5.25	매 입	40	15	600
	판매가능재고	400개		₩4,920
5.13	매 출	(160)		
5.21	매 출	(140)		
5.31	기말재고	100개		

기말재고 수량 100개에 대한 원가(총평균법):

$$\text{가중평균 단가} = \frac{\text{판매가능재고액}}{\text{판매가능수량}} = \frac{₩4,920}{400} = ₩12.30$$

$$\text{기말재고액} = 100 \times ₩12.30 = ₩1,230$$

따라서

$$\text{매출원가} = \text{판매가능재고액} - \text{기말재고액}$$
$$= ₩4,920 - ₩1,230 = ₩3,690$$

가중평균은 단순평균(simple average)과 구별되어야 한다. 위의 자료를 토대로 단순평균 단가를 계산하면 12.50원[(₩10+₩12+₩13+₩15)/4)]이나, 이 단순평균 단가는 가중평균 단가와 달리 각 가격에서 구입된 수량 차이를 반영하지 못하므로 타당하지 않다.

3. 재고자산 평가방법의 재무적 영향 비교

〈표 7-3〉은 지금까지의 결과를 토대로 실지재고조사법하에서의 선입선출법과 평균법이 재무제표에 미치는 영향을 요약하고 있다.[4] 〈표 7-3〉이 시사하는 바는 다음과 같다.

표 7-3
재고자산 평가방법의 비교
(실지재고조사법)

	선입선출법	평균법
판매가능재고액	₩4,920	₩4,920
기말재고액	(1,380)	(1,230)
매출원가	₩3,540	₩3,690

첫째, 어느 방법을 선택하느냐에 따라 재무상태표의 재고자산(기말재고)과 손익계산서의 매출원가가 다르게 평가된다는 것이다. 재고자산의 평가액이 다르면 유동자산, 총자산, 자본 등의 재무상태표가액이 달라지며, 이와 관련한 각종 재무비율이 달라진다. 매출원가가 다르게 평가되면 매출총이익, 세전이익, 당기순이익 등이 달라지고 이에 따라 각종 이익률 및 법인세 효과에 따른 현금흐름 관련 지표가 달라진다.

대부분의 기업에 있어서 재고자산은 비중이 큰 자산항목이므로, 재고자산 단위원가 결정방법이 재무제표 항목 및 관련 재무비율에 미치는 영향은 유의적으로 클 수 있다. 따라서 재고자산 단위원가 결정방법의 선택은, 기업의 경영자 입장에서 볼 때 중대한 의사결정 사안이며, 재무제표이용자 입장에서 볼 때도 주의해 볼 필요가 있는 사안이다.

---

4) 이 논의는 보론에서 설명하는 실지재고조사법하의 후입선출법 결과도 포함하여 확장될 수 있다. 평균법은 항상 선입선출법과 후입선출법의 중간 결과를 가져온다.

둘째, 재고자산의 단위원가 결정방법이 재무제표 항목에 미치는 영향의 차이는 체계적이라는 것이다. 가령, 〈표 7-2〉에서와 같이 기간의 경과에 따라 재고자산의 구입단가가 상승하는 경우, 선입선출법이 평균법보다 재고자산(기말재고)과 당기순이익을 크게 보고하게 된다.[5] 물론, 매출원가는 선입선출법이 평균법보다 더 작게 보고하게 된다.

'선입선출법' 쓰는 에쓰오일…실적 더 좋게 나왔다

최근 재고자산평가에 따라 정유사 실적이 엇갈리고 있는 가운데 에쓰오일(S-Oil)만 경쟁 정유사와 다른 방식의 평가법을 활용하고 있어 눈길을 끈다. SK이노베이션 등 대부분이 재고자산을 총평균법을 활용해 평가하는 반면 에쓰오일만 유일하게 선입선출법을 쓰고 있다. 총평균법은 원유 취득가액을 평균해 재고자산을 평가하지만 선입선출법은 최근 유가변동을 재고평가에 반영하기 때문에 총평균법 대비 유가 변동에 상당한 영향을 받는다. 에쓰오일은 재고자산의 현재가치 평가 측면에서 총평균법보다 선입선출법이 더 정교하다는 입장이다.

29일 관련 업계에 따르면 국내서 영업하는 정유사 중 SK이노베이션 · GS칼텍스 · 현대오일뱅크는 재고자산을 총평균법을 활용해 평가하는 반면 에쓰오일은 선입선출법을 활용하고 있다. 지난해 하반기 대비 유가가 상승한 데 따른 영향으로 선입선출법을 활용하는 에쓰오일이 올해 1분기 재고자산으로 약 2,000억원의 이익을 얻은 것으로 계산됐다. 반면 SK이노베이션은 230억원의 손실을 봤다. 재고자산평가 실적은 영업이익에 영향을 미치며 에쓰오일은 전년 대비 6% 오른 2,702억원을, SK이노베이션은 54% 감소한 3,311억원을 기록했다.

정유사 실적에서 유가가 미치는 파장은 상당하다. 과거에는 유가 변동성이 크지 않았던 만큼 재고자산평가가 그다지 큰 폭의 변동성을 보이지 않았다. 그러나 최근 유가 변동성이 커지면서 재고자산평가가 실적에 주는 충격 역시 확대됐다. 정유사들은 중동과 미국 등에서 원유를 수입해 정제하는 과정을 거쳐 제품을 만들어 판매한다. 유가 변동이 제품가격에 영향을 미치고 궁극적으로 정유사 실적을 가르는 주요 지표가 된다.

---

5) 물론 재고자산의 구입단가가 하락하는 경우 상승하는 경우와는 정반대의 결과가 나타난다.

정유사는 의무비축 기간 등 법적규제가 있을 뿐 아니라 원유수입에 상당한 시간이 소요되기 때문에 대규모 재고자산이 발생하는 것은 필연적이다. 법적으로 정유사는 국내 에너지 소비의 45일분을 비축해 놓을 것을 의무시 하고 있어 당장 필요분 이상의 원유를 구매하게 되고 이는 곧 재고자산이 된다. 더욱이 원유를 수입하는 과정은 선박을 통해 실어오고 하역하는 절차를 거쳐 총 45일 이상이 소요되기 때문에 한번에 많은 양을 수입하게 된다. 그러나 유가가 계속 변동하는 데 따라 이들 재고자산을 취득가격 그대로 판매할 수 없기 때문에 손실 혹은 이익이 발생한다.

이러한 재고자산을 평가하는 방법은 총평균법과 선입선출법 두 가지가 있다. 과거 후입선출법도 허용했기 때문에 유일하게 GS칼텍스가 이를 활용하기도 했으나, 국제회계기준(IFRS)이 총평균법과 선입선출법만 인정하면서 총평균법이 대세로 자리잡게 됐다. 총평균법은 각 재고자산의 총량과 취득가격 등을 총 합산해 평균을 낸 가격을 활용한다. 반면 선입선출법은 먼저 구입한 재고를 먼저 판다는 가정하에 평가 말에 남아있는 재고는 가장 최근 매입한 원유라고 가정하고 평가한다. (중략)

(더벨, 2019. 4. 30. 최은진 기자)

계속기록법하의 원가흐름의 가정 제5절

앞에서 언급했듯이, **재고자산 기록방법인 계속기록법과 실지재고조사법 간에는 재고자산 원가흐름 가정의 적용에 있어 시점에 차이가 있다.** 계속기록법하에서는 매번 매출시점에서 단위원가 결정방법을 적용하여 재고자산 계정의 기록을 계속적으로 갱신하는 반면, 실지재고조사법하에서는 회계기말에 한번 단위원가 결정방법을 적용한다. 위에서는 실지재고조사법하에서의 각 단위원가 결정방법의 적용 예를 제시하였다. 여기서는 계속기록법하에서의 각 단위원가 결정방법을 적용한 예를 제시한다.

(1) 선입선출법

앞의 〈표 7-2〉의 기본자료를 재구성하여 **계속기록법하의 선입선출법**에서 **기말재고액과 매출원가**를 산정한 결과는 〈표 7-4〉에 나타나 있다. 계속기록법하에서는 매번 출고, 즉 판매시점마다 선입선출의 가정에 의하여 매출원가를 산정하고 재고자산 기록을 갱신한다는 것에 유의할 필요가 있다. 그렇다 하더라도 여기서 기말재고액과 매출원가는 각각 1,380원과 3,540원으로서 〈표 7-3〉에 보고된 실지재고조사법하의 선입선출법 금액과 정확히 일치함을 알 수 있다. 재고자산 감모손실이 없다는 가정하에, 선입선출법에 있어 계속기록법하의 기말재고액과 매출원가는 실지재고조사법하의 금액과 항상 같다.

표 7-4 계속기록법하의 선입선출법 기말재고액과 매출원가

일자	입 고		출 고			잔 고		
	수량	단가	수량	단가	총원가	수량	단가	총원가
5. 1						60	₩10	
5. 7	180	₩12				60	10	
						180	12	
5.13			60	₩10	₩600			
			100	12	1,200	80	12	
5.17	120	13				80	12	
						120	13	
5.21			80	12	960			
			60	13	780	60	13	
5.25	40	15				60	13	₩780
						40	15	600
			매출원가=₩3,540			기말재고액=₩1,380		

(2) 평균법(이동평균법)

계속기록법하의 **평균법**에서는 재고자산이 입고될 때마다 새로운 가중평균 단가를 계산하여야 한다. 즉 재고자산의 입고는 평균을 '이동'시킨다. 이에 계속기록법

표 7-5
계속기록법하의 이동평균법 기말재고액과 매출원가

일자	입 고			출 고			잔 고		
	수량	단가	총원가	수량	단가	총원가	수량	단가	총원가
5. 1							60	₩10	₩600
5. 7	180	₩12	₩2,160				240	11.5*	2,760
5.13				160	₩11.5	₩1,840	80	11.5	920
5.17	120	13	1,560				200	12.4*	2,480
5.21				140	12.4	1,736	60	12.4	744
5.25	40	15	600				100	13.44*	1,344
				매출원가=₩3,576			기말재고액=1,344		

*입고될 때마다 가중평균단가를 새로 계산한다.

하의 평균법을 **이동평균법**(moving average method)이라 한다. 반면 앞에서 설명한 실지재고조사법하의 평균법에서는 기중의 재고자산 입고회수에 상관없이 기말에 한번 기초재고액과 당기에 매입한 재고자산의 가중평균 단가를 계산하여 적용하는데, 이를 총평균법이라 한다. 앞의 〈표 7-2〉의 자료를 이용하여 **이동평균법에서 기말재고액과 매출원가**를 산정하는 과정 및 결과가 〈표 7-5〉에 나타나 있다. 이러한 계속기록법하의 이동평균법 결과는 〈표 7-3〉에 보고된 실지재고조사법하의 총평균법 결과와 상이하다.

〈표 7-5〉의 **이동평균법에서는 재고자산이 입고될 때마다 새로운 가중평균 단가**가 계산된다는 데 유의하여야 한다. 예컨대, 5월 7일자의 가중평균단가 ₩11.50의 계산은 다음과 같다.

판매가능재고액 = ₩600 + ₩2,160 = ₩2,760
판매가능재고량 = 60 + 180 = 240
가중평균단가 = ₩2,760 / 240 = ₩11.50

위에서 계산된 계속기록법하의 기말재고액과 〈표 7-3〉의 실지재고조사법하의 기말재고액을 요약·비교해 보면 〈표 7-6〉과 같다.

다음 표에서 보는 바와 같이, **선입선출법에서는 재고자산의 기록방법에 관계없이**

표 7-6
계속기록법과 실지재고조사법 간의 기말재고액 비교

	계속기록법		실지재고조사법
선입선출법	₩1,380	=	₩1,380
평균법	₩1,344	>	₩1,230

기말재고액의 계산결과가 동일함을 알 수 있다. 선입선출법에서는 기말재고에 적용하는 구입단가들이 최근에 구입한 단가들로 구성되고 먼저 구입한 것이 먼저 팔려 나가는 것으로 가정하므로, 매출된 재고자산의 단가구성이 계속기록법이든 실지재고조사법이든 항상 같게 된다.

그러나 평균법에서의 기말재고액은, 〈표 7-6〉에서 보는 바와 같이, 계속기록법을 사용하는 경우가 실지재고조사법을 사용하는 경우보다 더 크다는 것을 알 수 있다. 이러한 관계는 재고자산의 단가가 지속적으로 상승하는 한 성립한다.[6]

매출원가는 기말재고액의 경우와는 정반대가 된다. 위의 예에서 평균법에서의 매출원가는 계속기록법을 사용하는 경우가 실지재고조사법을 사용하는 경우보다 더 작다는 것을 알 수 있다. 참고로, 이미 언급하였지만, 어떤 단위원가 결정방법을 사용하든 재고자산감모손실의 영향을 무시하면 기말재고액과 매출원가의 합은 항상 동일한 판매가능재고액이라는 점에 유념할 필요가 있다.

예제 7-5
재고자산 원가흐름의 가정

다음은 진시(주)의 제3회계연도 재고자산의 구입과 판매에 관한 자료이다. 회사의 특수성으로 인하여 매출은 5월에만 발생하였다. 회계기말은 12월 31일이다.

	수 량	단 가
기초재고	100개	2원
3월 중 매입	100	3
6월 중 매입	100	4
11월 중 매입	100	5
		총계: 1,400원
5월 중 매출	150개	매출단가 6원
		매출총액: 900원

6) 물론 재고자산의 구입단가가 하락하는 경우 상승하는 경우와는 정반대의 결과가 나타난다.

[1] 제3회계연도의 매출원가는 얼마인가? 계속기록법과 실지재고조사법, 그리고 선입선출법과 평균법의 네 가지 조합을 고려하시오.

[풀이] ■■■■■

	매출원가	
	계속기록법	실지재고조사법
선입선출법	(100×₩2)+(50×₩3)=₩350	₩350
평균법	150×₩2.5*=₩375	150×₩3.5**=₩525

* [(₩2×100)+(₩3×100)]/200=₩2.5

** [(₩2×100)+(₩3×100)+(₩4×100)+(₩5×100)]/400=₩3.5

[2] 각 경우에 대한 기말재고액은 얼마인가?

[풀이] ■■■■■

기말재고액=판매가능재고액(₩1,400)−매출원가. 따라서,

	기말재고액	
	계속기록법	실지재고조사법
선입선출법	₩1,050	₩1,050
평균법	1,025	875

[3] 위 방법들 중 어느 방법이 가장 보수적인가? 반대로 어느 방법이 보고이익을 가장 높게 하는가?

[풀이] ■■■■■

보수적인 회계방법이란 보고되는 순자산과 이익을 낮게 보고하는 방법이다. 따라서 실지재고조사법하의 평균법이 가장 보수적인 방법이다. 반면에, 보고이익을 가장 높게 하는 공격적인 방법은 선입선출법이다.

보론 저가법과 후입선출법

1. 재고자산의 저가법 평가

재고자산은 **역사적 원가의 원칙**(historical cost principle)에 입각하여 취득원가(구입원가)로 기록한다. 물가가 상승하는 경우 보유 재고자산의 회계기말 현재 시가는 취득원가보다 높게 될 수 있다. 그렇다 하더라도 재고자산은 취득원가로 계속 기록되어야 한다. 그러나 컴퓨터 등 일부 전자제품의 예에서 보듯이 간혹 보유 재고자산의 회계기말 현재 시가가 진부화, 공급초과 등으로 인해 취득원가보다 낮게 되는 경우가 있는데, 이때는 재고자산을 시가로 보고하여야 한다. 즉, 역사적 원가주의를 탈피한다.

이렇게 시가와 취득원가 중 낮은 금액, 즉 저가로 보고하는 방법을 **저가법**(LCM; lower-of-cost-or-market method)이라 한다. 국제회계기준은 재고자산에 대하여 저가법을 적용하도록 규정하고 있다. 시가에는 현행원가, 현행시장가치 등 여러 개념이 있는데, 재고자산에 저가법을 적용할 때는 시가로 **순실현가능가치**(net realizable value)를 사용하여야 한다. 재고자산의 순실현가능가치는 예상판매가격에서 예상판매부대비용을 차감한 금액이다. **저가법은 보수주의(prudence)의 일환으로 평가손실은 즉시 인식하되, 평가이익은 인식하지 않는 비대칭적인 결과를 가져온다. 저가법은 평가손실만 인식한다는 점에서 평가손실과 평가이익을 모두 인식하는 공정가치법과는 다르다.**

회계기말에 재고자산의 순실현가능가치가 취득원가보다 낮을 경우 저가법에 의해 두 금액의 차이인 **재고자산평가손실**(loss on inventory valuation)을 다음과 같이 인식하여야 한다.

(차변) 재고자산평가손실 ××× (대변) 재고자산평가충당금 ×××

여기서 재고자산평가충당금은 재고자산의 차감계정으로 매출채권에 대한 대손충당금과 유사한 방법으로 재무상태표에 보고된다. 즉, 재무상태표에는, **재고자산평가충당금**을 재고자산에서 차감하는 형식으로 보고하거나 또는 재고자산평가충당금을 직접 차감한 순액으로 보고할 수 있다.

국제회계기준에서는 재고자산평가손실의 비용 구분에 대해 명시적 언급을 하고 있지는 않으나, 개념적으로 재고자산평가손실은 손익계산서상의 매출원가에 가산하는 방법이 타당할 것이다. 저가법으로 평가된 재고자산이 차기 이후에 **순실현가능가치가 회복**되는 경우에는 **최초의 장부금액을 초과하지 않는 범위 내에서** 재고자산평가손실환입을 다음과 같이 인식한다.

(차변) 재고자산평가충당금 ××× (대변) 재고자산평가손실환입 ×××

이 분개에서 대변의 **재고자산평가손실환입**은 **매출원가에서 차감**되어 당기손익에 환입, 즉 당기순이익을 증가시키는 역할을 하고, 차변의 재고자산평가충당금 금액은 동 계정의 대변잔액을 감소시켜 결과적으로 재무상태표에 보고되는 재고자산 금액을 증가시킨다. 다만, 위의 분개는 최초의 장부금액을 한도로, 즉 재고자산평가충당금 계정의 대변잔액이 '0'이 될 때까지만 허용된다. 따라서, 재고자산평가충당금 계정이 차변잔액을 갖는 경우는 있을 수 없다. 즉, **어떤 경우에도 재고자산은 취득원가를 초과하여 기록될 수 없으므로 재고자산은 항상 취득원가와 순실현가능가치 중 낮은 금액으로 보고된다.**

보론예제 1

재고자산에 대한 저가법 적용

앞의 〈표 7-2〉 기본자료를 가정하자. 제2회계기말에 보유하고 있는 재고수량은 100개이고, 선입선출법을 가정할 경우 기말재고자산의 원가는 1,380원(=(60개×₩13)+(40개×₩15))이 된다.

다음 각각의 경우 재고자산의 저가법 평가에 따른 분개를 행하시오.

[1] 제2회계기말의 시장조사 결과, 보유 재고자산의 단위당 예상판매가격은 17원, 예상판매부대비용은 1원으로 추정되었다.

[풀이]▪▪▪▪▪

순실현가능가치는 1,600원(=100개×₩16)으로 취득원가 1,380원보다 높다. 순실현가능가치가 원가보다 높으므로 저가법 평가에 따른 분개는 없다.

[2] 제2회계기말의 시장조사 결과, 보유 재고자산의 단위당 예상판매가격은 13원, 예상판매부대비용은 1원으로 추정되었다.

[풀이]■■■■■

순실현가능가치는 1,200원(=100개×₩12)으로 취득원가 1,380원보다 낮다. 따라서 재고자산평가손실 180원(=₩1,380−₩1,200)을 인식하는 다음의 분개를 행한다.

(차변) 재고자산평가손실	180	(대변) 재고자산평가충당금	180

[3] 위의 [2]와 관련하여 제3회계기말 선입선출법에서의 기말재고자산 원가가 1,500원이라고 하자.

(1) 제3회계기말의 재고자산 순실현가능가치는 1,100원으로 추정되었다. 또는,

(2) 제3회계기말의 재고자산 순실현가능가치는 2,000원으로 추정되었다.

[풀이]■■■■■

(1) 순실현가능가치 1,100원은 원가 1,500원보다 400원이 낮으므로 그 400원이 재고자산평가충당금으로 보고되어야 한다. 그런데 이미 재고자산평가충당금 잔액이 180원 있으므로 추가로 220원을 증가시키는 분개를 하여야 한다.

(차변) 재고자산평가손실	220	(대변) 재고자산평가충당금	220

(2) 순실현가능가치는 2,000원으로 원가 1,500원보다 높다. 따라서 재고자산평가충당금 계정잔액 180원은 환입되어야 한다.

(차변) 재고자산평가충당금	180	(대변) 재고자산평가손실환입	180

2. 재고자산의 후입선출법 평가

후입선출법은 회계기말의 자의적 구매행위에 의한 이익조작 가능성 때문에 국제회계기준에서는 허용하지 않는 방법이다. 후입선출법은 재고자산 구입단가가 변할 때 선입선출법과 항상 정반대의 결과를 가져온다.

후입선출법(last-in, first-out method: LIFO)은 재고자산의 원가가 원가발생 역순

서에 의해 매출원가로 소멸한다는 가정에 근거한다. 따라서 이 방법에서는 매출원가가 최근에 발생한 원가를 반영하는 반면, 기말재고액은 오래전에 발생한 원가를 반영한다. 후입선출법에서는 실지재고조사법과 계속기록법에 의한 결과가 다르다. 이하에서는 두 기록방법하에서 후입선출법을 차례로 설명한다.

(1) 실지재고조사법

〈표 7-2〉의 기본자료를 이용하여 실지재고조사법하 후입선출법에서의 기말재고액과 매출원가를 계산하면 다음과 같다.

표 7-2 기본자료

일 자	적 요	수 량	단 가	총원가
5. 1	기초재고	60개	₩10	₩600
5. 7	매 입	180	12	2,160
5.17	매 입	120	13	1,560
5.25	매 입	40	15	600
	판매가능재고	400개		₩4,920
5.13	매 출	(160)		
5.21	매 출	(140)		
5.31	기말재고	100개		

후입선출법에서의 기말재고 평가

	기말재고량		기말재고액
5월 25일 구입	60개	@10원	600원
5월 17일 구입 120개 중	40개	@12원	480원
	100개		1,080원

따라서

매출원가	=	판매가능재고액	−	기말재고액
₩3,840		₩4,920		₩1,080

후입선출법이 재무제표에 미치는 영향은 선입선출법과 극명하게 대조된다. 후입선출법은 손익계산서 상의 매출원가가 최근에 발생한 취득원가를 반영하므로 **수익·비용대응의 원칙에서 볼 때 바람직한 방법**이다. 이에 반하여 재무상태표상의 기말재고액은 오래전에 발생한 재고자산 원가로 나타나는 불합리한 점이 있다. 따라서 물가상승기에 후입선출법을 적용하면 재고자산과 매출총이익이 상대적으로 낮게 계상되면서 상대적으로 적은 법인세를 납부하게 된다. 물가상승기의 후입선출법은 자산과 이익을 작게 보고하게 된다는 측면에서 보수적인 재고자산 단위원가 결정방법이라 할 수 있다.

(2) 계속기록법

앞의 〈표 7-2〉의 자료를 이용하여 **계속기록법하 후입선출법에서의 기말재고액과 매출원가**를 산정한 결과는 〈보론 표 1〉에 나타나 있다. 계속기록법하에서는 재고자산이 출고될 때마다 후입선출의 가정이 적용된다.

보론 표 1
계속기록법하의 후입선출법 기말재고액과 매출원가

일자	입고		출고			잔고		
	수량	단가	수량	단가	총원가	수량	단가	총원가
5. 1						60	₩10	
5. 7	180	₩12				60 180	10 12	
5.13			160	₩12	₩1,920	60 20	10 12	
5.17	120	13				60 20 120	10 12 13	
5.21			120 20	13 12	1,560 240	60	10	
5.25	40	15				60 40	10 15	₩600 600
			매출원가=₩3,720			기말재고액=₩1,200		

계속기록법하에서 산출된 기말재고액과 매출원가는 실지재고조사법하의 금액과 다른 것이 일반적이다. 〈보론 표 1〉에 의하면 계속기록법하의 기말재고액과 매출원가는 각각 1,200원과 3,720원으로서 앞에 보고된 실지재고조사법하의 후입선출법 금액인 1,080원과 3,840원과는 다르다는 것을 알 수 있다.

연습문제

〈객관식 문제〉

01 다음 중 재고자산으로 분류할 수 없는 것은?

① 반제품
② 부동산회사가 판매 목적으로 소유하고 있는 토지
③ 재공품
④ 상 품
⑤ 사무용품 판매회사 보유 트럭

02 다음 중 일반적으로 재고자산의 취득원가에 포함되지 않는 항목은?

① 매입운임
② 재고자산과 관련된 기회비용
③ 제품제조에 소요된 원재료비
④ 상품 구입가격
⑤ 매입수수료

03 다음 중 실지재고조사법하의 회계처리에 관한 서술 중 옳지 않은 서술은?

① 매출원가를 결정하기 위해 기말수정분개가 반드시 필요하다.
② 재고자산 구입 시 매입 계정에 차기한다.
③ 매입환출이 있는 경우 재고자산 계정에 대기한다.
④ 매출 시 매출 계정에 대기한다.
⑤ 매입할인이 있는 경우 매입할인 계정에 대기한다.

04 물가가 지속적으로 상승하는 경우 매출원가를 가장 높게 보고하는 재고자산 평가방법은?

① 총평균법　② 선입선출법
③ 이동평균법　④ 실지재고조사법하의 후입선출법

⑤ 계속기록법하의 후입선출법

05 재무상태표에 보고되는 재고자산 평가액이 재고자산의 시장가격에 가장 근접하는 재고자산평가방법은?

① 선입선출법　　② 총평균법
③ 이동평균법　　④ 실지재고조사법하의 후입선출법
⑤ 계속기록법하의 후입선출법

06 (주)대구의 회계기말 재고자산평가액은 평균법을 적용했을 때보다 선입선출법을 적용했을 때 더 낮게 측정되었다. 기초 재고자산이 없었다고 가정할 경우, 기중 매입원가는 어느 방향으로 움직였는가?

① 상　승　　② 하　락
③ 불　변　　④ 알 수 없다

07 실지재고조사법하에서 한 회계기간의 반이 지났다고 하자. 이 시점에서 재고자산 계정의 잔액은?

① 그 날 현재로 실제 가지고 있는 재고자산가액
② 기초재고액
③ 기초재고액에 그 날까지 당기 매입한 재고자산가액의 합
④ 그 날까지 당기 매입한 재고자산가액
⑤ 당기 매입한 재고자산가액에서 기초재고액을 차감한 가액

08 계속기록법하에서 상품을 외상으로 판매하였을 경우 분개는?

① 차) 매출채권　　대) 매　출
② 차) 매출원가　　대) 재고자산
③ 차) 매출원가　　대) 매　입
④ 차) 매출채권　　대) 매출원가
⑤ 위의 ①과 ②의 분개를 동시에 하여야 함

09 실지재고조사법하에서 기초재고가 1,200원만큼 과소 계상되었고, 기말재고가 900원만큼 과대 계상되었다면 당기의 매출총이익은?

① 300원만큼 과소 계상된다.　　② 300원만큼 과대 계상된다.
③ 2,100원만큼 과소 계상된다.　　④ 2,100원만큼 과대 계상된다.

⑤ 900원만큼 과대 계상된다.

10 다음은 오성기업의 한 해 동안의 기록이다.

매 입	₩600,000
매입운임	15,000
매입처에 지급한 단기어음의 발생이자	6,000
매입환출	3,000

오성기업의 순매입원가를 계산하면 얼마인가?

① 600,000원 ② 603,000원
③ 612,000원 ④ 618,000원

11 다음은 1월 한 달 동안 재료 Y에 대한 병회사의 기록이다.

일 자		입 고	단 가	출 고	재 고
1. 1	재 고		2.00원		800개
1. 8	출 고			400개	400개
1.26	매 입	1,200개	2.40원		1,600개

이동평균법을 적용한 경우 1월 31일 현재 재료 Y의 단가는 얼마인가?

① 2.20원 ② 2.24원
③ 2.30원 ④ 2.40원
⑤ 2.50원

12 대신상회의 당 회계연도의 제품 참맛의 재고내역은 다음과 같다.

	수 량	단위당 원가
기초재고	12,000	9.0원
당기 구입내역:		
4. 8	20,000	9.5원
10.25	8,000	10.0원

당기 매출수량은 30,000개이다. 선입선출법을 적용할 경우 회계연도말인 12월 31일 현재 재고자산 평가액은 얼마인가?

① 100,000원 ② 99,000원

③ 95,000원 ④ 90,000원
⑤ 88,000원

13 학성기업은 재고자산의 평가방법으로 평균법을 사용한다. 실지재고조사법과 계속기록법을 적용하였을 경우 5월의 매출원가는 각각 얼마인가?

일 자	구 분	수 량	단 가	금 액
5월 1일	기초재고	200개	20원	4,000원
5월 7일	매 입	200개	22원	4,400원
5월 22일	매 출	300개		
5월 25일	매 입	400개	23원	9,200원

	실지재고조사법	계속기록법
①	₩6,000	₩6,000
②	₩6,300	₩6,300
③	₩6,300	₩6,600
④	₩6,600	₩6,300
⑤	₩6,600	₩6,600

14 다음은 학성기업이 각각의 재고자산 평가방법을 적용하였을 경우의 재고자산과 관련된 자료이다. 매출총이익이 크게 보고되는 순서로 재고자산 평가방법을 배열한 것은?

재고자산 평가방법	기초재고	기말재고
개별법	10,000원	12,500원
선입선출법	9,000원	12,500원
총평균법	9,500원	13,500원
이동평균법	10,000원	13,000원

① 선입선출법>이동평균법>개별법>총평균법
② 이동평균법>총평균법>개별법>선입선출법
③ 총평균법>선입선출법>이동평균법>개별법
④ 개별법>총평균법>이동평균법>선입선출법
⑤ 총평균법>이동평균법>선입선출법>개별법

15 (주)천마의 제7회계연도 말 기말재고자산과 관련된 아래의 자료를 이용하여 (주)천마의 제7회계연도 기말재고자산을 계산하면 얼마인가?

- 제7회계연도 말 (주)천마의 창고에 보관 중인 기말재고자산 실사액: 5,000원
- 제7회계연도 12월 25일에 (주)서울로부터 FOB 선적지인도조건으로 매입한 상품(송장가격: 1,500원)이 12월 31일 현재 선박으로 운송 중에 있다. 이 상품은 제8회계연도 1월 9일에 도착할 예정이다.
- 제7회계연도 12월 30일에 (주)건국으로부터 FOB 도착지인도조건으로 매입한 상품(송장가격: 2,100원)이 12월 31일 현재 항공편으로 운송 중에 있다. 이 상품은 제8회계연도 1월 2일에 도착할 예정이다.

① 5,000원 ② 5,600원
③ 6,500원 ④ 7,100원
⑤ 8,600원

(자료) 다음은 16번~17번 문제에 대한 천진기업의 자료이다. 천진기업은 실지재고조사법을 사용한다. 1월 중 매출수량은 130단위이며, 기초재고 및 매입 관련 자료는 다음과 같다.

1. 1	기초재고	100단위	@5.00원	500원
1.10	매 입	50단위	@5.50원	275원
1.22	매 입	90단위	@6.00원	540원

16 선입선출법에 의한 기말재고액은 얼마인가?

① 650원 ② 600원
③ 603원 ④ 555원
⑤ 정답 없음

17 평균법에 의한 기말재고액은 얼마인가? (소수점 이하 반올림)

① 650원 ② 600원
③ 603원 ④ 555원
⑤ 정답 없음

〈주관식 문제〉

18 재고자산으로의 분류 여부

건설회사에 근무하는 나대충 씨는 점심시간에 중장비 제조업체에 근무하는 친구 김정밀 씨와 Tea time을 가졌다. 다음은 이들의 대화내용이다.

김정밀: 요즘 경기가 불황이라서 우리 재고자산인 굴삭기(excavator)가 안 팔려.
나대충: 아니 굴삭기가 어떻게 재고자산으로 분류되냐? 우리 회사처럼 건설용 기계는 유형자산으로 분류해야지. 너 이제 보니 회계공부 헛했구나.
김정밀: 이상하다. 팔려고 만들면 재고 아닌가?

누구의 주장이 옳은지 논평하시오.

19 재고자산 감모손실과 평가손실

재고자산감모손실과 재고자산평가손실의 본질적인 차이점은 무엇인지 설명하시오.

20 재고자산 평가방법의 비교

재고자산의 평가방법으로는 개별법, 평균법, 선입선출법, 후입선출법 등이 있다. 금은동 씨는 자신이 경영하고 있는 금은방에 대해 기말재고를 정확히 파악하고자 한다. 금씨가 재고자산 평가방법으로 사용할 수 있는 가장 적절한 방법은 무엇인지 설명하시오.

21 재고원가

다음 중 재고원가 산정 시 가산 또는 차감해야 할 항목을 모두 고르시오.

〈 보 기 〉

a. 매입운임	b. 매출할인	c. 매입액
d. 매출액	e. 매출에누리	f. 매출환입
g. 매입할인	h. 매입환출	i. 매입에누리

22 재고자산 오류의 영향

대구상사는 제10기말의 재고자산을 1,000원만큼 과대 계상하였다. 이러한 오류가 제10기와 제11기의 매출총이익에 미치는 영향을 계산하시오.

23 매출원가의 계산

다음은 (주)가나의 상품 매입에 관한 자료이다. 이 회사의 매출원가는 얼마인가?

현금 지급액	580,000원
매입채무 계정의 증가액	50,000원
상품 계정의 감소액	20,000원

24 부분 손익계산서

다음은 (주)선화의 회계연도 11기와 12기 손익계산서의 일부이다. 빈칸에 들어갈 금액을 계산하시오.

	제11기	제12기
총매출액	₩9,000	₩⑤
매출환입	200	100
순매출액	①	9,800
기초재고	2,100	2,700
총매입액	6,800	⑥
매입환출	300	400
기말재고	②	2,600
매출원가	③	⑦
매출총이익	④	1,800

25 재고자산에 포함되는 수량

제11회계연도말인 12월 31일 현재, 재고자산의 실사에 근거하여 산출된 (주)가나의 재고자산은 120만원이었다. 이 산출과정을 검토한 결과 다음과 같은 사항이 발견되었다.

- 상대 거래처는 (주)가나로부터 상품구입 오더를 받고 제11회계연도 12월 30일에 선적지인도기준(FOB shipping point)으로 (주)가나에게 청구서를 발행하였다. 동 제품은 제12회계연도 1월 3일에 선적되어 1월 7일에 (주)가나가 인수하였다. 이 제품의 원가는 25,000원이며 재고자산에 포함되어 있다.
- 상대 거래처가 선적지인도조건으로 제11회계연도 12월 28일에 선적한 제품을 (주)가나는 제12회계연도 1월 4일에 인수하였다. 동 제품의 원가는 60,000원이며 재고자산에 포함되지 않았다.

(주)가나의 제11기 재무상태표에 재고자산은 얼마로 보고해야 하는가?

26 계속기록법과 실지재고조사법의 회계처리(1)

다음은 진시(주)의 제2회계연도 재고자산의 구입과 판매에 관한 자료이다.

	기초재고	100만원	
+)	기중 순매입	400만원	
	기중 판매가능액	500만원	
−)	기중 매출원가	300만원	(매출액: 420만원)
−)	재고자산감모손실(정상적)	20만원	
	기말재고	180만원	

다음 각 물음에 대하여 계속기록법과 실지재고조사법 각각을 전제하고 답하시오. 구입과 판매는 외상으로 이루어졌다고 가정하시오.

1. 재고자산의 구입과 판매에 대한 분개를 하시오.
2. 제2회계연도말의 재고자산 관련 수정분개를 모두 하시오.

27 계속기록법과 실지재고조사법의 회계처리(2)

순액법을 사용하고 있는 영남기업의 제2회계연도 중 상품매매거래는 다음과 같다.

5월 1일	상품을 9,000원에 3/10, n/30의 조건으로 외상매입하였다. 동시에 500원의 운송비를 지급하였다.
5월 4일	5월 1일에 매입한 상품 중 결함이 발견되어 판매가격(송장가격) 중 1,000원을 에누리받았다.
5월 10일	5월 1일의 매입채무를 변제하였다.
8월 10일	원가 12,000원의 상품을 18,000원에 2/20, n/60의 조건으로 외상매출하였고, 동시에 600원의 운송비를 지급하였다.
8월 14일	8월 10일의 매출 중 판매가격(송장가격) 3,000원의 상품이 반품되어 동액만큼 외상매출금을 감해 주었다.
10월 8일	8월 10일 매출에 대한 외상매출금 잔액을 현금으로 수령하였다.

단, 제2회계연도 1월 1일 현재의 상품재고는 5,000원, 재고자산 실사에 의한 제2회계연도 12월 31일의 상품재고는 3,000원이었다. 재고자산감모손실은 모두 비정상적이라고 가정한다.

1. 위의 거래에 대하여 날짜별로 계속기록법과 실지재고조사법하의 분개를 하시오.
2. 회계기말의 수정분개를 계속기록법과 실지재고조사법하에서 하시오.

28 재고자산 단위원가 결정방법의 비교(1)

다음은 (주)다산의 12월 중의 재고자산에 관한 거래결과를 요약한 일부이다.

재고자산 구입, 12/1 200개 (단가 ₩20)
재고자산 매출, 12/7 120개 (판매가 ₩32)
재고자산 구입, 12/15 100개 (단가 ₩25)
재고자산 매출, 12/18 140개 (판매가 ₩32)
재고자산 구입, 12/28 100개 (단가 ₩30)

기초재고는 없는 것으로 가정하고 다음 각각의 경우에 있어 매출원가와 기말재고액을 계산하시오. 단 재고자산의 감모는 없다고 가정한다.

1. 실지재고조사법, 총평균법
2. 계속기록법, 선입선출법
3. 계속기록법, 이동평균법

29 재고자산 단위원가 결정방법의 비교(2)

(주)가락의 재고수불 장부 내용은 다음과 같다.

	수 량	단 가
기초재고 수량	100개	10원
4월 12일 매출	(80개)	
7월 20일 매입	150개	12원
9월 30일 매출	(150개)	
12월 10일 매입	100개	14원
기말재고 수량	120개	

아래 물음에 답하시오.

1. 실지재고조사법을 적용할 경우 선입선출법과 총평균법에 의한 기말재고액과 매출원가는 각각 얼마인가?
2. 계속기록법을 적용할 경우 선입선출법과 이동평균법에 의한 기말재고액과 매출원가는

각각 얼마인가?

30 재고자산 단위원가 결정방법의 비교(3)
천안물산의 제13결산기 중 재고자산 거래의 내역은 다음과 같다.

일 자		수 량	단 가
1. 1		1,000	₩103
2.28	매 입	12,000	116
4.19	판 매	5,000	180
6.25	매 입	4,000	124
10. 3	판 매	10,000	200
11.11	매 입	500	126

1. 판매가능재고의 수량과 금액 및 기말재고 수량을 구하시오.
2. 다음 각 방법을 사용하여 매출원가와 기말재고액을 구하시오.
   ① 총평균법
   ② 이동평균법
   ③ 선입선출법

31 재고자산 단위원가 결정방법의 비교(4)
OK상사의 제7결산기 중 상품의 거래내역은 다음과 같다.

일자	상품	수량	단가	총액	월일	상품	수량
1. 1	재고	300	₩5	₩1,500	5.27	매출	800
3.21	매입	900	6	5,400	10.9	매출	800
8.19	매입	600	7	4,200			
11.3	매입	200	8	1,600			

1. 총평균법을 사용해서 상품의 매출원가를 계산하시오.
2. 이동평균법을 사용하여 상품의 기말재고액을 계산하시오.
3. 선입선출법을 사용해서 상품의 매출원가를 계산하시오.

32 재고자산이 당기순이익에 미치는 영향
허진구 씨 왈 "매출원가의 산식인 〔매출원가=기초재고액+당기순매입액−기말재고액〕

을 보면 기말재고액이 많을수록 매출원가는 낮아져 당기순이익은 증가한다."라고 주장하였다. 이 주장은 판매부진 등으로 인한 기말재고의 증가는 당기의 영업성과, 즉 당기순이익을 악화시킨다는 일반적인 상식에 어긋난다. 허진구 씨 주장의 잘못된 점을 지적하여 기술하시오.

33 저가법(보론)

(주)길산유통은 제1회계연도초에 영업을 시작한 이래로 상품 Y만을 구입하여 판매하고 있다. 동 회사의 3년 동안 상품 구입과 판매에 대한 자료는 다음과 같다.

	구 입	구입단가	판 매	연말의 순실현가능가치
제1회계연도	100개	₩3	60개	₩6
제2회계연도	150개	₩4	140개	₩5
제3회계연도	150개	₩5	190개	₩4

선입선출법을 가정하고 아래 물음에 답하시오. 단, 재고감모는 없다고 가정한다.

1. 제3회계연도말에 인식할 재고자산평가손실은 얼마인가?
2. 제3회계연도에 인식할 매출원가는 얼마인가?

8장

유형자산과 무형자산

유형자산 제1절

1. 유형자산 회계의 개요

유형자산(property, plant and equipment; tangible assets)은 유형고정자산이라 부르기도 하는데, **기업이 한 회계기간을 초과하여 영업활동에 사용할 목적으로 보유하고 있는 물리적 실체를 가진 자산**을 말한다. 구체적인 예로서 **토지**(land), **건물**(buildings), **구축물**(land improvements and structures), **기계장치**(machinery), **선박**(ships), **차량운반구**(vehicles), **건설중인자산**(construction in progress) 등을 들 수 있다. 여기서, 구축물이란 교량, 댐, 굴뚝, 펜스 등과 같이 토지 위에 건설한 건물 이외의 구조물, 토목설비, 공작물을 말한다. 건설중인자산은 과거에 건설가계정이라고 일컬었는데, 회계기말 현재 건설과정에 있는 미완성 유형자산이다. **유형자산은 감가상각 대상이다. 단, 토지와 건설중인자산에 대해서는 감가상각을 하지 않는다.**

재무상태표에 유형자산으로 분류되기 위해서는 다음의 세 가지 요건이 충족되어야 한다. 첫째, 감지할 수 있는(tangible) **물리적 실체**가 있어야 한다. 물리적 실체가 없는 특허권, 실용신안권 등과 같은 산업재산권은 무형자산으로 분류된다. 둘째, 투자 또는 판매 목적이 아닌 재화의 생산, 용역의 제공 등 **영업활동**에 사용하기 위함이어야 한다. 만일 토지, 건물 등을 비영업용 투자목적으로 보유하고 있다면 이는 유형자산이 아닌 투자부동산으로 분류해야 한다. 또한, 부동산회사가 판매목적으로 보유하고 있는 토지, 건물 등은 재고자산으로 분류되어야 한다. 셋째, 취득시점에서 **예상 사용기간이 재무상태표일 현재 1년을 초과**하여야 한다.

기업은 유형자산을 취득하여 영업 목적에 사용하다가 언젠가는 처분한다. 즉, **유형자산은 취득, 사용, 처분이라는 단계를 밟는다**. 유형자산과 관련한 회계처리문제는 이 세 단계별로 다음과 같이 요약된다.

첫째, 취득시점에서 유형자산의 취득원가를 결정하는 문제이다. 둘째, 유형자산의 사용기간 동안 감가상각비를 결정하는 문제와 유지·보수 또는 개량과 관련하여 이를 자산의 취득원가에 산입할 것인가 아니면 당기의 비용으로 처리할 것인가의 문제이다. 마지막으로 유형자산의 처분과 관련한 회계처리문제이다. 본 장에서는 이들에 대하여 구체적으로 알아본다.

전통적으로 유형자산은 역사적 원가주의에 따라 취득원가에 근거하여 평가하여 왔다. 그런데 국제회계기준에서는 유형자산을 취득원가에 근거하여 평가하는 방법(원가모형)과 아울러 회계기말 현재의 공정가치로 재평가하는 방법(재평가모형)도 허용한다. 본 장은 유형자산의 평가방법으로 원가모형의 사용을 가정하고 있다. 재평가모형에 대해서는 11장 보론의 재평가잉여금을 참고하기 바란다.

2. 유형자산의 취득원가 결정

유형자산의 취득원가를 결정하는 기본원칙은 **유형자산을 사용 가능한 상태로 필요한 장소에 설치하는 데 소요된 모든 지출을 포함**한다는 것이다. 이에 따라 유형자산의 취득원가에는 구입가격에 관세, 세금 등 구입부대비용과 유형자산을 필요한 장소에 사용 가능한 상태에 이르게 하는 데 지출된 모든 원가를 가산한다. 유형자산의 취득경로는 외부로부터 구입하는 경우, 자가 제작 또는 자가 건설하는 경우, 그리고 무상 또는 교환에 의해 취득하는 경우로 대별할 수 있는데, 여기서는 외부에서 구입하는 경우와 자가 제작 또는 건설하는 경우의 취득원가 결정 문제를 알아본다.[1)]

(1) 외부 구입에 의한 취득

외부 구입에 의한 유형자산의 취득원가는 **당해 자산의 구입가격 및 구입부대비용에 동 자산을 필요한 장소에 사용 가능하게 하는 데 직접 관련되는 원가를 가산한 금액**으로 생각할 수 있다. 이하에서는 토지를 제외한 유형자산의 취득, 토지의 취득 및 여러 유형자산의 일괄취득의 순서로 취득원가 결정에 대해 예를 들어 설명한다.

1) 무상 또는 교환으로 취득하는 경우의 회계처리는 중급회계에서 다룬다.

① 장비 등의 취득

예로서 기계장치의 취득과 관련한 다음 자료를 살펴보자.

송장가격	₩10,000
통관수수료	200
운 임	350
설치비	650
시운전비	300
총지출액	₩11,500

위 기계장치의 취득 관련 지출은 구입가격(송장가격), 구입부대비용(통관수수료) 및 기계장치를 필요한 장소에 사용 가능하게 설치하는 데 직접 관련된 원가(운임, 설치비, 시운전비)로 나누어 생각할 수 있다. 구입가격과 구입부대비용은 물론 운임, 설치비, 시운전비도 기계장치를 사용 가능한 상태로 필요한 장소에 설치하는 데 소요된 지출이므로 기계장치의 취득원가에 포함된다. 따라서 위 기계장치의 취득원가는 구입가격 10,000원과 구입부대비용 200원에 운임, 설치비, 시운전비 합계 1,300원을 합한 11,500원이다.

위 기계장치의 취득과 관련한 모든 지출을 일괄하여 분개하면 다음과 같다.

(차변) 기계장치	11,500	(대변) 현 금	11,500

② 토지의 취득

유형자산의 취득원가를 결정함에 있어 흥미로운 예는 토지의 경우이다. 토지의 취득원가에 포함되는 지출은 구입가격 외에도 구입 관련 제 수수료(예: 공인중계사 수수료), 소유권이전 관련 지출(예: 등기비, 변호사 수수료), 구획정리·배수공사에 따른 지출, 기존 노후건물의 철거에 소요된 지출, 내용연수가 영구적인 시설비(예: 진입로) 등을 포함한다. 요컨대, 토지를 사용 가능한 상태로 만드는 데 소요된 모든 지출은 토지의 취득원가에 포함한다. 토지 취득의 예로 다음의 〔예제 8-1〕을 살펴보자.

예제 8-1

토지의 취득원가 결정

압량기업은 유통센터를 조성하기 위하여 압량벌에 노후건물이 딸린 토지 2만평을 구입하였다. 이 토지 구입과 유통센터 조성에 관련한 지출은 다음과 같다.

구입가격	₩350,000
공인중개사 수수료	300
등기비 및 변호사 수수료	1,200
취득세 및 교육세	18,500
배수공사비	78,000
기존 노후건물의 철거에 소요된 총지출	27,000
건물 철거 후 청소용역비	700
진입로공사비	55,000
울타리공사비	49,000
유통센터 설계용역비	80,000

또한 기존 건물 철거 시 잔재의 매각으로 인한 수입이 7,000원 있다.

≪요구사항≫
이 토지의 취득원가는 얼마인가?

[풀이]

위 지출 중 울타리공사비와 유통센터 설계용역비는 토지의 취득원가에서 제외된다. 울타리(펜스)는 진입로와 달리 반영구적으로 사용할 수 없으므로 토지의 일부분으로 생각하지 않고 구축물로 인식해야 한다. 유통센터 설계용역비는 건물의 취득원가에 포함하여야 할 것이다. 또한 건물 철거 잔재 매각대금 7,000원은 건물철거비용 27,000원에서 차감하여야 한다. 이상을 고려하여 토지의 취득원가를 계산하면 다음과 같다.

구입가격	₩350,000
공인중개사 수수료	300
등기비 및 변호사 수수료	1,200
취득세 및 교육세	18,500
배수공사비	78,000
기존 노후건물의 철거에 소요된 순지출	20,000
건물 철거 후 청소용역비	700
진입로공사비	55,000
토지의 취득원가	₩523,700

③ 여러 유형자산의 일괄취득

여러 종류의 유형자산을 **일괄취득**(basket purchase)하는 경우가 가끔 있다. 가령 한 회사가 토지와 건물 및 기계장치를 포함한 공장을 18만원에 일괄적으로 취득하였다고 하자. 이 경우 일괄구입가격 18만원을 토지, 건물 및 기계장치에 적절히 배분하여 개별자산의 취득원가를 결정하여야 한다.

일괄취득 원가를 개별자산에 배분할 때 사용하는 일반적 기준은 각 자산의 공정가치(fair value)이다. 여기서, 공정가치는 객관적으로 형성되는 시장가격, 공신력 있는 감정기관의 감정가액, 권위 있는 물가조사기관이 공표한 물가조사표에 근거한 가격 등으로 구할 수 있다.

앞의 예에서 18만원에 일괄 구입한 토지, 건물, 기계장치의 감정가액이 각각 6만원, 12만원, 2만원이라면 각 개별자산의 취득원가는 〈표 8-1〉과 같이 결정된다.

표 8-1
일괄취득 유형자산의 개별 취득원가 결정

자 산	감정가액	백분율	자산의 취득원가
토 지	₩120,000	60%*	₩108,000**
건 물	20,000	10%	18,000
기계장치	60,000	30%	54,000
	₩200,000		₩180,000

* ₩120,000/₩200,000=60%
** ₩180,000×60%=₩108,000

(2) 자가 제작 또는 건설에 의한 취득

유형자산을 기업 스스로 제작 또는 건설하자면 원자재를 구입하여야 할 것이고 노동력이 필요할 것이며 기타 여러 가지 경비(예: 설계·감리료, 취득세, 등록세, 설비사용료 등)가 발생할 것이다. 이에 자가 제작 또는 자가 건설한 유형자산의 취득원가는 직접재료원가(direct material cost), 직접노무원가(direct labor cost) 및 제조간접원가(manufacturing overhead)로 구성되어 있다고 볼 수 있다. 유형자산의 제작 또는 건설은 비교적 장기간이 소요되는 경우가 일반적인데, 제작 또는 건설과 관련된 모든 원가는 일단 **건설중인자산**(construction in progress) 계정으로 인식한다. **건설중**

인자산 계정은 회계기말 현재 제작 또는 건설 중에 있는 미완성 유형자산 계정인데, 제작 또는 건설 완료시 **건물, 기계장치 등 해당 유형자산 계정으로 대체된다.**

유형자산의 제작 또는 건설을 위하여 자금을 차입하였을 경우, 이 차입금에 대한 건설기간 동안의 이자발생액은 당해 유형자산의 취득을 위하여 발생한 경비이므로 취득원가에 가산하는 것을 고려할 수 있다. 이를 **금융비용의 자본화**(interest capitalization) 또는 **차입원가의 자본화**(borrowing costs capitalization)라고 한다. 국제회계기준에서는 **유형자산 등의 취득, 제작 또는 건설에 상당한 기간이 필요한 경우에 그와 직접 관련되는 차입원가(이자비용)는 당해 자산의 취득원가에 포함시키고, 기타 차입원가는 발생기간의 비용으로 인식하도록 하고 있다.**

건물이 딸린 토지를 취득한 후 바로 기존의 건물을 철거하고 새로운 건물을 건설할 경우 구건물 철거비용은 토지의 취득원가에 포함되어야 한다. 그러나 회사 소유로 지금까지 사용 중이던 건물을 철거하고 새로운 건물을 건설하는 경우 구건물 철거비용은 전액 당기비용으로 처리하여야 한다.

예제 8-2

자가 건설에 의한 유형자산의 취득원가

진량물산은 기존의 사무실건물이 협소하여 이를 헐고 새로운 건물을 건설하기로 하였다. 제12회계연도초에 공사를 시작하였는데, 공사 관련 지출내역 및 필요한 정보는 다음과 같으며, 회계연도말 현재 건물공사는 진행 중이다.

건물설계료	₩1,800
사용하고 있던 기존 건물 철거비용	550
신축공사에 따른 위험보상을 위한 보험료	500
기초공사를 위한 땅 굴착비용	900
건설을 위하여 차입한 금액에 대한 발생이자	380
신축공사용 시멘트 및 철골 구입비용	2,500
감리비용	900
건설인부 인건비지급액	1,400
지출 총계	₩8,930

≪요구사항≫

진량물산의 사무실건물 개축과 관련하여 건설중인자산 계정으로 계상할 금액은 얼마인가?

[풀이]■■■■■

사용 중이던 기존 건물을 철거하는 비용은 전액 당기비용으로 처리하여야 한다. 이 550원을 제외한 다른 항목들은 건물의 취득원가에 가산되어야 한다. 따라서 건설중인자산 계정은 8,380원으로 기록된다.

3. 취득원가의 기간배분: 감가상각

(1) 감가상각의 개념

유형자산의 사용기간은 여러 회계기간에 걸치는 것이 보통이다. 토지를 제외한 유형자산은 영업활동에 사용됨에 따라 미래의 경제적 효익이 감소하게 된다. 유형자산의 사용기간 동안 예상되는 이러한 경제적 효익의 감소를 **유형자산의 총사용원가 또는 감가상각대상금액(depreciable amount)이라 한다. 감가상각대상금액은 유형자산의 취득원가에서 예상 처분가를 차감하여 계산하며, 이를 후술하는 감가상각방법에 따라 회계기간별로 체계적으로 배분한 금액이 바로 회계기간별 감가상각비**이다.

가령, 〈그림 8-1〉에서 보는 바와 같이, 취득원가 1,000만원인 유형자산을 4년간 사용한 후 200만원에 팔 수 있을 것으로 예상된다고 하자.

여기서, 유형자산의 총사용원가 800만원은 당해 유형자산을 4년 동안 영업활동에 사용함에 따라 발생한 비용이다. 그런데, 이 800만원을 유형자산의 처분연도에 전부 비용으로 인식한다면 처분연도의 이익은 과소계상되며 처분연도 전 3년간의 이익은 과대계상되는 결과가 초래된다. 따라서 기간이익의 왜곡을 방지하기 위해서는 총사용원가 800만원을 사용기간에 적절히 배분하여 각 회계연도의 수익에 대응

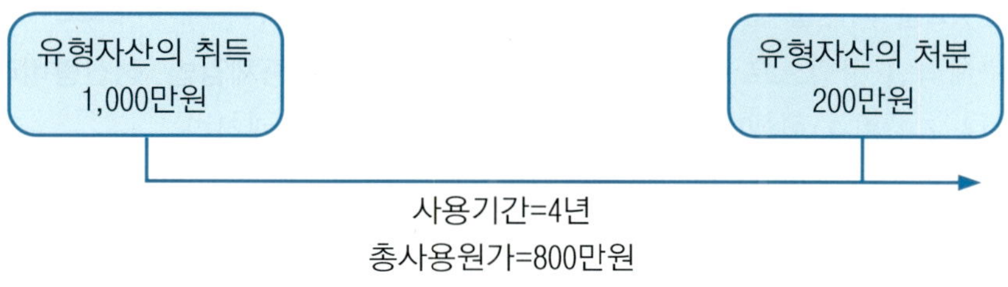

그림 8-1
유형자산의 총사용원가

시켜야 한다. 가령, 총사용원가 800만원을 4년간 균등하게 배분한다면 매년 사용원가가 200만원이 되는데, 이와 같이 매 회계기간에 비용으로 배분된 원가를 **감가상각비**(depreciation expense)라 한다.

앞의 예에서는 감가상각비를 사후적으로 계산하였는데, 감가상각비를 유형자산의 취득연도부터 계상하기 위해서는 취득시점에서 사용기간과 사용 후 처분가를 추정하는 것이 필요하다. 유형자산의 추정 사용기간을 **내용연수**(useful life)라 하며, 내용연수가 다한 시점에서의 예상 처분가를 **잔존가치**(residual value)라고 한다. 내용연수와 잔존가치는 취득원가와 더불어 감가상각비의 결정요소이다. 따라서 감가상각비는 다음 네 가지 요소에 의하여 결정된다: (1) 취득원가, (2) 잔존가치, (3) 내용연수, (4) 감가상각방법.

지금까지 서술에서 알 수 있듯이, 감가상각비란 취득원가에서 잔존가치를 차감한 금액, 즉 유형자산의 추정 총사용원가를 내용연수에 배분한 금액이다. 감가상각이라는 용어는 유형자산 가치의 감소를 떠 올리는 오해를 불러 올 수도 있지만, **감가상각은 원가배분의 과정**이지 가치측정의 과정으로 볼 수 없다. 왜냐하면 감가상각의 계산은 가치측정에 근거하지 않기 때문이다. 가치측정을 위해서는 유형자산의 사용에 따른 매 기간의 가치변동에 대한 신뢰할 수 있고 객관적인 자료가 필요한데 이를 구하는 것은 현실적으로 어렵다. 내용연수 기간 동안 감가상각비를 배분하는 것은, 비록 추정이긴 하지만, 유형자산의 총사용원가를 일시에 비용으로 인식하는 경우에 비해 합리적인 기간이익의 산정을 가져온다고 할 수 있다.

(2) 감가상각방법

감가상각방법(depreciation method)이란 유형자산의 추정 총사용원가를 내용연수에 걸쳐 배분하는 방법을 말한다. 기업은 유형자산이 가져오는 **미래 경제적 효익의 예상되는 소멸 패턴을 잘 반영하는 감가상각방법을 선택하여 체계적으로 적용**해야 한다. 구체적인 방법으로 **정액법**, **정률법**, **연수합계법**, **이중체감법**, **생산량비례법** 등이 있는데, 〈표 8-2〉의 기본자료를 이용하여 각 방법을 소개한다.

표 8-2 기본자료

자산의 취득원가 ₩10,000	잔존가치 ₩2,000	내용연수 4년

① 정액법

정액법(또는 직선법; straight-line method)은 매 회계기간에 동일한 금액을 상각(배분)하는 방법이다. 정액법하의 매년 감가상각비는 다음과 같이 결정된다.

매년 감가상각비 = (취득원가 − 잔존가치) / 내용연수

위 식에서 분자는 유형자산의 추정 총사용원가로서 **감가상각대상금액**이라고도 한다. 〈표 8-2〉의 자료를 토대로 매년 감가상각비를 계산하면,

(₩10,000 − ₩2,000) / 4 = ₩2,000

이 된다.

제4장의 회계순환과정에서 설명하였듯이, 감가상각비 계정의 상대계정으로는 해당 유형자산이 아닌 감가상각누계액 계정을 사용한다. 따라서 정액법하에서는 회계기말에 다음과 같은 수정분개를 행한다.

(차변) 감가상각비	2,000	(대변) 감가상각누계액	2,000

유형자산의 취득원가에서 감가상각누계액을 차감한 금액을 당해 유형자산의 **장부금액**(book value)이라고 한다. 〈표 8-3〉은 〈표 8-2〉의 자료를 토대로 유형자산의 취득원가 · 감가상각비 · 감가상각누계액 및 장부금액의 상호관계를 밝히고 있다. 여기서, 매 회계연도말의 **장부금액은 취득원가에서 감가상각누계액을 차감한 금액이**

표 8-3 정액법에 의한 감가상각

연 도	취득원가	감가상각비	감가상각누계액	기말 장부금액
1	₩10,000	₩2,000	₩2,000	₩8,000
2	10,000	2,000	4,000	6,000
3	10,000	2,000	6,000	4,000
4	10,000	2,000	8,000	2,000
		₩8,000		

며, 내용연수 마지막 연도 말의 장부금액은 잔존가치와 일치한다는 사실에 유의할 필요가 있다.

② 가속상각법

가속상각법(accelerated depreciation method)은 체감상각법이라고도 불린다. 가속상각법은 내용연수 초기에 감가상각비를 크게, 즉 가속적으로 하는 방법이다. 달리 표현하면 내용연수가 경과함에 따라 유형자산을 체감적으로 감가상각하는 방법이다. 가속상각법은 일반적으로 유형자산의 소모 또는 생산성 저하가 초기에는 크고 시간이 갈수록 적어진다는 논리에 입각하여 개발된 방법이다. 유형자산의 유지관리비는 일반적으로 초기에는 적게 발생하고 시간이 갈수록 점차 많이 발생한다. 따라서 감가상각비가 초기에는 많이, 후기에는 적게 계상되는 가속상각법을 채택함으로써 유형자산 관련 총비용(유지관리비+감가상각비)을 매기간 어느 정도 평준화(smoothing)할 수 있을 것이다.

대표적인 가속상각법에는 **정률법**, **연수합계법** 및 **이중체감법**이 있다. 이 중 연수합계법 및 이중체감법은 우리나라의 경우 실무적으로 거의 사용되지 않으나 미국에서는 종종 사용되는 감가상각 방법이다. 반대로 정률법은 미국의 경우 거의 사용되지 않으나 우리나라에서는 흔히 사용되는 방법이다.

㉠ 정률법

정률법(fixed-rate method)은 매 회계기간 동일한 감가상각률을, 감가상각대상금액이 아닌, **기초 장부금액에 적용**하여 감가상각비를 계산하는 방법이다. 장부금액은 기간이 경과함에 따라 감소하는 반면 상각률은 일정하므로, 정률법하의 감가상각비는 기간이 경과함에 따라 감소한다. 정률법하의 감가상각률과 각 연도의 감가상각비는 다음과 같이 계산된다.

$$\begin{aligned}\text{감가상각률} &= 1 - (\text{잔존가치}/\text{취득원가})^{1/\text{내용연수}} \\ &= 1 - (2{,}000/10{,}000)^{1/4} \\ &= 0.3313\end{aligned}$$

$$\text{각 연도의 감가상각비} = \text{기초 장부금액} \times \text{감가상각률}^{2)}$$

2) 정률법하의 감가상각률 계산 시 만일 잔존가치가 0인 경우는 세법상 정률법의 잔존가치인 취득원가의

가령, 〈표 8-2〉 자료에서 1차연도초의 장부금액은 취득원가이므로 1차연도의 감가상각비는 다음과 같다.

1차연도의 감가상각비 = ₩10,000×0.3313 = ₩3,313

정률법에 의한 연도별 감가상각비의 계산은 〈표 8-4〉에 나타나 있는데, 여기서 보는 바와 같이 정률법하의 감가상각비는 기간이 경과함에 따라 체감함을 알 수 있다.

표 8-4 정률법에 의한 감가상각

연도	기초 장부금액	상각률	감가상각비	기말 장부금액
1	₩10,000	0.3313	₩3,313	₩6,687
2	6,687	0.3313	2,215	4,472
3	4,472	0.3313	1,482	2,990
4	2,990	0.3313	990	2,000
			₩8,000	

㉡ 연수합계법

연수합계법(sum-of-the-years' digits method)은 내용연수의 연수 합계에 대한 기초 현재 잔여 내용연수의 비율로 감가상각대상금액(취득원가−잔존가치)을 연도별로 배분하는 방법이다. 연수합계법에 의한 감가상각률과 감가상각비의 계산방식은 다음과 같다.

각 연도의 감가상각률 = 각 연도초의 잔여 내용연수/내용연수 연수합계

각 연도의 감가상각비 = 감가상각대상금액 × 각 연도의 감가상각률

예컨대, 〈표 8-2〉의 자료를 토대로 1차연도의 감가상각률과 감가상각비를 계산하면 다음과 같다.

1차연도 감가상각률 = 4 / (1+2+3+4) = 4/10

1차연도 감가상각비 = (₩10,000−₩2,000) × 4/10 = ₩3,200

5%를 일반적으로 적용한다.

표 8-5 연수합계법에 의한 감가상각

연도	감가상각대상금액	상각률	감가상각비	기말 장부금액
1	₩8,000	4/10	₩3,200	₩6,800
2	8,000	3/10	2,400	4,400
3	8,000	2/10	1,600	2,800
4	8,000	1/10	800	2,000
			₩8,000	

〈표 8-5〉는 연수합계법에 따라 각 연도의 감가상각비를 계산한 것이다.

ⓒ **이중체감법**

이중체감법 또는 **이중체감잔액법**(double-declining-balance method)이란 용어는 정액법에 의한 감가상각률의 두 배('이중'; double)를 매년 그 금액이 '체감'하는 기초 장부금액(declining-balance)에 적용한다는 뜻에서 연유되었다. 정액법의 감가상각률은 (1/내용연수)이므로 이중체감법하의 감가상각률은 이의 두 배인 **(2/내용연수)**가 되고, 매 회계연도의 감가상각비는 이 감가상각률에, 감가상각대상금액이 아닌, **기초 장부금액**을 적용하여 다음과 같이 계산된다.

감가상각률 = 2 / 내용연수

특정 연도의 감가상각비 = 기초 장부금액 × 감가상각률

〈표 8-2〉의 자료에서 1차연도와 2차연도의 감가상각비를 계산하면 다음과 같다.

1차연도 감가상각비 = ₩10,000 × 2/4 = ₩5,000

2차연도 감가상각비 = (₩10,000 − ₩5,000) × 2/4 = ₩2,500

여기서 한 가지 주의할 점은 내용연수의 후기에 가면 이중체감법을 계속 적용하는 데 문제가 발생할 수 있다는 것이다. 왜냐하면 이 방법하에서는 내용연수가 다하기 전에 장부금액이 잔존가치보다 작아질 수 있기 때문이다. 예컨대, 위의 자료에서 3차연도의 감가상각비를 계산해 보면, (₩10,000−₩5,000−₩2,500)×2/4=₩1,250이 되는데, 이만큼 그해에 감가상각비 처리를 하면 3차연도말 장부금액은 1,250원(=₩10,000−₩5,000−₩2,500−₩1,250)으로서 잔존가치 2,000원보다 작

게 된다.

어떠한 경우에도 장부금액이 잔존가치보다 작을 수는 없다. 따라서 3차연도부터는 이중체감법의 공식을 적용할 수 없다. 이렇게 뒤틀림이 발생하게 되면, 장부금액이 잔존가치보다 작아지는 3차연도부터 정액법을 적용하거나(이 경우 3차연도와 4차연도의 감가상각비는 각각 250원이다) 가속상각의 취지를 살려 전액(₩500)을 3차연도에 상각하여야 한다.

표 8-6
이중체감법에 의한 감가상각
(뒤틀림이 발생한 3차연도부터 정액법 적용)

연도	기초 장부금액	상각률	감가상각비	기말 장부금액
1	₩10,000	2/4	₩5,000	₩5,000
2	5,000	2/4	2,500	2,500
3	2,500		250	2,250
4	2,250		250	2,000
			₩8,000	

③ 생산량비례법

지금까지 소개한 감가상각방법에서 감가상각비는 조업도(생산량 또는 사용량)를 고려하지 않고 계산되었다. 이와 같이 조업도의 변동에 영향을 받지 않고 그 금액이 일정한 원가를 **고정원가**(fixed cost)라 한다. 즉, 지금까지 소개한 감가상각방법에 의한 감가상각비는 고정원가이다. 그러나 생산량비례법에 따라 계산된 감가상각비는 조업도의 변동에 따라 그 금액이 변하는 **변동원가**(variable cost)이다.

생산량비례법(unit-of-production method)은 내용연수 대신 **조업도**(작업시간, 생산량 또는 사용량 등)를 사용하여 감가상각비를 계산하는 방법이다. 이 방법에 의한 감가상각비 계산절차는 다음과 같다.

조업도 단위당 감가상각비 = (취득원가 − 잔존가치) / 추정 조업도

각 연도의 감가상각비 = 당해 연도의 실제 조업도
× 조업도 단위당 감가상각비

앞에서 본 자산의 취득원가가 10,000원이고 잔존가치가 2,000원인 기계인데, 예상되는 생산량(추정 조업도)이 1,000개 일 경우, 이 기계의 조업도 단위당(개당)

감가상각비는

(₩10,000－₩2,000) / 1,000 ＝ ₩8

이 된다. 따라서 특정 연도의 실제 생산량이 300개 이었다면 이 기간의 감가상각비는 다음과 같다.

300개 × ₩8 ＝ ₩2,400

예제 8-3

여러 감가상각 방법의 비교

연초 기계장치 구입, 취득원가 100,000원, 추정 내용연수 3년, 추정 잔존가치 10,000원, 예상 생산량; 1차연도 400개, 2차연도 300개, 3차연도 200개.

≪요구사항≫
정액법, 생산량비례법, 정률법, 이중체감법 및 연수합계법 각각의 경우에 대해 내용연수 동안 연간 감가상각비와 기계장치의 기말 장부금액을 표로 보이시오.

[풀이]

(1) 정액법: 연간 감가상각비＝(₩100,000－₩10,000)/3년＝₩30,000

(2) 생산량비례법:
개당 감가상각비＝(₩100,000－₩10,000)/900개＝₩100
따라서 각 연도 감가상각비는 40,000원, 30,000원 및 20,000원

(3) 정률법: 감가상각률＝1－(₩10,000/₩100,000)1/3＝0.53584

(4) 이중체감법: 감가상각률＝정액법 감가상각률의 2배＝2×(1/3)＝0.66667

(5) 연수합계법: 감가상각률＝각 연도 3/6, 2/6 및 1/6

	정액법		생산량비례법	
	감가상각비	장부금액	감가상각비	장부금액
1년초	–	100,000	–	100,000
1년말	30,000	70,000	40,000	60,000
2년말	30,000	40,000	30,000	30,000
3년말	30,000	10,000	20,000	10,000

	정률법		이중체감법		연수합계법	
	감가상각비	장부금액	감가상각비	장부금액	감가상각비	장부금액
1년초	—	100,000	—	100,000	—	100,000
1년말	53,584	46,416	66,667	33,333	45,000	55,000
2년말	24,872	21,544	22,222	11,111	30,000	25,000
3년말	11,544	10,000	1,111	10,000	15,000	10,000

(3) 감가상각방법의 비교

유형자산의 취득원가에서 잔존가치를 차감한 금액인 감가상각대상금액은 내용연수에 걸쳐 합리적이고 체계적인 여러 감가상각방법에 의해 배분된다. 지금까지 설명한 정액법, 정률법, 생산량비례법, 연수합계법 및 이중체감법 모두가 합리적이고 체계적인 감가상각방법에 속한다.

그러나 실무적으로 우리나라 기업은 정액법과 정률법을, 미국의 기업은 정액법과 이중체감법을 주로 사용하고 있다. 우리나라 기업이 정액법과 정률법을 사용하는 것은 우리나라 세법의 영향이다. 우리나라 세법은 광업용 유형자산에는 생산량비례법을 허용하고 있으나, 일반적인 유형자산의 감가상각 방법으로는 정액법과 정률법의 사용을 규정하고 있다. 재무회계는 기업회계기준을 따라야지 세법을 따라야 하는 것이 아니다. 그러나 국내 기업들은 일반적으로 정액법과 정률법이 기업회계기준과 세법 모두를 충족시키므로 편의상 이 두 방법을 주로 쓰고 있다.

정액법은 그 계산이 단순하다는 장점이 있다. 정률법과 이중체감법은 유형자산의 생산성 하락이 초기에 크고 기간이 경과할수록 작아진다는 경제적 논리에 합치하는 장점이 있다. 그러나 이 두 방법은 계산이 다소 복잡하고, 특히 이중체감법은 내용연수 후반에 감가상각비의 계산이 뒤틀려지게 된다는 단점이 있다.

감가상각방법의 선택에 따라 이익과 순자산 금액이 달라진다. 정액법과 비교한다면 가속상각법하에서, 내용연수 초기에는 감가상각비가 크므로 이익 및 순자산 보고금액이 작은 반면, 내용연수 후기에는 감가상각비가 작으므로 이익 및 순자산이 크게 된다. 그러나 기업이 지속적으로 추가 투자를 하여 새로운 유형자산을 취득한다면, 정액법에 비해 가속상각법하에서 계속적으로 이익 및 순자산이 작게 나타나게 될 것이다.

(4) 감가상각의 재무보고

어떠한 감가상각방법을 적용하든 감가상각비 계정의 상대 계정으로는 감가상각누계액 계정을 사용한다. 즉, 회계기말에 다음과 같은 수정분개를 행한다.

(차변) 감가상각비	×××	(대변) 감가상각누계액	×××

이때 감가상각비 계정은 당해 유형자산이 판매나 일반관리 활동에 사용되었느냐, 아니면 제품 제조활동에 사용되었느냐에 따라 재무제표 상의 분류가 달라진다. 전자의 경우는 손익계산서 상의 판매비나 관리비로 처리되고, 후자의 경우는 제품 제조원가로서 재고자산에 포함된다.[3)]

국제회계기준에서는 재무상태표의 작성 시 감가상각누계액의 표시 방법에 대해 명시적인 언급을 하고 있지 않다. 따라서 감가상각누계액을 해당 유형자산에서 차감하는 형식으로 보고하는 방법과 감가상각누계액을 해당 유형자산에서 직접 차감하여 유형자산을 순액으로 보고하는 방법 모두 사용 가능하다. 다만, 후자의 경우에는 감가상각누계액의 내용을 주석으로 공시해야 한다. 유형자산의 **취득원가에서 감가상각누계액을 차감한 금액**을 당해 유형자산의 **장부금액**(book value)이라고 한다.

한편, 유형자산의 급격한 시가하락, 진부화 및 물리적 손상으로 인하여 당해 유형자산의 회수가능액(recoverable amount, 순공정가치와 사용가치 중 큰 금액)이 유형자산의 장부금액보다 작게 될 수 있다. 이 경우에는, 재고자산의 저가평가나 매출채권의 대손충당금 회계처리와 유사하게, 유형자산 손상차손(impairment loss)을 인식하여야 한다. 유형자산의 손상차손 및 손상차손환입의 회계처리는 중급회계의 영역이다.

---

3) 제조기업의 제품 제조원가는 상기업의 상품 매입원가와 대비된다. 상기업은 상품을 '매입'하여 매출하는 반면, 제조기업은 제품을 '제조'하여 매출한다. 상품 매입원가가 상품매출 전에는 상품 재고자산으로 계상되듯이, 제품 제조원가도 해당 제품이 팔리기 전까지는 제품 재고자산으로 계상된다. 제조 시 발생하는 감가상각비는 제조원가의 일 부분이다. 따라서 공장의 건물 및 기계장치의 감가상각비는 재고자산에 포함되며, 재고자산의 판매 시에야 비용(매출원가) 처리된다. 반면, 영업용 또는 사무실용 건물의 감가상각비는 발생 시 바로 비용(판매비나 관리비) 처리된다.

4. 유형자산 취득 후의 지출 및 처분

(1) 유형자산 취득 후의 지출

유형자산을 취득한 후 수선유지, 개량, 보수, 확장 등의 추가적인 지출이 일어날 수 있다. 이러한 지출을 유형자산의 장부금액에 가산할 것인가, 아니면 당기의 비용으로 처리할 것인가는 회계처리상 중요한 문제이다.

유형자산의 장부금액에 가산시키는 지출을 자본적 지출(capital expenditure)이라 하고, **당기의 비용으로 처리하는 지출을 수익적 지출**(revenue expenditure)이라 한다. 이론적으로 자본적 지출은 미래의 경제적 효익이 있는, 즉 미래의 수익창출에 기여하는 지출이다. 반면에 수익적 지출은 그 효익이 미래로 지속되는 것이 아니라 당기의 수익창출에만 기여하는 지출이다. 따라서 유형자산과 관련한 자본적 지출은 일단 해당 자산의 장부금액에 가산한 후 그 자산의 미래 사용기간 동안 감가상각의 절차를 밟아 매년 부분적으로 비용으로 처리하는 반면, 수익적 지출은 지출연도에 전액 비용으로 처리한다.

현실적으로 자본적 지출과 수익적 지출의 구분은 판단의 문제로서 명확한 기준을 제시하기는 어려우나, 일반원칙은 지출에 따른 미래 경제적 효익의 증가 여부이다. 유형자산으로부터 기대되는 미래의 경제적 효익을 증가시키는 지출은 자본적 지출이다. 이에는 **자산의 내용연수를 연장시키거나 생산성을 실질적으로 증가(성능의 개선, 용량의 증대 등)시키는 지출이 해당된다**. 그러나 **자산 원래의 경제적 효익을 유지시키기 위한 지출은 수익적 지출이다**. 즉 자산의 원상을 유지시키거나 기존의 능률 유지를 위한 지출은 수익적 지출이다. 예로, 증설(additions), 개량(improvement)에 대한 지출은 자본적 지출이나 경상적인 수리수선비(ordinary repair)는 수익적 지출이다. 또한, 대수선(major repair)과 대규모 분해수리(major overhaul)의 경우는 그 결과로 성능이 개선되거나 내용연수가 연장되는 것이 일반적이므로 자본적 지출로 간주한다.

(2) 유형자산의 처분

유형자산의 처분형태는 매각, 교환, 기부 등 여러 형태가 있으나, 그 형태와 관계없이 **유형자산의 처분에 따른 회계처리는 두 단계로 요약**될 수 있다.

우선, **처분시점에 장부금액**을 업데이트하기 위하여 **처분연도의 경과월수**에 해당하는 **감가상각비를 계상**하여야 한다. 유형자산의 보유 시 그 감가상각비는 회계기말에 수정분개로 인식되나, 유형자산의 처분은 기중에 이루어지는 경우가 보통이므로 처분시점에서의 감가상각누계액을 구하기 위해서는 처분연도 초부터 처분시점까지에 해당하는 감가상각비를 추가로 계상할 필요가 있다.

다음 단계는 **유형자산의 취득원가와 업데이트된 감가상각누계액을 장부에서 제거하고 동시에 유형자산처분손익**(gain or loss on sale of property, plant, and equipment)을 계상하는 것이다. 유형자산처분손익은 다음과 같이 계산된다.

유형자산처분손익 = 순처분가 − 처분시점의 장부금액

여기서, 순처분가는 처분가에서 처분과 직접 관련된 모든 부대비용(예: 중계료, 철거비용 등)을 차감한 순액이며, **처분시점의 장부금액**은 취득원가에서 처분시점까지의 감가상각누계액을 차감한 금액이다. 유형자산처분이익 또는 유형자산처분손실은 손익계산서에 기타수익 또는 기타비용으로 보고된다. 참고로 처분손익 대신에 광의적으로 제거손익(gain or loss from derecognition)이라는 용어를 사용하기도 한다.[4)]

예제 8-4
유형자산의 처분

진량물산은 영업 제1차연도 1월 1일에 14,000원에 취득한 기계장치를 제3차연도 8월 31일에 4,500원에 처분하였다. 진량물산은 이 기계장치를 정액법(내용연수 4년, 잔존가치 2,000원)을 적용하여 감가상각하여 왔다. 이 기계장치의 처분과 관련하여 50원을 지출하였다.

≪요구사항≫
이 기계장치의 처분과 관련된 모든 분개를 하시오.

---

4) 처분이라는 용어는 유형자산의 매각, 교환, 기부 등 양도의 경우에만 한정되는 용어이나, 제거는 양도뿐 아니라 도난, 파손, 자체 폐기까지도 포괄하는 광의적인 개념이다.

[풀이]

1) 처분연도 8개월간의 감가상각비 계상

연간 감가상각비＝(₩14,000－₩2,000)/4년＝3,000원

8개월 동안의 감가상각비＝₩3,000×8/12＝2,000원

(차변) 감가상각비	2,000	(대변) 감가상각누계액	2,000

2) 처분과 관련한 분개

처분으로 인한 현금유입액:		
처분가	₩4,500	
처분비용	(50)	₩4,450
처분시점의 장부금액:		
취득원가	₩14,000	
감가상각누계액*	(8,000)	(6,000)
유형자산처분손실		₩1,550

* ₩3,000×2＋₩2,000

(차변) 현　금	4,450	(대변) 기계장치	14,000
감가상각누계액	8,000		
유형자산처분손실	1,550		

제2절 무형자산

1. 무형자산 회계의 개요

무형자산(intangible asset)은 기업이 통제하고 있고 미래 경제적 효익을 가져다주

지만 유형자산과는 달리 물리적 실체가 없는 **비화폐성 자산**이다.[5] 무형자산도 유형자산과 같이 취득, 사용, 처분이라는 단계를 밟으며 그 회계처리의 기본원칙은 유형자산과 유사하다. 다만, 유형자산과는 달리, 무형자산은 존재와 식별이 어렵고 이의 사용과 그로부터 기대되는 미래 경제적 효익 간의 연결고리가 명확하지 않아 법적으로 보호된 권리가 아닌 한 그 자산성의 인정에 보다 엄격한 인식 · 측정기준이 적용된다. 일례로, 기업이 신제품 또는 신기술의 연구개발을 위하여 거액의 지출을 하는 경우 후술하는 바와 같이 제한적인 일정 요건을 충족하는 지출만을 **개발비**라는 무형자산으로 인정하고 있다. 비슷한 맥락으로, 기업이 자체 개발 또는 자가 창출한 브랜드 가치, 첨단기술, 높은 기업이미지와 신용도, 시장점유율, 고객충성도 등은 기업에 미래의 경제적 효익을 주리라 기대되지만, 이러한 법적으로 보호되지 않는 일반적 의미의 '지적자산' 또는 '지식자산'들은 회계 상의 무형자산으로 인정되지 않는다.

국제회계기준에서는 무형자산의 평가와 관련하여 유형자산과 마찬가지로 취득원가에 근거하여 평가하는 방법(즉, 원가모형)과 아울러 회계기말 현재의 공정가치로 재평가하는 방법(즉, 재평가모형)도 허용한다. 본 장은 무형자산의 평가방법으로 원가모형의 사용을 가정한다.

무형자산의 분류에는 두 가지 방법을 생각할 수 있다. 한 방법은 무형자산을 개별적으로 식별이 불가능한 자산과 개별적 식별이 가능한 자산으로 분류하는 방법이다. 전자의 유일한 예가 **영업권**(goodwill)이며, 후자의 예로는 **산업재산권**(특허권, 실용신안권, 디자인권 등), **저작권**, **라이선스**, **프랜차이즈**, **개발비**(development costs) 등이다.

다른 한 방법은 무형자산의 취득경로에 따른 분류방법이다. 무형자산은 그 취득경로에 따라 (1) 타기업을 합병함에 따라 발생(또는 취득)한 영업권, (2) 외부로부터 구입(취득)한 산업재산권, 저작권, 라이선스, 프랜차이즈, 컴퓨터소프트웨어 등의 법적 또는 계약상 권리, (3) 자체 개발하여 등록한 산업재산권, 저작권 등의 법적 권리, (4) 자체 개발한 개발비로 나눌 수 있다. 여기서는 이러한 분류에 따라 순서대로 무형자산의 취득원가 결정을 설명하기로 한다.

---

5) 화폐성(비화폐성) 자산이란 화폐단위로 그 금액이 정해져 있는(정해져 있지 않은) 자산이다. 매출채권, 대여금 등은 물리적 실체가 없는 자산이지만 화폐성 자산이므로 무형자산이 아니다.

2. 무형자산의 취득원가 결정

(1) 타기업을 합병함에 따라 '취득'한 무형자산: 영업권

영업권(goodwill)은 개별적으로 식별할 수 있는 자산이 아니고 타기업의 전부 또는 일부를 합병할 때 인식될 수 있는, 일상생활에서 흔히 권리금이라고 일컬어지는, 무형자산이다. 개념적으로 볼 때, **영업권은 기업의 미래 초과이익 창출능력을 화폐액으로 나타낸 것**이다. 그러나 기업의 미래 초과이익 창출능력을 신뢰할 수 있게 측정하기는 매우 어렵다. 이에 내부적으로 창출된 영업권(self-created goodwill)의 경우 인식을 허용되지 않는다. 다만 그 금액의 객관적 측정이 가능한, **타기업의 전부 또는 일부를 합병하는 경우의 영업권**(purchased goodwill)만이 무형자산으로 인식될 수 있다. 이때 **영업권의 취득원가는 합병의 대가로 지급한 금액과 합병된 기업의 순자산 공정가치 간의 차액으로 측정한다**.

예컨대, 자산의 공정가치가 100억원이고, 부채의 공정가치가 70억원인 A기업을 현금 50억원에 합병하였다면, 영업권의 취득원가는 20억원이며 합병 당시 분개는 다음과 같다.[6)]

(차변) 제 자산*	100억	(대변) 제 부채*	70억
영업권	20억	(대변) 현　금	50억

* '제 자산' 및 '제 부채'는 공식적인 계정과목명이 아니고 인수한 모든 자산 및 부채를 나열한 것의 통칭이다.

왜 합병기업은 A기업에 대해 순자산의 공정가치, 30억원(=100억−70억)을 20억원만큼 초과하는 50억원을 합병대가로 지급했을까? 아마 A기업의 재무상태표에 인식된 개별 자산 및 부채에는 나타나 있지 않지만 '눈에 보이지 않는' 가치 20억원이 추가로 A기업에 있다고 판단했기 때문일 것이다. 이 '눈에 보이지 않는' 가치는 A기업을 합병함으로써 기대되는 미래 초과이익 창출능력이라 할 수 있으며, 이것이 바로 영업권이다.

반대로, 합병의 대가로 지급한 금액이 피합병기업의 순자산 공정가치보다 작은

---

6) 합병 회계처리에서 피합병기업 A의 자산 및 부채의 장부금액은 무시된다.

경우는 어떻게 할까? 이 경우는 우선 순자산 공정가치의 평가가 잘못되었을 가능성이 있으므로 피합병기업의 순자산 공정가치를 보수적으로 재평가해야 할 것이다. 그래도 합병대가가 순자산 공정가치보다 작다면 그 차이를 **염가매수차익**이라는 당기의 수익으로 인식한다.[7] 만일 위의 예에서 합병대가로 지급한 금액이 23억원이라면 분개는 다음과 같게 된다. 염가매수차익은 손익계산서의 기타수익으로 보고한다.

(차변) 제 자산	100억	(대변) 제 부채	70억
		현 금	23억
		염가매수차익	7억

건물 또는 건물의 일부를 임차하면서 임차보증금과 임차료에 추가적으로 프레미엄, 즉 '웃돈'을 지급하게 되는 경우가 있는데, 이때 그 프레미엄 지급액은 임차권리금이라는 무형자산으로 인식한다. 임차권리금도 영업권과 같이 초과이익 창출능력에 대한 대가라고 할 수 있다.

(2) 외부로부터 구입한 무형자산: 산업재산권 등 법적 또는 계약상 권리

외부 구입 무형자산에는 산업재산권, 저작권, 어업권, 차지권, 라이선스, 프랜차이즈, 컴퓨터소프트웨어 등이 포함된다. 이러한 무형자산은 **법적으로 또는 계약상으로 일정 기간 동안 배타적 사용권한**이 부여된다.

산업재산권은 특허권(patents), 실용신안권, 디자인권, 상표권(trademarks), 상호권(trade names), 상품명(brand names) 등을 일정 기간 동안 독점적으로 사용할 수 있는 권리를 나타내는 무형자산이다. **저작권**(copyrights)은 저서 등으로부터의 저작료를 받을 수 있는 권리를 나타낸다. **어업권**은 일정 기간 동안 특정 지역에서 어업을 할 수 있는 권리이며, **차지권**은 타인의 토지를 사용할 수 있는 권리이다. **라이선스**(licenses)는 특정 기술이나 지식을 일정 기간 사용할 수 있는 권리이며, **프랜차이즈**(franchises)는 특정 상품이나 용역을 일정 기간 동안 일정 지역 내에서 취급할 수 있

7) 종전의 기업회계기준에서는 합병대가가 피합병기업의 순자산 공정가치에 미달하는 경우 후자가 '눈에 보이지 않는 부(−)의 가치'를 지닌 것으로 보아 '부의 영업권'이라는 무형자산의 차감항목으로 인식하도록 하였다. 그러나 국제회계기준에서는 부의 영업권을 인정하지 않고 이를 염가매수차익이라는 당기의 수익으로 인식하도록 하고 있다.

는 권리이다. **컴퓨터소프트웨어**는 구입한 소프트웨어를 사용할 수 있는 권리이다.[8)]

외부 구입 무형자산의 취득원가는 유형자산의 경우와 같이 구입가격 및 구입부대비용(예: 등록비, 각종 세금, 수수료 등)뿐만 아니라 **동 자산을 사용 가능한 상태로 만들기 위하여 직접적으로 발생한 원가를 모두 포함**한다.

(3) 자체 개발하여 등록한 무형자산: 산업재산권 등 법적 권리

산업재산권, 저작권 등의 법적 권리는 외부에서 구입할 수도 있지만, 기업 내부에서 스스로 개발하여 등록할 수도 있다. 이 경우 이러한 **권리의 등록에 직접적으로 소요된 법적 비용의 지출만을 해당 무형자산**으로 인식한다. 즉 내부적으로 창출한 무형자산은 시장가치와는 무관하게 이를 등록하는데 들어간 실제 지출만이 자산으로 기록된다.

(4) 자체 개발한 무형자산: 개발비

새로운 제품·용역·기술을 창출하기 위한 **연구개발**(research and development: R&D)활동은 현대 기업의 핵심 역량을 키우는 데 중요한 활동으로 자리매김하고 있다. 연구와 개발의 영역을 확실히 구분하기는 어렵지만, 대체로 **연구활동**은 새로운 제품·용역·기술을 창출하기 위한 기초적 원리나 기법 등을 탐색, 평가, 선택하고 이를 응용하는 활동인 반면, **개발활동**은 이러한 연구성과를 토대로 최종 제품·용역·기술로 완성되기까지 진행되는 일련의 활동(예: 제품의 디자인, 모형이나 시작품의 개발 등)을 가리킨다.

일반적으로 연구단계에서는 그 연구의 성공 가능성을 가늠하기가 어려운데 미래의 경제적 효익과 관련지우기란 더욱 어렵다. 이와 같은 연유로, 연구활동에 소요된 지출은 기업에서의 그 중요성에도 불구하고, 자산으로 인식하지 않는다. 즉, **연구활동에 소요된 지출은 연구비 계정으로, 발생한 연도에 전액 비용으로 처리**해야 한다.

한편, 연구활동에 성과가 있을 때 후속적으로 추진되는 개발활동은 미래 경제적

8) 반면 소프트웨어를 자체 개발한 경우에는 무형자산의 인식요건을 충족하면 개발비(무형자산)로, 그렇지 않으면 경상개발비(비용)로 처리한다.

효익의 창출에 근접한 단계라고 할 수 있다. 이에 국제회계기준은, **기술적 실현가능성**(technical feasibility)**의 입증을 포함한 일정 요건**[9]**을 제시할 수 있는 경우**, 개발활동에서 발생한 지출을 **개발비**(development cost)**라는 무형자산으로 인식**하도록 규정하고 있다. 만일 기술적 실현가능성 등의 일정 요건을 제시할 수 없다면 그 지출은 **경상개발비**로 하여, 연구비와 마찬가지로, **발생한 연도에 전액 비용으로 처리**하여야 한다. 또한, 연구개발 활동과 관련된 지출이 개발비라는 무형자산의 인식 요건을 충족하지 못하여 이를 비용으로 인식하였다면, 추후에 그 인식 요건을 충족하더라도 소급하여 무형자산으로 인식할 수 없다.

3. 취득원가의 기간배분: 상각

무형자산은 유형자산과 마찬가지로 그 취득원가를 내용연수에 걸쳐 체계적인 방법으로 배분하여야 한다. 이 취득원가의 기간배분을, 유형자산의 경우는 감가상각(depreciation)이라 하지만, 무형자산의 경우는 **상각**(amortization)이라 한다. 단, **영업권 등 그 내용연수가 미래 경제적 효익의 지속기간을 정할 수가 없어 비한정적**(indefinite)**이라고 간주되는 무형자산은 상각을 하지 않는다**. 물론 매 회계연도 말에 그 가치의 손상 여부를 평가하여 손상이 되었다면 손상차손을 인식한다.

재무제표 보고 시 무형자산 상각비는, 유형자산의 감가상각비와 마찬가지로, 다른 자산의 제조와 관련된 경우는 관련자산의 제조원가로, 그 밖의 경우는 판매비나 관리비로 보고된다. 무형자산의 상각은 유형자산의 감가상각의 경우와 유사하게 상각누계액 계정을 사용하는 간접법을 적용할 수도 있고, 그와는 달리 해당 무형자산 계정을 직접 차감하는 직접법을 적용할 수도 있다. 가령, 회계기말에 특허권의 상각비가 3,000원이라면 간접법과 직접법하에서의 분개는 각각 다음과 같다.

간접법:	(차변) 무형자산상각비	3,000	(대변) 상각누계액	3,000
직접법:	(차변) 무형자산상각비	3,000	(대변) 특허권	3,000

---

9) '기술적 실현가능성'이란 무형자산을 사용 또는 판매하기 위해 그 자산을 완성시킬 수 있는 기술적 능력에 대한 객관적인 증거를 일컫는다. 개발비 인식을 위한 일정 요건의 자세한 내용은 중급회계에서 설명된다.

무형자산의 상각비를 결정함에 있어 일반적으로 잔존가치는 없는 것을 원칙으로 한다. 다만, 예외적으로 그 자산에 대한 거래시장이 존재하여 내용연수가 종료되는 시점에 자산의 잔존가치가 거래시장에서 결정될 가능성이 매우 높다면 잔존가치를 고려할 수도 있다.

무형자산 내용연수의 결정은 경제적 요인 외에 법적 요인의 영향을 받는다. **경제적 내용연수**는 무형자산의 미래 경제적 효익이 예상되는 기간을, **법적 내용연수**는 법적으로 무형자산의 배타적인 사용을 보호받는 기간을 의미한다. 무형자산의 **내용연수는 이 두 기간 중 짧은 기간으로 한다.** 특히, 컴퓨터소프트웨어 등과 같이 기술적 진부화의 영향을 받아 경제적 효익이 단기로 예상되는 경우에는 이에 따른 내용연수를 사용하여야 한다. 무형자산의 상각방법으로는 유형자산의 경우와 동일하게 정액법, 가속상각법, 생산량비례법 등을 들 수 있다. 이 중 **무형자산이 가져오는 미래 경제적 효익의 예상되는 소멸 패턴을 잘 반영하는 합리적인 방법을 선택하여야 하는데, 합리적인 방법을 딱히 정할 수 없다면 정액법을 사용한다.**

예제 8-5
영업권과 손상차손

회계연도초에 P기업이 S기업의 보통주 전부를 현금 15,000원에 취득하고 합병하였다. 합병 당시 S기업 모든 자산의 공정가치는 30,000원, 그리고 모든 부채의 공정가치는 18,000원이었다.

[1] 합병 시 P기업이 해야 할 분개를 하시오.

[풀이]■■■■■

(차변)		(대변)	
제 자산	30,000	대손충당금	18,000
영업권	3,000	현　금	15,000

[2] 합병대가가 10,000원이라 가정하고 합병 시 P기업이 해야 할 분개를 하시오.

[풀이]■■■■■

(차변)		(대변)	
제 자산	30,000	제 부채	18,000
		현　금	10,000
		염가매수차익	2,000

연습문제

〈객관식 문제〉

01 다음 중 '체계적인 배분'의 원칙에 적합한 항목은?

① 개발비 ② 영업권
③ 연구비 ④ 임원급여
⑤ 경상개발비

02 다음 중 당기의 비용으로 처리되어야 하는 항목은 어느 것인가?

① 수선비 ② 시운전비
③ 개 량 ④ 증 설
⑤ 대규모 분해수리

03 다음 중 유형자산으로 분류할 수 없는 것은?

① 영업부의 비품 ② 공장의 공구
③ 건설 중인 사무실용 건물 ④ 사용이 중단되어 처분예정인 기계장치
⑤ 차량운반구

04 다음 중 유형자산으로 분류할 수 없는 것은?

① 공 장 ② 영업사원이 사용하는 회사 소유 자동차
③ 공장에 설치된 기계장치 ④ 사무실의 냉장고
⑤ 판매 목적의 건물

05 무형자산에 대한 설명으로 옳지 않은 것은?

① 내부에서 창출한 영업권은 자산으로 인식하지 아니한다.
② 연구단계에서 발생한 지출은 자산의 요건을 충족하는지 합리적으로 판단하여 무형자산으로 인식 또는 발생한 기간의 비용으로 처리한다.
③ 내용연수가 비한정적이라고 간주되는 무형자산은 상각을 하지 않는다.

④ 무현자산 내용연수의 결정은 경제적 요인 외에 법적 요인의 영향을 받는다.
⑤ 기술적 실현가능성의 입증을 포함한 일정 요건을 제시할 수 있는 경우 개발활동에서 발생한 지출을 무형자산으로 인식할 수 있다.

06 생산량비례법하에서 연도별 감가상각비는?

① 체증한다 ② 체감한다
③ 일정하다 ④ 변한다
⑤ 일정 단계 후 급증한다

07 다음 중 감가상각대상금액이 아니라 기초 장부금액에 상각률을 곱하여 매년 감가상각비를 계산하는 감가상각 방법은?

① 정액법 ② 생산량비례법
③ 연수합계법 ④ 이중체감법
⑤ 사용시간비례법

08 취득원가 8,400원, 잔존가액 0인 기계를 연수합계법에 따라 상각하였다. 2차연도와 3차연도의 감가상각비는 각각 2,000원과 1,600원이다. 이 기계의 내용연수는?

① 5년 ② 6년
③ 7년 ④ 4년
⑤ 8년

09 감가상각비가 변동원가로 인식되는 감가상각방법은?

① 정액법 ② 정률법
③ 이중체감법 ④ 생산량비례법
⑤ 연수합계법

10 감가상각률이 매년 감소하는 감가상각방법은?

① 정액법 ② 정률법
③ 이중체감법 ④ 생산량비례법
⑤ 연수합계법

11 구 건물이 딸린 토지를 매입한 직후 구 건물을 철거하고 신 건물을 지었다. 이때 토지의 취득원가에 포함시키지 않아야 할 항목은?

① 토지분에 대한 취득세
② 토지의 정지작업에 소요된 비용
③ 토지의 배수공사에 소요된 비용
④ 구 건물을 해체시키는 데 소요된 비용
⑤ 토지에 아스팔트 포장을 하는 데 소요된 비용

12 외국 기업으로부터 새 기계장치를 구입하였을 때, 그 기계장치의 취득원가에 포함시켜야 할 항목은?

① 세관의 통관수수료
② 구입운임
③ 설치비
④ 시운전비
⑤ 위의 네 가지 모두

13 다음 중 무형자산으로 보고될 항목이 아닌 것은?

① 영업권
② 경상개발비
③ 라이선스
④ 상품명
⑤ 매수브랜드

14 영업권에 대한 다음의 설명 중 옳은 것은?

① 잔존가치를 0으로 하여 매년 체계적으로 상각한다.
② 합병 시 합병대가와 피합병기업의 순자산 장부금액 간의 차이로 계산한다.
③ 기업 내부적으로 창출한 영업권도 무형자산으로 인식이 가능하다.
④ 손상평가의 대상이 아니다.
⑤ 미래 초과이익 창출능력에 대한 대가라고 할 수 있다.

15 공장건물 증설에 소요된 지출은 자본적 지출인데 신입 경리직원이 잘못하여 이를 수익적 지출로 간주하고 회계처리하였다. 이러한 실수로 인해 이익에 미치는 영향은?

① 당해의 이익은 과소계상되고 다음해의 이익은 과대계상될 것이다.
② 당해의 이익은 과대계상되고 다음해의 이익은 과소계상될 것이다.
③ 당해의 이익과 다음 해의 이익 모두가 과대계상될 것이다.
④ 당해의 이익과 다음 해의 이익 모두가 과소계상될 것이다.
⑤ 알 수 없음.

16 다음은 (주)천마의 기계장치 취득에 대한 자료이다. 해당 기계장치의 취득원가는 얼마인가?

기계장치 구입대금	50,000	운반비	2,000
설치비	4,000	시운전비	3,000
구입 후 수선비	6,000		

① 50,000원
② 55,000원
③ 56,000원
④ 59,000원
⑤ 65,000원

17 (주)학성은 제1회계연도 1월 1일에 기계장치를 4,000원에 구입하였다. 해당 기계장치의 내용연수는 7년이며 잔존가치는 500원이다. (주)학성이 정액법에 따라 기계장치를 감가상각한다면, 제3회계연도 말 재무상태표에 표시될 기계장치의 장부금액은 얼마인가?

① 500원
② 2,000원
③ 2,500원
④ 3,500원
⑤ 4,000원

18 (주)코넬은 제1회계연도 1월 1일에 차량운반구를 2,000원에 구입하였다. 해당 차량운반구의 내용연수는 5년이며 잔존가치는 500원이다. (주)코넬이 연수합계법에 따라 차량운반구를 감가상각한다면, 제2회계연도 말과 제3회계연도 말의 감가상각누계액 잔액은 각각 얼마인가?

	제2회계연도말	제3회계연도말
①	600원	900원
②	800원	1,200원
③	900원	1,200원
④	1,200원	1,500원
⑤	1,200원	1,600원

19 천마산업은 제3회계연도 1월 1일에 건물이 정착되어 있는 토지를 90,000원에 취득하였다. 취득과정에서 발생한 수수료는 10,000원이었다. 취득시점에서 토지 및 건물의 공정가치는 각각 30,000원과 90,000원이었다. 정액법으로 감가상각하는 건물의 내용연수는 10년이며 잔존가치는 10,000원이라고 추정할 때, 건물의 제3회계연도 감가상

각비는 얼마인가?

① 2,500원 ② 5,750원
③ 6,500원 ④ 7,500원
⑤ 9,000원

20 (주)학성은 제5회계연도 1월 1일에 내용연수가 4년이고 잔존가치는 40,000원인 기계장치를 구입하였다. 연수합계법에 따라 제7회계연도에 인식한 감가상각비는 92,000원이었다. 이 기계장치의 취득원가는 얼마인가?

① 368,000원 ② 408,000원
③ 420,000원 ④ 500,000원
⑤ 540,000원

21 (주)덕산은 제3회계연도 1월 1일 120,000원에 취득한 기계장치(내용연수 5년, 잔존가치 20,000원)를 제4회계연도 12월 31일 50,000원에 처분하였다. 기계장치에 대한 감가상각법으로 정액법을 사용하였다면, (주)덕산이 인식할 유형자산처분손익은?

① 처분손실 50,000원 ② 처분손실 30,000원
③ 처분손익 0원 ④ 처분이익 30,000원
⑤ 처분이익 50,000원

〈주관식 문제〉

22 자본적 지출과 수익적 지출(1)
다음 〈보기〉를 보고 물음에 답하시오.

〈 보 기 〉

a. 지출의 효익이 지출한 기간에 끝난다.
b. 자산의 원가에 가산한다.
c. 유형자산의 내용연수를 증대시킨다.
d. 유형자산의 원상 유지를 위한 지출이다.
e. 지출의 효익이 장래 여러 해에 걸쳐 발생한다.
f. 유형자산의 생산능력 유지를 위한 지출이다.
g. 당해 회계연도의 비용으로 처리한다.

1. 자본적 지출의 특성을 나타내는 항목을 모두 고르시오.
2. 수익적 지출의 특성을 나타내는 항목을 모두 고르시오.

23 자본적 지출과 수익적 지출(2)

건물에 대한 수익적 지출인데 이를 자본적 지출로 잘못 처리하였다면 그 해와 그 해 이후의 당기순이익은 어떠한 영향을 받는지 설명하시오.

24 자본적 지출과 수익적 지출(3)

다음의 각 거래들이 자본적 지출인지 수익적 지출인지 구분하고 회계처리하시오.

1. 트럭의 타이어가 낡아서 교체하고 현금 100,000원을 지급하였다.
2. 트럭에 에어컨 장치를 하고 현금 1,200,000원을 지급하였다.
3. 건물 외벽에 주기적으로 하는 페인트칠을 하고 현금 50,000원을 지급하였다.
4. 트럭의 적재함을 2.5톤에서 3톤으로 늘리고 현금 500,000원을 지급하였다.

25 가속상각법과 수익 · 비용 대응

가속상각법이란 상각연도 초기에 감가상각비를 많이 인식하고 후기로 갈수록 적게 인식하는 방법으로 정률법, 이중체감법, 연수합계법 등이 있다. 가속상각법은 정액법보다 수익 · 비용 대응의 관점에서 합리적이라는 주장이 있다. 이 주장에 동의하는가? 동의한다면 그 이유는 무엇인가?

26 취득원가(1)

3월 1일 정회사는 공장을 건립하고자 낡은 건물이 딸린 토지를 350,000원에 구입하였다. 동년 4월 1일에 이 토지에 있는 건물을 헐고 새 건물의 공사를 착공하였다. 추가적인 자료는 다음과 같다.

토지구입에 소요된 부대비용	₩25,000
기존 건물 철거에 소요된 비용	50,000
건축설계사에 지급된 설계비	85,000
새 건물 건설에 소요된 금액	1,750,000

토지 및 신축건물의 취득원가는 각각 얼마인가?

27 취득원가(2)

동서산업은 금년 들어 사무실 건물을 신축하기 위하여 건물이 딸린 토지를 5억원에 취득하고 공사를 시작하였다. 공사기간은 2년으로 예상된다. 금년 중 사무실 신축과 관련하여 추가적 비용은 다음과 같다. (단위: 만원)

건물 설계료	₩1,800
기존 건물 철거비용	550
신축공사에 따른 위험보상을 위한 보험료	500
건물 기초공사를 위한 땅 굴착비용	900
건설을 위하여 차입한 금액에 대한 발생이자	380
토지의 취득세	1,200
신축공사용 시멘트 및 철골 구입비용	2,500

동서산업의 사무실 신축과 관련하여 건설중인자산 계정으로 계상할 금액은 얼마인가?

28 취득원가(3)

(주)성호의 다음 거래를 보고 토지와 건물의 취득원가를 구하시오.

(1) 본사 건물 신축목적으로 3,000원에 토지를 구입하고 대금은 미지급 상태이다.
(2) 부동산 중개수수료 100원과 토지취득세 50원, 소유권이전등록세 20원을 현금으로 지불하였다.
(3) 토지의 정지비용으로 50원이 소요되어 현금으로 지불하였다.
(4) 건물 신축계약을 (주)미영건설과 체결하고 총도급액 2,500원 중 1,000원을 당좌수표로 지급하였다.
(5) 건물이 완공되어 도급금 잔액 1,500원을 당좌수표로 지급하고 건물의 취득세 30원, 등록세 10원을 현금으로 지불하였다.

29 취득원가(4)

성창산업은 기존의 직기를 교체하기 위해 서독으로부터 최신 직기를 구입하였다. 새 직기의 구입·설치와 관련한 비용은 다음과 같다. (단위: 만원)

직기 매입대금 (이 중 5,000만원은 은행차입금)	₩8,800
통관수수료	250
직기 설치와 관련한 전문가 용역비	170
시운전을 위한 재료비	260
기존에 고용되어 있는 기계기술자의 임금	500
차입금 5,000만원에 대한 발생이자	140

새 직기의 취득원가는 얼마인가?

30 정액법

고려(주)는 제1회계연도 7월 1일에 건물을 5,300원에 구입하였다. 이 건물의 내용연수는 5년이며 잔존가치는 300원이다. 감가상각방법은 정액법이며 편의상 월(月)할 상각한다. 고려(주)의 결산일은 12월 31일이다.

1. 제1회계연도와 제2회계연도의 감가상각비를 계산하시오.
2. 제3회계연도 3월 31일에 이 건물을 3,000원에 매각하였다. 제3회계연도에 해야 할 회계처리를 하시오.

31 이중체감법

비룡(주)은 업무용 복사기를 500,000원에 구입하였다. 취득일은 제1회계연도초이며 내용연수는 5년, 잔존가치는 40,000원이다. 이중체감법에 의한 매기 감가상각비를 계산하시오.

32 다양한 감가상각 방법

(주)선인은 제5회계연도 7월 1일에 기계를 1,000,000원에 매입하였다. 다음은 이 기계와 관련된 자료이다.

내용연수	5년	잔존가치	₩100,000
추정 총생산단위	500,000단위		

(주)선인은 제5회계연도에 150,000단위의 제품을 생산하였고 제6회계연도에 200,000단위의 제품을 생산하였다. (주)선인의 결산일은 12월 31일이다. 다음 각 방법을 사용하여 제5회계연도와 제6회계연도의 감가상각비를 계산하시오.

1. 정액법
2. 정률법(상각률 37%)
3. 연수합계법
4. 생산량비례법

33 유형자산의 처분(1)

(주)건국은 제3회계연도 5월 1일에 기계장치를 3,000,000원에 구입하였다. 이 기계의 내용연수는 4년, 잔존가치는 300,000원이다. 회사는 제4회계연도 8월 1일에 신형 기계장치

로 대체하기 위해 이 기계를 현금 1,800,000원에 처분하였다. (주)건국의 결산일은 12월 31일이다.

1. 정액법을 적용할 경우 제4회계연도에 필요한 회계처리를 하시오.
2. 연수합계법을 적용할 경우 제4회계연도에 필요한 회계처리를 하시오.

34 유형자산의 처분(2)

제11회계연도 1월 1일 한일주식회사가 소유하고 있는 기계장치의 장부금액은 240,000원이었다. 이 기계는 4년 전 400,000원에 구입한 것이다. 한일주식회사는 정액법에 의해 감가상각을 하고 있다. 한일주식회사는 동 기계를 제12회계연도 1월 1일에 65,000원에 처분하였다. 이 기계장치의 처분손익은 얼마인가?

35 재배치비용

(주)거영은 제2회계연도 1월 1일에 제1공장에 있던 기계장치를 제2공장으로 이전하였다. 재배치하는 데 소요된 이전비는 10,000원이다. 기계장치의 감가상각방법은 정액법이고, 내용연수는 10년이며, 잔존가치는 없다. 이 이전비에 대해 아래 물음에 답하시오.

1. 재배치로 인하여 생산성이 현저히 향상되었다면, 이전비는 어떻게 회계처리를 하여야 하는가?
2. 재배치로 인한 생산성 향상이 없는 경우 이전비는 어떻게 회계처리 되는가?

36 무형자산(1)

다음 〈보기〉를 보고 무형자산에 대한 아래 표의 빈칸에 들어갈 용어를 고르시오.

〈 보 기 〉

있다, 없다, 판매비와 관리비, 기타비용,
영업권, 연구비, 개발비, 경상개발비

물리적 형체가	①
잔존가치는	②
상각비용은	③
미래의 경제적 효익이	④
해당 자산을 예로 들면	⑤

※ 동일한 용어가 여러 번 사용될 수 있음.

37 무형자산을 직접 상각하는 이유

무형자산은 유형자산의 경우와는 달리 상각누계액 계정을 사용하지 않고 취득원가에서 직접 차감하는 방식으로 상각하는 경우가 많다. 그 이유는 무엇인가?

38 영업권

국제회계기준에서는 자가 창출된 영업권을 무형자산으로 기록하지 못하도록 규정하고 있다. 그 이유는 어디에 있다고 생각되는가?

39 무형자산(2)

1. 12회계연도초 (주)다산은 기흥(주)을 합병하였다. 합병대가로 100억원을 지불하였다. 합병 시 (주)기흥의 보유 자산 및 부채의 장부금액과 공정가치는 다음과 같다.

	장부금액	공정가치
자 산	150억원	180억원
부 채	100억원	100억원

(주)다산이 (주)기흥의 합병 시 기록할 영업권 액수는 얼마인가? (주)다산이 취득 시 행할 분개와 제12회계연도말 영업권의 3/4이 손상되었다고 판단할 경우의 분개를 하시오.

2. 제3회계연도초 (주)CyberMBA는 연구비로 2억원, 그리고 개발비로 3억원을 지출하여 인터넷교육용 소프트웨어를 개발하는 데 성공하였다. 이 소프트웨어는 조만간 시판될 예정이다. 이 소프트웨어의 특허를 출원하여 제4회계연도초에 특허권을 취득하였다. 특허권 등록에 0.1억원을 지출하였다. 이와 관련하여 (주)CyberMBA가 제3회계연도초, 제3회계연도말, 제4회계연도초, 그리고 제4회계연도말에 행할 분개를 하시오. 모든 무형자산의 내용연수는 5년으로 추정한다.

40 영업권(합병차손)과 염가매수차익(합병차익)

합병이란 두 개 이상의 회사가 하나의 회사로 통합되면서 합병회사(존속회사)가 피합병회사(소멸회사)의 자산과 부채를 인수하고 그 대가로 주식을 발행하여 주거나 현금을 지급하는 것을 말한다. 합병회사가 인수한 피합병기업 순자산의 공정가치가 합병대가를 초과하면 '합병차익'이, 반대의 경우 '합병차손'이 발생한다. '합병차손' 및 '합병차익'은 영업권(무형자산) 및 염가매수차익(기타수익)으로 각각 기록한다. (주)경기가 제7회계연도 5

월 1일 (주)화성을 합병할 때, 피합병회사인 (주)화성의 재무상태표 및 자산과 부채의 장부금액 및 공정가치는 다음과 같다.

(주)화성의 재무상태표 (단위: 백만원)

자 산	장부금액	공정가치	부채 및 자본	장부금액	공정가치
현 금	₩200	₩200	매입채무	₩300	₩300
단기금융자산	300	300	사 채	1,000	1,200
토 지	100	500	자본금	200	
건 물	1,400	2,000	이익잉여금	500	
	₩2,000	₩3,000		₩2,000	

1. (주)경기가 (주)화성을 합병한 대가로 현금 ₩1,700을 지급한 경우 영업권 또는 염가매수차익은 얼마인가?
2. (주)경기가 (주)화성을 합병한 대가로 현금 ₩1,200을 지급한 경우 영업권 또는 염가매수차익은 얼마인가?

9장

장기금융자산

개념과 분류 제1절

자산은 크게 **유동자산**과 **비유동자산**으로 나눌 수 있고, 비유동자산은 다시 **유형자산**, **무형자산**, **장기금융자산**, 그리고 **기타비유동자산** 등으로 구분된다. 유형자산과 무형자산은 제8장에서 논의하였다. 본 장에서는 장기금융자산(long-term financial assets)에 대해 알아본다.[1)]

금융자산은 실물자산(유형자산, 재고자산 등)에 대비되는 개념으로 현금을 받을 계약상의 권리(현금과 주식 포함)를 말한다. 금융자산의 예상보유기간이 1년을 초과한다면 **장기금융자산**이다.[2)] 장기금융자산에는 타기업 지분증권이나 채무증권에의 투자인 **투자주식**과 **투자채권**, 금융기관이 취급하는 장기금융상품에의 투자 등이 있다. 관계기업에 대한 지분 투자는 장기금융자산의 일환이지만 재무상태표에 관계기업투자라는 별도의 항목으로 보고한다. 본 장에서는 장기금융자산 중 투자주식과 투자채권에 초점을 맞춰 논의한다. 관계기업투자는 보론에서 상세히 설명한다.

장기성매출채권과 기타 장기수취채권(**장기미수금**, **장기미수수익**, **장기대여금**, **보증금** 등)도 개념적으로는 장기금융자산에 속하나 재무상태표에 별도로 보고하는데, 여기서는 이들을 **장기선급비용**, **이연법인세자산** 등과 함께 **기타비유동자산**에 귀속시킨다. **보증금**(returnable deposits)은 전세보증금(또는 전세권), 임차보증금 등과 같이 계약 만료 시(통상 1년 후)에 반환 받는 예치금이다. **이연법인세자산**(deferred tax assets)은 기업회계기준과 세법 간에 수익과 비용을 인식하는 시점의 차이로 인해 발생하는데, 이에 대해서는 제10장의 기타비유동부채를 논의하는 부분에서 이연법인세부채와 함께 설명하기로 한다.

---

1) 장기금융자산은 주로 투자목적으로 취득한 금융자산이므로 투자자산이라 할 수 있다. 그런데 국제회계기준에서는 자산의 분류로 투자자산이란 용어를 사용하고 있지 않다.

2) 금융자산의 예상 보유기간이 1년 미만일 경우 단기금융자산(유동자산)이고, 1년을 초과하는 경우 장기금융자산(비유동자산)이다. 단기금융자산은 제5장에서 논의하였고, 장기금융자산은 이 장에서 논의된다. 그렇지만 금융자산의 회계처리는 장, 단기의 구분과 상관없다. 즉 동일한 성격의 금융자산이라면, 장, 단기와 상관없이 동일한 회계처리 방법이 적용된다.

1. 장기금융자산

기업은 때때로 타기업의 지분증권(주식)이나 채무증권(채권)에 장기적으로 투자하게 되는데, 전자를 **투자주식**, 그리고 후자를 **투자채권**이라 한다. 이러한 자산에 투자하는 이유는 여유자금을 활용하여 주된 영업활동 이외의 수익을 얻고자 함에서부터 타기업에 영향력을 행사하거나 지배하고자 함에 이르기까지 다양하다. 타기업에 영향력을 행사하거나 지배하고자 하는 것도 궁극적으로 수익을 얻기 위함이므로 이러한 타기업에 대한 투자는 주된 영업활동 이외의 투자수익을 목적으로 한다고 할 수 있다. 아래에서는 투자주식과 투자채권에 대한 회계 처리상 분류와 평가방법을 논의한다.

(1) 투자주식

투자주식은 타기업이 발행한 지분증권에 투자한 자산이다. 회계처리상 지분증권은 다른 기업 지분에 대한 대규모 투자가 아닌 경우와 다른 기업 지분에 대한 대규모 투자인 경우로 구분한다(제5장의 〈표 5-2〉 참조). 전자, 즉 다른 기업 지분에 대한 대규모 투자가 아닌 경우, 지분증권은 단기매매 목적과 단기매매 이외의 목적으로 나눈다. 단기매매 이외의 목적이란 단기매매차익을 추구하진 않지만 추후 적절한 시점에 매도 등을 할 목적이란 뜻이다. 여기서 투자주식은 바로 이러한 **단기매매 이외의 목적으로 투자한 지분증권**이다.

투자주식은 공정가치(fair value)로 측정해야 하며, 그 평가손익은 당기손익으로 인식하는 것이 원칙이다. 이러한 평가방법을 **당기손익 인식 공정가치**(FVPL; fair value through profit or loss)**법**이라 한다.[3] 그렇지만, 기업은 대안적으로 투자주식을 공정가치로 측정하되 그 평가손익을 기타포괄손익으로 인식하는 **기타포괄손익 인식 공정가치**(FVOCI; fair value through other comprehensive income)**법**을 선택할 수 있다. 일단 기타포괄손익 인식 공정가치법을 선택하면 차후 이를 번복할 수 없다.

---

3) 제5장 제2절에서 언급하였듯이, 단기매매금융자산도 당기손익 인식 공정가치로 평가하여야 한다.

(2) 투자채권

투자채권은 **단기매매 이외의 목적으로 타기업이 발행한 채무증권에 투자한 자산**이다. 투자채권은 보유목적에 따라 세 가지로 구분하며, 이에 따라 회계처리를 달리 한다. **첫째, 원리금 수취 목적**인 경우인데, 이는 **상각후원가**(amortized cost)**법**으로 평가한다. 상각후원가법이란 기본적으로 원가법인데, 채권의 할인 발행 시 그 할인 금액에 대해 만기 동안 추가적인 상각 조정을 해주는 방법이다(제10장 참조). **둘째, 원리금 수취 및 매도 목적**인 경우인데, 이는 **기타포괄손익 인식 공정가치**(FVOCI; fair value through other comprehensive income)**법**으로 평가한다. **셋째**, 그 밖의 경우, 즉 **순전히 매도 목적이거나 원리금 수취 목적이 아닌 경우 당기손익 인식 공정가치**(FVPL; fair value through profit or loss)**법**으로 평가한다.[4)]

투자주식의 평가방법으로 당기손익 인식 공정가치법과 기타포괄손익 인식 공정가치법의 두 가지가 가능하다. 투자채권의 평가방법으로는 상각후원가법, 당기손익 인식 공정가치법, 그리고 기타포괄손익 인식 공정가치법의 세 가지가 가능하다. 또한 제5장에서 논의하였듯이 단기매매 목적으로 취득한 유가증권(단기매매금융자산)의 평가방법은 당기손익 인식 공정가치법이다. 이에 회계처리 방법에 의거 금융자산을 구분할 때, 당기손익 인식 공정가치법으로 평가하는 투자주식과 투자채권, 단기매매금융자산 등을 포괄하여 '**당기손익-공정가치 측정 금융자산**', 기타포괄손익 인식 공정가치법으로 평가하는 투자주식과 투자채권 등을 합하여 '**기타포괄손익-공정가치 측정 금융자산**', 그리고 상각후원가법으로 평가하는 투자채권 등을 '**상각후원가 측정 금융자산**'이라 한다.

2. 다른 기업 지분에 대한 대규모 투자

앞에서 언급한 바와 같이, 회계처리상 기업의 지분증권 투자를 다른 기업에 대

4) 단기매매 목적인 경우도 당기손익 인식 공정가치법으로 평가한다. 제5장에서 다루었듯이 단기매매 목적인 단기매매금융자산은 지분증권이건 채무증권이건 상관없이 모두 당기손익 인식 공정가치법으로 평가한다.

한 대규모 투자가 아닌 경우와 다른 기업에 대한 대규모 투자인 경우로 구분한다(〈표 5-2〉 참조). 후자, 즉 다른 기업에 대한 대규모 투자인 경우인 경우 주로 다른 기업의 경영에 상당한 영향력을 행사하거나 경영권을 지배할 목적으로 이루어지기 때문에 단순 투자 목적의 경우와는 달리 회계처리를 한다. 타기업 지분에 대한 대규모 투자는 **관계기업투자**(investments in associates)와 **종속기업에의 투자**(investments in subsidiaries)로 나누어 볼 수 있다.

(1) 관계기업투자

다른 기업을 지배하지는 못하지만, 경영에 유의한 영향력을 행사할 수 있는 경우, 그 기업은 **관계기업**(associates)이라 하며, 그 기업에의 주식투자는 **관계기업투자**로 분류한다. 대개 의결권 있는 주식을 20% 이상(그러나 50% 이하) 보유하는 경우, 주주총회에서 의결권을 행사함으로써 **피투자회사에 유의적인 영향력**(significant influence)**을 행사**할 수 있게 된다. 이러한 상황에서는 피투자회사, 즉 관계기업을 해당 지분율만큼 소유한 것으로 간주하여 그 투자자산을 능동적으로 회계처리 하여야 하는데 그 회계처리방법을 **지분법**(equity method)이라고 한다.

투자주식의 회계처리에 원칙적으로 적용되는 공정가치법은 투자주식의 공정한 가치(즉 주가)로 평가하는 방법이다. 그러나 투자회사의 피투자회사에 대한 지분율이 높은 경우, 일반적으로 투자회사는 피투자회사의 '소유'를 목적으로 한 것으로서 그 지분을 매각할 의사가 없다고 볼 수 있으므로 투자주식을 공정가치법으로 평가하는 것은 타당하지 않다. 이에 등장한 관계기업투자의 평가방법이 지분법이다.

지분법에서는 마치 소유 지분율만큼 피투자회사를 소유한 '주인'인 것처럼 투자주식을 적극적으로 평가한다. 가령, **피투자회사의 당기순이익 또는 당기순손실**은 그만큼 투자회사의 투자지분 평가액을 증가 또는 감소시키므로, 투자회사는 지분율에 해당하는 만큼 자신의 관계기업투자 장부금액을 증가 또는 감소시키는 동시에 지분법 적용에 따른 이익 또는 손실을 **자신의 당기손익(기타손익)으로 계상**한다. 또한, **피투자회사로부터 수령한 현금배당은 투자액의 회수**로 볼 수 있으므로, 피투자회사로부터 배당을 받았을 때는 그 금액만큼 관계기업투자의 장부금액을 감소시킨다. 관계기업투자에 적용하는 지분법에 따른 상세한 회계처리는 보론을 참고하도록 한다.

(2) 종속기업에의 투자

다른 기업의 의결권 있는 주식을 50% 초과 보유하거나 지분율이 50% 이하이더라도 그 기업을 실질적으로 **지배**(control)할 수 있는 경우, 그 기업은 **자회사** 또는 **종속기업**(subsidiary)이라 한다. 이 경우는 **투자기업**(즉 **지배기업**)과 **피투자기업**(즉 **종속기업**)이 별개의 법적 실체이지만 하나의 경제적 실체로 간주하여 두 기업의 개별 재무제표를 합친 형태의 **연결재무제표를 작성**해야 한다. 종속기업에의 투자는 재무제표에서 별도의 항목으로 인식되는 것이 아니라 연결재무제표에 반영된다. 연결재무제표의 작성은 고급재무회계의 영역이다.

이상에서 설명한 투자주식 및 투자채권에 대한 평가방법을 요약하면 다음과 같다. 참고로 제5장에서 논의하였듯이 단기매매 목적의 주식이나 채권(단기매매금융자산)은 항상 당기손익 인식 공정가치법으로 평가한다. 각 종류별 회계처리에 대하여는 다음 절에서 자세히 설명하기로 한다.

표 9-1 투자증권의 평가방법

구 분	보유 목적	평가방법
투자주식	단기매매 이외의 목적	당기손익 인식 공정가치법 또는 기타포괄손익 인식 공정가치법 중 선택
대규모 지분투자	관계기업 주식 종속기업 주식	지분법 연결재무제표 작성
투자채권	원리금 수취 목적 원리금 수취 및 매도 목적 그 밖의 목적	상각후원가법 기타포괄손익 인식 공정가치법 당기손익 인식 공정가치법

제2절 투자주식

투자주식은 **단기매매 이외의 목적으로 투자한 지분증권**이다. 단기매매 목적으로 투자한 지분증권은 단기매매금융자산으로서 별도 구분하였는데 이에 대해서는 제5장에서 논의하였다. 투자주식의 회계처리를 취득시점, 배당금 수령시점, 회계기말, 그리고 처분시점으로 나누어 논의해 본다.

1. 취득시점

투자주식은 최초 인식 시 공정가치로 측정한다. 일반적으로 자산의 취득과 직접 관련된 부대비용(수수료, 세금 등)은 취득원가에 가산한다. 예외적으로 평가손익을 당기손익으로 인식하는 투자주식이나 투자채권(단기매매금융자산 포함)은 부대비용을 취득원가에 가산하지 않고 당기비용으로 처리해야 한다. 따라서, **투자주식의 취득원가는** 평가손익을 당기손익으로 인식하는 경우 취득 시의 공정가치이며, 그렇지 않은 경우(즉, 평가손익을 기타포괄손익으로 인식하는 경우) **취득 시 공정가치에 부대비용을 합한 금액**이다.

기본자료 9-1 투자주식의 취득

제2회계연도 1월 6일에 천마회사는 단기매매가 아닌 목적으로 유가증권시장에서 A사 주식 100주를 주당 1만원에 구입하였다. 편의상 구입부대비용은 0원으로 가정한다. 천마회사의 결산일은 12월 31일이다.

(차변) 투자주식	1,000,000	(대변) 현 금	1,000,000

2. 배당금 수령시점

투자주식으로부터 수령한 현금배당금은 **배당금수익**으로 처리한다. 배당금수익은 손익계산서의 금융수익 항목이다.

기본자료 9-2 배당금의 수령

제2회계연도 3월 17일, 천마회사는 A사로부터 배당금 5만원을 수령하였다.

(차변) 현 금	50,000	(대변) 배당금수익	50,000

3. 회계기말

투자주식의 기말평가는, 단기매매금융자산과 마찬가지로, **공정가치법**(fair value method)을 적용한다. 제5장 제2절에서 설명했듯이 공정가치(fair value)란 합리적인 판단력을 가진 거래당사자간에 성립된 교환가격이나 시장가격(시가)을 말하며, 교환가격이나 시장가격을 구할 수 없는 비상장주식의 경우는 공신력 있는 평가기관의 평가액 등을 말한다.

기본자료 9-3 투자주식 시가상승에 대한 회계기말의 평가

천마회사가 제2회계연도 결산일(12월 31일) 현재 보유 중인 A사 주식의 시가(market price)는 주당 12,000원이다.

A사 주식은 제2회계연도초에 주당 10,000원씩 100주 취득한 것이다.

공정가치법이란 회계기말에 보유금융자산을 공정가치로 평가하는 방법이다. 12월 31일 A사 주가는 주당 12,000원이므로 동 주식의 공정가치 기말평가액은 120만원(=₩12,000×100주)이다. 투자주식의 기말 수정 전 장부금액(이 경우는 취득원가)은 100만원이므로 그 차이 20만원(=₩1,200,000−₩1,000,000)을 투자주식에 차기하고 동시에 투자주식평가이익에 대기한다.

(차변) 투자주식 200,000 (대변) 투자주식평가이익 200,000

투자주식평가손익은 원칙적으로 단기매매금융자산평가손익과 같이 당기손익(기타손익)으로 인식한다. 그러나 기업은 대안적으로 투자주식평가손익을 최초 인식 시점에 기타포괄손익으로 인식하는 방법을 선택할 수 있다. 일단 기타포괄손익으로의 인식이 선택된다면 이는 추후 번복될 수 없다. 투자주식평가손익이 기타포괄손익으로 인식된다면 재무상태표의 자본항목인 기타포괄손익누계액으로 누적된다.

기본자료 9-4 투자주식 시가하락에 대한 회계기말의 평가

천마회사가 제3회계연도 결산일(12월 31일) 현재 보유 중인 A사 주식의 시가(market price)는 주당 9,500원이다.

A사 주식은 제2회계연도초에 주당 10,000원씩 100주를 취득한 것으로, 제2회계연도말(12월 31일)의 시가는 주당 12,000원이었다.

제3회계연도말 A사 주식의 기말 평가액은 95만원(=₩9,500×100주)이다. 제3회계연도말 현재 투자주식의 수정 전 장부금액(이 경우 제2회계연도말 평가 후 잔액)은 120만원이므로 그 차이 25만원(=₩950,000−₩1,200,000)을 투자주식에 대기하고 투자주식평가손실에 차기한다.

(차변) 투자주식평가손실 250,000 (대변) 투자주식 250,000

앞에서 언급한 바와 같이, 투자주식평가손익은 원칙적으로 당기손익(기타손익) 항목이나, 대안적으로 선택한다면 기타포괄손익 항목일 수도 있다.

4. 처분시점

투자주식 처분의 회계처리는 기본적으로 단기매매금융자산의 경우와 동일하다.

투자주식의 처분에 따른 **투자주식처분손익**의 계산은 다음과 같다.

투자주식처분손익
= 순처분가 – 처분시점의 장부금액(취득원가 또는 직전 평가액)

순처분가는 처분가에서 처분과 관련된 모든 부대비용(수수료, 거래세 등)을 차감한 순액이며, 처분시점의 장부금액은 취득원가이거나, 취득 후 기말평가가 이루어졌으면 직전 평가액이다. 투자주식평가손익을 기타포괄손익으로 인식하였을 경우 재무상태표의 자본에 누적된 기타포괄손익누계액은 투자주식의 처분 시 당기손익으로 재순환(recycling)시키지 않는다. 즉 투자주식의 처분 시 투자주식평가손익(기타포괄손익누계액)은 제거하지 않고 자본에 그대로 나둔다. 따라서 투자주식처분손익은 투자주식평가손익을 당기손익으로 인식하였든 기타포괄손익으로 인식하였든 상관없이 동일한 금액으로 계상된다.

기본자료 9-3a **투자주식의 처분 (처분이익)**

제3회계연도 2월 3일, 천마회사는 A사 주식 전부를 주당 12,500원에 처분하였다. 처분 관련 부대비용은 0원인 것으로 가정한다.

A사 주식은 제2회계연도초에 주당 10,000원씩 100주를 취득하였는데 제2회계연도말 시가는 주당 12,000원이었다.

처분 시 분개는 다음과 같다.

(차변) 현 금	1,250,000	(대변) 투자주식	1,200,000
		투자주식처분이익	50,000

기본자료 9-4a **투자주식의 처분 (처분손실)**

제4회계연도 3월 3일, 천마회사는 A사 주식 전부(100주)를 주당 8,000원에 처분하였다.

A사 주식은 제2회계연도초에 주당 10,000원에 100주를 취득하였는데 제3회계연도말 시가는 주당 9,500원이었다.

처분 시의 분개는 다음과 같다.

(차변) 현 금	800,000	(대변) 투자주식	950,000
투자주식처분손실	150,000		

투자주식 처분 시의 분개는 투자주식평가손익을 당기손익으로 인식하였든 아니면 기타포괄손익으로 인식하였든 상관없이 동일하다. 투자주식처분이익 또는 손실은 실현된 손익이므로 당연히 당기손익(기타손익)으로 보고한다.

제3절 투자채권

투자채권은 단기매매 이외의 목적으로 타기업이 발행한 채무증권(사채, 국·공채 등)에 투자한 자산이다. 채무증권은 일반적으로 발행한 기업이 투자자에게 계약상의 기간 동안 원금과 이자(원리금)를 지급하기로 약속한 증서이다. 투자채권은 원리금 수취 목적인 경우 상각후원가법으로, 원리금 수취 및 매도 목적인 경우 기타포괄손익 인식 공정가치법으로, 그리고 그 밖의 경우 당기손익 인식 공정가치법으로 평가한다. 여기서 그 밖의 경우란 주로 순전히 매도 목적인 경우라 할 수 있다.[5] 아래에서는 투자채권 중 투자사채를 대상으로, 상각후원가법으로 평가하는 원리금 수취 목적의 투자사채와 기타포괄손익 인식 공정가치법으로 평가하는 원리금 수취 및 매도 목적의 투자사채 각각에 대해, 회계처리를 취득시점, 회계기말, 배당금 수령시점 및 처분시점으로 나누어 논의해 본다. 당기손익 인식 공정가치법으로 평가하는 매도 목적의 투자사채에 대한 회계처리는 제5장에서 소개한 단기매매금융자산의 경우와 기본적으로 같기에 논의를 생략한다.

5) 단기 시세차익 목적으로 취득한 채무증권인 단기매매금융자산도 제5장에서 논의하였듯이 당기손익 인식 공정가치법으로 평가한다.

1. 원리금 수취 목적의 투자사채

원리금 수취 목적의 투자사채는 **상가후원가법**(amortized cost method)에 따라 회계처리한다. 기업이 사채를 발행할 때 사채의 발행가격이 액면금액과 같게 또는 액면금액보다 낮게 결정될 수 있다. 전자의 경우 액면발행이라 하고 후자의 경우 할인발행이라 한다. 상각후원가법이란 기본적으로 원가법(cost method)인데, 사채가 할인발행 되었을 시 그 할인금액을 사채의 만기 동안 상각하면서 사채의 발행원가에 추가하는 식의 조정을 해주는 방법이다. 상각후원가법은 제10장 사채의 회계처리에서 자세히 설명하기로 한다. 사채가 액면발행 된다면 그러한 추가적인 상각 조정이 필요 없으므로 투자사채는 그냥 원가법으로 회계처리하면 된다. **원가법 또는 상각후원가법**에서는 공정가치법에서처럼 사채의 가격등락에 따른 기말 평가가 요구되지 않는다. 즉, 원리금 수취 목적의 투자사채에 있어서는 평가손익 계정이 생기지 않는다.

아래에서는 원리금 수취 목적의 액면발행 된 투자사채에 대한 회계처리를 〈기본자료 9-5〉를 활용하여 논의한다.[6]

기본자료 9-5 원리금 수취 목적의 투자사채

제2회계연도 7월 1일, 아주회사는 건국회사가 아래 조건으로 액면발행한 회사채 100매를 100만원에 인수하였다. 아주회사는 이 사채를 원리금 수취 목적으로 보유하고자 한다. 아주회사 및 건국회사의 결산일은 모두 매년 12월 31일이다.

건국회사 사채:	액면금액	₩10,000
	발행금액	₩10,000
	표시이자율	연리 10%
	이자지급일	매년 6월 30일
	발행일	제2회계연도 7월 1일
	만기일	제5회계연도 6월 30일

6) 사채의 발행회사도 상각후원가법에 의거 투자자의 회계처리와 대칭적으로 회계처리 한다. 발행회사의 회계처리는 제10장에서 상세히 설명한다.

(1) 취득시점

취득원가는 100만원이므로 사채 취득일(제2회계연도 7월 1일)에 회사의 분개는 다음과 같다.

(차변) 투자사채	1,000,000	(대변) 현　금	1,000,000

(2) 회계기말

원리금 수취 목적의 투자사채의 평가에는 (상각후)**원가법**을 적용하므로 사채의 가격등락을 기말의 장부금액에 반영하는 기말수정분개를 하지 않는다. 다만, 아주회사는 제2회계연도말 결산일인 12월 31일에 건국회사 사채에 대한 미수이자 5만원(=₩1,000,000×10%×6/12)을 계상하여야 한다.

(차변) 미수이자	50,000	(대변) 이자수익	50,000

위와 동일한 분개가 제3회계연도말과 제4회계연도말에 이루어진다.

(3) 이자수령일

아주회사가 제3회계연도 6월 30일에 수령한 이자 10만원(=₩1,000,000×10%)에 대한 분개는 다음과 같다.

(차변) 현　금	100,000	(대변) 이자수익	50,000
		미수이자	50,000

위와 동일한 분개가 아주회사의 다음 이자수령일인 제4회계연도 및 제5회계연도 6월 30일에도 행해진다.

(4) 만기일

만기일인 제5회계연도 6월 30일 아주회사의 분개는 다음과 같다.

(차변) 현 금	1,100,000	(대변) 이자수익	50,000
		미수이자	50,000
		투자사채	1,000,000

2. 원리금 수취 및 매도 목적의 투자사채

투자사채는 순전히 원리금 수취 목적이 아닌 한, 즉 매도 목적이 일부라도 있으면 공정가치법으로 평가한다. 이 경우 회계기말에 투자사채의 가격 변동을 장부금액에 반영하면서 평가손익으로 인식하는 수정분개를 하여야 한다. 그 평가손익은 매도 목적과 원리금 수취 목적이 둘 다 있는 경우 기타포괄손익으로, 원리금 수취 목적 없이 순전히 매도 목적인 경우 당기손익(기타손익)으로 보고한다. 단기 시세차익 목적으로 취득한 사채(즉 단기매매금융자산)도 순전히 매도 목적인 경우에 해당된다고 할 수 있다. 평가손익을 당기손익으로 인식하는 경우의 회계처리는 제5장 단기매매금융자산에서 논의하였기에, 여기서는 평가손익을 기타포괄손익으로 인식해야 하는 원리금 수취 및 매도 목적의 액면발행 된 투자사채의 회계처리를 아래의 〈기본자료 9-5a〉를 이용하여 알아본다.

기본자료 9-5a **원리금 수취 및 매도 목적의 투자사채**

제2회계연도 7월 1일, 아주회사는 건국회사가 아래 조건으로 액면발행한 회사채 100매를 100만원에 인수하였다. 아주회사는 이 사채를 원리금 수취 및 매도 목적으로 보유하고자 한다. 아주회사 및 건국회사의 결산일은 모두 매년 12월 31일이다.

건국회사 사채:	액면금액	₩10,000
	발행금액	₩10,000
	표시이자율	연리 10%
	이자지급일	매년 6월 30일
	발행일	제2회계연도 7월 1일
	만기일	제5회계연도 6월 30일

(1) 취득시점

사채의 취득 시 공정가치가 100만원이므로 사채 취득일(제2회계연도 7월 1일) 아주회사의 분개는 다음과 같다.

(차변) 투자사채	1,000,000	(대변) 현　금	1,000,000

(2) 회계기말: 시가 하락

채무증권인 사채는 발행회사에 적용되는 시장이자율의 변동에 따라 주식과 마찬가지로 그 시가, 즉 공정가치가 변동한다. 예를 들어, 사채 발행회사의 신용이 발행시점보다 악화된다면 동 사채에 대해 시장에서 요구하는 이자율이 높아질 것이므로 사채 가격이 발행시점보다 하락하게 된다. 반대로 신용상태가 좋아지면 동 사채의 시장이자율이 낮아질 것이므로 사채 가격이 상승하게 된다. 투자자는 원리금 수취 및 매도 목적의 투자사채를 매 회계기말에 공정가치로 평가하여 그 평가손익을 인식하여야 한다.

기본자료 9-6 원리금 수취 및 매도 목적 투자사채: 회계기말 시가하락

아주회사의 제2회계연도 결산일(12월 31일) 현재, 건국회사의 신용등급이 사채 발행 당시보다 하락하여 건국회사 사채의 시가가 1매당 9천원으로 하락하였다.

제2회계연도 결산일 현재 보유 중인 사채의 공정가치는 90만원이므로 장부금액(이 경우는 취득원가) 100만원을 90만원으로 감소시키기 위해 그 차액 10만원을 투자사채 계정에 대기하는 동시에 투자사채평가손실 계정에 차기한다.

(차변) 투자사채평가손실	100,000	(대변) 투자사채	100,000

투자사채평가손익은, 원리금 수취 및 매도 목적으로 보유하는 경우, 기타포괄손익으로서 **재무상태표의 자본 항목인 기타포괄손익누계액**으로 누적된다.

또한, 아주회사는 제2회계연도말 결산일에 건국회사 사채에 대한 미수이자 5만원(=₩1,000,000×10%×6/12)을 아래와 같이 계상하여야 한다.

(차변) 미수이자	50,000	(대변) 이자수익	50,000

(3) 이자수령일

아주회사가 제3회계연도 6월 30일에 수령한 이자 10만원(=₩1,000,000×10%)에 대한 분개는 다음과 같다.

(차변) 현　금	100,000	(대변) 이자수익	50,000
		미수이자	50,000

(4) 회계기말: 시가 상승

기본자료 9-7　원리금 수취 및 매도 목적 투자사채: 회계기말 시가상승

아주회사의 제3계연도 결산일(12월 31일) 현재 건국회사의 신용이 현저히 상승하여 건국회사 사채의 시가가 1매당 1만 5백원으로 상승하였다. 건국회사 사채는 제2회계연도말에 매당 9,000원씩 90만원으로 평가되어 있다.

제3회계연도 결산일 현재 건국회사 사채의 기말 평가액은 105만원(=₩10,500×100매)이어야 한다. 투자사채의 수정 전 장부금액(이 경우 제2회계연도말 평가 후 잔액)은 90만원이므로 그 차이 15만원은 투자사채에 차기되고 투자사채평가이익에 대기되어야 한다.

(차변) 투자사채	150,000	(대변) 투자사채평가이익	150,000

앞에서 언급한 바와 같이, **투자사채평가손익**은 기타포괄손익으로서 **재무상태표의 자본 항목인 기타포괄손익누계액**으로 누적된다. 이 경우 동 계정은 2회계연도말의 차변 잔액 10만원(투자사채평가손실)에 3회계연도말에 대기된 15만원(투자사채평가이익)이 누적되어 대변 잔액 5만원, 즉 기타포괄이익누계액 5만원을 갖게 된다.

또한, 아주회사는 제3회계연도 결산일에 제2회계연도말과 마찬가지로 건국회사

사채에 대한 미수이자 5만원(=₩1,000,000×10%×6/12)을 아래와 같이 계상하여야 한다.

(차변) 미수이자	50,000	(대변) 이자수익	50,000

(5) 처분시점

원리금 수취 및 매도 목적의 투자사채 처분에 따른 **투자사채처분손익**의 계산은 다음과 같다.

> 투자사채처분손익
> = 순 처분가 − (처분시점의 투자사채 장부금액
> − 투자사채평가이익(기타포괄이익누계액))
>
> 또는
>
> = 순 처분가 − (처분시점의 투자사채 장부금액
> + 투자사채평가손실(기타포괄손실누계액))
> = 순 처분가 − 취득원가

순 처분가는 처분가에서 처분과 관련된 모든 부대비용(수수료, 거래세 등)을 차감한 순액이다. 처분시점의 투자사채 장부금액에서 기타포괄이익누계액으로 누적된 투자사채평가이익을 차감하거나 투자사채 장부금액에 기타포괄손실누계액으로 누적된 투자사채평가손실을 가산하면 항상 취득원가와 같다.

투자사채평가손익을 기타포괄손익으로 인식하였을 경우 투자사채의 처분 시 투자사채평가손익(기타포괄손익누계액)은 모계정인 투자사채와 함께 제거시켜야 한다. 그 결과, 재무상태표의 자본에 누적된 투자사채평가손익(기타포괄손익누계액)이 당기손익으로 다시 들어오게 되는 효과가 있게 되는데, 이를 기타포괄손익의 당기손익으로의 '재순환(recycling)'이라고 한다. 참고로, 투자주식의 경우에는 투자주식평가손익(기타포괄손익누계액)을 당기손익으로 재순환시키지 않는다.

기본자료 9-8 원리금 수취 및 매도 목적 투자사채의 처분

아주회사는 제4회계연도 4월 1일에 건국회사 사채 전부를 매당 11,500원에 처분하였다. 처분 관련 부대비용은 0원인 것으로 가정한다. 건국회사 사채는 제3회계연도말에 105만원으로 평가되어 있다.

우선, 모든 채무증권의 처분 시에는 처분시점까지의 미수이자를 계상하여야 한다. 제4회계연도 중에 발생한 미수이자 3개월분은 2만 5천원(=₩1,000,000×10%×3/12)이다. 이에 대한 분개는 다음과 같다.

(차변) 미수이자	25,000	(대변) 이자수익	25,000

이제, 투자사채의 처분에 따라 투자사채 장부금액 105만원과 투자사채평가이익 누계액 5만원이 제거됨은 물론 미수이자 계정 잔액 7만 5천원(전기말 잔액 5만원+당기 인식액 2만 5천원) 역시 장부에서 제거되어야 한다. 따라서 이에 대한 분개는 다음과 같다.

(차변) 현　금	1,150,000	(대변) 투자사채	1,050,000
투자사채평가이익	50,000	미수이자	75,000
		투자사채처분이익	75,000

손익계산서에 기타수익으로 보고되는 투자사채처분이익 7만 5천원은 처분대가 115만원과 취득원가 100만원(처분 직전의 장부금액 105만원−투자사채평가이익누계액 5만원)의 차이 15만원에서 이미 이자수익으로 인식된 미수이자 잔액 7만 5천원을 차감한 금액이다. 투자주식의 경우와는 달리 투자사채 처분 시 기타포괄이익누계액으로 보고된 투자사채평가이익이 모계정인 투자사채와 함께 제거된다.

3. 표시이자율, 시장이자율, 원가법과 공정가치법의 논리

표시이자율은 채무증권(사채, 국·공채 등)의 권면에 표시된 이자율로서 **액면이자율** 또는 **명목이자율**이라고도 한다. **표시이자율**(stated interest rate, nominal interest rate)은 채무증권 발행회사가 매 이자지급일에 현금으로 지급할 것을 약속한 이자율이다. 즉 투자자는 매 이자지급일에 액면금액에 표시이자율을 곱한 이자를 현금으로 수령한다. 반면, **시장이자율**(market interest rate)은 **시장에서 채무증권 발행회사의 신용도와 위험도에 따라 결정되는 이자율**로 투자자의 입장에서는 채무증권에의 투자로부터 얻는 수익률이 된다. 시장이자율은 발행회사의 신용도 변화 등에 따라 수시로 변하는 반면 표시이자율은 고정되어 있다.

한 가지 주목할 점은, **채무증권은 표시이자율이 어떻든 간에 항상 발행시점의 발행회사에 적용되는 시장이자율에 의해, 즉 그 당시 투자자에게 적정 수익률이 보장되도록 발행가격이 결정된다**는 것이다. 채무증권 발행 시, 시장이자율이 표시이자율보다 높은 경우, 발행가격이 액면금액보다 낮게 결정됨으로써 투자자에게 시장이자율의 수익률을 보장하게 된다. 반대로 시장이자율이 표시이자율보다 낮다면, 발행가격은 액면금액보다 높게 결정됨으로써 투자자에게 시장이자율의 수익률만을 주게 된다.

채무증권은 일단 발행된 후 유통시장에서 거래된다. 채무증권의 유통가격, 즉 시장가격은 매일 매 시각 발행회사에 대한 시장이자율이 변함에 따라 등락한다. **발행 후 발행회사에 대한 시장이자율이 높아지면 채무증권의 시장가격은 낮아지며, 발행회사에 대한 시장이자율이 낮아지면 채무증권의 시장가격은 높아진다**. 채무증권 발행 당시의 시장이자율보다 현재의 시장이자율이 높게 되면 과거의 낮은 시장이자율로 발행된 채무증권은 투자자에게 외면당하여 시장수요가 감소할 것이다. 따라서 동 채무증권의 시장가격은 하락하게 된다. 거꾸로, 현재의 시장이자율이 발행 당시의 시장이자율보다 낮게 된다면 과거 높은 시장이자율로 발행된 채무증권은 보다 매력적이 되어 시장수요가 증가하고 따라서 채무증권 가격은 상승하게 된다.

원리금 수취 목적의 채무증권에는 (상각후)원가법이 적용되는데, **(상각후)원가법은 시장이자율의 변동에 따른 채무증권 시장가격의 변동을 반영하지 않고 발행 당시 발행회사에 적용되었던 시장이자율, 즉 역사적 시장이자율을 만기까지 계속 적용하는 방법**이다. 원리금 수취 목적의 채무증권은 보유기간 동안 순수히 원리금을 수취할 목적으로 취득한 것이므로 그 기간 중 이의 시장가격 변동을 인식할 필요가 없다. 따라서 회계처리에 원가법을 적용하는 것이다.

앞에서 언급하였듯이 채무증권은 계약기간 중 매도할 의도가 있다면 이의 시장가격 변동을 장부금액에 반영할 필요가 있으므로 공정가치법으로 평가한다. 순전히 매도 목적의 채무증권(단기매매금융자산 포함)과 원리금 수취 및 매도 목적의 채무증권이 이에 해당한다.

관계기업투자 보론

다른 기업의 보통주를 취득(투자)함으로써 그 기업에 **유의적인 영향력**(significant influence)을 행사할 수 있는 경우에는 그 투자주식, 즉 **관계기업투자**를 **지분법**으로 평가한다. 투자회사가 피투자회사에 유의적인 영향력을 행사할 수 있는지 여부는 소유지분율 외에도 다양한 정황증거(가령, 피투자회사의 정책결정과정에의 참여, 이사회 참여 등)를 고려하여야 한다. 그러나 이러한 정황증거에 의한 판단은 주관적이므로 이를 명백히 제시할 수 없는 한 국제회계기준에서는 피투자회사의 의결권 있는 주식 20% 이상(그러나 50% 이하)을 소유하면 피투자회사에 유의적인 영향력을 행사할 수 있는 것으로 보고 지분법을 적용하도록 하고 있다.[7]

지분법(equity method)에서는 **소유지분율만큼 피투자회사를 소유한 '주인'인 것처럼 관계기업투자를 평가**한다. 즉, 지분법은 피투자회사의 순자산(=자산−부채) 변동금액의 지분율만큼을 투자회사의 관계기업투자 장부금액에 반영하는 방법이다.

1. 취득시점

피투자회사의 의결권 있는 주식 20% 이상을 취득하였을 때 그 취득원가를 **관계**

7) 본 장 제1절에서 논의하였듯이, 피투자회사의 의결권 있는 주식을 50% 넘게 소유하면, 피투자회사는 종속기업으로서 연결재무제표의 대상이 된다.

기업투자에 차기한다.

(차변) 관계기업투자 ×××　　(대변) 현　금 ×××

이때, 취득원가와 취득 당시 피투자회사의 순자산 공정가치에 대한 지분율 해당액 간의 차이가 영업권이다. 가령, P사가 S사 주식의 20%를 320만원에 취득하였는데 취득 당시 S사의 순자산의 공정가치가 1,000만원이라면 영업권은 120만원(=₩3,200,000−(₩10,000,000×20%))이다. 이 영업권 120만원은 영업권이라는 별도의 계정과목으로 분리해 내지 않고, 아래 취득분개에서 보는 바와 같이, 관계기업투자 계정에 묻히게 된다.

(차변) 관계기업투자 3,200,000　　(대변) 현　금 3,200,000

합병(merge)의 경우에는, 피합병기업의 개별적인 자산과 부채를 모두 공정가치로 인식하고, 합병대가와 순자산 공정가치의 차이를 영업권이라는 별도의 무형자산 계정과목으로 보고한다(제8장 참조). 그러나 위와 같이 단순히 피투자회사의 주식 지분을 20% 이상 취득(acquisition)한 경우에는, 합병 시와는 달리 피투자회사 자산과 부채의 항목들을 개별적으로 투자회사의 장부에 인식하지 않고, 주식의 취득원가 전액을 관계기업투자라는 한 계정과목으로 압축하여 보고한다. 따라서 지분 20% 이상 취득에 따른 영업권 120만원은 별도의 계정으로 계상되지 않고, 관계기업투자 계정에 내재적으로 포함되게 된다.

2. 피투자회사의 순이익(순손실) 보고와 현금배당의 지급

순이익은 순자산을 증가시킨다. 지분법은 피투자회사의 순자산 변동을 투자회사의 자산에 반영하는 방법이므로, **피투자회사가 순이익을 보고하면 투자회사는 피투자회사 순이익의 소유지분율 해당액**(즉, 순이익×소유지분율)**만큼 관계기업투자의 장부금액을 증가시키는 동시에 지분법이익을 인식한다.**

(차변) 관계기업투자 ×××　　(대변) 지분법이익 ×××

만일 피투자회사가 순손실을 보고하였다면 분개는 다음과 같다.

(차변) 지분법손실	×××	(대변) 관계기업투자	×××

지분법이익 또는 손실은 당기손익(기타손익)으로 보고한다.

지분법하에서는 **피투자회사가 현금배당을 한 경우** 투자회사는 투자금액의 일부를 회수(return of investment)한 것으로 보아 **배당금 총액의 소유지분율 해당액, 즉 투자회사가 수령한 현금배당 수령액만큼 관계기업투자를 감소**시킨다.

(차변) 현　금	×××	(대변) 관계기업투자	×××

이는 공정가치법이나 원가법하에서 현금배당을 투자에 대한 수익(return on investment)으로 보아 배당금수익으로 인식하는 것과 대조된다.

3. 처분시점

관계기업투자의 처분손익은 처분대가로 받은 금액에서 처분 당시 관계기업투자의 장부금액을 뺀 금액이다. 가령, 처분손실이 발생하였다면 분개는 다음과 같다.

(차변) 현　금	×××	(대변) 관계기업투자	×××
관계기업투자처분손실	×××		

관계기업투자처분손실은 당기손익(기타비용)으로 보고한다. 〔보론예제 1〕은 관계기업투자의 여러 회계처리를 예시한다.

보론예제 1
관계기업투자의 회계처리

제11회계연도 6월 1일, 아주회사는 (주)건국의 의결권 있는 주식 20%를 1,000만원에 취득하였다. 취득 당시 (주)건국의 자산과 부채의 공정가치는 각각 1억 500만원 및 6,000만원이다. 아주회사의 결산일은 12월 31일이다. (주)건국은 아주회사의 제11회계연도 말에 당기순이익 800만원을 보고하였다. 또한, 아주회사의 제12회계연도 3월 7일에 (주)건국은 현금배당을 총 200만원 지급하였다.

[1] 아주회사의 (주)건국 주식 취득분개를 하시오.

[풀이]■■■■■

제11회계연도 6월 1일, 의결권 있는 주식 20%를 취득하였으므로 관계기업투자에 차기한다.

(차변) 관계기업투자 10,000,000 (대변) 현 금 10,000,000

[2] 아주회사의 관계기업투자 계정에 내재된 영업권은 얼마인가?

[풀이]■■■■■

주식 취득 당시 (주)건국의 순자산의 공정가치는 4,500만원(=₩105,000,000－₩60,000,000)이고 이 금액의 20%는 900만원이다. 따라서 취득원가 1,000만원 중 100만원이 영업권에 해당한다. 영업권은 별도 계정처리하지 않지만 매 회계기말에 손상 여부를 평가하여야 한다.

[3] (주)건국의 당기순이익 보고에 따른 아주회사의 제11회계연도말 분개를 보이시오.

[풀이]■■■■■

제11회계연도말, (주)건국의 당기순이익에 의해 순자산이 동 금액만큼 증가했고, 그에 대한 아주회사의 소유지분율 해당액은 160만원(=₩8,000,000×20%)이다. 이 금액만큼 관계기업투자의 장부금액을 증가시키는 분개를 하여야 한다.

(차변) 관계기업투자 1,600,000 (대변) 지분법이익 1,600,000

[4] 아주회사의 (주)건국으로부터의 배당수령에 대한 분개를 하시오.

[풀이]■■■■■

아주회사의 현금배당은 40만원(=₩2,000,000×20%)이다. 이 금액만큼 관계기업투자의 장부금액을 감소시키는 분개를 하여야 한다.

(차변) 현 금 400,000 (대변) 관계기업투자 400,000

[5] 제12회계연도 8월 1일, 아주회사는 특별한 사정이 발생하여 (주)건국 소유지분 전부를 870만원에 처분하였다. 아주회사의 처분분개를 하시오.

[풀이] ■■■■■

관계기업투자 주식의 처분 시 처분대가에서 처분 당시 장부금액을 뺀 금액이 처분손익이다. 처분 당시 아주회사의 관계기업투자의 장부금액은 아래 T-계정에서 보는 바와 같이 1,120만원이다.

관계기업투자					
06/01/11	취 득	10,000,000	03/07/12	현금배당	400,000
12/31/11	지분법이익	1,600,000			
		11,200,000			

따라서 처분손실 250만원(=₩8,700,000−₩11,200,000)이 발생하였다.

(차변) 현 금 8,700,000 (대변) 관계기업투자 11,200,000
관계기업투자처분손실 2,500,000

[6] 공정가치법하에서는 투자주식의 가격변동을 장부금액에 반영하는 기말수정분개를 한다. 즉, 공정가치법하에서는 회계기말에 투자주식의 장부금액을 시장가격으로 현실화하는 동시에 평가손익을 인식한다. 이에 반하여, 관계기업투자주식의 회계처리(지분법)에서는 투자회사가 투자주식의 가격변동을 장부금액에 반영하지 않는다. 지분법하에서 투자회사가 투자주식의 가격변동을 장부금액에 반영하지 않는 논리를 제시하시오.

[풀이] ■■■■■

지분법은 지분율만큼 피투자회사를 소유한 '주인'인 것처럼 투자주식을 평가하는 방법이다. 피투자회사가 자기회사 주식의 가격변동을 장부에 반영할 수 없는 것처럼 투자회사도 당연히 주인으로서 '자기회사' 주식의 가격변동을 장부에 반영할 수 없다. 따라서 지분법하에서는 투자주식의 가격변동을 장부금액에 반영하지 않는다.

연습문제

〈객관식 문제〉

01 다음 중 개념상 장기금융자산으로 볼 수 없는 것은?

① 장기대여금

② 5년 후 만기가 도래하는 정기적금

③ 타기업 주식에의 장기투자

④ 장기선급비용

⑤ 국채에의 장기투자

02 원리금 수취 및 매도 목적으로 보유하고 있는 투자사채의 평가손실 보고방법으로 옳은 것은?

① 기타비용으로 보고한다.

② 재무상태표의 기타포괄손익누계액으로 보고한다.

③ 재무제표에 인식하지 않는다.

④ 투자사채의 차감형식으로 보고한다.

⑤ 영업비용으로 보고한다.

03 원리금 수취 목적으로 보유하고 있는 투자사채의 평가이익에 대하여 옳은 것은?

① 기타수익으로 보고한다.

② 재무상태표의 기타포괄손익누계액으로 보고한다.

③ 투자사채에 가산형식으로 보고한다.

④ 재무제표에 인식하지 않는다.

⑤ 영업수익으로 보고한다.

04 다음 중 당기손익 인식 공정가치법으로 회계처리해야 하는 것은?

① 관계기업에의 지분투자 ② 종속기업에의 지분투자

③ 시세차익 목적의 채권 ④ 만기보유 목적의 채권

⑤ 보유 후 중도 처분 목적의 채권

05 다음 중 원가법을 적용하여 평가해야 하는 항목은?

① 단기매매금융자산 ② 매도 목적의 투자사채

③ 원리금 수취 목적의 투자사채 ④ 관계기업투자

⑤ 종속기업투자

06 투자주식의 평가손실은 원칙적으로 (?)

① 기타포괄손실로 보고한다.

② 재무상태표의 기타포괄손익누계액으로 보고한다.

③ 음(−)의 자본항목으로 보고한다.

④ 투자주식의 차감형식으로 보고한다.

⑤ 당기손익으로 인식한다.

07 관계기업투자로 분류한 투자주식으로부터 배당금을 수취하였다면, 그 결과로 옳은 것은?

① 당기순이익이 증가한다.

② 관계기업투자가 감소한다.

③ 자본총계가 증가한다.

④ 기타포괄손익누계액이 감소한다.

⑤ 총포괄이익이 증가한다.

08 (보론) 회사가 보유한 타 회사의 주식을 지분법에 의해서 평가할 경우, 피투자회사로부터 받은 현금배당은 어떻게 처리해야 하는가?

① 배당금수익으로 처리한다.

② 피투자회사 이익 중 투자회사 지분에 해당하는 금액을 이익에서 차감한다.

③ 관계기업투자에서 차감한다.

④ 주주지분에서 차감한다.

⑤ 자본에 가산한다.

(자료) 다음은 9번~12번 문제에 대한 내용이다. S사는 제2회계연도 5월 11일에 장기보유 목적으로 A사 보통주 1만주를 주당 500원에 구입하고 수수료 3만원을 지급하였다.

09 제2회계연도 5월 11일, S사의 분개에서 차기해야 할 계정과목과 금액은?

① 단기매매금융자산 500만원 ② 단기매매금융자산 503만원
③ 투자주식 500만원 ④ 투자주식 503만원
⑤ 상각후원가금융자산 503만원

10 제2회계연도 12월 31일, S사 결산일에 A사 보통주 주당 시가는 600원이었다. 결산기말 S사의 수정분개로 차기 또는 대기하여야 할 계정과목과 금액은?

① 투자주식 97만원으로 차기
② 투자주식 97만원으로 대기
③ 투자주식평가손실 97만원으로 대기
④ 투자주식평가이익 97만원으로 차기
⑤ 정답 없음

11 제3회계연도 12월 31일, A사 보통주 주당 시가가 800원으로 상승하였다. 결산기말 S사의 수정분개로 차기 또는 대기하여야 할 계정과목과 금액은?

① 투자주식평가이익 297만원으로 대기
② 투자주식평가이익 200만원으로 차기
③ 투자주식 297만원으로 차기
④ 투자주식 200만원으로 차기
⑤ 정답 없음

12 제4회계연도 6월 7일, S사는 A사 보통주 전부를 주당 585원에 처분하고 수수료 3만원을 지급하였다. S사가 인식해야 할 처분손익은 얼마인가?

① 처분손실 220만원 ② 처분손실 218만원
③ 처분이익 79만원 ④ 처분이익 85만원
⑤ 정답 없음

(자료) 다음은 13번~16번 문제에 대한 내용이다. 영남상사는 제2회계연도 3월 3일에 10억원을 주고 A사 보통주 25%를 취득하였다. 취득 시 A사 순자산의 공정가치는 30억원이었다. 제2회계연도말 현재 영남상사가 A사 순자산의 공정가치를 초과해서 지불한 금액의 1/5은 손상된 것으로 판명되었다.

13 제2회계연도 3월 3일, A사 주식 취득에 관한 영남상사의 분개에서 차기해야 할 계정

과목과 금액은?

① 투자주식 10억원 ② 관계기업투자 10억원
③ 투자주식 7억 5,000만원 ④ 관계기업투자 7억 5,000만원
⑤ 정답 없음

14 제2회계연도말 영남상사의 분개에서 대기해야 할 계정과목과 금액은?

① 영업권 5,000만원 ② 관계기업투자 5,000만원
③ 투자주식평가이익 5,000만원 ④ 영업권상각충당금 5,000만원
⑤ 정답 없음

15 영남상사 제2회계연도말에 A사는 1억원의 당기순이익을 보고하였다. A사의 보고이익에 대한 영남상사의 분개에서 대기해야 할 계정과목과 금액은?

① 지분법이익 1억원 ② 관계기업투자 1억원
③ 관계기업투자 2,500만원 ④ 지분법이익 2,500만원
⑤ 정답 없음

16 A사는 총 3,000만원의 현금배당을 선언 · 지급하였다. 이에 따른 영남상사의 분개에서 대기해야 할 계정과목과 금액은?

① 현금 750만원 ② 배당금수익 750만원
③ 관계기업투자 750만원 ④ 지분법이익 750만원
⑤ 정답 없음

〈주관식 문제〉

17 장기금융자산의 개념

금융자산이란 현금을 받을 계약상의 권리를 말한다. 이러한 개념에 따라 다음 〈보기〉 중에서 장기금융자산에 해당하는 항목을 고르시오.

〈 보 기 〉

a. 이익잉여금
b. 본사 건물
c. 장기대여금
d. 재무상태표일로부터 2년 만기의 정기예금
e. 재무상태표일로부터 1년 만기의 정기적금
f. 부동산 중개회사가 판매용으로 보유하고 있는 토지
g. 공장건물의 부수 토지
h. 상품 판매 시 2년 후 받기로 한 매출채권

18 투자주식(1): 당기손익-공정가치 측정

(주)개벽은 제4회계연도 12월 31일 현재 다음과 같은 투자주식을 보유하고 있다. 이 투자주식들은 모두 단기매매 이외의 목적으로 제4회계연도 중에 구입한 것이며, 평가손익은 지분증권에 원칙적으로 적용되는 방법으로 회계처리한다. (주)개벽의 결산일은 12월 31일이다.

	취득원가	기말 공정가치
갑 보통주	₩100	₩130
을 보통주	300	230
계	₩400	₩360

1. (주)개벽이 제4회계연도말에 해야 할 회계처리를 하시오.
2. 관련 계정만 나타내는 제4회계연도말 부분 재무상태표를 작성하시오.
3. 관련 계정만 나타내는 제4회계연도 부분 포괄손익계산서를 작성하시오.

19 투자주식(1): 기타포괄손익-공정가치 측정

위 17번 문제와 동일하나, (주)개벽이 지분증권 투자에 대해 평가손익을 기타포괄손익으

로 인식하는 방법을 선택하였다고 가정할 때,

1. (주)개벽이 제4회계연도말에 해야 할 회계처리를 하시오.
2. 관련 계정만 나타내는 제4회계연도말 부분 재무상태표를 작성하시오.
3. 관련 계정만 나타내는 제4회계연도 부분 포괄손익계산서를 작성하시오.

20 투자주식(2): 기타포괄손익-공정가치 측정

(주)개성은 제11회계연도 중에 타 회사 주식 10주를 취득하였으며 제11회계연도말까지 추가로 취득 또는 처분한 타 회사 주식은 없었다. 제11회계연도말 현재 재무상태표에는 자산으로 투자주식이 50,000원, 자본으로 투자주식평가이익이 9,000원 계상되어 있다.

다음은 제12회계연도 중에 발생한 거래이다.
(1) 3월 20일 현금으로 1주당 10원의 배당을 받았다.
(2) 6월 8일 10주 모두를 45,000원에 처분하였다.

아래 물음에 답하시오.
1. 제11회계연도 주식 취득시의 총취득원가를 구하시오.
2. 제12회계연도에 필요한 회계처리를 모두 하시오.

21 투자주식(3): 당기손익-공정가치 측정

위 19번 문제와 동일하나, (주)개성이 투자주식에 대한 평가손익을 원칙대로 당기손익으로 인식하는 회계처리를 하였을 경우, 제12회계연도에 필요한 회계처리를 모두 하시오.

22 투자사채: 원리금 수취 목적

(주)동명은 다음과 같은 회사채를 발행하고 발행일에 (주)서명은 이 회사채를 취득하였다.

액면금액: ₩100,000	만　기: 3년 (상환일: 제4회계연도말)
사채발행일: 제2회계연도 1월 1일	발행가격: 액면금액
표시이자율 및 시장이자율: 연 10%	이자지급일: 매년말

또한 이 회사채의 시장가격은 다음과 같다.

제2회계연도말: 95,000원
제3회계연도말: 106,000원
제4회계연도말: 100,000원

(주)서명이 이 회사채를 원리금 수취 목적으로 보유할 경우, 취득시점 및 각 회계연도말 (주)서명의 분개를 보이시오.

23 투자사채: 원리금 수취 및 매도 목적

위 22번 문제의 회사채를 (주)서명이 원리금 수취 및 매도 목적으로 보유하다 제4회계연도 7월 1일에 107,000원에 처분했다고 가정하자.

이 회사채의 처분전 연말 시장가격은 다음과 같다.

제2회계연도말: 95,000원

제3회계연도말: 106,000원

이 경우, 취득 시, 2회계연도말, 3회계연도말, 그리고 처분시점 (주)서명의 분개를 보이시오.

24 투자사채: 매도 목적

위 22번 문제의 회사채를 (주)서명이 매도 목적으로 보유했고 동 회사채를 제3회계연도 7월 1일에 99,000원에 처분했을 경우, 제2회계연도말 및 처분시점의 분개를 보이시오. 제2회계연도말의 시장가격은 95,000원이다.

25 지분법(보론)

제1회계연도초 (주)기성은 주당 500원에 (주)미래의 보통주식 2,000주를 취득하였다. 취득시점에 (주)미래의 순자산 공정가치는 300만원이었으며 총발행주식수는 8,000주였다. 주식 취득과 관련하여 내재된 영업권은 매년 1/5씩 손상되는 것으로 판단된다. (주)기성의 제1회계연도말에 (주)미래는 당기순이익 20만원을 보고하였다. 또한 (주)기성의 제2회계연도말에 (주)미래는 당기순이익으로 30만원을 보고하였으며 주당 20원의 배당을 선언하고 즉시 지급하였다.

다음 시점에서 (주)기성이 해야 할 지분법 회계처리를 하시오. (주)기성의 결산일은 12월 31일이다.

1. 제1회계연도 관계회사투자 주식 취득 시
2. 제1회계연도말
3. 제2회계연도말

제 III 부

부채와 자본

10장

부 채

개념과 분류 제1절

부채(liabilities)란 기업이 과거에 진 빚에 대해 현재 갚아야 할 의무이다. 부채를 갚는 데에는 일반적으로 기업의 자원이 사용된다. 따라서 부채는 **과거 사건에 의하여 발생하였으며 경제적 자원(즉 자산)이 기업으로부터 유출됨으로써 이행될 현재의 의무**로 정의된다.

자산과 마찬가지로 부채도 유동부채와 비유동부채로 구분하여 표시한다. 재무상태표일로부터 1년 또는 정상영업주기 이내에 갚아야 할 부채는 **유동부채**(current liabilities)로 분류한다. 유동부채로 분류하지 않은 모든 부채는 **비유동부채**(non-current liabilities)로 분류한다.

유동부채의 대표적인 항목으로 단기금융부채, 매입채무, 미지급비용, 그리고 선수수익을 들 수 있다. 유동부채의 각종 항목에 대하여는 제2장에서 살펴보았다. 특히 대표적인 유동부채인 매입채무에 대하여는 제6장에서 상술하였다.

본 장에서는 비유동부채에 초점을 둔다. **비유동부채**(non-current liabilities)는 기업이 진 빚으로서 그 상환기한이 재무상태표일로부터 1년 후에 도래하는 장기부채(long-term liabilities)를 말한다. 비유동부채는 **장기금융부채**, **장기충당부채**, 그리고 **기타비유동부채**로 구분하여 재무상태표에 보고한다.

1. 장기금융부채

금융부채란 금융자산의 반대 개념으로 거래상대방에게 **현금 등 금융자산을 지급할 계약상의 의무**를 말한다. 따라서 금융부채에는 사채, 차입금, 매입채무, 충당부채 등 거의 모든 채무가 속하게 된다. 한국채택국제회계기준은 이 가운데 매입채무, 충당부채 등은 금융부채이지만 별도의 항목으로 구분 표시하도록 하고 있다. 장기금융부채란 부채 원금의 상환기한이 재무상태표일로부터 1년 후에 도래하는 금융부채를 말한다. 장기금융부채에는 **사채**(회사채), **장기차입금** 등이 포함된다.

사채(bonds payable)[1]는 기업이 사채권(사채증서; bond certificates)이라는 채무증권을 발행하여 자본시장의 불특정다수에게 매각함으로써 자금을 조달한 장기금융부채이며, **장기차입금**은 기업이 은행 등 금융기관으로부터 자금을 차입한 장기금융부채이다. 사채는 기업이 투자자로부터 자금을 직접 조달하는 방식이므로 **직접금융**(direct financing)이라고 하는 반면, 장기차입금은 금융기관을 거쳐 자금을 조달하는 방식이므로 **간접금융**(indirect financing)이라 한다.

당초 장기금융부채로 분류해 놓은 사채나 장기차입금 중 원금의 전부 또는 일부의 상환기한이 재무상태표일로부터 1년 이내로 도래하면 해당 금액은 유동성장기금융부채(current maturities of long-term financial liabilities)라는 유동부채 항목으로 보고해야 한다.

2. 장기충당부채

충당부채(provisions)는 과거의 사건에 의하여 기업이 현재 부담하는 의무로 그 지출의 구체적인 시기, 대상 또는 금액은 불확실하지만 현금 등 자원의 유출 가능성이 높고 그 금액을 신뢰성 있게 추정할 수 있는 일종의 **추정부채**(estimated liabilities)이다. 현금 등 자원의 유출시점이 재무상태표일로부터 1년 이내로 예상되는 충당부채는 유동부채로 보고한다. 그러나 지출의 발생시점이 재무상태표일로부터 1년 후로 예상되는 충당부채는 장기충당부채라는 비유동부채로 보고한다.

충당부채의 대표적인 예로는 수익·비용대응 원칙(matching principle)의 산물인 **제품보증충당부채**가 있다. 제품, 특히 내구재(자동차, 냉장고 등)는 판매 후 일정 기간 내에 하자가 발견되면 무상수리를 해주는 보증부판매가 일반적이다. 보증부판매에 있어 실제 보증수리비의 지출은 매출수익을 인식한 후의 회계기간에 일어나는 것이 보통이다. 그러나 **수익·비용대응의 원칙에 의거 보증비용은, 실제 지출시점과 상관없이, 당해 제품 매출연도의 비용으로 인식**하여야 한다. 따라서 보증부판매를

1) 채무증권의 일반적인 형태로서 사채 그 자체를 말할 때는 bonds 또는 corporate bonds라 표현하고, 재무상태표 부채항목을 지칭할 때는 bonds payable이라 표현한다.

한 기업은 매출시점에서 장래 발생할 보증수리지출액을 합리적으로 추정하여 **제품보증비**(warranty expense)라는 비용으로 인식하여야 한다. 이때, 제품보증비의 상대계정은 **제품보증충당부채**이다. 따라서 제품보증비의 인식을 위한 분개는 다음과 같다.

(차변) 제품보증비 ××× (대변) 제품보증충당부채 ×××

제품보증비는 손익계산서의 판매비로 보고한다. 추후 실제 보증수리 지출이 발생하면 다음과 같이 현금을 대기하고 그만큼 이미 설정된 제품보증충당부채를 차기하여 감소시키면 된다.

(차변) 제품보증충당부채 ××× (대변) 현 금 ×××

예제 10-1

제품보증충당부채

(주)기산은 판매 후 3년 무상보증 조건으로 제품을 판매하고 있는 바, 무상수리비로 매출의 5%를 예상하고 있다. 제1회계연도와 제2회계연도의 매출은 각각 300백만원과 500백만원이다. 실제 무상보증비 지출은 제1회계연도에 0, 제2회계년도에 6백만원, 그리고 제3회계년도에 14백만원이었다.

[1] 무상보증과 관련하여 각 연도에 필요한 분개를 하시오. (단위: 백만원)

[풀이]

제품보증비를 인식하는 수정분개

제1회계연도말: (차변) 제품보증비 15* (대변) 제품보증충당부채 15

* 300×5%=15

제2회계연도말: (차변) 제품보증비 25* (대변) 제품보증충당부채 25

* 500×5%=25

보증수리 지출을 인식하는 분개

제2회계연도중: (차변) 제품보증충당부채 6 (대변) 현 금 6

제3회계연도중: (차변) 제품보증충당부채 14 (대변) 현 금 14

[2] 제3회계년도말의 제품보증충당부채의 잔액은? (단위: 백만원)

[풀이]■■■■■

제3회계년도말 제품보증충당부채 잔액 = 15 + 25 - 6 - 14 = 20

충당부채와 그 성격이 유사한 개념으로 **우발부채**(contingent liabilities)가 있다. 두 부채 모두 미래 자원유출 금액의 추정을 필요로 한다는 점에서는 동일하다. 그러나 **충당부채는 미래의 자원유출 가능성이 높아 재무상태표에 인식해야 하는 부채인데 반하여 우발부채는 미래 자원유출 가능성이 상당히 불확실하여 재무상태표에 인식하지 않는 부채**이다. 재무상태표에 충당부채로 인식되기 위하여는, 첫째 현금 등 자원의 유출 가능성이 높고, 둘째 그 금액을 신뢰성 있게 추정할 수 있어야 한다. 그러나 현금 등 자원의 유출 가능성이 높지 않거나 가능성이 높더라도 그 금액을 신뢰성 있게 추정할 수 없는 경우는 우발부채로서 재무상태표의 본문이 아닌 **주석에 공시**하면 된다. 단, 현금 등 자원의 유출 가능성이 매우 낮은 경우는 주석 공시도 필요하지 않다.

예를 들어 기업이 손해배상소송 등에 피소되어 재무상태표일 현재 소송에 계류되어 있다고 하자. 이때 손해배상 예상액을 충당부채로 재무상태표에 인식하느냐의 여부는 현금 등 자원의 유출 가능성(즉 패소 가능성) 및 패소 시 예상 배상액 측정의 신뢰성에 달려 있다. 패소 가능성이 높은 경우, 예상 배상액을 신뢰성 있게 측정할 수 있다면 그 금액을 손익계산서의 기타비용 및 재무상태표의 충당부채로 보고해야 하나, 그렇지 않다면 그 내용을 우발부채로 주석 공시하면 된다. 단, 패소 가능성이 매우 낮은 경우는 주석 공시 의무도 없다.

삼성전자 '충당부채' 1조 4,000억 왜 더 쌓았지?

올 들어 6개월 새 삼성전자의 '충당부채'라는 부채 항목이 1조 4,000억원 급증한 것으로 나타나면서 그 이유에 관심이 쏠리고 있다. 충당부채란 소송 제품수리보증 지급보증 등 '과거 사건'으로 인해 미래 현금이 유출될 가능성이 높을 때 회사가 그 금액을 현재 시점에서 추정해 미리 부채로 반영하는 회계계정이다.

31일 삼성전자에 따르면 이 회사의 올 상반기 말 현재 연결재무제표 기준 충당부채는

4조 3,590억원이다. 삼성전자 충당부채는 2009년 말 3조 2,058억원에서 작년 말 2조 9,179억원으로 2,879억원 감소했다가 올 들어 6개월 새 1조 4,411억원 늘었다.

삼성전자의 전체 부채는 작년 말 44조 9,396억원에서 올 상반기 말엔 43조 3,614억원으로 1조 5,782억원 감소했다.

증권가에선 '삼성전자가 최근 애플 등 글로벌 업체들과 벌이고 있는 특허분쟁으로 발생할 수 있는 잠재 손실을 충당부채로 상반기 말에 반영한 것 아니냐'고 분석하고 있다. 충당부채를 인식하는 대표적인 경우 중 하나가 소송이나 법적 분쟁으로 손해배상을 하게 될 가능성이 높아졌을 때이기 때문이다.

삼성전자는 애플과 한국 미국 독일 네덜란드 등 9개국에서 특허소송을 벌이고 있다. 마이크로소프트(MS)와는 구글의 스마트폰 운영체제(OS)인 안드로이드 사용에 대한 특허료 지급 여부를 놓고 협상 중이다.

MS는 "안드로이드의 이메일 전송 기술 등에 대한 특허를 보유하고 있다"며 전 세계 안드로이드 진영 스마트폰 제조업체들에 특허 사용료를 요구하고 있다. MS는 작년 4월 대만 업체 HTC와 대당 5달러씩 로열티를 받기로 합의하기도 했다.

삼성전자의 올해 스마트폰 판매량이 8,000만대를 넘을 것으로 예상되는 만큼 MS와의 협상 결과에 따라 삼성전자가 연간 수천억원의 로열티를 지급하게 될 가능성을 배제할 수 없다고 증권업계는 보고 있다.

이에 대해 삼성전자 관계자는 "현재 진행 중인 여러 소송이나 분쟁을 의식해 충당부채를 쌓지는 않았다"며 "매출과 제품 판매량이 늘다 보니 충당부채액도 자연스럽게 늘어난 것"이라고 설명했다. 기존에 판매한 각종 제품에 대한 품질보증이나 교환 · 환불로 인해 예상되는 미래 현금유출액, 신제품 개발로 인한 기술사용료 지급 추정액, 올해 경영성과에 따라 임직원에게 지급하는 초과이익분배금(PS) 추정액 등에 대해 충당부채를 쌓았다는 것이다.

(한국경제, 2011. 8. 31. 이상열 기자)

3. 기타비유동부채

기타비유동부채는 장기금융부채나 장기충당부채로 분류되지 않는 비유동부채이며, 그 예로 **장기선수수익**, **이연법인세부채** 등이 있다. **장기성매입채무**, **장기미지급금**, **장기미지급비용**, 그리고 반환될 보증금(**전세금**, **임대보증금** 등)은 개념적으로는 장기금융부채에 속하나 재무상태표상 별도로 보고하는데, 여기서는 이들을 기타비유동부채에 귀속시킨다.

전세금과 임대보증금은 기업이 보유한 건물 등을 세입자에게 전세를 주거나 임대를 하면서 받은 예치금인데, 계약 만료 시(통상 1년 후) 세입자에게 반환되어야 하므로 부채로 기록한다. 이 경우 세입자 입장에서는 제9장의 기타비유동자산 부분에서 언급하였듯이 전세권과 임차보증금이라는 자산으로 기록한다.

이연법인세부채(deferred tax liabilities)는 기업회계기준과 세법 간에 수익(세법에서는 익금)과 비용(세법에서는 손금)을 인식하는 시점의 차이로 인해 발생한다. 이러한 차이로 인해 당기 법인세부담액(세법)은 손익계산서에 보고된 법인세비용(기업회계기준)보다 적게 될 수도 있고 많게 될 수도 있다. 당기법인세부담액이 적을 경우 그만큼 미래에 추가로 법인세를 부담하게 되는 바 그러한 미래 의무의 추정치를 이연법인세부채로 보고한다. 반대로 당기 법인세부담액이 많을 경우 그만큼 미래에 법인세를 적게 부담하게 되는 바 그러한 미래 예상 절감액을 이연법인세자산(deferred tax assets)으로 보고한다.

제2절 현재가치의 개념과 계산

회계에서 **장기로 수취할 자산 또는 지불할 부채항목은 명목가액 대신에 현재가치로 측정**하는 것이 일반적이다. 예로, 사채, 만기보유금융자산, 장기성매출채권, 장기성매입채무 등은 현재가치로 평가하여야 한다. 아래에서는 현재가치의 개념과 계산방법을 알아본다.

1. 단일금액 1원의 현재가치

지금 돈 100만원의 가치는 1년 후에 받게 될 100만원의 가치보다 더 크다. 지금 돈 100만원을 안전한 곳에 투자한다고 하자. 1년 후에는 이보다 불어나게 될 것이다. 즉 돈은 **시간가치**(time value of money)를 가지고 있다.

1년 후에 받게 될 100만원을 지금의 가치로 환산하면 얼마가 될까? 바꾸어 말하면, 1년 후 100만원의 **현재가치**(present value)는 얼마인가? 이 물음에 대한 답은 지금 이 상황에 적정한 할인율(discount rate)이 얼마인가에 달려있다. 이 할인율은 지금 일정액의 현금을 1년간 투자했을 경우의 수득률(yield rate) 또는 수익률(rate of return)인데, 이를 **유효이자율**(effective interest rate)이라고 하며, 이 이자율이 시장 상황에서 결정될 경우, **시장이자율**(market interest rate)이라고도 한다.

만약, 유효이자율이 10%라면 1년 후에 받게 될 100만원의 현재가치는 다음 계산에서 보는 바와 같이 909,100원임을 알 수 있다.

$$₩1,000,000 \times \frac{1}{1+0.1} = ₩1,000,000 \times 0.9091 = ₩909,100$$

같은 맥락으로, 2년 후에 받게 될 100만원의 현재가치는, 다음 계산에서 보는 바와 같이 826,400원이다.

$$₩1,000,000 \times \frac{1}{(1+0.1)^2} = ₩1,000,000 \times 0.8264 = ₩826,400$$

일반적으로 유효이자율이 i이고 n기간 후에 받게 될 100만원의 현재가치는 다음과 같이 계산됨을 알 수 있다.

$$₩1,000,000 \times \frac{1}{(1+i)^n}$$

위 식에서 $1/(1+i)^n$을 **단일금액 1원의 현재가치**라 하며 앞으로 S(n, i)로 표기한다. 가령, S(5, 0.12)는 기간(n)이 5이고 유효이자율(i)이 12%인 단일금액 1원의 현재가치를 의미한다. S(5, 0.12)는 $1/(1+0.12)^5$로 계산할 수도 있고 이 책의 부록 〈단일금액 1원의 현재가치표〉에서 읽을 수 있다. 어느 경우이든, 소수점 4자리까지 반올림하면, S(5, 0.12)=0.5674임을 알 수 있다.

요약하면, 단일금액의 현재가치란 미래 n기간 후에 주거나 받을 현금을 유효이자율 i로 할인하여 지금의 가치로 환산한 금액이다. 여기서 단일금액이란 미래 n기간말에 '한 번' 주거나 받을 현금을 말한다. 그리고 미래 n기간말에 주거나 받을 단일금액 S원을 유효이자율 i로 할인한 현재가치는

$$S \times S(n, i)$$

로 계산되며, 여기서 단일금액 1원의 현재가치 S(n, i)는 이 책의 부록 〈단일금액 1원의 현재가치표〉에서 읽을 수 있다.

2. n기간의 산정

현재가치를 계산함에 있어 n기간이라 할 때 '기간'은 이자가 계산되는 빈도에 따라 달라진다. 예컨대, 이자가 매년 계산된다면 기간은 연(year)을 의미하고, 매월 계산된다면 기간은 월(month)을 의미한다. 가령, 연이자율이 8%인데 이자가 6개월마다 계산되고 만기가 3년이라고 하자. 이 경우 기간은 6개월 단위가 되므로 n=6이며, 이자도 6개월 단위로 계산해야 하므로 i=4%(=8%/2)이다. 따라서 만기인 3년 후에 받을 돈 1원의 현재가치는 다음과 같이 계산된다.

$$\frac{1}{(1+0.04)^6} = S(6, 0.04) = 0.7903$$

이는 연이자율 8%, 연단위로 3년 계산된 경우의 단일금액 현재가치인 S(3, 0.08)=0.7938과 다르다는 점에 유의할 필요가 있다.

3. 기말연금 1원의 현재가치

연금(annuity)이란 동일한 금액을 동일한 간격(interval)으로 매번 반복적으로 주

거나 받을 돈을 말한다. 가령, 퇴직 후 100만원을 매월 받는다고 할 때 이 100만원이 연금에 해당한다.

연금의 현재가치를 계산함에 있어 현금흐름은 편의상 그 기간말에 일어나는 것으로 가정한다. 이러한 연금을 **기말연금**이라고 한다. **유효이자율이** i이고 매 기간 100만원을 n기간 동안 받을 **기말연금의 현재가치**는 다음과 같이 계산된다.

$$₩1,000,000 \times \frac{1-\dfrac{1}{(1+i)^n}}{i}$$

위식에서 $[(1-1/(1+i)^n)/i]$를 **기말연금 1원의 현재가치**라 하며, 앞으로 A(n, i)로 표기한다. 가령, A(5, 0.12)는 기간(n)이 5이고 유효이자율(i)이 12%인 기말연금 1원의 현재가치를 의미한다. A(5, 0.12)는 $[(1-1/(1+0.12)^5)/0.12]$로 계산할 수도 있고 이 책의 부록 〈기말연금 1원의 현재가치표〉에서 읽을 수 있다. 어느 경우이든, 소수점 4자리까지 반올림하면, A(5, 0.12)=3.6048임을 알 수 있다.

예제 10-2

연금과 일시금의 비교

김정연 씨는 퇴직을 앞두고 있다. 퇴직하면 이후 5년간 매년말 100만원씩의 연금을 받을 수 있다. 아니면 연금 대신 퇴직 직후 일시불로 받을 수도 있다.

물음 시장이자율이 12%인 경우, 김정연 씨가 일시불로 받게 되면 얼마 이상이 되어야 유리할 것인가?

[풀이] ■■■■■

김정연 씨가 받게 되는 연금의 현재가치를 계산하여 보면 다음과 같다.

₩1,000,000×A(5, 0.12)
=₩1,000,000×3.6048=₩3,604,800

따라서 김정연 씨가 일시불로 3,604,800원 이상 받게 되는 경우, 일시불이 연금보다 가치가 높다고 할 수 있다.

제3절 사채의 성격, 종류 및 관련 개념

1. 사채의 성격

사채(bonds payable)란 주식회사가 확정채무임을 표시하는 사채권(bond certificates)을 발행하여 자본시장에 매각함으로써 발생하는 장기금융부채이다. 사채권에는 사채의 **액면금액**(face value 또는 par value), **표시이자율**(stated interest rate), **이자지급일**(interest payment dates), **만기일**(maturity date) 등이 기재되어 있다.

기채회사(발행회사)는 일정 금액의 사채권을 대량으로 발행함으로써 일시에 거액의 자금을 차용할 수 있다. 예컨대, 기채회사는 액면금액 1만원의 사채권 2,000만매를 발행하여 불특정 다수의 투자자들에게 매각함으로써 2,000억원의 자금을 조달할 수 있는 것이다.

2. 사채의 종류

사채(bonds)를 재무상태표에 보고할 때에는 그 종류별로 구분하고 그 내용을 주석으로 기재하여야 한다. 사채는 그 계약내용이나 조건에 따라 다양한 종류가 있다.

(1) 보증사채와 무보증사채

은행 등 제3자의 지급보증이 있으면 **보증사채**(guaranteed bonds)이고, 없으면 **무보증사채**(unguaranteed bonds)이다. 현재 우리나라의 사채발행은 주로 무보증사채의 형태로 발행된다. 미국 재무제표에서 'debentures'라는 용어가 흔히 발견되는데 이는 무보증사채를 의미한다. 신용도가 높은 기업의 경우 주로 debentures를 발행한다. 정크본드(junk bonds)는 신용도가 매우 낮은, 즉 도산위험이 매우 높은 기업이 발행한 debentures이다.

(2) 담보부사채와 무담보부사채

사채에 담보가 걸려 있으면 **담보부사채**(secured bonds)이고, 없으면 **무담보부사채**(unsecured bonds)이다. 예를 들어, mortgage bonds(부동산저당사채)는 부동산이 담보로 걸려 있는 사채이다.

(3) 기명식사채와 무기명식사채

사채증서에 사채권자의 이름이 명기되어 있는 사채가 **기명식사채**(registered bonds)이다. 이 경우 사채의 양도가 불편해진다. **무기명식사채**(coupon bonds 또는 bearer bonds)에는 사채권자의 이름이 명기되어 있지 않아 사채의 양도가 자유롭다. 예전에 미국에서는 무기명식사채에 무기명 이자표인 coupon이 붙어 있었다. 이자지급일에 이 coupon 하나를 떼서 이자청구를 하였기 때문에 무기명식사채를 coupon bonds라 지칭하기도 한다.

(4) 조기상환사채

조기상환사채(callable bonds)는 사채의 만기 이전에 상환할 수 있는 옵션(즉, 선택권)을 발행회사가 가지고 있는 사채로 수의상환사채라고도 한다.

(5) 이자부사채와 무이자부사채

이자부사채는 사채권에 이자율이 표시되어 있는 사채를 말한다. **무이자부사채**(zero-coupon bonds 또는 zero-interest bonds)는 사채권에 이자율의 표시가 없는 사채로서 사채의 기간 동안에 이자의 지급이 없고 만기지급액, 즉 액면금액에 사채에 대한 모든 이자가 실질적으로 포함되어 있는 사채를 일컫는다. 따라서 무이자부사채는 항상 할인발행되어 발행가격이 액면금액보다 훨씬 낮다.

(6) 전환사채, 신주인수권부사채 및 교환사채

사채를 일정 조건하에서 발행회사의 주식으로 전환할 수 있는 옵션(전환권)이 사채 보유자에게 주어진 사채를 **전환사채**(CB; convertible bonds)라 한다. 사채 보유자에게 발행회사의 신주를 일정한 조건으로 인수할 옵션인 신주인수권이 주어진 사채는 **신주인수권부사채**(BW; bonds with stock warrants)라 한다. 전환사채는 주식으로 전환하기 위해 사채를 포기해야 하는 반면, 신주인수권부사채는 사채를 보유하면서 동시에 신주를 유상으로 취득할 수 있다는 점이 다르다. 또한, **교환사채**(EB; exchangable bonds)는 동 사채를 발행회사가 보유한 타회사 주식으로 교환할 수 있는 권리가 부여된 사채이다. 전환권, 신주인수권 및 교환권은 일종의 옵션(option), 즉 선택권이다. 전환권, 신주인수권 및 교환권이 부여된 사채는 일반사채보다 그 옵션의 가치만큼 높은 가격에 발행된다.

3. 표시이자율, 시장이자율, 유효이자율

사채회계에 있어 표시이자율과 시장이자율의 개념과 역할을 이해하는 것은 대단히 중요하다. **표시이자율**(stated interest rate)은 **사채 액면에 표시된 이자율**로서 액면이자율이라고도 한다. 이는 사채 발행회사가 매 이자지급일에 현금으로 지급하기로 약속한 이자율이다. 표시이자율은 사채의 만기까지 고정되어 있다.

시장이자율(market interest rate)은 **시장에서 결정되는 이자율로서 투자자가 해당 사채에 대해 요구하는 적정 이자율**이다. 따라서 사채의 현재가치 계산에 있어 할인율로 사용된다. 시장이자율이 어떻게 결정되는지에 대한 공식은 없지만, 시장이자율은 사채발행회사의 신용도와 위험도 및 거시경제상황 등을 합리적으로 반영한다. 일반적으로 발행회사의 신용도가 낮을수록 그리고 위험도가 높을수록 시장이자율은 높아진다. **시장이자율은 기업마다 다르며 수시로 변동한다**. 이는 거시경제상황과 기업상황이 시시각각 변하고 있으며 이에 따라 특정 기업의 신용도나 위험도에 대한 시장(투자자)의 기대도 변하기 때문이다.

개념적으로 사채의 현재가치는 사채로부터 기대되는 현금이자와 원금을 시장이자율로 할인하여 계산된다. 그런데 엄밀히 말하면 사채 발행 시 사채의 현재가치 계산에 적용되는 이자율은 **유효이자율**(effective interest rate)이다. **유효이자율은 사채로부터 기대되는 현금이자와 원금**의 현재가치를 사채의 발행금액에서 부대비용을 차감한 순발행금액[2)]과 같게 하는 할인율이다. 따라서 사채 발행의 부대비용을 감안한 관계로 유효이자율은 사채 발행 시의 시장이자율보다 미세하게나마 높게 된다. 그렇지만 유효이자율이 시장이자율에 근거한 할인율이고 둘 간의 차이가 크지 않으므로 여기서는 유효이자율과 시장이자율을 같은 개념으로 혼용하여 사용하기로 한다.

사채의 발행가격은 발행시점의 시장이자율에 의하여 결정되며, 발행회사가 사채의 만기까지 매기 인식하여야 할 이자비용 역시 발행시점의 시장이자율에 의해 결정된다. 즉 사채는 사채 발행시점의 시장이자율을 사채기간 동안 계속적으로 적용하여 회계 처리한다. 물론 발행 후 시간에 따라 시장이자율이 변하면, 사채의 가격은 시장이자율의 함수이므로, 사채의 가격 또한 변한다. 그러나 사채발행 후 만기까지 이러한 시장이자율의 변동으로 인한 사채가격의 변동은 발행회사의 장부에 전혀 반영되지 않는다. **사채 발행회사는 발행 당시의 시장이자율을 고수하여, 즉 발행 당시의 사채가격에 근거하여 사채에 대한 회계처리를 한다.** 사채에 대해 현행이 아닌 발행 당시의 시장이자율을 고수하여 회계처리 한다는 것은 사채의 회계처리가 원가법이라는 것을 말한다.

4. 사채의 발행가격 결정원리

사채는 투자자들의 입장에서 볼 때 (사채 발행회사로부터 받기로 약속된) 미래 현금유입이다. 사채에 투자함으로써 기대되는 미래 현금유입액은 만기에 받을 원금(단일금액)과 매 이자지급일에 받을 현금이자(연금)이다. 이 **미래 현금유입액을 발행 당시의 시장이자율로 할인한 현재가치가 바로 사채의 발행가격**이 된다.

만일 사채의 발행가격이 사채에 투자함으로써 기대되는 현금유입액의 현재가치보다 높게 책정된다면, 투자자들은 이 사채를 외면할 것이며 이에 동 사채의 공급초

2) 순발행금액은 사채의 발행금액에서 발행 시 발생하는 부대비용, 즉 사채발행비를 차감한 금액으로 사채 발행에 따른 순현금유입액이다.

과 현상이 발생하게 되어 발행회사는 사채의 판매가격, 즉 발행가격을 낮추어야 할 것이다. 역으로, 만일 사채의 발행가격이 사채에 투자함으로써 기대되는 현금유입액의 현재가치보다 낮게 책정된다면, 이 사채에 수요가 몰려, 즉 사채에 대한 수요초과 현상이 생겨, 발행회사는 사채의 발행가격을 높이게 될 것이다. 따라서 시장균형은 사채의 발행가격이 사채에 투자함으로써 기대되는 미래 현금유입액의 현재가치와 같을 때 이루어지게 되는데, 여기서 현재가치는 발행 당시의 시장이자율로 할인한 금액이다.

5. 액면발행, 할인발행, 할증발행

수요공급의 원리에 의하여 결정되는 사채의 발행가격은 액면금액과 같을 수도 있고 이보다 작을 수도 있으며 클 수도 있다. 발행가격이 액면금액과 같은 경우를 **액면발행**(issuance at par), 발행가격이 액면금액보다 작은 경우를 **할인발행**(issuance at discount), 발행가격이 액면금액보다 큰 경우를 **할증발행**(issuance at premium)이라 한다.

액면발행은 사채의 발행가격, 즉 투자자가 사채에 투자함으로써 기대하는 미래 현금유입액을 발행 당시의 시장이자율로 할인한 현재가치가 액면금액과 일치하는 경우이다. 사채의 현재가치와 액면금액이 일치하기 위해서는 **사채발행 당시 시장이자율인 할인율이 표시이자율과 같아야 한다**. 즉, 현재가치 계산 시 분자에 적용되는 표시이자율과 분모에 적용되는 시장이자율이 일치할 때 그 현재가치는 액면금액과 같아진다.

사채의 현재가치는 할인율로 사용되는 시장이자율이 높을수록 낮아진다. 따라서 사채발행 시의 시장이자율이 표시이자율보다 높으면, 사채에 투자함으로써 기대되는 미래 현금유입액을 발행 시의 시장이자율로 할인한 현재가치인 발행가격은 액면금액보다 작게 된다. 이 경우가 **할인발행**인데, 그 할인금액은 투자자에게 **시장이자율보다 낮은 표시이자율을 적용하여** 이자를 지급하는 것에 대한 보상이라 할 수 있다.

할증발행의 경우는 위의 논리를 역으로 생각하면 이해가 될 것이다. **시장이자율**과 **표시이자율**의 상호관계에 따른 **액면발행**, **할인발행**, **할증발행**을 요약하면 〈표

10-1〉과 같다.

표 10-1
액면발행, 할인발행 할증발행

1) 액면발행: 발행가 = 액면금액 ⇔ 시장이자율 = 표시이자율
2) 할인발행: 발행가 < 액면금액 ⇔ 시장이자율 > 표시이자율
3) 할증발행: 발행가 > 액면금액 ⇔ 시장이자율 < 표시이자율

제4절 사채의 회계처리

사채의 회계처리를 논의하기 위하여 〈기본자료 10-1〉을 사용한다.

기본자료 10-1

(1) 할인발행

(주)경북은 제9회계연도 1월 1일에 액면금액 1만원의 사채(만기 3년, 표시이자율 8%, 이자지급일 매년 12월 31일)를 발행 즉시 판매하였다.[3] 발행일 현재 시장이자율은 10%이다. (주)경북의 결산일은 12월 31일이다.

(2) 할증발행

(주)아주는 제5회계연도 1월 1일에 액면금액 1만원의 사채(만기 3년, 표시이자율 10%, 이자지급일 매년 12월 31일)를 발행 즉시 판매하였다. 발행일 현재 시장이자율은 8%이다. (주)아주의 결산일은 12월 31일이다.

3) 논의를 단순화하기 위하여 사채권 발행매수는 생략한다. 즉, 1만원권 사채 1매를 발행한 것으로 가정한다.

1. 사채 발행가격의 결정과 발행일의 회계처리

앞에서 논의한 바와 같이, 사채의 발행가격은 투자자가 사채에 투자함으로써 기대되는 미래 현금유입액을 발행 당시의 시장이자율로 할인한 현재가치이다. 이때, 사채에 투자함으로써 기대되는 미래 현금유입액은 만기에 받을 원금(단일금액)과 매 이자지급일에 받을 현금이자(연금)이다.

(1) 할인발행

(주)경북의 경우, 만기에 받을 원금(단일금액)은 1만원이고 매 이자지급일에 받을 현금이자(연금)는 800원(=₩10,000×8%)이다. 발행 당시의 시장이자율은 10%이므로,

$$\begin{aligned}\text{발행가격} &= \{₩10{,}000\times S(3, 0.1)\} + \{₩800\times A(3, 0.1)\}\\ &= \{₩10{,}000\times 0.7513\} + \{₩800\times 2.4868\}\\ &= ₩9{,}502\end{aligned}$$

이다. 이 사채의 할인액은 498원(=₩9,502−₩10,000)이다. 할인액은 사채할인발행차금 계정에 차기한다. 따라서 (주)경북의 사채발행일의 분개는 다음과 같다.

(차변) 현 금	9,502	(대변) 사 채	10,000
사채할인발행차금	498		

사채할인발행차금(discount on bonds payable)은 사채의 차감계정으로 재무상태표상 사채에서 차감하는 형식으로 보고된다. 즉, 사채 계정 그 자체는 항상 액면금액으로 기록되며 그 금액에서 사채할인발행차금을 차감한 금액이 사채의 장부금액이다.

(2) 할증발행

(주)아주의 경우, 만기에 받을 원금(단일금액)은 1만원이고 매 이자지급일에 받을 현금이자(연금)는 1,000원(=₩10,000×10%)이다. 발행 당시의 시장이자율은

8%이므로,

$$
\begin{aligned}
\text{발행가격} &= \{₩10,000 \times S(3, 0.08)\} + \{₩1,000 \times A(3, 0.08)\} \\
&= \{₩10,000 \times 0.7938\} + \{₩1,000 \times 2.5771\} \\
&= ₩10,515
\end{aligned}
$$

이다. 이 사채의 할증액은 515원(=₩10,515−₩10,000)이다. 할증액은 사채할증발행차금 계정에 대기한다. 따라서 (주)아주의 발행일의 분개는 다음과 같다.

(차변) 현 금	10,515	(대변) 사 채	10,000
		사채할증발행차금	515

사채할증발행차금(premium on bonds payable)은 사채의 가산계정으로 재무상태표상 **사채에 가산하는 형식**으로 보고된다. 즉, 사채 계정 그 자체는 항상 액면금액으로 기록되며 그 금액에서 **사채할증발행차금을 가산한 금액이 사채의 장부금액**이다.

2. 사채발행차금의 상각

사채는 만기일에 항상 액면금액을 지급함으로써 소멸되므로, **만기일 직전 사채의 장부금액은 사채의 액면금액과 같게 되어야** 한다. 따라서 사채의 할인 또는 할증발행 시에 인식한 사채(할인 또는 할증)발행차금의 잔액은 사채기간에 걸쳐 감소되어 만기일에는 항상 '0'이 되어야 한다. 이렇게 사채기간 동안 사채발행차금을 '0'으로 줄여가는 회계적 과정을 **사채발행차금의 상각**(amortization)이라고 한다. 사채발행차금은 사채발행 시의 시장이자율과 표시이자율 차이에 따른 사채기간 동안의 이자비용과 현금이자의 차이를 반영한다. 그 차이를 반영하여 시장이자율에 의한 매 기간의 이자비용을 적절히 계상하기 위해서는 매 이자지급일에 사채발행차금을 상각하여야 한다.

사채발행차금을 상각하는 방법에는 **유효이자율법**과 **정액법**이 있다. **정액법**(straight-line method)은 매 기간 사채발행차금을 동일한 금액, 즉 정액으로 상각하는 방법이다. **유효이자율법**(effective interest method)은 사채발행 당시의 시장이자율, 즉 유효이자율을 체계적으로 적용하여 사채발행차금을 줄여가는 방법이다. 즉 매 기간 사채의 기초 장부금액에 사채발행 당시의 유효이자율을 곱하여 이자비용을 계산한 다음 동 이자비용과 표시이자율에 의해 결정된 현금이자와의 차이만큼 사채발행차금을 상각하는 방법으로서, 그 결과 사채발행차금은 매 기간 상이한 금액으로 상각된다.

유효이자율법에 대한 분개를 할인발행의 경우에 대해 표시하면 다음과 같다:

(차변) 이자비용	(A)	(대변) 현　금	(B)
		사채할인발행차금	(C)

여기서 각각의 금액은 다음과 같이 계산한다:

(A) 이자비용=사채의 장부금액×유효이자율
(B) 현금(이자지급액)=사채의 액면금액×표시이자율
(C) 사채할인발행차금 상각액=(A)−(B)

유효이자율법이 이론적으로 합당한 방법이며 국제회계기준에서도 이의 적용을 요구하고 있다. 반면에 정액법은 정확하지는 않으나 계산이 간단하다는 장점이 있다. 정액법은 그 결과가 유효이자율법으로 처리한 결과와 큰 차이가 없을 때만 허용될 수 있다.

앞에서 언급하였듯이 사채의 회계처리는 발행시점의 시장이자율을 계속적으로 만기까지 적용하므로 원가법이다. 그런데 사채는 할인 또는 할증발행의 경우 사채발행차금의 상각이 요구되는바, 사채에 대한 회계처리 방법을 **상각후원가법**(amortized cost method)이라 한다. 위에 소개한 유효이자율법과 정액법은 모두 상각후원가법에 해당한다.

사채가 할인 또는 할증발행 되었을 경우 사채발행시점의 시장이자율을 이용하여 **사채발행차금 상각표**를 작성한 후 이에 따라 만기까지 이자비용, 사채발행차금 상각 등에 대한 일련의 회계처리를 하면 된다. 사채발행차금 상각표는 발행시점부터 만기까지의 차금상각 스케줄뿐만 아니라 사채에 관한 회계처리를 일목요연하게 보여주기 때문에 사채발행시점에서 이를 작성해 놓는 것이 바람직하다.

(1) 사채할인발행차금 상각표

유효이자율법에 따라 작성한 (주)경북의 사채할인발행차금 상각표가 〈표 10-2〉에 제시되어 있다.

표 10-2
사채할인발행차금 상각표
(유효이자율법)
(주)경북

일 자	이자비용 (10%)	현금이자 (8%)	사채할인발행차금		장부금액
			상 각	잔 액	
	$A=E_{-1}\times 10\%$	B	C=A−B	$D=D_{-1}-C$	E=액면−D
제9기 01/01				498	9,502
제9기 12/31	950	800	150	348	9,652
제10기 12/31	965	800	165	183	9,817
제11기 12/31	983*	800	183*	0	10,000

*반올림 오차 있음.

작성요령

1. 사채발행일(제9기 1/1), 사채할인발행차금 498원과 발행가격 9,502원을 각각 사채할인발행차금 잔액과 장부금액란에 기재한다. 사채발행가격은 발행일 현재 사채의 장부금액이다. 항상 (액면금액−사채할인발행차금 잔액=사채의 장부금액)이다.

2. 제9회계연도말(제9기 12/31), 기초 장부금액에 시장이자율을 곱하여 이자비용을 계산한다(₩9,502×10%=₩950). 이자비용 950원과 현금이자 800원의 차이가 당기에 상각할 차금 150원이다. 기초 차금잔액 498원에서 당기 차금상각 150원을 뺀 348원이 기말 차금잔액이다. 장부금액은 사채의 액면금액에서 사채할인발행차금 잔액을 차감한 금액이다(₩10,000−₩348=₩9,652).

3. 제10회계연도말(제10기 12/31), 2와 같은 계산을 되풀이한다.

4. 사채 만기일(제11기 12/31), 상환 직전 만기일의 장부금액은 항상 액면금액과 일치한다. (참고로 이자비용 계산에서 누적된 반올림 오차는 만기일의 차금잔액이 0이 되도록 조정하였다. 즉 만기일의 이자비용이 982원(=₩9,817×

10%)으로 계산되는데, 만기일의 차금잔액이 0이 되도록 이 이자비용은 983원으로 조정하였다.)

만약 정액법을 적용한다면, (주)경북의 사채할인발행차금 상각표는 〈표 10-3〉과 같다.

표 10-3
사채할인발행차금 상각표
(정액법)
(주)경북

일 자	이자비용	현금이자 (8%)	사채할인발행차금		장부금액
			상 각	잔 액	
	A=B+C	B	C=498÷3	$D=D_{-1}-C$	E=액면−D
제9기 01/01				498	9,502
제9기 12/31	966	800	166	332	9,668
제10기 12/31	966	800	166	166	9,834
제11기 12/31	966	800	166	0	10,000

작성요령

사채할인발행차금 균등상각액(₩498÷3=₩166)을 미리 정한 다음 이 균등상각액 166원을 현금이자 800원에 더하여 매 기간의 이자비용 966원을 계산한다.

(2) 사채할증발행차금 상각표

(주)아주의 유효이자율법에 의한 사채할증발행차금 상각표가 〈표 10-4〉에 제시되어 있다.

표 10-4
사채할증발행차금 상각표
(유효이자율법)
(주)아주

일 자	이자비용 (8%)	현금이자 (10%)	사채할증발행차금		장부금액
			상 각	잔 액	
	$A=E_{-1}\times8\%$	B	C=B−A	$D=D_{-1}-C$	E=액면+D
제5기 01/01				515	10,515
제5기 12/31	841	1,000	159	356	10,356
제6기 12/31	829	1,000	171	185	10,185
제7기 12/31	815	1,000	185	0	10,000

작성요령

1. 사채발행일(제5기 1/1), 사채할증발행차금 515원과 발행가격 10,515원을 각각 사채할증발행차금 잔액과 장부금액란에 기재한다. 사채발행가격은 발행일 현재 사채의 장부금액이다. 항상 (액면금액+사채할증발행차금 잔액=사채의 장부금액)이다.

2. 제5회계연도말(제5기 12/31), 기초 장부금액에 시장이자율을 곱하여 이자비용을 계산한다(₩10,515×8%=₩841). 이자비용 841원과 현금이자 1,000원의 차이가 당기에 상각할 차금 159원이다. 기초 차금잔액 515원에서 당기 차금상각 159원을 뺀 금액이 기말 차금잔액이다. 장부금액은 사채의 액면금액에 사채할증발행차금 잔액을 가산한 금액이다(₩10,000+₩356=₩10,356).

3. 제6회계연도말(제6기 12/31), 2와 같은 계산을 되풀이한다.

4. 사채만기일(제7기 12/31), 상환직전 만기일의 장부금액은 항상 액면금액과 일치한다.

〈표 10-2〉, 〈표 10-3〉, 〈표 10-4〉에서 보는 바와 같이, 사채발행차금 상각표는 사채에 관한 회계처리를 일목요연하게 보여준다. 이하에서는 유효이자율법으로 작성한 〈표 10-2〉와 〈표 10-4〉에 실린 정보를 토대로 이자지급일과 만기일의 회계처리를 알아본다.

3. 이자지급일과 만기일의 회계처리

(1) 할인발행

(주)경북의 이자지급일(제9회계연도 12월 31일, 제10회계연도 12월 31일) 및 만기일(제11회계연도 12월 31일)의 분개는 다음과 같다.

제9회계연도 12월 31일

(차변) 이자비용	950	(대변) 현 금	800
		사채할인발행차금	150

제10회계연도 12월 31일

(차변) 이자비용	965	(대변) 현 금	800
		사채할인발행차금	165

제11회계연도 12월 31일

(차변) 이자비용	983	(대변) 현 금	800
		사채할인발행차금	183
(차변) 사 채	10,000	(대변) 현 금	10,000

(2) 할증발행

(주)아주의 이자지급일(제5회계연도 12월 31일, 제6회계연도 12월 31일) 및 만기일(제7회계연도 12월 31일)의 분개는 다음과 같다.

제5회계연도 12월 31일

(차변) 이자비용	841	(대변) 현 금	1,000
사채할증발행차금	159		

제6회계연도 12월 31일

(차변) 이자비용	829	(대변) 현 금	1,000
사채할증발행차금	171		

제7회계연도 12월 31일

(차변) 이자비용	815	(대변) 현 금	1,000
사채할증발행차금	185		
(차변) 사 채	10,000	(대변) 현 금	10,000

지금까지는 사채 발행회사의 입장에서 사채의 회계처리를 논의하였는데, 〔예제 10-3〕에서는 투자자 입장에서의 사채 회계처리도 함께 예시한다.

예제 10-3 **사채의 회계처리**

건국회사는 제1회계연도 1월 1일에 액면금액 10만원의 사채(만기 3년, 표시이자율 10%, 이자지급일 매년 12월 31일)를 발행 즉시 천마회사에 팔았다. 발행일 현재 건국회사에 적용되는 시장이자율은 12%이며, 건국회사와 천마회사의 결산일은 12월 31일이다. 천마회사는 이 사채를 원리금 수취 목적으로 만기까지 보유하고자 한다.

[1] 위 사채의 발행가격을 계산하시오.

[풀이]▪▪▪▪▪

발행가격 = ₩100,000 × S(3, 0.12) + ₩10,000 × A(3, 0.12)
= ₩100,000 × 0.7118 + ₩10,000 × 2.4018
= ₩95,198

[2] 발행일 현재 발행자(건국회사)와 투자자(천마회사)의 분개를 하시오.

[풀이]▪▪▪▪▪

발행자:	(차변) 현 금	95,198	(대변) 사 채	100,000
	사채할인발행차금	4,802		
투자자:	(차변) 투자사채	95,198	(대변) 현 금	95,198

발행자는 사채 계정을 항상 액면금액으로 기록하고 동시에 사채할인발행차금을 사채의 차감계정으로 기록한다(간접법). 재무상태표에는 사채 액면금액에서 사채할인발행차금을 차감하는 형식으로 보고한다. 반면에 투자자는 차감계정 없이 투자사채를 순액으로 직접 보고한다(직접법). 그러나 사채와 만기보유금융자산의 장부금액은 95,198원로 동일하다. 장부금액으로 볼 때 투자자와 발행자의 분개는 대칭적이다.

[3] 사채할인발행차금 상각표를 유효이자율법으로 작성하시오.

[풀이]■■■■■

사채할인발행차금 상각표(유효이자율법)

일 자	이자비용 (12%)	현금이자 (10%)	사채할인발행차금		사채 장부가
			상 각	잔 액	
	$A=E_{-1}\times12\%$	B	C=A−B	$D=D_{-1}-C$	E=액면−D
제1기 01/01				4,802	95,198
제1기 12/31	11,423	10,000	1,423	3,379	96,621
제2기 12/31	11,594	10,000	1,594	1,785	98,215
제3기 12/31	11,785*	10,000	1,785*	0	100,000

* 반올림 오차가 있음.

[4] 사채할인발행차금 상각표를 정액법으로 작성하시오.

[풀이]■■■■■

사채할인발행차금 상각표(정액법)

일 자	이자비용	현금이자 (10%)	사채할인발행차금		사채 장부가
			상 각	잔 액	
	A=B+C	B	C=4,802÷3	$D=D_{-1}-C$	E=액면−D
제1기 01/01				4,802	95,198
제1기 12/31	11,601	10,000	1,601	3,201	96,799
제2기 12/31	11,601	10,000	1,601	1,600	98,400
제3기 12/31	11,600*	10,000	1,600*	0	100,000

* 반올림 오차가 있음.

[5] 유효이자율법하에서 만기일까지 매년말 필요한 분개를 하시오.

[풀이]■■■■■

위의 상각표를 참조하여 발행자와 투자자 각각에 대하여 분개를 하여 보자.[4]

4) 만일 투자자가 원리금 수취 및 매도 목적으로 사채를 보유하는 경우에는 매 회계연도말에 아래의 분개 후에, 추가로 투자사채의 공정가치를 반영하는 투자사채평가손익(기타포괄손익누계액)을 계상하여야 한다.

발행자			투자자	
첫 번째 이자지급일(1기 12/31)				
이자비용	11,423		현 금	10,000
현 금		10,000	투자사채	1,423
사채할인발행차금		1,423	이자수익	11,423
두 번째 이자지급일(2기 12/31)				
이자비용	11,594		현 금	10,000
현 금		10,000	투자사채	1,594
사채할인발행차금		1,594	이자수익	11,594
만기일(3기 12/31)				
이자비용	11,785		현 금	10,000
현 금		10,000	투자사채	1,785
사채할인발행차금		1,785	이자수익	11,785
사 채	100,000		현 금	100,000
현 금		100,000	투자사채	100,000

4. 무이자부사채의 회계처리

지금까지 이자부사채를 상정하고 사채의 회계처리를 논의하였다. 이자부사채의 회계처리 원리는 그대로 무이자부사채에 적용된다. 무이자부사채는 사채기간에 현금이자의 지급이 없다. 그렇지만 실질적으로는 사채의 액면금액, 즉 만기에 상환되는 금액에 미지급 이자에 대한 보상이 포함되어 있다고 할 수 있다. 따라서 **무이자부사채(zero-coupon bonds)는 액면금액보다 훨씬 낮은 금액으로 할인발행 되게 된다.** 무이자부사채의 차감계정인 사채할인발행차금은 장기성매출채권이나 장기성매입채무의 차감계정인 현재가치할인차금과 그 성격이 같으며, 그에 대해 상각을 해주는 회계처리도 동일하다고 할 수 있다. 〔예제 10-4〕는 무이자부사채의 회계처리를 예시한다.

예제 10-4
무이자부사채의 회계처리

아주회사는 제1회계연도 1월 1일에 만기가 3년, 액면금액이 10만원인 무이자부사채를 발행 즉시 판매하였다. 발행일 현재 시장이자율은 12%이며 아주회사의 결산일은 12월 31일이다.

[1] 위 사채의 발행가격을 계산하시오.

[풀이]▪▪▪▪▪

발행가 = ₩100,000 × S(3, 0.12) = ₩100,000 × 0.7118 = ₩71,180

[2] 발행 시의 분개를 하시오.

[풀이]▪▪▪▪▪

(차변) 현　금	71,180	(대변) 사　채	100,000
사채할인발행차금	28,820		

[3] 사채할인발행차금 상각표를 유효이자율법으로 작성하시오.

[풀이]▪▪▪▪▪

사채할인발행차금 상각표(유효이자율법)

일 자	이자비용 (12%)	현금이자 (0%)	사채할인발행차금		사채 장부가
			상 각	잔 액	
	$A=E_{-1}\times 12\%$	B	C=A−B	$D=D_{-1}-C$	E=액면−D
제1기 01/01				28,820	71,180
제1기 12/31	8,542	0	8,542	20,278	79,722
제2기 12/31	9,567	0	9,567	10,711	89,289
제3기 12/31	10,711*	0	10,711*	0	100,000

* 반올림 오차가 있음.

[4] 제1회계연도 12월 31과 첫 번째 만기일에 필요한 분개를 하시오.

[풀이]▪▪▪▪▪

위의 상각표를 참조하여 분개를 하여 보자.

제1기 12/31

(차변) 이자비용	8,542	(대변) 사채할인발행차금	8,542

만기일

(차변) 이자비용	10,711	(대변) 사채할인발행차금	10,711
(차변) 사 채	100,000	(대변) 현 금	100,000

연습문제

〈객관식 문제〉

01 다음 중 비유동부채에 속하지 않는 것은?

① 임대보증금 ② 이연법인세부채
③ 장기제품보증충당부채 ④ 사 채
⑤ 임차권리금

02 강동주식회사는 보증기간이 5년인 제품을 판매하고 있다. 보증은 판매조건에 포함되어 있으며 별개로는 판매되지 않는다. 발생기준회계를 적용할 경우, 동 회사는 제공한 보증에 대해 언제 부채로 계상해야 하는가?

① 보증기간이 만료되었을 때 ② 제품이 판매될 때
③ 보증 서비스가 시행될 때 ④ 고객이 제품 값을 지불할 때
⑤ 보증비용을 지불할 때

03 사채회계에서 현금이자액에 관한 서술로 옳은 것은?

① 일정하다.
② 표시이자율과 유효이자율이 같을 때에만 일정하다.
③ 사채의 발행일에 따라 차이가 발생한다.
④ 사채의 이자지급일과 결산일이 같을 때에만 일정하다.
⑤ 시장이자율에 의해 결정된다.

04 사채의 발행 시 시장이자율이 표시이자율보다 높을 경우 사채발행자의 회계처리에 대해 옳은 서술은?

① 액면금액보다 높게 팔릴 것이다.
② 이자지급일에 지급되는 현금이자액이 변할 것이다.
③ 이자비용이 매기 증가할 것이다.
④ 사채의 장부금액이 매기 감소할 것이다.

⑤ 사채의 장부금액이 매기 일정하다.

05 다음은 성암주식회사의 제품보증충당부채에 관한 자료이다. 성암주식회사의 결산일은 12월 31일이다. 제2회계연도 12월 31일 제품보증충당부채로 대기할 금액은 얼마인가?

연 도	기말 보증부채 추정액	보증지출 발생액
제1회계연도(설립연도)	₩12,000	–
제2회계연도	19,000	₩1,200

① 8,200원
② 12,000원
③ 19,000원
④ 1,200원
⑤ 5,800원

06 연초에 10년 만기 사채가 할인 발행되었다고 하자. 이자는 매년말에 지급된다. 이 사채를 정액법 또는 유효이자율법으로 회계처리 할 경우 손익계산서에 보고할 연간 이자비용은 시간이 지날수록,

	정액법	유효이자율법
①	증가한다	같 다
②	같 다	증가한다
③	같 다	감소한다
④	감소한다	같 다
⑤	같 다	같 다

07 사채가 할인 발행된다면,

① 유효이자율이 시장이자율보다 높다.
② 시장이자율이 표시이자율보다 낮다.
③ 지급할 원금과 이자총액의 합이 사채의 액면금액보다 크다.
④ 만기에 지급할 원금이 사채의 액면금액보다 크다.
⑤ 만기에 지급할 원금이 사채의 액면금액보다 작다.

08 (주)학성은 제2회계연도 1월 1일에 3년 만기 사채(액면금액 10,000원, 표시이자율 10%, 이자지급일 매년말)를 10,515원에 발행하였다. (주)학성이 해당 사채를 유효이

자율법으로 상각할 경우, 3년 동안 손익계산서에서 인식해야 할 이자비용 총액은 얼마인가?

① 2,400원 ② 2,485원
③ 2,898원 ④ 3,000원
⑤ 유효이자율이 없으므로 계산할 수 없음

09 (주)금성은 제2회계연도 1월 1일에 3년 만기 사채(액면금액 10,000원, 표시이자율 8%, 이자지급일 매년말)를 9,502원에 발행하였다. (주)금성이 해당 사채를 유효이자율법으로 상각할 경우, 3년 동안 손익계산서에서 인식해야 할 이자비용 총액은 얼마인가?

① 2,400원 ② 2,485원
③ 2,898원 ④ 3,000원
⑤ 유효이자율이 없으므로 계산할 수 없음

10 (주)학성은 제1회계연도 1월 1일에 3년 만기 사채(액면금액 10,000원, 표시이자율 8%, 이자지급일 매년말)를 발행하였다. 발행 당시 유효이자율이 6%이며 (주)학성이 해당 사채를 유효이자율법으로 상각할 경우, 다음 중 옳은 것은?

① 제1회계연도 초 사채의 발행가액은 사채의 액면금액 보다 작다.
② 제2회계연도 말 사채의 장부금액은 제1회계연도 말 사채의 장부금액보다 작다.
③ 제1회계연도 손익계산서에 인식하는 이자비용은 현금이자지급액 보다 크다.
④ 제2회계연도 이자비용은 제1회계연도 이자비용 보다 크다.
⑤ 제2회계연도 현금이자지급액은 제1회계연도 현금이자지급액은 보다 크다.

11 압량기업은 제3회계연도 1월 1일에 3년 만기, 이자율 10%의 사채(이자지급일 매년 12월 31일)를 발행하고 유효이자율법에 따라 상각하고 있다. 제3회계연도말 이자지급 후 사채의 장부금액은 179,840원이며 이자지급에 관한 분개는 다음과 같다.

(차변)	이자비용	43,168	(대변) 현 금	36,000
			사채할인발행차금	7,168

이 사채의 발행 당시 유효이자율은 몇 %인가?

① 18% ② 19.25%
③ 23% ④ 24%
⑤ 25%

(자료) 다음은 12번~16번 문제에 대한 내용이다. 제11회계연도 1월 1일에 삼풍회사는 사채(만기 4년, 이자지급일 매년말)를 발행하고 I사에 팔았다. 삼풍회사의 결산일은 매년 12월 31일이며 동사가 작성한 유효이자율법에 의한 사채발행차금 상각표는 다음과 같다.

일 자	이자비용	현금이자	차금상각	장부금액
제11기 01. 01.				₩ ?
제11기 12. 31.	₩3,381	₩3,000	₩?	48,687
제12기 12. 31.	3,408	?	?	
제13기 12. 31.	?	?	?	
제14기 12. 31.	?	?	?	50,000

12 이 사채의 발행가격은 얼마인가?

① 45,006원 ② 48,306원
③ 49,006원 ④ 50,000원
⑤ 정답 없음

13 이 사채의 유효이자율은 몇 %인가?

① 7% ② 8%
③ 9% ④ 10%
⑤ 정답 없음

14 이 사채의 표시이자율은 몇 %인가?

① 5% ② 6%
③ 7% ④ 8%
⑤ 정답 없음

15 제11회계연도 12월 31일 발행회사가 이자비용으로 차기해야 할 금액은 얼마인가?

① 3,381원 ② 3,000원
③ 6,381원 ④ 408원
⑤ 정답 없음

16 제13회계연도 12월 31일의 차금 상각액은 얼마인가?

① 427원 ② 468원
③ 408원 ④ 437원
⑤ 정답 없음

〈주관식 문제〉

17 비유동부채의 개념

일반적으로 비유동부채는 기업의 장기적 성장과 관련하여 설비투자 등의 자금조달을 위한 금융수단으로 자본과 함께 기업의 장기자본의 주요 조달원천이 된다. 비유동부채는 재무상태표일로부터 1년 이후에 만기가 도래하는 부채이다. 아래 〈보기〉를 보고 비유동부채에 해당하는 항목을 고르시오.

〈 보 기 〉

a. 미지급법인세
b. 유동성장기금융부채
c. 이연법인세자산
d. 만기 5년의 사채
e. 자기주식
f. 이연법인세부채
g. 충당부채
h. 본사 건물에 대한 감가상각누계액

18 충당부채와 우발부채

다음 각각의 독립적 상황에 대하여 충당부채로서 재무상태표에 인식해야 하는지, 아니면 우발부채로서 주석 공시해야 하는지 평가하시오.

〈 보 기 〉

a. A 회사는 전자제품을 제조 · 판매하고 있는데 판매 제품에 대하여 법적 의무는 없더라도 불만족 고객에 대하여 환불을 해주는 정책을 펴고 있고 이러한 사실이 고객에게 널리 알려져 있다. 과거 경험에 의하면 일부 고객에의 환불 가능성이 높다.
b. B 회사는 관계회사의 차입금에 대하여 지급보증을 하였는데, 차입 시 관계회사의 재무상태는 건전하였으나 최근 결산일 현재 재무상태가 심각하진 않지만 다소 악화되었다.
c. C 회사는 보유 중인 건물 등에 대한 화재보험에 가입하지 않아 화재 시 대규모의 손실이 예상된다.
d. D 회사는 드물지만 판매한 제품의 폭발사고로 인해 소비자로부터 손해배상소송을 당하였다. 소송의 시작 시점에서는 회사의 패소 가능성이 낮았으나 최근 결산일 현재 상황으로는 회사가 패소할 가능성이 높다는 고문 변호사의 예상이다.
e. E 회사는 석유화학제품 제조업을 영위하면서 토지를 오염시키게 된다. 토지 오염에 대한 법적 규제는 없으나 회사는 오염 토지를 복구하는 정책을 펴고 있으며 그 정책을 대외적으로 공포하였다.

19 시장이자율과 사채가격의 관계

사채의 발행가격은 미래 현금유출액의 현재가치(원금의 현재가치+현금지급 이자액의 현재가치)로 정의되는데 표시이자율(액면이자율)과 시장이자율 간의 차이에 의해서 할증발행, 액면발행 및 할인발행이 결정된다. 다음 〈보기〉를 보고 아래 표의 빈칸에 적절한 항목을 고르시오.

〈 보 기 〉

a. 현금지급 이자액−사채할증(할인)발행차금 상각액
b. 할인발행
c. 액면발행
d. 현금지급 이자액
e. 현금지급 이자액+사채할증(할인)발행차금 상각액
f. 할증발행

〈사채발행가격의 결정〉

상 황	거래유형	사채발행자의 이자비용
시장이자율 = 표시이자율	①	②
시장이자율 > 표시이자율	③	④
시장이자율 < 표시이자율	⑤	⑥

20 정액법과 유효이자율법의 비교

사채의 할인발행차금과 할증발행차금을 상각하는 방법으로는 정액법과 유효이자율법이 있다. 정액법은 할인액 또는 할증액을 사채상환기간 동안 매년 균등액씩 상각하는 방법이며, 유효이자율법은 유효이자 금액인 (기초 장부금액×시장이자율)을 당기 비용으로 인식하고 유효이자 금액과 현금지급액인 액면이자액과의 차액을 할인액 또는 할증액 상각으로 처리하는 방법이다. 시간의 경과에 따라 정액법과 유효이자율법을 비교하는 아래의 표를 보고 빈칸에 '증가', '감소', 또는 '일정'이라는 단어 중 하나를 쓰시오.

거 래	사채의 장부금액	현금지급 이자	정액법		유효이자율법	
			할인(할증) 상각	이자 비용	할인(할증) 상각	이자 비용
할인발행	①	②	③	④	⑤	⑥
할증발행	⑦	⑧	⑨	⑩	⑪	⑫

21 사채의 현가계산

압량기업은 10년 만기 사채(액면금액 1,000만원, 표시이자율 10%, 이자지급일 매년말)를 제1회계연도초에 액면발행하였다. 발행가격을 원금의 현재가치와 이자의 현재가치로 분리하면 각각 얼마가 되는지 계산하시오.

22 정액법과 유효이자율법 하의 이자비용

(주)나라는 제2회계연도 12월 1일에 액면이자율 12%, 액면금액 6,000,000원의 사채를 발행하였다. 만기일은 제7회계연도 11월 30일이며 이자지급일은 매년 5월 31일과 11월 30일이다. 동 사채는 5,194,770원에 발행되었으며 발행 당시 시장이자율은 16%이었다.

1. 만약 정액법에 의해 상각이 이루어진다면 제3회계연도 11월 30일에 종료되는 연도의 손익계산서에 보고할 이자비용은 얼마인가?
2. 유효이자율법을 사용한다면 제3회계연도 11월 30일에 종료되는 연도의 손익계산서에 보고할 이자비용은 얼마인가?

23 투자자와 발행자의 사채 회계처리

(주)태양은 제2회계연도 1월 1일에 다음과 같은 사채를 발행하였고, 발행 즉시 (주)목성은 만기까지 원리금 수취 목적으로 동 사채를 구입하였다.

액면금액: ₩100,000	만기: 3년
시장이자율: 13%	표시이자율: 10%
이자지급일: 매년말	상각: 유효이자율법 적용
양 회사의 결산일: 12월 31일	

다음 물음에 답하시오. (단, 3년 13% 연금현가계수=2.3612, 3년 13% 현가계수=0.6931)

1. 사채의 발행가격을 구하시오.
2. (주)태양 입장에서 일련의 회계처리를 하시오.
3. (주)목성 입장에서 일련의 회계처리를 하시오.

24 연 2회 이자지급 사채

(주)은하는 다음과 같은 사채를 발행하였다.

사채의 액면금액: ₩100,000	만기: 2년
표시이자율: 연 6%	시장이자율: 연 10%
사채발행일: 제1회계연도 1월 1일	이자지급일: 6월말, 12월말
결산일: 12월 31일	
2기간, 10% 연금의 현가계수: 1.7355	2기간, 10% 단일금액의 현가계수: 0.8264
4기간, 5% 연금의 현가계수: 3.5460	4기간, 5% 단일금액의 현가계수: 0.8227

유효이자율법을 적용해서 사채의 발행시점과 만기일까지 일련의 회계처리를 하시오.

11장

자 본

개 괄 제1절

1. 자본과 지분

기업은 자산을 운용하여 이익을 창출한다. **자본**(equity)이라는 용어는 자산의 조달원천을 나타내는 개념이다. 이 관점에서 회계등식을 다음과 같이 쓸 수 있다.

자 산 = 타인자본 + 자기자본

가령, 자산 1,000원, 타인자본 400원, 자기자본 600원이라면, 자산 1,000원 중 타인으로부터 조달한 금액이 400원이고 기업 스스로 또는 기업소유주(주주)로부터 조달한 금액이 600원이라는 말이다. **회계에서는 통상 타인자본을 부채라 하며 자기자본을 그냥 자본이라 한다.** 자산에서 부채를 뺀 금액을 **순자산**(net asset)이라고도 한다.[1] 따라서 자본, 자기자본, 순자산은 동일한 대상, 즉 '자산－부채'를 지칭한다.

지분은 몫을 뜻한다. 즉, 지분은 기업이 보유하고 있는 자산이 궁극적으로 누구의 몫이냐를 나타내는 개념이다. 이 관점에서 회계등식은 다음과 같이 쓸 수도 있다.

자 산 = 채권자지분 + 소유주지분(주주지분)

가령, 자산 1,000원, 채권자지분 400원, 주주지분 600원이라면, 자산 1,000원 중 채권자의 몫은 400원이고 주주의 몫은 600원이라는 말이다. 채권자와 소유주(주주) 중 채권자가 자산에 대해 우선적 청구권을 가지므로 주주지분을 **잔여지분**(residual equity)이라고도 한다. 회계에서는 통상 채권자지분을 부채라 하며, 주주

1) 국제회계기준은 자본을 단순히 기업의 자산에서 부채를 차감한 잔여지분으로 정의하고 있으며, 자본과 관련된 회계처리를 구체적으로 규정하고 있지 않다고 할 수 있다. 그 이유는 대부분의 국가가 상법, 회사법 등에서 자본에 대해 규제를 하고 그 규제의 내용이 국가마다 상이하여 자본과 관련된 국제회계기준을 구체적으로 제정하기 어려웠기 때문이라고 판단된다. 본 장에서는 국제회계기준의 규정이 미비한 경우 우리나라의 상법에 따른 회계처리 방법을 제시한다.

지분을 그냥 지분이라 한다. 자산에서 부채를 뺀 금액을 **순지분**(net equity)이라고도 한다. 따라서 **지분, 순지분, 소유주지분, 주주지분, 잔여지분은 동일한 대상, 즉 '자산−부채'를 지칭한다.** 결국, 순자산, 자본, 자기자본, 지분, 순지분, 소유주지분, 주주지분 및 잔여지분은 모두 동일하게 자산에서 부채를 뺀 금액을 나타낸다.

일반적으로 재무상태표 등식(회계등식)을

자 산 = 부 채 + 자 본

으로 표현하는데, 여기서 본 장의 주제인 자본은 위에서 논의하였듯이 순자산, 자기자본, 지분, 순지분, 소유주지분, 주주지분 또는 잔여지분과 같은 의미이다.

2. 자본거래, 손익거래, 기타포괄손익거래

자본거래란 **주주(소유주)와의 거래로서 당기순이익에 영향을 주지 않고 재무상태표의 자본(순자산 또는 순지분)을 증감시키는 거래**를 말한다. 여기에는 배당은 물론 출자, 증자, 감자 등이 포함된다. **손익거래**란 **수익과 비용을 발생시키는 거래**이다. 모든 손익거래의 결과는 손익계산서의 당기순이익에 요약된다. 기업에서 일부 손익은 당기순이익에 포함시키지 않는 경우가 있는데 이러한 항목을 기타포괄이익(other comprehensive income)이라 한다. 기타포괄이익의 대표적인 예로 제9장에서 소개한 기타포괄손익 인식 투자주식평가손익을 들 수 있다. **기타포괄이익을 발생시킨** 거래를 자본거래 또는 손익거래와 대비하여 **기타포괄손익거래**라 할 수 있다.

기업에서 손익거래의 성과를 집합한 것이 당기순이익(net income)**이며, 여기에 기타포괄이익을 더하면 총포괄이익**(comprehensive income)이 산출된다. 총포괄이익이란 자본거래를 제외한 모든 거래로부터 발생한 자본의 증가 또는 감소를 말한다. **총포괄이익은 당기순이익을 포함하는 개념이다.** 역으로 당기순이익은 총포괄이익의 부분집합(subset)이다. 총포괄이익, 당기순이익 및 기타포괄이익의 관계를 도시하면 〈그림 11-1〉과 같다.[2)]

---

2) 당기순이익, 기타포괄이익, 총포괄이익은 각각 당기순손익, 기타포괄손익, 총포괄손익이라 하는 것이 더 정확한 표현이겠으나, 여기서는 편의상 당기순이익, 기타포괄이익, 총포괄이익이라 한다.

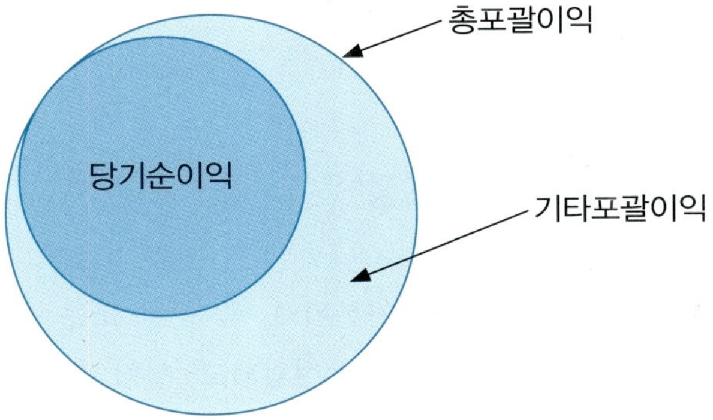

그림 11-1
총포괄이익, 당기순이익 및 기타포괄이익의 관계

자본항목의 구분 제2절

재무상태표의 자본은 **자본금**, **자본잉여금**, **자본조정**, **기타포괄손익누계액** 및 **이익잉여금**으로 구분된다.

자본 = 자본금 + 자본잉여금 + 자본조정 + 기타포괄손익누계액 + 이익잉여금
(자본거래) (자본거래) (자본거래) (기타포괄손익거래) (손익거래)

위 식에서 보는 바와 같이, 자본금, 자본잉여금 및 자본조정은 **자본거래**, 기타포괄손익누계액은 **기타포괄손익거래**, 이익잉여금은 **손익거래**의 산물이다. 재무상태표 상의 모든 계정은 기업의 창업시점부터 재무상태표일까지의 누적금액이 보고된다. 예를 들어, 자본항목인 기타포괄손익누계액은 당기의 기타포괄이익은 물론 그 이전에 발생한 모든 기타포괄이익이 누적된 결과이다.

자본거래는 재무상태표의 자본을 직접 증감시킨다. 이에 반하여, 손익거래는 수익 총액에서 비용 총액을 차감한 결과인 **당기순이익이 집합손익 계정을 통하여 이익잉여금에 이체, 즉 마감됨으로써 '이차적으로' 자본을 증감시킨다. 기타포괄손익거래는 포괄손익계산서의 기타포괄손익으로 인식된 후, 재무상태표의 기타포괄손익누계**

액으로 직접 누적된다.

1. 자본금, 자본잉여금 및 자본조정

자본금, **자본잉여금** 및 **자본조정**은 자본거래, 즉 주주 또는 소유주와의 거래의 산물이다. 기업은 자본거래(출자)에 의하여 설립되고, 설립 후에도 자본거래(증자)를 통하여 자금을 조달한다. 주식회사의 경우 출자 또는 증자는 주식의 발행을 통하여 이루어지는데, 가령, 액면금액 5,000원의 주식 100주를 주당 12,000원이 발행하였다면 분개는 다음과 같다.

(차변) 현　금	1,200,000	(대변) 자본금	500,000
		주식발행초과금	700,000

위 분개에서 자본금 50만원은 액면금액(par value) 5,000원에 발행주식수 100주를 곱한 금액임을 알 수 있다. 즉, **발행주식의 총액면금액에 해당하는 금액이 자본금**(capital stocks)이다. 주식에는 보통주와 우선주가 있는데, 위의 예에서, 보통주가 발행되었다면 자본금 계정은 보통주자본금이 되고 우선주가 발행되었다면 우선주자본금이 된다.

주식발행초과금(additional paid-in-capital) 70만원은 주식발행가 총액이 액면금액 총액을 초과하는 금액((₩12,000−₩5,000)×100주)이다. 주식발행초과금은 **자본잉여금**의 한 항목으로 보고한다. 자본잉여금은 **자본거래로부터의 자본의 증가액, 즉 "자본거래 이익"**을 보고한 것이다. 주식발행초과금의 경우 주주에게 주식을 액면금액보다 높게 발행하여 얻은 초과 금액이므로 "자본거래 이익"이라 할 수 있다. 자본잉여금에는 주식발행초과금 외에도 감자차익, 자기주식처분이익 등이 포함되는데 이들에 관하여는 후술하기로 한다.

주식을 발행함에 있어, 위의 예와 같이, 발행금액이 액면금액을 초과하는 할증발행이 가장 빈번하나, 발행금액이 액면금액과 같은 액면발행도 종종 있다. 그러나 발행금액이 액면금액보다 낮은 할인발행은 매우 드물다.[3)] 할인발행의 예로서, 만일 액면금액 5,000원의 주식 100주를 주당 3,000원에 발행하였다면 분개는 다음과 같다.

(차변) 현 금 300,000 (대변) 자본금 500,000
주식할인발행차금 200,000

위 분개에서 **주식할인발행차금** 20만원(=(₩3,000−₩5,000)×100주)은 음(−)의 자본으로서 자본조정의 한 항목으로 보고한다. 자본조정에는 주식할인발행차금 외에도 자기주식, 감자차손, 자기주식처분손실 등이 포함된다. 이러한 자본조정 항목은 **'임시자본'의 성격으로 궁극적으로 다른 자본항목에 의해 상계되는 등 없어질 항목**이다.

액면발행의 경우에는 당연히 주식발행초과금이나 주식할인발행차금 계정이 나타나지 않는다. 참고로, 자본금에 주식발행초과금과 주식할인발행차금을 가감한 금액, 즉 주주가 납입한 금액을 **납입자본**(issued capital, contributed capital 또는 paid-in capital)이라 한다.

2. 기타포괄손익누계액

앞에서도 언급한 바와 같이, 총포괄이익은 당기순이익을 포괄하는 개념이다. 즉, 당기순이익은 총포괄이익의 부분집합이다. 총포괄이익에는 포함되나 당기순이익에는 포함되지 않는 금액이 **기타포괄이익**이며 이를 **누적한 금액**이 **기타포괄손익누계액**(accumulated other comprehensive income or loss)이다. 기타포괄손익누계액의 대표적인 예가 (기타포괄손익 인식) 투자주식평가손익의 누적액이다. 투자주식평가손익 외에도 기타포괄손익누계액에는 자산재평가손익, 해외사업환산손익, 파생상품평가손익 등이 누적된다.[4]

---

3) 상법에서 주식의 할인발행은 기존 주주에게 손실을 입힌다는 등의 이유로 원칙적으로 금지되어 있으며 부득이한 경우에만 허용될 수 있다.

4) 자산재평가손익(재평가잉여금)에 대하여는 본 장의 보론에서 간단히 설명된다. 해외사업환산손익, 파생상품평가손익 등의 회계처리는 고급재무회계의 영역에 속한다.

3. 이익잉여금

이익잉여금(retained earnings)은 매기 창출한 당기순이익에서 주주에게의 배당을 차감한 금액이 기업이 창업했을 때부터 현재까지 누적된 것이다. 이익잉여금은, 뒤에서 논의하겠지만, 때로 음(−)의 자본조정 항목이 발생한다면 이를 상계하는 데 사용되면서 감소할 수 있다. 영어 표현인 'retained earnings'는 유보된(retained) 이익(earnings), 즉 기업이 창출한 당기순이익 중 주주에게 배당으로 환원되지 않고 기업에 유보된 이익이라는 의미이다. 이렇게 유보된 이익은 기업의 여러 투자활동에 사용되었을 수 있다. 따라서 기업이 이익잉여금만큼 유휴 자금을 가지고 있는 것은 아니다. 만일 기업에 당기순손실이 생기면 이익잉여금이 음(−)이 될 수 있다. 음(−)의 이익잉여금은 **결손금**(deficit)이라 한다.

기업의 이익창출활동으로부터 매기 이익이 창출되면 손익계산서의 당기순이익으로 보고되고, 이 당기순이익은 기말에 재무상태표의 이익잉여금으로 이체되어 자본을 증가시킨다. 이익잉여금은 경영성과(손익거래)의 결과로 누적된 자본이므로 출자 또는 증자(자본거래)를 통해 마련된 납입자본(contributed capital, paid-in capital)과 대비하여 **창출자본**(earned capital)이라고도 한다. 이익잉여금은 법정적립금, 임의적립금, 미처분이익잉여금(또는 미처리결손금)으로 세분되는데 이들에 대한 구체적인 논의는 후술한다.

4. 자본항목의 분류

이제까지 소개한 자본의 다섯 가지 범주(자본금, 자본잉여금, 자본조정, 기타포괄손익누계액, 이익잉여금)와 각 범주에 속하는 대표적인 항목들을 소개하면 〈표 11-1〉과 같다.

자본잉여금은 주식발행초과금과 기타자본잉여금으로 구분된다. 이 중 **주식발행초과금**은 **자본금**과 함께 유상증자를 통해 주주가 납입한 자본, 즉 **납입자본**이다. 기타자본잉여금, 자본조정, 그리고 기타포괄손익누계액을 묶어 **기타자본항목**(또는 기타자본요소)이라 한다. 이에 상장기업들의 실제 재무제표상에서 자본은 다음과 같

표 11-1
자본의 분류

항 목	참고사항
Ⅰ. 자본금	
보통주자본금	발행 보통주의 총액면금액
우선주자본금	발행 우선주의 총액면금액
Ⅱ. 자본잉여금	
주식발행초과금	발행금액 > 액면금액
감자차익	감자대가 < 자본금감소액
자기주식처분이익	자기주식 처분가 > 자기주식 취득원가
Ⅲ. 자본조정	
자기주식	차감계정
주식할인발행차금	차감계정
감자차손, 자기주식처분손실	차감계정
Ⅳ. 기타포괄손익누계액	
투자주식평가손익	차감 또는 부가 계정
재평가잉여금	부가 계정
Ⅴ. 이익잉여금	
(1) 법정적립금	
이익준비금	상법에 의거
(2) 임의적립금	
배당평균적립금	
사업확장적립금	
감채적립금	
사업손실준비금	
연구 및 인력개발준비금 등	
(3) 미처분이익잉여금	배당의 재원

이 다양하게 구분 · 표시되고 있다.

자본 = 자본금 + 자본잉여금 + 자본조정 + 기타포괄손익누계액 + 이익잉여금
= 자본금 + 주식발행초과금 + 기타자본항목 + 이익잉여금
= 납입자본 + 기타자본항목 + 이익잉여금

제3절 자본거래에 의한 자본의 변동

자본거래란 주주와의 거래로서 당기순이익에 영향을 주지 않고 재무상태표의 자본(순자산 또는 순지분)을 증감시키는 거래를 말한다. 자본거래에는 **주식의 발행, 증자와 감자, 자기주식의 취득과 처분** 등이 있는데, 이러한 거래는 자기회사 주식을 매개로 이루어진다.

1. 주식에 관한 기본개념

(1) 주식의 의의

주권(stock certificate)으로 표상되는 주식(stock)은 주식회사의 소유권을 나타내는 지분증권이다. 통상 주식의 액면금액은 500원, 1,000원, 5,000원 등으로 비교적 소액이나 다량의 주식을 발행함으로써 회사는 거액의 자본(자기자본)을 조달할 수 있다.

(2) 수권주식수, 발행주식수, 유통주식수

회사가 최대한도로 발행할 수 있는 주식의 총수를 **수권주식수**(number of shares authorized)라 하며, 수권주식수 내에서 실제 발행한 주식의 수를 **발행주식수**(number of shares issued)라 한다. 수권주식수와 회사 설립시의 발행주식수는 회사의 정관에 기재하여야 한다. 회사는 수권주식수와 발행주식수의 차이인 미발행주식수의 범위 내에서 추가적으로 신주를 발행할 수 있다. 회사는 필요에 따라 자기회사의 발행주식을 되사기도 하는데 이렇게 회수한 주식을 **자기주식**(treasury stocks) 또는 자사주라 한다. 자기주식은 시장에서 유통이 되지 않는다. 따라서 **유통주식수**(number of shares outstanding)는 발행주식수에서 자기주식수를 차감한 주식의 수이다. 유통주식수야 말로 주당이익의 산정 등 기업가치의 평가에 사용되므로 가장 의미 있는 주식수라 할 수 있다.

일정 시점에서 수권주식, 발행주식, 미발행주식, 유통주식, 자기주식의 수간에는 다음 등식이 성립한다.

발행주식 수 = 수권주식 수 − 미발행주식 수
유통주식 수 = 발행주식 수 − 자기주식 수

(3) 보통주와 우선주

주식의 기본적이고 대표적인 유형이 **보통주**(common stocks)이다. 보통주를 소유한 사람, 즉 보통주주(common stockholders)는 다음과 같은 권리를 가진다.

① 주주총회에서 **의결권**(voting right)을 행사할 수 있는 권리
② 주주총회에서 결의한 **배당**을 받을 권리
③ **신주**를 자기의 현재 **소유지분율만큼 우선**적으로 **매입**할 수 있는 권리
④ 청산(liquidation) 시 **잔여자산의 배분**에 참여할 수 있는 권리

회사는 보통주 외에도 우선주를 발행할 수 있다. **우선주**(preferred stocks)란 배당과 잔여자산의 배분에 대하여 보통주에 우선하는 권리가 부여된 주식이다. 우선

주에는 이러한 우선권이 부여되는 반면 의결권이 없다.[5] 기업이 청산(liquidation)을 하게 되면 그 기업의 잔여자산이 채권자, 우선주주, 보통주주의 순서로 배분된다. 우선주도 신주우선매입권이 주어진다. 요약하면 우선주는 보통주와 비교하여 볼 때 위의 ①의 권리가 없는 반면, ②, ③ 그리고 ④의 권리는 있다. 특히 위의 ②와 ④의 권리는 보통주에 우선하여 부여된다.

의결권은 보통주에만 부여된다. 따라서 보통주주야말로 기업에 실질적으로 영향력을 행사할 수 있는 소유주라 할 수 있다. 미국에서는 우선주의 배당률(또는 배당액)이 우선주에 미리 명시되어 있다. 즉 미국의 우선주주는 정해진 배당금액만을 받게 되므로 그 성격상 정해진 이자금액만을 받는 채권자와 유사하다고 할 수 있다.

그러나 우리나라에서는 우선주주가 받게 되는 배당액이 미리 고정되어 있지 않으며 보통주주가 받는 배당액과 같거나 약간 크다. 과거에 발행된 구형우선주의 배당률은 보통주배당률보다 1%(액면금액 기준) 가량 높게 정해졌으나, 1996년 상법 개정 이후의 신형우선주는 배당률을 보다 자유롭게 정할 수 있도록 하고 있다. 우리나라에서 우선주를 발행하는 기업은 많지 않으며, 발행한다 하더라도 그 발행주식 총수가 보통주에 비해 미미하다.

(4) 액면주식과 무액면주식

미국 등 다른 나라에서는 오래전부터 주권에 액면금액(par value)이 명시되지 않은 **무액면주식**(no-par value stock)의 발행이 허용되고 있으나, 우리나라에서는 주권의 액면금액을 100원 이상의 균등액으로 정하도록 하여 무액면주식의 발행을 금지하고 있었다. 그러나 우리나라에서도 상법의 개정으로 2011년부터 무액면주식의 발행을 허용하기 시작하였다. 다만 무액면주식을 발행하는 경우에는 액면주식을 발행할 수 없고, 자본금은 무액면주식 발행금액 중 1/2 이상의 금액으로 이사회 또는 주주총회에서 결정하도록 하고 있다. 주식의 액면금액은, 사채의 그것과는 달리, 특별한 경제적 의미를 가지고 있지 않다. 다만, 주식의 액면금액은 회계상 자본금과 주식발행초과금(자본잉여금)을 구분하는 근거가 되며 우선주의 (액면)배당률을 산

---

5) 상법에서는 우선주에 대하여 배당을 하지 못하면 그 다음 주총부터 우선주 배당이 이루어질 때까지 의결권을 부여하도록 되어 있다. 즉, 우선주가 배당을 못 받는 동안에는 의결권이 부여된다.

정함에 있어 기준이 되는 등 실무상의 편의를 제공한다.

2. 주식의 발행

주식회사는 주식을 발행하여 자본을 조달한다. 주식은 **할증발행**(발행금액>액면금액) 또는 **액면발행**(발행금액=액면금액)하는 경우가 일반적이며 **할인발행**(발행금액<액면금액)을 하는 경우는 매우 드물다. 또한 주식발행의 반대급부로 현금을 받는 경우(현금발행)가 일반적이지만 가끔 비현금자산을 받는 경우(현물출자; investment in-kind)도 있다.

(1) 현금발행

액면발행의 예로서, 액면금액 5,000원의 보통주 100주와 우선주 100주를 각각 주당 5,000원에 발행하였다면 분개는 다음과 같다.

(차변)	현 금	1,000,000	(대변) 보통주자본금	500,000
			우선주자본금	500,000

할증발행의 예로서, 액면금액 5,000원의 보통주 100주를 주당 12,000원에 발행하였다면 분개는 다음과 같다. 이미 설명한 바와 같이, **주식발행초과금**은 자본잉여금 항목이다.

(차변)	현 금	1,200,000	(대변) 보통주자본금	500,000
			주식발행초과금	700,000

할인발행의 예로서, 액면금액 5,000원의 보통주 100주를 주당 3,000원에 발행하였다면 분개는 다음과 같다.

(차변)	현 금	300,000	(대변) 보통주자본금	500,000
	주식할인발행차금	200,000		

상법은 회사설립 후 2년이 경과하고 주주총회의 결의와 법원의 인가를 얻었을 때만 할인발행을 허용하고 있다. 즉, 주식의 할인발행은 특별한 경우에만 허용된다. **주식할인발행차금**은 '임시자본'인 자본조정 항목에 차감계정으로 보고한다. 주식할인발행차금은 주식발행초과금이 있으면 먼저 상계하고 나머지는 발행연도부터 3년 이내 매기 균등액을 추후 이익잉여금 처분과정에서 (미처분)이익잉여금과 상계하여 상각한다. 이익잉여금 처분에 대해서는 후술한다.

예제 11-1
주식의 발행

[1] A사는 보통주(액면 5,000원) 10주를 주당 6,000원에 발행하였다. 발행일의 A사의 분개를 하시오.

[풀이]

(차변) 현 금	60,000	(대변) 보통주자본금	50,000
		주식발행초과금	10,000

[2] B사는 보통주(액면 5,000원) 10주를 주당 3,800원에 발행하였다. 발행일의 B사의 분개를 하시오.

[풀이]

(차변) 현 금	38,000	(대변) 보통주자본금	50,000
주식할인발행차금	12,000		

[3] B사는 주식할인발행차금이 발생한 다음 연도의 2월 25일에 열린 주주총회에서 주식할인발행차금의 1/3을 이익잉여금으로 상각하기로 결정하였다. 이에 대한 분개를 하시오.

[풀이]

(차변) (미처분)이익잉여금	4,000	(대변) 주식할인발행차금	4,000

이 분개의 결과, 이익잉여금이 4,000원 감소하고 주식할인발행차금이 4,000원 감소하였다. 이 결과 자본총액의 변동은 없다.

(2) 현물출자

현물출자는 주식발행의 대가로 현금을 받지 않으므로 이에 대해 주식의 발행금액을 얼마로 평가해야 하는가의 문제가 대두된다. 이 경우, **출자된 현물자산의 공정가치와 발행한 주식의 공정가치 중 보다 확실한 것으로 주식의 발행금액을 평가하**는 것이 회계의 일반원칙이다.

예로서, A사가 기계장치를 출자한 대가로 액면금액 5,000원의 주식 10주를 발행하였다고 하자. 만일 A사의 주식이 유가증권시장에 상장되어 있고 발행일 당시 그 시가가 주당 18,000원이라면 이를 주식의 발행금액으로 평가하는 것이 타당할 것이다. 왜냐하면 일반적으로 유가증권시장에서 형성되는 주가는 기계장치의 어떤 평가액보다 확실하다고 볼 수 있기 때문이다. 따라서 분개는 다음과 같다.

(차변) 기계장치	180,000	(대변) 보통주자본금	50,000
		주식발행초과금	130,000

만일 A사의 주식이 유가증권시장에 상장되어 있지 않아 시장가격을 알 수 없으나, 기계장치의 감정가액이 140,000원이라면 이 감정가액을 주식의 발행금액으로 보아 다음과 같이 분개한다.

(차변) 기계장치	140,000	(대변) 보통주자본금	50,000
		주식발행초과금	90,000

한편, 주식발행과 관련하여 발생한 등록 및 발행관련 수수료 등 직접 부대비용은 주식의 발행금액에서 차감한다. 즉, 주식발행 관련 직접 부대비용만큼 주식발행초과금이 감소하거나 주식할인발행차금이 증가한다.

3. 증 자

기업이 추가적으로 주식을 발행하여 자본금을 증가시키는 것을 증자라 한다. 증자에는 주식발행의 대가로 현금 또는 현물을 받는 경우가 있고, 대가없이 기존 주주에게 소유지분율에 비례하여 주식을 무상으로 교부하는 경우가 있는데, 전자를 **유상증자**라 하고 후자를 **무상증자**라 한다.

(1) 유상증자

유상증자일 경우 주금납입액만큼 자산과 자본의 총계가 동시에 늘어난다. 유상증자에 관한 회계처리와 관련 개념은 아래 〔예제 11-2〕에서 논의한다.

예제 11-2
유상증자

제4회계연도 1월 1일, (주)다산은 보통주(액면금액 5,000원) 100주를 주당 10,000원에 유상증자하기로 결정하였다. 제4회계연도 2월1일이 권리락일이며 동 연도 3월 1일이 유상증자한 주식의 상장예정일이다. 유상증자 권리락일 전 이미 발행되어 있는 보통주수는 200주이며 주당 시가는 13,000원이다.

[1] 유상증자대금 전액이 제4회계연도 2월 15일에 납입된 경우 (주)다산이 해야 할 분개를 하시오.

[풀이]

(차변) 현 금	1,000,000	(대변) 보통주자본금	500,000
		주식발행초과금	500,000

[2] 권리락일의 (주)다산 주식의 이론적 가격을 계산하시오.

[풀이]

권리락일 전 (주)다산의 주식을 구입한 주주에게만 신주우선매입권(preemptive right)이 주어진다; 그 권한이 떨어지는(없어지는) 날이 권리락일이다. 권리락일에는 신주우선매입권이 없어지는 만큼 (주)다산의 주가가 낮아지게 된다. 유상증자의 경우 권리락일의 이론적 주식가격은 기존 주식의 시가총액에 증자대금을 합친 금액을 새로운 총주식수로 나눈 금액이다. 따라서,

권리락일의 이론적 주가
= 〔(200주×₩13,000)+(100주×₩10,000)〕 / (200주+100주)
= ₩12,000

(2) 무상증자

무상증자의 경우에는 대금 납입이 없으므로 자산과 자본 총계에 변동이 없다. 다만 자본의 구성요소 간에 금액의 전이가 있게 될 뿐이다. 즉, 무상증자의 경우, 자본금을 새로 발행된 주식의 액면금액만큼 증가시키면서 그 무상증자의 재원이 되는 자본잉여금 등을 동 액수만큼 감소시킨다. 무상증자의 재원으로는 자본잉여금과 이익잉여금 중 이익준비금(법정적립금)을 사용할 수 있다. 이에 무상증자를 **자본잉여금 또는 이익잉여금(법정적립금)의 자본금 전입**이라 한다. 무상증자에 관한 회계처리와 관련 개념은 아래 〔예제 11-3〕에서 논의한다.

예제 11-3
무상증자

제3회계연도 4월 1일, 대구(주)는 보통주(액면금액 5,000원) 1주당 0.1주씩의 신주를 무상으로 발행하기로 결정하였다. 무상증자의 재원은 주식발행초과금이다. 제3회계연도 5월 1일이 권리락일이며 동 연도 6월 1일이 신주의 상장예정일이다. 무상증자 권리락일 전 이미 발행되어 있는 보통주수는 100주이며 주당 시가는 8,800원이다.

[1] 무상증자와 관련하여 대구(주)가 해야 할 분개를 하시오.

[풀이]■■■■■

(차변) 주식발행초과금	50,000	(대변) 보통주자본금	50,000

* (100주×0.1)×₩5,000=₩50,000

위의 분개에서 볼 수 있듯이, 무상증자는 자본총계에 영향을 주지 않고 자본의 구성요소 간에 금액의 전이를 가져올 뿐이다.

[2] 권리락일의 대구(주) 주식의 이론적 가격을 계산하시오.

[풀이]■■■■■

권리락일 전 대구(주)의 주식을 구입한 주주에게만 무상증자를 받을 권한이 주어진다; 그 권한이 없어지는 날이 권리락일이다. 권리락일에는 무상증자를 받을 권한이 없어지는 만큼 대구(주)의 주가가 낮아지게 된다. 무상증자의 경우는 기업의 순자산은 변동이 없고 주식수만 증가하므로 다른 사항이 동일하다면 주가는 비례적으로 하락할 것이다.

권리락일의 이론적 주가
= 〔(100주×₩8,800)+(10주×₩0)〕/(100주+10주)
= ₩8,000

(3) 주식배당

무상증자와 유사하게 대금 납입 없이 주식수가 증가하는 경우로 주식배당이 있다. **주식배당**(stock dividends)은, 말 그대로, 현금 대신 주식으로 배당하는 것을 말한다. 우리나라의 상법에서는 주식배당이 배당가능이익의 범위 내에서 주주총회 결의에 의하여 행해지며 그 발행금액은 액면금액으로 하도록 규정하고 있다.

주식배당은 배당으로 지급된 주식의 **액면금액만큼 자본금을 증가시키는 동시에 동액만큼 이익잉여금을 감소**시킨다. 즉 주식배당은 이익잉여금의 자본금 전입이다. 가령 A사의 보통주(액면금액 5,000원) 10주가 발행되어 있는데, 동사가 10%, 즉 1주의 주식배당을 실시하였다면 분개는 다음과 같다.

(차변) 이익잉여금	5,000	(대변) 보통주자본금	5,000

위의 분개에서 볼 수 있듯이 주식배당은 무상증자와 마찬가지로, 자본총계에 영향을 주지 않고 자본의 구성요소간 금액의 전이만을 초래한다.

무상증자와 주식배당은 발행주식수를 증가시킨다. 따라서 증가된 주식수에 해당하는 액면금액만큼 자본금이 증가한다. 가령, 보통주 100주(액면가 5,000원)가 발행되어 있다면 자본금은 500,000원(=100주×₩5,000)이다. 여기서 만일 40주를 무상증자 또는 주식배당 하였다면, 주식수는 140주로 증가하고, 이에 자본금도 700,000원(=140주×₩5,000)으로 증가하게 된다.

4. 자기주식

자기주식(treasury stocks)은 자사주라고도 하는데 **회사가 이미 발행한 자기회사의 주식을 다시 취득하여 보유하고 있는 것**을 말한다. 자기주식을 취득하는 목적에는 여러 가지가 있을 수 있다. 대표적으로 추후 주식을 소각(감자)하기 위한 목적, 적대적 인수합병(hostile M&A)에 대비하기 위한 목적, 현재 저평가된 주가를 부양시킬 목적, 임직원의 주식매입선택권(stock option) 행사에 대비하여 지급할 주식을 마련해 두기 위한 목적, 배당총액의 절감 목적 등이 있다.

자기주식은 자산으로 볼 수 없다. 왜냐하면 기업이 자기주식 즉, '자기 자신'을 자산으로 기록할 수 없기 때문이다. **자기주식은 의결권이 없고, 유통주식수의 산정 시 제외되며, 원칙적으로 배당도 지급되지 않기 때문에 주식으로서의 효력이 일시적으로 정지된 상태이다.**

자기주식의 일반적인 회계처리 방법으로 원가법과 액면금액법이 있다. **액면금액법**(par value method)은 자기주식을 액면금액으로 기록하는 방법이고, **원가법**(cost method)은 **자기주식을 취득원가로 기록하는 방법**이다. 우리나라의 기업들은 대개 원가법을 채택하고 있으므로 본서에서는 이 방법만을 설명한다.

자기주식을 취득하였을 때 그 취득원가는 자산으로 기록되지 않고 자본조정 항목인 자기주식 계정에 차기한다. 즉, 자기주식은 **자본의 차감계정**, 즉 음(−)의 자본계정으로 재무상태표의 **자본조정** 항목이다. 또한, 자기주식은 회사가 보유하고 있는 타사 주식에 대한 일반적인 시가평가와는 달리 그 **취득원가가 그대로 장부에 유지된다**. 이는 자기주식의 취득이 기본적으로 투자 목적이 아니라고 보기 때문이다.

기업은 자기주식을 보유하다가 이를 시장에 다시 재발행, 즉 처분할 수도 있고 영구적으로 소각할 수도 있다. 자기주식을 일시적으로 취득하여 보유하고 있을 때 자본의 일시적인 감소, 즉 일시적인 감자가 일어났다고 한다. 추후 자기주식을 소각해야 만이 자본이 영구적으로 감소하는, 즉 영구적인 감자가 되는 것이다. 우선 재발행의 회계처리를 설명한 후 소각의 회계처리는 다음에 설명하는 유상감자에서 알아보기로 한다.

자기주식을 취득원가보다 높게 매각하면 자기주식처분이익을 기록하고, 낮게 매각하면 자기주식처분손실을 기록한다. **자기주식처분이익**은 손익거래에 의한 차익이 아니므로 당기손익으로 보고될 수 없고 자본거래에 의한 차익이므로 **자본잉여금 항목**이다. **자기주식처분손실**은 자기주식과 마찬가지로 자본의 차감계정, 즉 음(−)의 **자본조정 항목**인데, 기존에 자기주식처분이익이 있으면 이와 먼저 상계하고 남은 금액이 있으면 일단 자본조정에 임시 처리하였다가 추후 이익잉여금 처분과정에서

(미처분)이익잉여금과 상계한다. 이익잉여금 처분에 대해서는 후술한다.

〔예제 11-4〕는 자기주식의 회계처리 방법인 **원가법**을 예시한다.

예제 11-4

자기주식의 취득과 처분
(재발행)

(주)세종의 제11회계연도말 자본항목의 구성은 다음과 같다.

보통주자본금 (액면금액 5,000원, 발행주식수 10,000주)	₩50,000,000
주식발행초과금	30,000,000
이익잉여금	27,000,000

(주)세종은 필요에 따라 자기주식을 취득하기로 하였는데, 제12회계연도 중의 거래는 다음과 같다.

1월 5일, 자기주식 200주를 주당 6,000원에 취득하였다.
3월 17일, 자기주식 50주를 주당 7,000원에 재발행(처분)하였다.
9월 30일, 자기주식 100주를 주당 5,000원에 재발행(처분)하였다.

[1] 제12회계연도 중 (주)세종의 자기주식 취득과 처분에 관한 분개를 하시오.

[풀이]▪▪▪▪▪

1월 5일:	(차변) 자기주식	1,200,000	(대변) 현 금	1,200,000

자기주식의 취득원가는 120만원(=₩6,000×200주)이므로 그 원가를 자기주식 계정에 차기한다. 이때 자기주식 계정은 자산계정이 아니다. 자기주식은 주주지분의 일시적 감소이므로 음(−)의 자본으로서 '임시자본'인 자본조정 항목으로 보고한다.

3월 17일:	(차변) 현 금	350,000	(대변) 자기주식	300,000
			자기주식처분이익	50,000

자기주식처분이익은 5만원(=(₩7,000−₩6,000)×50주)이다. 자기주식처분이익은 자본거래의 결과이므로 손익계산서 항목이 아니라 자본잉여금으로 보고한다.

9월 30일:	(차변) 현 금	500,000	(대변) 자기주식	600,000
	자기주식처분이익	50,000		
	자기주식처분손실	50,000		

'처분손실'은 10만원(=(₩5,000−₩6,000)×100주)이다. 그런데 자기주식처분이익 잔액이 5만원이 있으므로 먼저 자기주식처분이익 5만원으로 상계(차기)시킨 후 나머지를 자기주식처분손실에 차기한다. 자기주식처분손실은 음(−)의 자본조정 항목으로 보고하고, 추후 이익잉여금 처분과정에서 (미처분)이익잉여금과 상계한다.

[2] 제12회계연도 10월 1일 현재 (주)세종의 유통주식수를 계산하시오.

[풀이]■■■■■

유통주식수 = 발행주식수 − 자기주식수
= 10,000주 − (200주−50주−100주)
= 9,950주

5. 감 자

감자는, 증자의 경우와는 반대로, **주식을 소각함으로써 자본금을 축소시키는** 것이다. 감자에는 실질적인 감자인 유상감자와 형식적인 감자인 무상감자가 있다.

(1) 유상감자

유상감자는 회사가 감자대가를 지불하여, 즉 회사가 자기주식을 유상으로 취득하여 이를 소각하는 절차를 밟는 것이다. 우리나라에서는 상법의 영향에 따라 일반적으로 감자 시 자본을 발행금액이 아닌 액면금액만큼 감소시키고, 자기주식 취득원가인 감자대가와 액면금액의 차이는 **감자차익이나 감자차손으로 처리한다**.[6] 유상감자를 할 때 감자에 대한 감자대가가 액면자본금 감소분보다 작으면 감자차익이 발생하며, 반대로 크면 감자차손이 발생한다. **감자차익**은 자본잉여금으로 분류하는 반면, **감자차손**은 자기주식처분손실과 유사하게 우선 기존의 감자차익 잔액과 상계한 후 남은 잔액을 **음(−)의 자본조정** 항목으로 분류한 후 이익잉여금 처분과정에

6) 감자 시 자본을 액면금액이 아닌 당초의 발행금액만큼 감소시키고 자기주식 취득원가와 당초 발행금액의 차이를 감자차익 또는 감자차손으로 기록하는 방법도 있다. 어떠한 방법을 사용하든 자본의 총계에는 변함이 없다.

서 (미처분)이익잉여금과 상계 처리한다.

〔예제 11-5〕는 유상감자의 회계처리를 예시한다.

예제 11-5 유상감자

유상감자(실질적 감자)

[1] 제12회계연도 12월 20일 (주)세종은 주당 6,000원에 취득하여 보유 중인 자기주식 50주(주당 액면금액 5,000원)를 소각하였다. 이에 대하여 (주)세종이 할 분개를 하시오.

[풀이]

(차변) 자본금	250,000	(대변) 자기주식	300,000
감자차손	50,000		

(주)세종의 주당 액면금액은 5,000원으로 자본금 감소액은 25만원(=₩5,000×50주)이고 소각하는 주식 50주의 취득원가, 즉 감자대가는 30만원(=₩6,000×50주)이므로 감자차손은 5만원이다. 감자차손은 음(−)의 자본조정 항목으로 분류하며 추후 (미처분)이익잉여금과 상계한다.

[2] (주)건국의 제7회계연도말 자본항목의 구성은 다음과 같다.

자본금 (액면금액 5,000원, 보통주 10,000주 발행)	₩50,000,000
주식발행초과금	10,000,000
이익잉여금	8,000,000

제8회계연도 중의 거래는 다음과 같다.

10월 8일, 보통주 100주를 주당 4,000원에 취득하여 소각하다.
11월 27일, 보통주 100주를 주당 7,000원에 취득하여 소각하다.

제8회계연도 중 (주)건국이 해야 할 분개를 하시오.

[풀이]

10월 8일:	(차변) 자본금	500,000	(대변) 현 금	400,000
			감자차익	100,000

자본금 감소액은 50만원(=₩5,000×100주)이고 감자를 위하여 지불한 대가는 40만원(=₩4,000×100주)이므로 감자차익 10만원이 발생하였다. 감자차익은 자본잉여금으로 분류한다.

11월 27일:	(차변) 자본금	500,000	(대변) 현 금	700,000
	감자차익	100,000		
	감자차손	100,000		

자본금 감소액은 50만원(=₩5,000×100주)이고 감자를 위하여 지불한 대가는 70만원(=₩7,000×100주)이므로 감자로 인한 '차손'은 20만원이나 기존의 감자차익 10만원을 상계(차기)한 후의 잔액인 10만원을 감자차손에 차기한다. 감자차손은 음(−)의 자본조정 항목으로 보고하고, 추후 이익잉여금 처분과정에서 (미처분)이익잉여금과 상계한다.

(2) 무상감자

무상감자는 회사가 **감자대가를 지불하지 않고 자본금을 감소시키는** 것을 말한다. 부실기업의 경우 무상감자를 실시하는 경우가 종종 있다. 회사가 과거의 손실로 인해 결손금, 즉 음(−)의 이익잉여금이 있으면 배당이 원칙적으로 불가능하다. 이러한 부실기업은 무상감자를 통한 주식의 소각으로 자본금을 감소시키면서 동시에 결손금을 없앨 수 있다. 이렇게 결손금을 없앰으로써 추후 배당의 재원이 되는 이익잉여금을 확보할 수 있을 뿐 아니라, 주식의 소각을 통해 기존 주주의 자본금을 감액하여 신규 자본의 유입을 용이하게 할 수 있다.

무상감자는 감자대가가 없으므로 자산과 자본 총계의 변동을 가져오지 않는다. 그러나 이로 인해 주식수가 감소하며, 따라서 감소한 주식수에 해당하는 액면금액만큼 자본금이 감소한다. 이 감소한 액면자본금으로 우선 결손금을 보전하고 남은 금액이 있으면 자본잉여금인 감자차익으로 기록한다. 무상감자 시에는 감자대가가 없으므로 감자차손은 있을 수 없다.

〔예제 11-6〕은 무상감자의 회계처리를 예시한다.

예제 11-6 무상감자

무상감자(형식적 감자)

(주)진량의 보통주 발행주식수는 10,000주이며 주당 액면금액은 5,000원이다. (주)진량은 누적결손금 2,000만원을 보전하기 위하여 발행주식 2주당 1주의 비율로 무상감자를 실시하기로 의결하였다. 필요한 분개를 하시오.

[풀이]

(차변) 자본금	25,000,000	(대변) 결손금	20,000,000
		감자차익	5,000,000

이러한 무상감자로 인해 발행주식수가 10,000주에서 5,000주로 감소하였다. 감소된 5,000주의 액면금액인 2,500만원만큼 자본금을 감소시킨다. (주)진량 입장에서는 대가 지급 없이 보통주를 걷어 들였으므로 그 2,500만원이 감자차익이 되는데, 이 중 2,000만원은 이월결손금을 상계하여 없애는데 사용하였으므로 최종적으로 기록할 감자차익은 500만원이다.

6. 액면분할과 액면병합

(1) 액면분할

액면분할(또는 주식분할; stock splits)은 **주식의 액면금액을 줄이면서 비례적으로 발행주식수를 증가시키는 것**이다. 과거 우리나라에서는 주식 액면금액이 5,000원으로 묶여 있었기 때문에 액면분할을 실시할 수 없었다. 그러나 상법의 개정으로 주당 액면금액이 100원, 200원, 500원, 1,000원, 2,500원 및 5,000원 등으로 자율화되어 액면분할의 실시가 가능하게 되었다.

회사의 주가가 고가로 형성되어 있으면 소액투자가는 이 주식에 접근하기 어려우며 따라서 거래가 한산해질 수 있다. 이 경우 액면분할을 하면 발행·유통주식수가 증가하고 주당 주가도 액면분할 비율에 따라 낮아지므로 주식의 거래를 활성화시킬 수 있다.

액면분할은 자본금의 변동을 초래하지 않으며, 따라서 분개가 필요 없다. 예로, 보통주 10주(액면금액 5,000원)가 발행되어 있는데 5대 1로 액면분할을 하였다고 하자. 이 액면분할로 인하여 발행주식수는 50주로 증가하게 되며 주당 액면금액은 1,000원으로 감소하게 된다. 발행주식수와 주당 액면금액의 곱인 자본금 총액은 분할 전이나 후나 똑같이 50,000원이다.

(2) 액면병합

액면분할의 반대 개념이 **액면병합**(또는 주식병합: reverse stock splits)이다. 액면병합은 액면금액을 늘리면서 비례적으로 발행주식수를 감소시키는 것이다. 액면병합도 액면분할과 마찬가지로 자본금의 변동을 초래하지 않으며, 따라서 분개가 필요 없다.

회사의 주가가 저가로 형성되어 있고 발행·유통주식수가 지나치게 많을 경우 액면병합을 실시하는 경우가 있다. 그러면 주당 주가가 액면병합 비율에 따라 높아지고 그 비율만큼 주식수는 감소하게 된다. 무상증자, 주식배당, 무상감자, 그리고 액면분할과 액면병합이 재무제표 항목에 미치는 효과를 비교하면 〈표 11-2〉와 같다.

표 11-2 무상증자, 주식배당, 무상감자, 액면분할 및 액면병합의 비교

	자 산	자 본			
		자본금	자본잉여금	이익잉여금	총 계
무상증자	불변	증가	감소	불변*	불변
주식배당	불변	증가	불변	감소	불변
무상감자	불변	감소	증가**	증가**	불변
액면분할 또는 병합	불변	불변	불변	불변	불변

* 무상증자의 재원으로 이익잉여금 항목인 법정적립금(이익준비금)이 사용될 수도 있다. 이 경우 자본잉여금 대신에 이익잉여금이 감소한다.

** 일반적으로 결손금, 즉 음(−)의 이익잉여금을 '0'으로 만든 후 남은 금액이 자본잉여금인 감차차익이 된다.

제4절 이익잉여금

1. 이익잉여금의 증감 요인

이익잉여금(retained earnings)의 원천은 당기순이익으로서 손익거래에서 나타난 성과를 축적하여 온 것이다. 당기순이익은 이익잉여금의 유일한 증가요인이다. 반면, 이익잉여금의 감소요인으로는 일반적으로 세 가지가 있는데 당기순손실, 배당 및 음(−)의 자본조정 항목의 상계이다.

당기순손실은 당기순이익과 반대로 이익잉여금을 감소시킨다.[7] **배당**(현금배당과 주식배당)**의 재원은 이익잉여금**이므로 배당을 실시하면 이익잉여금이 감소한다. 또한 이익잉여금은 음(−)의 자본조정 항목인 주식할인발행차금, 감자차손, 자기주식처분손실 등을 상계시켜 없애는 데 사용된다. 이러한 **이익잉여금의 증감요인**을 요약해 보면 〈표 11-3〉과 같다.

표 11-3 이익잉여금의 증감요인

구분	내용
증가요인	· 당기순이익
감소요인	· 당기순손실 · 배당(현금배당 또는 주식배당) · 음(−)의 자본조정 항목(주식할인발행차금, 감자차손, 자기주식처분손실 등)의 상계

2. 이익잉여금의 처분과 이입

(1) 이익잉여금의 처분

이익잉여금의 처분(appropriation)에는 **배당**(현금배당과 주식배당), **각종 적립금으**

7) 계속된 당기순손실로 인해 이익잉여금의 잔액이 음(−)이 되면 이를 결손금(deficit)이라 한다.

로의 적립, 음(−)의 자본조정 항목의 상계 등이 있다. 이러한 이익잉여금의 처분은 원칙적으로 주주총회의 승인을 거쳐야 하므로 이에 따른 회계처리는 주총일에 이루어진다.[8)] 이에 대한 자세한 회계처리는 본 장의 보론에서 다루기로 한다.

현금배당은 이익잉여금을 감소시키며 현금지출이 이루어지기 때문에 자본총액(순자산)이 감소한다. 가령 A사의 보통주(액면금액 5,000원) 10주가 발행되어 있는데, 동사가 1주당 500원의 현금배당을 실시하였다면 분개는 다음과 같다.

(차변) (미처분)이익잉여금	5,000	(대변) 현 금	5,000

그러나 주식배당과 음(−)의 자본조정 항목의 상계는 이익잉여금의 감소를 초래하지만 자본총액의 감소를 초래하지 않는다. 즉, 주식배당과 음(−)의 자본조정 항목의 상계는 자본항목 상호 간의 계정대체를 가져올 뿐, 자본총액에는 영향을 미치지 않는다. 각종 적립금으로의 적립은 형식적으로 이익잉여금에 그 용도에 따라 '꼬리표'를 부착해 놓은 것으로 자본총액은 물론 이익잉여금의 총액에도 영향을 주지 않는다.

(2) 적립금의 적립

이익잉여금을 처분하여 각종 적립금을 적립하면 해당되는 적립금에는 이름이 붙게 된다. 따라서 ×××적립금이라 함은 그 용도에 따라 배당이 제한된 이익잉여금에 명칭을 붙여 재분류해 놓은 것에 불과하다.

적립금에는 법정적립금과 임의적립금이 있다. 법정적립금은 배당을 제한하기 위해 이익잉여금 일부의 적립을 법으로 강제한 것이고, 임의적립금은 회사가 임의로, 즉 자발적으로 이익잉여금의 일부를 적립하여 배당을 제한한 이익잉여금을 말한다. 법정적립금에는 이익준비금[9)]이 있는데, 이의 적립은 상법에서 요구하고 있다.

임의적립금에는 과세유예효과가 있는 조세특례제한법에 의거한 각종 준비금(사업손실준비금, 연구 및 인력개발준비금 등)[10)]과 회사 자체의 목적에 의한 배당평균적

---

8) 예외적으로 분기 또는 반기 현금배당 결정은 이사회 결의로만으로 가능하다.

9) '이익적립금'이라 하지 않고 '이익준비금'이라 칭한 것은 상법의 용어를 그대로 사용하기 때문이다.

10) 조세특례제한법은 이익잉여금의 일부를 특정 항목(예, 사업손실준비금, 연구 및 인력개발준비금 등)

립금, 사업확장적립금, 감채적립금, 재해손실적립금 등이 있다. 임의적립금의 각 용어는 그 자체가 전달하는 의미가 있다. 예로, 배당평균적립금은 일정액의 배당을 미래에 지속적으로 유지하기 위하여, 감채적립금은 채무를 원활히 상환하기 위하여 현재 이익잉여금 일부에 대해 배당을 제한해 놓은 것이다.[11]

적립금의 적립(처분) 시 미처분이익잉여금 계정에 차기하고 각종 적립금 계정에 대기한다. 가령, 미처분이익잉여금을 이익준비금으로 50,000원, 감채적립금으로 70,000원 처분하였다면 분개는 다음과 같다:

(차변) 미처분이익잉여금	120,000	(대변)	이익준비금	50,000
			감채적립금	70,000

(3) 기처분이익잉여금과 미처분이익잉여금

처분된 이익잉여금, 즉 법정적립금과 임의적립금으로 적립된 이익잉여금을 **기처분이익잉여금**(appropriated retained earnings)이라고도 하며, 아직 처분되지 않은 이익잉여금을 **미처분이익잉여금**(unappropriated retained earnings)이라 한다. **배당은 원칙적으로 미처분이익잉여금 잔액의 한도 내에서만 할 수 있다.** 미처분이익잉여금이 음(−)일 때 이를 **미처리결손금**이라 한다.

(4) 임의적립금의 이입

기처분이익잉여금인 임의적립금은 소기의 목적이 달성되었을 때 미처분이익잉여금으로 환원되어 배당이 가능해진다. 이를 **임의적립금의 이입**이라고 한다. 가령, 사채의 원리금 상환을 원활히 하기 위하여 감채적립금을 적립하였다 하자. 사채의 만기까지 감채적립금으로 70,000원을 적립하였는데, 그 사채가 만기가 되어 전액 상

으로 적립(처분)할 경우 그렇게 적립된 금액에 대하여 일정 기간 동안 과세를 유예하고 있다. 이 경우 이익잉여금의 처분은 배당제한 효과 외에도 절세효과를 가져다준다.

11) 비유동자산 항목으로서의 각종 기금과 이익잉여금 항목으로서의 각종 적립금의 개념을 명확히 구분할 필요가 있다. 예를 들어 감채기금은 기업이 감채(채무 상환)의 목적으로 실제 금융기관 등에 예치하고 있는 금융자산인 반면, 감채적립금은 감채를 원활히 할 수 있도록 이익잉여금 일부에 대해 배당을 제한하여 놓은 것에 불과하다.

환하였다면, '감채'라는 소기의 목적이 달성되었으므로 이 적립금은 다시 미처분이익잉여금으로 환원되어야 한다. 이에 대해 사채상환과 함께 감채적립금의 이입에 대한 분개를 하면 다음과 같다:

(차변)	사 채	70,000	(대변)	현 금	70,000
	감채적립금	70,000		미처분이익잉여금	70,000

미처분이익잉여금의 각종 적립금으로의 처분(적립)과 임의적립금의 이입을 도표로 보이면 〈그림 11-2〉와 같다. **처분(적립)과 이입은 모두 이익잉여금 총액에 아무런 변동을 가져오지 않는다.**

이상과 같은 이익잉여금을 처분하거나 적립한 내용은 **이익잉여금처분계산서**에 종합적으로 보고된다. 이익잉여금처분계산서는 종전 기업회계기준에서는 재무제표에 포함되었으나, 국제회계기준에서는 이를 재무제표에서 제외하였다. 우리나라에서는 상법 등 관련 법규에서 그 작성이 요구되는 경우 주석으로 공시하고 있다. 이익잉여금처분계산서에 대하여는 보론에서 설명하기로 한다.

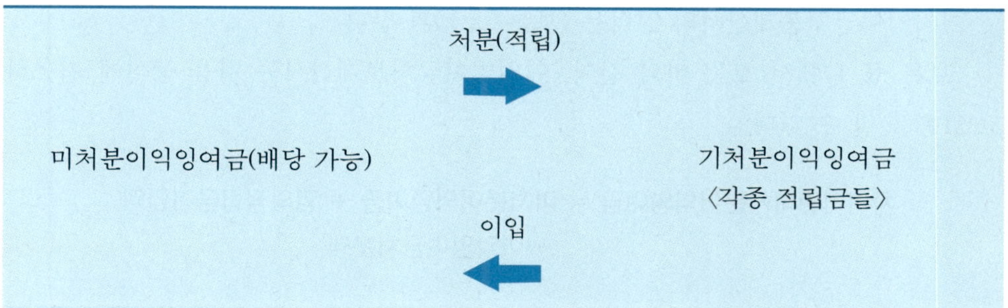

그림 11-2 **적립금으로의 처분과 임의적립금의 이입**

보론 이익잉여금처분계산서와 재평가잉여금

1. 이익잉여금처분계산서

전통적으로 이익잉여금처분계산서(statement of retained earnings)는 기본 재무제표의 하나였으나, 최근 국제회계기준은 이를 기본 재무제표에서 제외시켰으며 그 대신 자본변동표(statement of changes in equity)를 요구하고 있다. 그럼에도 불구하고, 이익잉여금처분계산서의 이해는 회계학의 원리를 다지는데 중요하므로, 이에 대해 상세히 알아본다.

(1) 이익잉여금처분계산서의 구성

이익잉여금처분계산서의 양식은 〈보론 표 1〉과 같다.

〈보론 표 1〉에서 보는 바와 같이, 이익잉여금처분계산서는 다음 등식에 기초하고 있음을 알 수 있다.

차기이월미처분이익잉여금 = 미처분이익잉여금 + 임의적립금이입액
- 이익잉여금처분액

여기서, **미처분이익잉여금**은 전기이월미처분이익잉여금과 당기순이익을 합한 금액이며, 이 미처분이익잉여금에 임의적립금이입액을 합한 금액을 **처분전이익잉여금**이라 한다. 처분전이익잉여금에서 이익잉여금처분액을 차감한 금액이 **차기이월미처분이익잉여금**이다. 이때 이익잉여금처분액이란 각종 적립금으로의 처분은 물론 배당 및 음(−)의 자본조정 항목의 상계를 포함하는 광의의 이익잉여금처분 금액을 의미한다.

보론 표 1
이익잉여금처분 계산서 양식

Ⅰ. 미처분이익잉여금
  1. 전기이월미처분이익잉여금
  2. 당기순이익

Ⅱ. 임의적립금이입액
  1. 감채적립금
  2. 사업확장적립금
    ⋮

Ⅲ. 처분전이익잉여금(Ⅰ+Ⅱ)

Ⅳ. 이익잉여금처분액
  1. 이익준비금
  2. 임의적립금
    배당평균적립금
    사업손실준비금
    ⋮
  3. 배당금

Ⅴ. 차기이월미처분이익잉여금(Ⅲ－Ⅳ)

(2) 재무상태표의 이익잉여금 항목의 구성

재무상태표 자본항목에 표시되는 이익잉여금 항목의 구성은 〈보론 표 2〉와 같다.

〈보론 표 2〉에서 보는 바와 같이, 재무상태표의 이익잉여금 항목의 구성은 다음 등식에 기초하고 있다.

이익잉여금 = 법정적립금 + 임의적립금 + 미처분이익잉여금

여기서, 법정적립금과 임의적립금의 합은 **기처분이익잉여금**이므로 재무상태표의 이익잉여금 항목은 기처분이익잉여금과 미처분이익잉여금으로 구성되어 있음을 알 수 있다. 재무상태표상의 법정적립금 및 임의적립금은 회사의 창업부터 재무상태표일까지 매 회계기간 이익잉여금의 처분에 의해 적립되고 임의적립금 이입에 의해 감소된 누계금액이다.

보론 표 2
재무상태표 이익잉여금 항목의 구성

이익잉여금(또는 결손금)
1. 법정적립금
이익준비금
2. 임의적립금
감채적립금
사업확장적립금
배당평균적립금
사업손실준비금
⋮
3. 미처분이익잉여금 (또는 미처리결손금)

(3) 이익잉여금처분계산서와 재무상태표의 이익잉여금 항목의 관계

당회계연도의 미처분이익잉여금의 처분과 임의적립금의 이입은 다음 회계연도초(12월 결산법인의 경우 통상 2월 중순부터 3월 하순)에 열리는 주주총회에 가서야 최종 확정된다. 이에 한국채택국제회계기준은 당회계연도말 재무상태표에는 재무상태표일 현재 아직 최종적으로 확정되지 않은 당회계연도 이익잉여금의 처분과 이입의 내역을 반영할 수 없다는 입장을 취하고 있다.

따라서 당회계연도말 재무상태표에는 당회계연도초의 전회계연도에 대한 주주총회에서 이미 확정된 전 회계연도의 미처분이익잉여금의 처분 및 임의적립금의 이입 결과가 당회계연도의 당기순이익과 함께 반영된다. 이에 **당회계연도말 재무상태표의 미처분이익잉여금은 기본적으로 전회계연도 이익잉여금처분계산서상의 차기이월미처분이익잉여금에 당회계연도의 당기순이익을 합친 금액이 된다.** 이 금액은 동시에 당회계연도 이익잉여금처분계산서상의 첫 번째 항목인 미처분이익잉여금이다.

〔보론예제 1〕은 이익잉여금 처분과 이입의 회계처리와 재무제표 표시를 예시한다.

보론예제 1

이익잉여금의 처분과 이입의 회계처리와 재무제표 표시

제11회계연도말 (주)다산의 재무상태표에 나타난 이익잉여금의 내역은 다음과 같다. (주)다산의 결산일은 12월 31일이다.

재무상태표의 이익잉여금 내역	제11회계연도말
법정적립금	
이익준비금	47,000
임의적립금	
감채적립금	30,000
사업확장적립금	13,000
미처분이익잉여금	72,000
이익잉여금 총계	162,000

제11회계연도 이익잉여금처분계산서 작성에 필요한 자료는 다음과 같다.

- 제11회계연도 당기순이익은 12,000원이다. 이 금액은 제11회계연도말 재무상태표상의 미처분이익잉여금에 이미 반영되어 있다.
- 제11회계연도 이익잉여금 처분과 이입 내역(제12회계연도 3월 15일에 열린 주주총회에서 확정)
  1) 채권자의 요구에 따라 감채적립금을 누적하여 왔는데, 제11회계연도에 채무를 상환함으로써 감채적립금 30,000원 전액을 미처분이익잉여금으로 이입하였다.
  2) 이익준비금 1,700원을 적립하였다.
  3) 재해손실적립금 30,000원을 적립하였다.
  4) 사업확장적립금 1,000원을 적립하였다.
  5) 제11회계연도 12월 31일(배당기준일) 현재의 주주에게 현금배당으로 5,000원을 지급하기로 결정하였다. 배당지급일은 제12회계연도 4월 15일이다.

[1] 제12회계연도 3월 15일에 열린 주주총회에서 확정된 제11회계연도 이익잉여금의 이입과 처분에 관한 분개를 하시오.

[풀이]▪▪▪▪▪

이입: (차변) 감채적립금 30,000 (대변) 미처분이익잉여금 30,000

처분: (차변) 미처분이익잉여금	37,700	(대변) 이익준비금	1,700
		재해손실적립금	30,000
		사업확장적립금	1,000
		미지급배당금	5,000

이 분개 후 미처분이익잉여금 잔액은 64,300원(=₩72,000+₩30,000−₩37,700)이다. 이 금액이 바로 제11회계연도 이익잉여금처분계산서의 차기이월미처분이익잉여금인 동시에, 제12회계연도 이익잉여금처분계산서의 전기이월미처분이익잉여금이 된다. 한편, 주주총회일에 확정되어 선언된 현금배당 5,000원은 다른 미처분이익잉여금의 처분과 같이 주총일, 즉 배당선언일에 미지급배당금이라는 부채로 기록된다. 미지급배당금은 배당지급일(제12회계연도 4월 15일)에 아래의 분개를 통해 제거된다.

(차변) 미지급배당금	5,000	(대변) 현 금	5,000

[2] 제12회계연도 3월 15일에 열린 주총에서 확정된 제11회계연도 이익잉여금처분계산서를 작성하시오.

[풀이]

다음 제11회계연도 이익잉여금처분계산서상의 미처분이익잉여금 72,000원은 제11회계연도말 재무상태표의 미처분이익잉여금과 같은 금액이다. 동시에 이는 제10회계연도 이익잉여금처분계산서상의 차기이월미처분이익잉여금, 즉 제11회계연도 전기이월미처분이익잉여금 60,000원에 제11회계연도 당기순이익 12,000원을 합친 금액이다. 제12회계연도초의 주주총회에서 확정된 제11회계연도 임의적립금의 이입과 미처분이익잉여금의 처분에 관한 모든 내역은 제11회계연도 이익잉여금처분계산서에 반영되어야 한다. 제11회계연도 이익잉여금처분계산서상의 차기이월미처분이익잉여금 64,300원은 제12회계연도 이익잉여금처분계산서상의 전기이월미처분이익잉여금이 될 것이다.

이익잉여금처분계산서 제11회계연도 1월 1일부터 12월 31일까지 처분확정일: 제12회계연도 3월 15일		
I. 미처분이익잉여금		
1. 전기이월미처분이익잉여금	60,000	
2. 당기순이익	12,000	72,000
II. 임의적립금이입액		
1. 감채적립금	30,000	30,000
III. 처분전이익잉여금		102,000
IV. 이익잉여금처분액		
1. 이익준비금	1,700	
2. 재해손실적립금	30,000	
3. 사업확장적립금	1,000	
4. 배당금	5,000	(37,700)
V. 차기이월미처분이익잉여금		64,300

[3] 제12회계연도의 당기순이익이 20,000원이라고 가정하고 제12회계연도말 현재 재무상태표의 이익잉여금 항목의 구성을 제시하시오.

[풀이]

재무상태표의 이익잉여금 내역 제12회계연도말	
법정적립금	
이익준비금	48,700
임의적립금	
재해손실적립금	30,000
사업확장적립금	14,000
미처분이익잉여금	84,300
이익잉여금 총계	177,000

제12회계연도말 재무상태표상의 법정적립금 및 임의적립금의 각 항목은 제11회계연도말의 재무상태표의 잔액에 제12회계연도 3월 15일 주주총회에서 확정된 제11회계연도 이익잉여금의 이입 및 처분 내역, 즉 제11회계연도 이익잉여금처분계산서의 내

용을 추가적으로 반영한다. 예로, 위의 이익준비금 48,700원은 제11회계연도말 잔액 47,000원에 제11회계연도 이익잉여금 처분에 따른 증가금액 1,700원이 가산된 결과이다. 또한 제12회계연도말 재무상태표의 미처분이익잉여금은 제11회계연도 이익잉여금처분계산서상의 차기이월미처분이익잉여금인 64,300원에 제12회계연도의 당기순이익 20,000원을 합친 84,300원이 된다. 당기순이익으로 인한 미처분이익잉여금의 증가는 제12회계연도말에 아래의 마감분개를 통해 이루어진다.

(차변) 집합손익 20,000 (대변) 미처분이익잉여금 20,000

이익잉여금 총액은 당기순이익만큼 증가하고 배당 또는 음(−)의 자본조정 항목의 상계에 의해서 감소할 뿐, 그 밖의 이익잉여금의 처분이나 임의적립금 이입의 영향을 받지 않는다. 위의 예에서 제12회계연도말 재무상태표의 이익잉여금 총계 177,000원은 제11회계연도말 재무상태표 이익잉여금 총계 162,000원에서 제12회계연도초 주총에서 결의한 현금배당액 5,000원을 차감하고 제12회계연도 당기순이익 20,000원을 가산한 금액임을 알 수 있다.

(4) 결손금처리계산서

이익잉여금처분계산서에서 만일 전기이월미처분이익잉여금(또는 전기이월미처분결손금)과 당기순손실(또는 당기순이익)의 합이 음(−)일 경우 이익잉여금처분계산서 대신에 결손금처리계산서를 작성하여야 한다. **결손금처리계산서의 표준양식**은 다음과 같다.

결손금처리계산서의 'Ⅱ. 결손금처리액' 부분은 결손금 처리순서를 보여준다. 이월결손금은 임의적립금으로 우선 상계시키고, 부족하면 법정적립금, 그리고 자본잉여금의 순으로 상계시킨다.

결손금처리계산서 제××회계연도 ×월 ×일부터 ×월 ×일까지 처분확정일: 제××회계연도 ×월 ×일		
Ⅰ. 미처리결손금		
1. 전기이월미처분이익잉여금 (또는 전기이월미처리결손금)	×××	
2. 당기순손실(또는 당기순이익)	×××	(×××)
Ⅱ. 결손금처리액		
1. 임의적립금이입액	×××	
2. 법정적립금이입액	×××	
3. 자본잉여금이입액	×××	×××
Ⅲ. 차기이월미처리결손금		(×××)

2. 자산재평가이익(재평가잉여금)

자산재평가이익은 자산을 공정가치로 재평가할 때 발생한다. 회계에서는 전통적으로 유형자산, 무형자산 및 투자부동산을 취득원가에 기초하여 평가하여 왔다. 자산재평가는 이러한 원가법에 어긋난다. 우리나라에서는 2000년말까지 토지, 건물 등 유형자산에 대해 한시적으로 자산재평가를 허용한 후 금지하였으나, 2008년말 전 세계적 금융위기의 여파로 유형자산의 자산재평가를 허용한 이후, 2011년부터 국제회계기준의 도입과 더불어 유형자산, 무형자산 및 투자부동산의 재평가를 전면적으로 다시 허용하게 되었다.

국제회계기준하에서 기업은 유형자산, 무형자산 또는 투자부동산을 원가모형에 의하여 취득원가로 평가하든가 또는 재평가모형에 의하여 매 회계연도말의 공정가치로 평가하든가를 선택할 수 있다. 하지만 일단 재평가모형을 선택하면 차후에 원가모형으로 회귀할 수 없다. 즉 유형자산, 무형자산 또는 투자부동산에 대해 재평가를 시작하면, 매년 지속적으로 이들에 대해 재평가를 하여야 한다. 자산재평가를 하게 되면 유형자산, 무형자산 또는 투자부동산을 감정가액 등 공정가치로 재평가하여 인식하게 된다. 재평가 자산의 공정가치, 즉 재평가액은 취득원가에 기초한 장부금액보다 클 수도 있고 작을 수도 있다. 재평가액이 장부금액보다 클 때 그 차액은 자산재평가이익이라는 기타포괄이익 항목으로 인식하고, 반면에 재평가액이 장부금액보다 작을 때는 그 차액을 자산재평가손실이라는 기타비용으로 인식한다. 자산재평가이익은 재무상태표의 기타포괄손익누계액하의 재평가잉여금(revaluation reserve; revaluation surplus)이라는 항목으로 누적된다. 자산재평가에 대한 자세한 회계처리는 중급재무회계에서 다룬다.

기업은 통상적으로 재평가액이 장부금액보다 클 때 자산재평가를 하는데, 이 경우 실물의 투입이 없이 단순히 장부상 자산 금액이 증가하게 된다. 그러면 경제적인 견지에서 재평가의 실익은 무엇인가? 이에 대한 답변으로 자산재평가를 하면 재무제표상 부채의 증가 없이 자본이 증가하여 기업의 재무구조가 개선됨에 따라 부채의 조달비용이 절감될 수 있다는 점을 들 수 있다.

연습문제

〈객관식 문제〉

01 "자산=부채+자본"이라는 재무상태표 등식에서 "자본"을 지칭하지 않는 것은?

① 순자산
② 소유주(주주)지분
③ 잔여지분
④ 자기자본
⑤ 타인자본

02 다음 중 틀린 서술은?

① 총포괄이익은 자본거래를 제외한 모든 거래로부터 발생한 순자산의 증감을 일컫는다.
② 총포괄이익은 당기순이익을 포괄하는 개념이다.
③ 자본조정 항목은 '임시자본'의 성격으로 궁극적으로 다른 자본항목으로 상계되는 등 없어질 항목이다.
④ 이익잉여금은 자본거래의 결과이다.
⑤ 기타포괄이익은 당기순이익에 포함되지 않는다.

03 다음 중 자본거래가 아닌 것은?

① 자기주식의 취득
② 신주의 발행
③ 자기주식의 처분
④ 감 자
⑤ 자산 재평가

04 다음 중 자본잉여금으로 분류되지 않은 것은?

① 주식할인발행차금
② 자기주식처분이익
③ 감자차익
④ 주식발행초과금
⑤ 정답 없음

05 다음 중 자본조정 항목이 아닌 것은?

① 감자차익 ② 감자차손
③ 자기주식 ④ 주식할인발행차금
⑤ 자기주식처분손실

06 다음 중 일반적인 자기주식 취득사유에 해당되는 것은?

① 임직원의 주식매입선택권 행사에 대비하기 위하여
② 배당총액을 절감하기 위하여
③ 유휴자금을 활용하여 주가를 부양하기 위하여
④ 적대적 M&A를 막기 위하여
⑤ 위 모두가 각각 사유가 될 수 있음.

07 이익잉여금 항목에는 각종 적립금이 있다. 다음은 적립금에 대한 서술이다. 옳지 않은 것은?

① 적립금으로의 처분금액이 클수록 재무상태표상의 이익잉여금 총액은 줄어든다.
② 배당을 제한하는 효과가 있다.
③ 적립금에는 법정적립금과 임의적립금이 있다.
④ 적립금을 쌓을수록 과세가 유예되는 혜택이 있을 수 있다.
⑤ 상법상의 이익준비금은 적립금의 일종이다.

08 (주)신보는 제12회계연도 2월 15일 주주총회일에 제11회계연도의 경영성과에 대한 현금배당을 회계연도말 현재 주주에게 지급할 것을 선언하였는데 동 금액은 제12회계연도 3월 15일에 지급할 계획이다. 이익잉여금에 관하여 다음 중 옳은 서술은?

① 배당선언일에 증가한다.
② 배당선언일에는 영향을 받지 않는다.
③ 배당금지급일에는 영향을 받지 않는다.
④ 배당금지급일에 감소한다.
⑤ 배당금지급일에 증가한다.

09 다음의 우선주에 대한 설명 중 맞는 것은?

① 통상 의결권이 주어진다.
② 신주우선매입권이 주어진다.
③ 채권보다도 우선하는 청산분배권을 갖는다.

④ 기업이 부도가 나지 않는 한 매년 일정 배당액이 보장된다.
⑤ 주주총회에서 보통주에 우선하는 의결권이 주어진다.

10 다음 중 자본총계를 변화시키는 사건은?

① 액면분할의 실시
② 주식배당의 지급
③ 보유하고 있는 자기주식의 소각
④ 감자차손의 상계
⑤ 자기주식의 취득

11 다음 중 자본금의 변화를 초래하는 사건은?

① 주식분할
② 자기주식의 재발행
③ 자기주식의 소각
④ 현금배당의 선언
⑤ 현금배당의 지급

12 다음 중 기업의 자본잉여금의 증가를 초래할 수 있는 것은?

① 무상증자의 실시
② 주식배당의 실시
③ 무상감자의 실시
④ 액면분할의 실시
⑤ 자기주식의 취득

13 다음 중 이익잉여금 총액의 변동을 초래할 수 없는 것은?

① 당기순손실
② 주식배당의 선언
③ 임의적립금의 이입
④ 현금배당의 선언
⑤ 자기주식처분손실의 상계

(자료) 다음은 14번~16번 문제에 대한 신명지주회사의 자기주식에 관한 거래이다. 신명주식회사의 주당 액면금액은 5,000원이다.

a. 1,000주를 주당 18,000원에 취득하다.
b. 200주를 주당 20,000원에 처분하다.
c. 300주를 주당 15,000원에 처분하다.
d. 나머지 500주를 소각하다.

14 거래 b에서 자기주식처분이익으로 대기(credit)할 금액은 얼마인가?

① 400,000
② 3,600,000
③ 4,000,000
④ 0

⑤ 정답 없음

15 거래 c에서 자기주식처분손실로 차기(debit)할 금액은 얼마인가?

① 500,000
② 400,000
③ 900,000
④ 300,000
⑤ 정답 없음

16 거래 d의 결과가 아닌 것은?

① 자기주식 9,000,000 감소
② 보통주자본금 2,500,000 감소
③ 감자차손 6,500,000 발생
④ 자기주식처분손실 6,500,000 발생
⑤ 정답 없음

〈주관식 문제〉

17 자본의 분류(1)

다음은 자본에 속하는 항목들에 대한 정의이다. 왼쪽과 오른쪽을 알맞게 연결하시오.

분 류	정 의
가. 자 본	a. 기업의 이익창출활동에 의해 축적된 이익으로서, 사외로 유출되지 않은 부분
나. 자본금	b. 기업의 자산에서 채권자지분인 부채를 차감한 후에 남는 잔여지분
다. 자본잉여금	c. 발행주식수×주당 액면금액
라. 이익잉여금	d. 임시적인 자본항목
마. 자본조정	e. 자본거래로부터 생긴 이익
바. 기타포괄손익누계액	f. 당기순이익에 포함되지 않는 평가손익 등의 누계액

18 자본의 분류(2)

다음 〈보기〉를 보고 재무상태표의 자본항목에 대한 아래의 물음에 답하시오.

〈 보 기 〉

a. 미처분이익잉여금	b. 투자주식평가이익
c. 자기주식처분이익	d. 유형자산처분이익
e. 임의적립금	f. 재평가잉여금
g. 감자차익	h. 주식발행초과금
i. 자기주식	j. 이익준비금
k. 자기주식처분손실	l. 주식할인발행차금
m. 우선주자본금	n. 감자차손

1. 자본금에 해당하는 항목을 모두 고르시오.
2. 자본잉여금에 해당하는 항목을 모두 고르시오.
3. 이익잉여금에 해당하는 항목을 모두 고르시오.
4. 자본조정 항목을 모두 고르시오.
5. 기타포괄손익누계액에 해당하는 항목을 모두 고르시오.

19 사채와 주식의 비교

주식과 사채는 재무상태표의 대변항목을 구성하는 중요한 항목으로서 주식회사의 중요한 자금조달수단이라는 공통점이 있으나 아래 표에서와 같은 차이가 있다. 빈칸에 들어갈 말을 〈보기〉에서 골라 쓰시오.

차이 내용	주식	사채	<보 기>
a. 회사의 구성원으로서의 의결권 ~	①	②	갖는다. 갖지 않는다.
b. 확정이자가 지급 ~	③	④	된다. 되지 않는다.
c. 위험(risk)이 더 ~	⑤	⑥	크다. 작다.
d. 회사 입장에서 자금의 사용으로 인한 법인세 절감효과가 ~	⑦	⑧	있다. 없다.
e. 회사 청산 시 우선변제권이 ~	⑨	⑩	있다. 없다.

20 무상증자와 주식배당의 차이

무상증자와 주식배당은 기업의 발행주식수를 증가시킬 뿐, 그 자체로는 이론적으로 기업지분의 시장가치를 제고시키지 않는다. 무상증자와 주식배당의 차이를 설명하고, 기업은 이에 대한 회계처리를 각각 어떻게 해야 하는지 설명하시오.

21 적립금의 의미

회계학원론을 최근에 수강한 최강타 씨는 주식투자를 하기 위해 상장회사들의 재무상태표들을 비교하던 중에 (주)토성의 재무상태표를 보고 (주)토성에 투자하기로 마음먹었다. 다음은 결산일이 12월 31일인 (주)토성의 재무상태표 중 일부이다.

재무상태표

(주)토성 제8회계연도 12월 31일 현재 (단위: 원)

자 산		부 채	
Ⅰ. 유동자산	5,000	Ⅰ. 유동부채	720,000
:		:	
Ⅱ. 비유동자산	2,200,000	Ⅱ. 비유동부채	
:		:	
		자 본	
		:	
		Ⅲ. 이익잉여금	
		이익준비금	10,000

	감채적립금 820,000 배당평균적립금 40,000 :

최강타 씨는 "(주)토성은 참 재무구조가 건전하다. 유동부채 720,000원을 상환하기 위해서 감채적립금을 820,000원이나 적립해 두었으니 당분간 부도날 위험은 전혀 없구나. 소문에 (주)토성의 자금사정이 악화되어서 요즘 힘들다더니 이제 보니 순 헛소문이었어. 이익준비금, 배당평균적립금 등 건전한 기업발전을 위해서 저렇게 많이 적립금을 적립하고 있는데 무슨 걱정이 있겠어. 역시 회계학은 배우면 써먹을 데가 있단 말야."

당신은 최강타의 의견에 동의하는가? 이익잉여금의 처분에 의한 임의적립금 적립은 무슨 의미를 갖는가?

22 주식의 발행

(주)흑산은 설립 당시 액면금액 5,000원인 보통주 10,000주와 액면금액 5,000원인 우선주 5,000주를 각각 주당 7,000원과 6,000원에 발행하였다. 다음 물음에 답하시오.

1. 주식 발행 시의 회계처리를 하시오.
2. 자본 부분을 나타내는 부분 재무상태표를 작성하시오.

23 이익잉여금

다음 자료는 (주)강변의 자본계정의 요약이다.

	제11회계연말	제12회계연도말
보통주자본금	100,000원	102,000원
자본잉여금	50,000	50,000
이익잉여금	100,000	104,600

제12회계연도 중 동 회사는 x원의 주식배당과 15,000원의 현금배당금을 선언하고 지급하였다. 보통주자본금의 변동이 제12회계연도 중의 주식배당 선언과 지급에 기인한다고 가정할 때, 제12회계연도의 주식배당 금액(x원)과 당기순이익은 각각 얼마인가?

24 보통주와 우선주 배당금계산

(주)공명은 액면금액의 9%를 배당하는 누적적우선주 5,000주와 함께 보통주 25,000주를

발행하고 있다. 당기초에는 결손금 5,000,000원이 있었으며, 우선주에 대하여는 지난 2년 동안 배당을 하지 못하였다. 당기의 당기순이익이 25,000,000원이고 보통주에 대해서는 주당 100원씩 배당하였다. 주식의 액면금액은 5,000원이다. 배당 실시 후 (주)공명의 이익잉여금의 잔액은 얼마인가?

참고 누적적우선주에 대해서는 과거에 지급하지 못한 배당을 더불어 지급하여야 한다. 따라서 이 경우 3년분의 배당금이 지급된다.

25 유상증자 직후의 이론적 가격

제7회계연도 1월 1일 (주)다산은 보통주 200주를 주당 5,000원에 유상증자하기로 결의하였다. 동년 2월 1일이 권리락일이며 3월 1일이 유상증자한 주식의 상장예정일이다. 유상증자 권리락일 전의 보통주 발행·유통주식수는 200주이며 주당 시가는 9,000원이다. 권리락일에 (주)다산 주식의 이론적 가격은 얼마인가?

26 무상증자와 주식배당

1. 보통주(액면 5,000원) 20주가 발행되어 있는데 50%의 무상증자를 실시하였다. 무상증자의 재원은 주식발행초과금이다. 이에 대한 분개를 하시오.
2. 보통주(액면 5,000원) 20주가 발행되어 있는데 제4회계연도 12월 31일 현재(배당기준일)의 주주에게 제5회계연도 3월 15일(배당 선언일)의 주총에서 액면금액 기준 5%의 현금배당 및 10%의 주식배당을 실시하기로 하고 동 회계연도 4월 15일(배당 지급일)에 현금 및 주식을 지급하였다. 이에 대한 날짜별 분개를 하시오.
3. 제12회계연도 1월 1일 (주)다산은 보통주 200주를 무상증자하기로 결의하였다. 동년 2월 1일이 권리락일이며 3월 1일이 무상증자한 주식의 상장예정일이다. 유상증자 권리락일 전의 보통주 발행·유통주식수는 400주이며 주당 시가는 15,000원이다. 권리락일에 (주)다산의 주식의 이론적 가격은 얼마인가?

27 유상감자(실질적 감자)

영남기업의 다음과 같은 일련의 거래에 대하여 분개를 하시오.

1. 자사 보통주(액면 5,000원) 10주를 주당 4,000원에 취득하여 소각하였다.
2. 자사 보통주(액면 5,000원) 10주를 주당 8,000원에 취득하여 소각하였다.
3. 2의 감자차손을 주총의 결의에 의하여 이익잉여금으로 전액 상계하였다.

28 무상감자(형식적 감자)

한일은행은 미처리결손금 2,000억원을 보전하기 위하여 보통주 1억주 중 9,000만주를 회수하는 10대 1 무상감자를 실시하였다. 주당 액면금액은 5,000원이다. 감자 시의 분개를 하시오.

29 자기주식의 취득과 처분

강남기업의 다음과 같은 일련의 거래에 대하여 분개를 하시오.

1. 자사 보통주(액면 5,000원) 10주를 주당 7,000원에 취득하였다.
2. 1의 자기주식 4주를 주당 8,000원에 매각하였다.
3. 1의 자기주식 6주를 주당 5,000원에 매각하였다.
4. 3의 자기주식처분손실을 주총결의에 의해 이익잉여금으로 전액 상계하였다.

30 재무상태표 자본항목

다음은 (주)경성의 제9회계연도말 부분 재무상태표이다.

부분 재무상태표	
(주)경성 제9회계연도 12월 31일 현재	(단위: 원)
자 본	
I. 자본금	
1. 보통주자본금(액면 ₩5,000, 수권주식수 1,000주)	3,000,000
2. 우선주자본금(액면 ₩5,000, 수권주식수 1,000주)	2,000,000
II. 자본잉여금	
1. 보통주주식발행초과금	1,500,000
2. 우선주주식발행초과금	500,000
III. 이익잉여금	
1. 이익준비금	150,000
2. 사업확장적립금	150,000
3. 미처분이익잉여금(당기순이익 300,000)	700,000
자본총계	8,000,000

상기 재무상태표를 보고 다음 물음에 답하시오. 단, 배당은 전액 현금배당이다.

1. (주)경성의 보통주 발행주식수는?
2. (주)경성이 발행한 보통주의 평균 주당 발행금액은 얼마인가?
3. (주)경성이 우선주 발행주식수는?
4. (주)경성이 발행한 우선주의 평균 주당 발행금액은 얼마인가?

5. 전기말 재무상태표상 이익잉여금총액이 1,100,000원일 때, 당기초 주주총회에서 결의한 배당금의 총액은 얼마인가?

31 이익잉여금의 처분(보론)

(주)유비의 제7회계연도말 재무상태표상의 미처분이익잉여금은 190,000원이다. 제7회계연도와 제8회계연도의 당기순이익은 각각 70,000원과 60,000원이다. 제8회계연도 3월 10일에 확정된 제7회계연도의 이익잉여금처분계산서에 따르면 임의적립금의 이입액이 30,000원이었으며, 법정적립금과 임의적립금으로의 처분액이 50,000원이었고, 현금배당은 10,000원을 하기로 하였다. (주)유비가 제8회계연도말 재무상태표상에 보고할 미처분이익잉여금은?

32 재무상태표 및 이익잉여금처분계산서 작성(보론)

다음은 (주)유비의 제11회계연도말 재무상태표의 일부와 제11회계연도의 이익잉여금처분계산서이다. (주)유비의 결산일은 12월 31일이다. (단위: 원)

부분 재무상태표

(주)유비 제11회계연도 12월 31일 현재

V. 이익잉여금	
1. 이익준비금	30,000
2. 배당평균적립금	150,000
3. 미처분이익잉여금	540,000
(당기순이익 500,000)	

이익잉여금처분계산서

제11회계연도 1월 1일부터 12월 31일까지

처분확정일: 제12회계연도 2월 28일

Ⅰ. 미처분이익잉여금		
1. 전기이월미처분이익잉여금	40,000	
2. 당기순이익	500,000	540,000
Ⅱ. 이익잉여금처분액		
1. 이익준비금	20,000	
2. 배당평균적립금	100,000	
3. 현금배당	200,000	320,000
Ⅲ. 차기이월미처분이익잉여금		220,000

다음은 제12회계연도 중에 발생한 거래내용 및 제12회계연도 중 이익잉여금 변동내역이다.

(1) 제12회계연도 3월 10일에 제11회계연도분 현금배당 200,000원이 지급되었다.
(2) 제12회계연도 당기순이익은 825,000원으로 보고되었다.
(3) 제13회계연도 2월 28일에 열린 주주총회에서 아래의 이익잉여금 처분안을 확정하였다. 현금배당은 제13회계연도 3월 15일에 지급될 예정이다.

이익준비금의 적립	₩30,000
현금배당	300,000
배당평균적립금의 이입	70,000

위의 자료를 토대로 제12회계연도말 재무상태표의 이익잉여금 부분 및 제12회계연도의 이익잉여금처분계산서를 작성하시오.

제 IV 부

재무제표와 재무제표 분석

12장

자본변동표와 현금흐름표

이제까지 우리는 재무상태표를 구성하는 자산, 부채, 자본의 각 계정과목별 회계처리를 재무상태표와 (포괄)손익계산서를 중심으로 살펴보았다. 본 장에서는 또 다른 재무제표인 자본변동표와 현금흐름표에 대하여 설명하고자 한다.

제1절 자본변동표

자본변동표(statement of changes in equity)는 그 명칭이 의미하는 바와 같이 한 **회계기간 동안 주주지분인 자본 항목들의 변동을 보고하는 재무제표**이다. 따라서 자본변동표는 자본을 구성하는 자본금, 자본잉여금, 자본조정, 기타포괄손익누계액 및 이익잉여금 각각의 변동내역을 나타낸다.

자본변동표는 〈표 12-1〉에 제시된 양식과 같은 형태로 작성된다. 〈표 12-1〉에서 보는 바와 같이 자본변동표는, 자본금과 자본잉여금이 기중에 유상증자 및 감자에 의해, 자본조정이 자기주식의 취득 및 처분과 음(−)의 자본조정 항목 상계를 위한 이익잉여금 처분에 의해, 기타포괄손익누계액이 (기타포괄손익 인식) 투자주식평가

표 12-1 자본변동표 양식

구 분	자본금	자본 잉여금	자본조정	기타포괄이익 누계액	이익 잉여금	총 계
기초금액	×××	×××	×××	×××	×××	×××
배 당					(×××)	(×××)
자본조정 상계			×××		(×××)	-
유상증자(감자)	×××	×××				×××
당기순이익(손실)					×××	×××
자기주식 취득(처분)			(×××)			(×××)
투자주식평가손익				×××		×××
기말금액	×××	×××	×××	×××	×××	×××

손익 등에 의해, 그리고 이익잉여금이 배당과 음(−)의 자본조정 항목 상계 및 당기 순손익에 의해 각각 얼마나 증감하였는지를 한눈에 보여준다.

예제 12-1

자본변동표의 작성

다음은 (주)경북의 20×1년초 자본 현황과 20×1년도 중 자본변동 내역이다. 이를 이용하여 (주)경북의 20×1년도 자본변동표를 작성하시오. 회계기말은 12월 31일이다.

〈20×1년 기초의 자본 내역〉

- 자본금 ₩100,000
- 자본잉여금 300,000
- 이익잉여금 70,000

〈20×1년도 중 자본의 변동 내역〉

20×1년 3월 15일, 20×1년 2월말에 선언한 배당금 33,000원을 지급하다.

20×1년 5월 1일, 액면 @5,000원, 주식 10주를 @12,000원에 발행하였다.

20×1년 12월 31일, 20×1년도 당기순이익 50,000원을 보고하였다.

[풀이]

자본변동표

20×1년 1월 1일부터 12월 31일까지

구 분	자본금	자본 잉여금	자본조정	기타포괄이익 누계액	이익 잉여금	총 계
기초금액	₩100,000	₩300,000			₩70,000	₩470,000
배 당					(33,000)	(33,000)
유상증자	50,000	70,000				120,000
당기순이익					50,000	50,000
기말금액	₩150,000	₩370,000			₩87,000	₩607,000

현금흐름표 제2절

1. 현금흐름표의 유용성

현금흐름표(statement of cash flows)는 **기업이 한 회계기간 동안 현금을 어떻게 창출했는지, 어디에 사용했는지, 그 결과로 현금의 순증감이 얼마인지를 보여주는 재무제표**이다. 현금흐름은 기업의 안정성(위험도)을 평가하는 중요한 척도이다. (포괄)손익계산서상에 당기순이익 및 총포괄이익이 아무리 많다 할지라도, 즉 흑자가 아무리 많이 났다 하더라도, 현금의 부족으로 차입금에 대한 이자 또는 원금을 만기에 갚지 못하면 기업은 도산할 수 있다. 이를 **흑자도산**(technical insolvency)이라고 한다. 기업의 수익성은 기업의 안정성이 보장되는 테두리 내에서만 의미가 있을 수 있다. 현금흐름표는 기업의 주요 활동별로 현금흐름에 관한 정보를 제공함으로써 정보이용자가 기업의 현금창출능력, 부채상환능력, 외부 자금조달의 필요성, 배당금 지급여력 등을 평가하는 데 도움을 준다.

더 나아가 현금흐름표는 발생기준 회계에 근거한 (포괄)손익계산서를 보완하여 기업의 수익성을 옳게 평가하는 데 도움을 준다. 재무제표는 기본적으로 발생기준 회계에 근거하여 작성된다. 발생기준회계는 기업의 경영성과를 적절히 나타내기 위한 일환이다. 그러나 수익과 비용이 현금으로 실현되지 않는 경우가 있으며, 그의 인식이 대손상각비와 감가상각비 등의 추정에서 보듯이 때로는 자의적으로 이루어지기 때문에 발생기준에 입각하여 작성된 정보는 기업의 수익성에 대한 올바른 판단을 그르칠 수 있다. 이러한 점에서 현금기준에 입각한 현금흐름표는, **발생기준의 자의성을 배제함으로써 (포괄)손익계산서에 보고된 이익의 질**(earnings quality)을 평가하는 데 도움을 준다.

2. 현금흐름표의 구성

포괄손익계산서의 bottom line이 총포괄이익이라면, **현금흐름표의 bottom line은 '현금'의 증가 또는 감소**라고 할 수 있다. 여기서 **'현금'이란 재무상태표상의 현금및현금성자산**을 의미한다. 현금흐름표의 bottom line인 기중 '현금'의 증감은 당기말과 전기말의 재무상태표상 현금및현금성자산의 차액으로서 쉽게 알 수 있다. 현금흐름표의 주된 목적은 그 bottom line인 현금의 증감을 계산해 내는 것이 아니라, 한 기간 동안의 현금 증감이 왜, 무엇 때문에, 즉 주요 활동별로 어떠한 세부항목에 기인하였는가를 보여주는 것이다.

현금흐름표는 현금의 증감을, 〈표 12-2〉에서 보는 바와 같이, **영업활동**, **투자활동**, 그리고 **재무활동이라는 기업의 주요 활동별**로 구분하여 보고한다.

표 12-2 현금흐름표의 기본구조

	1. 영업활동으로 인한 현금흐름(cash flows from operating activities)
	2. 투자활동으로 인한 현금흐름(cash flows from investing activities)
	3. 재무활동으로 인한 현금흐름(cash flows from financing activities)
	현금의 증감(total cash increase/decrease)
+)	기초의 현금
	기말의 현금

현금흐름표 작성 시 다양한 유형의 현금 유출·입은 영업활동, 투자활동, 그리고 재무활동으로 구분하여 보고하는데, 이 세 활동 각각에 대해 개괄적으로 살펴보자.

(1) 영업활동 현금흐름

영업활동으로 인한 현금흐름(cash flows from operating activities)은 통상적인 영업활동과 부수적인 영업활동으로 인한 현금의 유출·입을 주요 항목별로 보고한다. **현금흐름표상 '영업활동'이란 기업의 주된 통상적인 활동뿐 아니라 손익에 영향을 미치게 되는 기타 부수적인 활동을 포괄하는 광의의 개념이다.** 결과적으로 현금흐름표상의 **영업활동으로 인한 현금흐름은**, 손익계산서상의 발생기준에 의거 계산된 당기순손익에 대비되는, 현금기준에 의거 계산된 순손익의 개념이라 할 수 있다. 영업활동으로 인한 현금흐름을 보고하는 방법에는 아래의 제3절에서 설명하듯이 직접법과 간접법이 있다. 〈표 12-3〉은 직접법을 예시한다. 간접법은 보론의 〈보론 표 2〉에 예시되어 있다.

표 12-3 영업활동으로 인한 현금흐름 (직접법)

현금유입액:	매출대금 회수 이자 수취 배당금 수취 단기매매금융자산의 처분 등
현금유출액:	매입대금 지급 급여 지급 기타 판매비 또는 관리비 지급 이자 지급 법인세 납부 단기매매금융자산의 취득 등

(2) 투자활동 현금흐름

투자활동으로 인한 현금흐름(cash flows from investing activities)은 유형자산, 무형자산, 장기금융자산, 관계기업투자 등 비유동자산을 취득하기 위하여 유출된 현금과 그러한 자산을 처분함으로써 유입된 현금을 주요 항목별로 보고한다. 또한 장·단기 대여금의 대여와 회수에 따른 현금의 유출과 유입 역시 투자활동으로 인한 현금흐름에 보고된다. 〈표 12-4〉는 투자활동으로 인한 현금흐름에 보고되는 주요 항목들을 예시한다.

표 12-4
투자활동으로 인한 현금흐름

현금유입액:	장 · 단기 대여금의 회수 장기금융자산의 처분 관계기업투자의 처분 유형자산의 처분 무형자산의 처분 등
현금유출액:	장 · 단기 대여금의 대여 장기금융자산의 취득 관계기업투자의 취득 유형자산의 취득 무형자산의 취득 등

(3) 재무활동 현금흐름

재무활동으로 인한 현금흐름(cash flows from financing activities)은 금융부채 등 비유동부채의 차입과 자본의 증자로 조달된 현금유입액 및 **비유동부채의 상환과 자본의 반환**(자기주식의 취득, 배당금 지급 등)에 따른 현금유출액을 주요 항목별로 보고한다. 또한 **유동부채 중 단기차입금의 차입과 상환**에 따른 현금의 유입과 유출 역시 재무활동으로 인한 현금흐름에 보고된다. 〈표 12-5〉는 재무활동으로 인한 현금흐름에 보고되는 주요 항목들을 예시한다.

표 12-5
재무활동으로 인한 현금흐름

현금유입액:	장 · 단기 차입금의 차입 사채의 발행 주식의 발행(유상증자) 등
현금유출액:	장 · 단기 차입금의 상환 사채의 상환 자기주식의 취득 배당금의 지급 등

여기서 한 가지, 이자나 배당금의 수취 및 지급에 대해 현금흐름표상 분류에 주의할 점이 있다. 전통적으로는 이자비용과 이자수익 및 배당금수익이 (포괄)손익계산서의 당기순이익에 포함되는 점을 고려하여 이자 지급과 수취 및 배당금 수취를

영업활동 현금흐름으로 분류하도록 하여 왔다. 반면 배당금의 지급은 이익잉여금의 감소를 초래하는 점을 고려하여 재무활동 현금흐름으로 분류하여 왔다.

그러나 국제회계기준에서는 **이자의 지급**을 **영업활동 현금흐름**으로 분류하는 것도 허용하지만, 이를 금융부채의 차입에 필요한 원가로 보아 **재무활동 현금흐름**으로도 분류할 수 있도록 선택적으로 규정하고 있다. **이자 및 배당금 수취** 역시 **영업활동 현금흐름**으로 분류하는 것을 허용하지만, 이를 금융자산 투자와 연계된 것으로 보아 **투자활동 현금흐름**으로도 분류할 수 있도록 하고 있다. 또한 **배당금의 지급**은 **재무활동 현금흐름**으로 분류하는 것을 허용하지만, **영업활동 현금흐름**으로도 분류할 수 있도록 하고 있다. 다만, 국제회계기준에서는 이자나 배당금의 수취 및 지급의 현금흐름표상 분류 시 일관성을 유지하도록 규정하고 있다.

본서에서는 후술할 내용에서 전통적인 방식에 따라 이자의 지급과 수취 및 배당금의 수취는 영업활동 현금흐름으로, 배당금의 지급은 재무활동 현금흐름으로 분류한다.

예제 12-2

투자활동과 재무활동으로 인한 현금흐름

다음의 현금거래 자료를 이용하여 1) 투자활동으로 인한 현금흐름과 2) 재무활동으로 인한 현금흐름을 계산하시오.

사채의 발행	₩10,000
단기대여금의 대여	1,500
장기차입금의 차입	2,000
단기매매금융자산의 처분	600
투자주식의 취득	1,700
보통주의 발행	23,000
자기주식의 취득	4,200
기계장치의 처분	1,400
건물의 구입	12,100
배당금의 지급	1,800

[풀이]

1. 투자활동으로 인한 현금흐름

현금유입액: 기계장치의 처분	1,400
현금유출액: 단기대여금의 대여	(1,500)
투자주식의 취득	(1,700)
건물의 구입	(12,100)
투자활동 현금흐름 합계	(13,900)

2. 재무활동으로 인한 현금흐름

현금유입액: 장기차입금의 차입	2,000
사채의 발행	10,000
보통주의 발행	23,000
현금유출액: 자기주식의 취득	(4,200)
배당금의 지급	(1,800)
재무활동 현금흐름 합계	29,000

제3절 재무제표 상호 관계

1. 재무제표 간의 관계

지금까지 재무상태표, (포괄)손익계산서, 자본변동표, 현금흐름표 등 4가지 종류의 기본 재무제표에 대하여 살펴보았다. 각각의 재무제표들은 제공하는 정보에 있어서 차이가 있다. **재무상태표**는 기말 현재 기업의 재무상태를 자산, 부채 및 자본의 내역을 통해 나타내주며, **(포괄)손익계산서**는 일정 기간 동안의 영업성과를 수익과 비용을 통하여 보고한다. **현금흐름표**는 일정 기간 동안의 기업의 현금유입과 유출활동에 대해 포괄적으로 보고하며, **자본변동표**는 자본의 구성항목별 변동을 보고한다.

〈그림 12-1〉은 4가지 기본 **재무제표들 간의 관계**를 보여주고 있다. (포괄)손익계산서와 현금흐름표는 연속적인 두 재무상태표를 연결시켜 주는 다리 역할을 한다. 또한, 자본변동표도 (포괄)손익계산서와 재무상태표를 연결하는 작은 다리 역할을 한다.

그림 12-1
재무제표 간의 관계

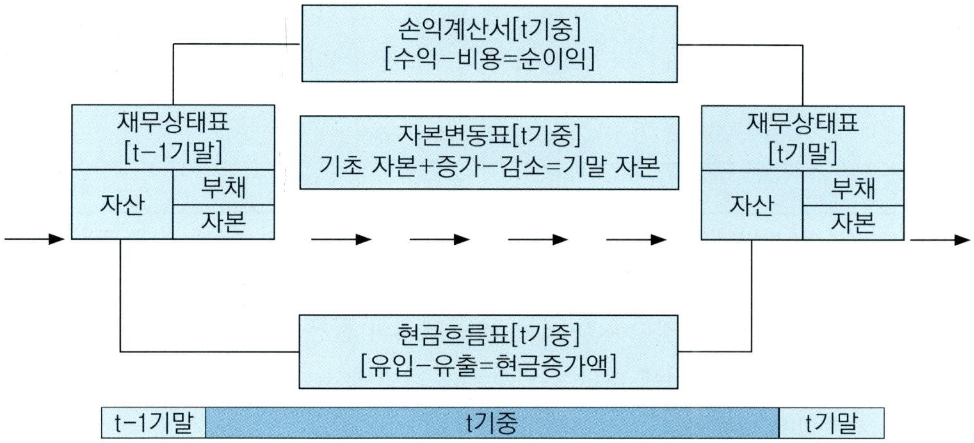

재무상태표가 일정 시점에서의 재무상태를 보고하기 때문에 스냅사진이라고 한다면, (포괄)손익계산서, 자본변동표 및 현금흐름표는 일정 기간 동안의 활동에 대한 정보를 제공하기 때문에 파노라마 사진이라고 할 수 있다. 따라서 기업의 전체적인 상황을 파악하려면 서로 보완관계를 가지는 각 재무제표의 형식과 제공하는 정보내용에 대하여 정확히 이해하는 것이 필수적이다.

2. 재무제표 작성 종합사례

이제 기업의 활동 결과가 각 재무제표에 어떻게 요약되는지 종합적인 사례를 통하여 살펴보도록 하자.

① 20×7년 1월 1일 (개업)

김철수 씨는 자신의 돈 6,000만원과 은행에서 차입한 돈 4,000만원을 가지고 소형트럭(10년 사용 예정) 1대를 2,000만원에 구입하여 자동차부속상회인 철봉상회를 개업하였다. 개업 시 자원의 조달 원천(대변)과 보유 내용(차변)을 재무상태표로 표현하면 다음과 같다.

재무상태표

철봉상회 20×7년 1월 1일 현재 (금액단위: 만원)

자 산		부 채	
1. 현 금	₩8,000	1. 은행차입금	₩4,000
2. 트 럭	2,000	자 본	
		2. 자본금	6,000
자산 총계	10,000	부채와자본 총계	10,000
(차변) 자원의 보유내역		(대변) 자원의 조달원천[청구권]	

위 재무상태표는 개업일(20×7년 1월 1일) 현재의 철봉상회의 재무상태를 보고하고 있다. 자원의 조달 원천에 대하여는 오른쪽 대변에서, 보유한 자원내역에 대하여는 왼쪽 차변에서 정보를 보고한다.

대변의 자원조달 내역을 보면, 철봉상회는 남의 돈 4,000만원, 자기돈 6,000만원, 합계 1억원을 가지고 개업하였음을 알 수 있다.

다음으로 차변에서 자원의 보유내역을 보면, 2,000만원을 투자하여 트럭을 구입하였고, 1억원 중 2,000만원을 차감한 8,000만원을 현금으로 보유하고 있다는 것을 알 수 있다.

② 20×7년도 활동내역

20×7년도에 김철수 씨는 자동차부속을 3,000만원어치 현금으로 구입하였고, 1년 동안 자동차부속을 4,000만원에 판매하였는데, 대금은 3,500만원 받고 500만원은 외상으로 남았다. 기말에 부속 1,000만원이 재고로 남았다. 동 연도에 인건비 등 비용이 600만원 소요되었고, 트럭이 200만원 감가상각되었다. 20×7년도 경영활동과 성과를 현금흐름표와 손익계산서로 표현하면 다음과 같다.

현금흐름표 20×7년 1월 1일~12월 31일 철봉상회 (금액단위: 만원)			
I. 유 입	매출 수입		3,500
II. 유 출	부속구입	3,000	
	인건비 등	600	3,600
III. 현금의 감소			-100

손익계산서 20×7년 1월 1일~12월 31일 철봉상회 (금액단위: 만원)			
I. 수 익	매출 수익		4,000
II. 비 용	매출원가	2,000	
	인건비 등	600	
	감가상각비	200	2,800
III. 당기순이익			1,200

20×7년도 1년 동안의 활동내역은 현금흐름표와 손익계산서에서 보고된다. 따라서 위 두 재무제표에는 20×7년 1월 1일~12월 31일의 기간이 표시되어 있다.

우선 현금흐름표를 보자. 현금 유입액은 매출로부터 3,500만원이다. 지출내역을 보면, 부속 구입에 3,000만원을 지출하고, 인건비 지급에 600만원을 지출하였다. 따라서 총 유출액은 3,600만원이다. 들어온 유입액이 3,500만원이고, 나간 유출액이 3,600만원이니, 1년 동안 100만원이 감소하였다. 이러한 현금의 유입과 유출내역을 종합하여 보고하는 것이 현금흐름표이다.

현금의 유입과 유출에 따라 보고하는 현금흐름표와는 달리, 손익계산서는 거래가 발생하였을 때 모든 수익과 비용을 계상(인식)한다. 즉 현금흐름표는 현금기준(cash basis)에 의하여 작성되고, 손익계산서는 발생기준(accrual basis)으로 작성된다.

손익계산서를 보면, 1년 동안 4,000만원을 판매하였는데, 현금 수취 여부와 상관없이 4,000만원 전액이 매출수익으로 계상된다. 1년 동안 발생한 비용을 계상하면, 부속 구입액이 3,000만원인데, 기말에 1,000만원이 재고로 남았으니 그 차액인 2,000만원이 팔려 나간 매출원가가 된다. 아래 매출원가 산식을 상기하자.

기초상품재고액 + 당기상품매입액 − 기말상품재고액 = 매출원가

다음으로 인건비가 600만원 발생하였다. 이와 함께 트럭을 1년 동안 사용한 감가상각비가 발생하였다. 자동차는 2,000만원에 구입하였고, 10년 동안 사용한 후 폐차할 것이기 때문에, 정액법하에서 트럭 감가상각비는 200만원이다. 이상 비용을 합하면 2,800만원이다. 수익 4,000만원에서 비용 2,800만원을 빼면 당기순이익이

1,200만원이 된다. 이상이 발생주의를 적용하여 계상한 경영성과이다.

③ 20×7년말 재무상태

20×7년도 1년 동안 사업을 수행한 후 20×7년도말 재정상태가 변화되었다. 연초와 1년 후인 연말의 재무상태를 비교하여 보면 다음 재무상태표와 같다.

우선 대변부터 보도록 하자.

- 추가적인 차입은 없었으므로 부채인 은행차입금은 4,000만원 동일하다.
- 추가적인 증자는 없었으므로 자본금 6,000만원은 동일하다.
- 당기에 발생한 순이익 1,200만원은 주주의 몫이기 때문에 이익잉여금으로 자본에 보고한다.

이상을 합하여 보면, 연초의 부채 및 자본총계가 1억원에서 1억 1,200만원으로 증가하였음을 알 수 있다.

다음으로 차변에서 자산의 변동내역을 보면

- 현금이 8,000만원에서 7,900만원으로 100만원 감소하였다: 현금흐름표를 상기하라.
- 매출채권이 500만원 증가하였다: 매출액 4,000만원－현금수취액 3,500만원
- 부속 기말재고가 1,000만원 남았다: 당기매입액 3,000만원－매출원가 2,000만원
- 트럭이 2,000만원에서 1,800만원으로 감소하였다: 감가상각비 200만원

차변의 자산 항목을 모두 합계하면 대변과 마찬가지로 1억원에서 1억 1,200만원으로 증가하였음을 알 수 있다. 이와 같이 차변 금액과 대변 금액이 일치하는 것을 대차평균의 원리라고 한다.

재무상태표

철봉상회 20×7년 1월 1일과 12월 31일 현재 (금액단위: 만원)

자 산	12/31	1/1	부채 및 자본	12/31	1/1
1. 현 금	7,900	8,000	부 채		
2. 매출채권	500	0	1. 은행차입금	4,000	4,000
3. 자동차부속	1,000	0	자 본		
4. 트 럭	1,800	2,000	1. 자본금	6,000	6,000
			2. 이익잉여금 [당기순이익]	1,200	0
자산 총계	11,200	10,000	부채 및 자본 총계	11,200	10,000

이상에서 보면 재무상태표는 기초 또는 기말 현재의 재무상태에 관한 정보를 주며, 손익계산서와 현금흐름표는 기중 활동내역과 성과에 대한 정보를 제공하고 있음을 알 수 있다. 이상의 사례를 재무제표 간의 관계로 표시하면 다음과 같다.

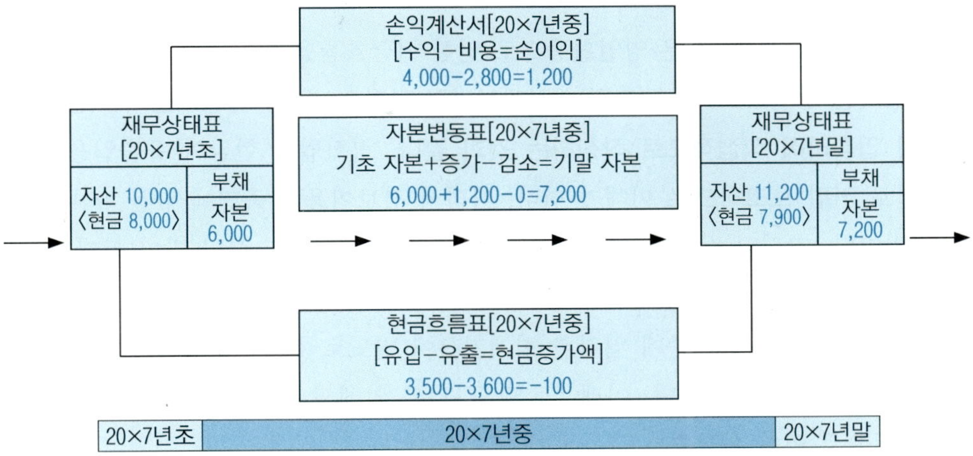

그림 12-2 재무제표 간의 관계

보론 영업활동으로 인한 현금흐름: 직접법과 간접법

현금흐름표를 작성하는 방법에는 직접법과 간접법이 있다. 이 두 방법 간의 차이는 영업활동으로 인한 현금흐름의 작성에 있다. 투자활동 및 재무활동으로 인한 현금흐름은 항상 직접법으로 작성하므로 간접법과 직접법의 구분이 불필요하다. 국제회계기준에서는 직접법과 간접법을 모두 허용하고 있으나, 현재 실무에서는 대다수의 기업들이 간접법에 의한 현금흐름표를 작성하고 있다.

1. 직접법

직접법(direct method)은 영업활동으로 인한 현금흐름을 현금기준 장부에 근거하여 작성하는 방법으로 **마치 (포괄)손익계산서의 당기순이익을 발생기준이 아닌 현금기준에 입각하여 직접적으로 작성하는 것과 같다**. 직접법은 현금의 유출입을 주요 항목별로 직접 보고하므로 이해가 쉽다. 따라서 정보이용자 측면에서 볼 때 바람직한 방법이다. 그러나 실무적으로 볼 때 직접법은 추가적인 노력이 많이 든다. 왜냐하면 회계처리는 발생기준에 입각하여 이루어지는데 직접법으로 현금흐름표를 작성하기 위해서는 발생기준에 입각한 회계기록에 별도로 현금기준에 의한 회계기록을 유지해야 하기 때문이다. 아래 〈보론 표 1〉은 앞에서 이미 제시한 직접법 하의 영업활동으로 인한 현금흐름 작성에 대한 예시이다.

직접법하의 영업활동 현금흐름은 발생기준으로 작성된 (포괄)손익계산서의 당기순이익을 현금기준으로 전환시킴으로써 구할 수 있다. 즉, (포괄)손익계산서의 수익 및 비용 중 현금유입 및 현금유출을 수반하지 않는 부분을 조정함으로써 구할 수 있다. 이때 현금 유출·입을 수반하지 않는 부분은 (포괄)손익계산서의 수익과 비용, 그리고 관련된 재무상태표 항목의 직전 연도 대비 해당 연도의 증감액으로 파악해 낼 수 있다.

보론 표 1

영업활동으로 인한 현금흐름
(직접법)

현금유입액:	매출대금 회수 이자 수취 배당금 수취 단기매매금융자산의 처분 등
현금유출액:	매입대금 지급 급여 지급 기타 판매비 또는 관리비 지급 이자 지급 법인세 납부 단기매매금융자산의 취득 등

직접법하의 영업활동 현금흐름의 산출과정을 〔보론예제 1〕를 통해 알아본다.

보론예제 1

직접법에 의한 영업활동 현금흐름

(주)아주의 직전 연도 및 당해 연도 재무상태표와 당해 연도 포괄손익계산서는 다음과 같다. 직접법을 이용하여 영업활동으로 인한 현금흐름을 구하시오.

(주)아주의 재무상태표
제2회계연도 12/31과 제3회계연도 12/31 현재 (단위: 백만원)

자 산	2회계연도	3회계연도	*부채와 자본*	2회계연도	3회계연도
유동자산			유동부채		
현 금	11,500	22,500	매입채무	0	2,000
단기매매금융자산	10,000	12,000	미지급급여	1,000	2,000
순매출채권	0	5,000	미지급이자	500	0
재고자산	3,000	2,000	미지급법인세	0	2,000
선급임차료	0	2,000	선수임대료	2,000	1,000
미수이자	1,000	0	비유동부채		
비유동자산			사 채	10,000	10,000
토 지	10,000	10,000	자 본		
기계장치	10,000	10,000	보통주자본금	20,000	20,000
(감가상각누계액)	(2,000)	(4,000)	이익잉여금	10,000	22,500
자산총계	43,500	59,500	부채와자본총계	43,500	59,500

(주)아주의 제3회계연도 포괄손익계산서

(단위: 백만원)

매 출	40,000
매출원가	20,000
매출총이익	20,000
판매비와 관리비	
급 여	(5,000)
임차료	(4,000)
감가상각비	(2,000)
금융수익	
배당금수익	1,000
이자수익	2,000
기타수익	
임대료	3,000
단기매매금융자산평가이익	2,000
금융비용	
이자비용	(500)
법인세비용차감전순이익	16,500
법인세비용	(4,000)
당기순이익	12,500
기타포괄이익	0
총포괄이익	12,500

[풀이]

1. 매출로부터의 현금유입

포괄손익계산서의 매출은 40,000이나 재무상태표상의 관련 순매출채권이 기초 0에서 기말 5,000으로 증가했다. 따라서,

매출로부터의 현금유입 = 매출(40,000) − 매출채권 증가액(5,000−0)
= 35,000

예로, 매출 40,000이 모두 외상매출로 이루어진 후 35,000의 대금을 수령하고 기말 매출채권 잔액 5,000이 남아 있을 수 있다. 또는, 매출 40,000 중 현금매출이 35,000, 외상매출이 5,000이고 외상매출 대금의 회수가 전혀 이루어지지 않았을 수도 있다. 또 다른 예로, 현금매출 20,000, 외상매출 20,000이 이루어진 후, 매

출채권 15,000은 현금으로 수령하고 나머지 5,000은 기말 현재 매출채권 잔액으로 남아 있을 수도 있다. 어떠한 경우든 매출로부터의 현금유입은 35,000이다.

2. 매입에 의한 현금유출

포괄손익계산서의 매출원가는 20,000이다. 그런데 재무상태표의 재고자산이 기초 3,000에서 기말 2,000으로 1,000 감소했다. 따라서, 매출원가 산식에 의해 다음과 같이 당기 순매입액을 구할 수 있다.

당기 순매입액 = 매출원가 + (기말 재고자산 − 기초 재고자산)
= 매출원가(20,000) + 재고자산 증가액(2,000 − 3,000)
= 19,000

여기서 우리가 구하고자 하는 바는 당기 순매입액이 아닌 당기에 매입대금으로 지출된 현금이다. 그 금액은 당기 순매입액에서 재무상태표상 매입채무의 증가를 차감함으로써 구할 수 있다. 즉,

매입에 의한 현금유출 = 당기 순매입액 − (기말 매입채무 − 기초 매입채무)
= 당기 순매입액(19,000) − 매입채무 증가액(2,000 − 0)
= 17,000

예로, 당기 순매입 19,000을 모두 외상으로 한 후 17,000의 대금은 갚고 2,000의 매입채무 잔액이 남아 있을 수 있다. 또는, 순매입 19,000은 현금매입 17,000, 외상매입 2,000으로 이루어졌고 외상매입 대금 전액을 아직 안 갚은 경우도 있을 수 있다. 또 다른 예로, 당기 순매입 19,000 중 현금매입은 10,000이고, 외상매입은 9,000이나 그중 7,000은 갚고 나머지 2,000은 기말 현재 매입채무 잔액으로 존재할 수도 있다. 어떠한 경우든 매입에 의한 현금유출은 17,000이다.

3. 급여 현금유출

포괄손익계산서의 급여는 5,000이다. 그러나 재무상태표상 미지급급여가 1,000에서 2,000으로 증가했다. 이에 당기 발생 급여 5,000 중 미지급급여 증가분 1,000은 아직 지급을 하지 않았음을 알 수 있다. 따라서,

급여 현금유출 = 급여 − (기말 미지급급여 − 기초 미지급급여)
= 급여(5,000) − 미지급급여 증가액(2,000 − 1,000) = 4,000

참고로, 이를 분개로 보이면 다음과 같다.

(차변) 급 여	4,000	(대변) 현 금	4,000
(차변) 급 여	1,000	(대변) 미지급급여	1,000 (증가분)

4. 임차료 현금유출

포괄손익계산서의 임차료는 4,000이다. 그런데 재무상태표상 선급임차료가 0에서 2,000으로 증가했다. 이에 당기 임차료 비용에 추가로 차기 이후의 임차료 2,000을 당기에 선지급했음을 알 수 있다. 따라서,

임차료 현금유출 = 임차료 + (기말 선급임차료 − 기초 선급임차료)
= 임차료(4,000) + 선급임차료 증가액(2,000 − 0) = 6,000

참고로, 이를 분개로 보이면 다음과 같다.

(차변) 임차료	4,000	(대변) 현 금	4,000
(차변) 선급임차료	2,000(증가분)	(대변) 현 금	2,000

5. 감가상각비 현금유출

포괄손익계산서의 감가상각비 2,000 즉, 당기 감가상각누계액 증가액 2,000은 현금지출을 수반하지 않는 비용이므로 그에 따른 현금유출은 없다.

6. 배당금수익 현금유입

포괄손익계산서의 배당금수익은 1,000인데, 재무상태표에는 배당금수익과 관련된 미수배당금 또는 선수배당금 등의 계정이 없으므로 1,000이 그대로 현금유입된 배당금수익임을 알 수 있다.

7. 이자수익 현금유입

포괄손익계산서의 이자수익은 2,000이다. 그런데 재무상태표상 미수이자의 기초 잔액은 1,000이나 기말 잔액은 0이다. 이에 당기 이자수익 이외에 기초의 미수이자 1,000을 당기에 추가로 수령했음을 알 수 있다. 따라서,

이자수익 현금유입 = 이자수익 − (기말 미수이자 − 기초 미수이자)
= 이자수익(2,000) − 미수이자 증가액(0 − 1,000) = 3,000

참고로, 이를 분개로 보이면 다음과 같다.

(차변) 현 금	1,000	(대변) 미수이자	1,000 (감소분)
(차변) 현 금	2,000	(대변) 이자수익	2,000 (감소분)

8. 임대료 현금유입

포괄손익계산서의 임대료 수익은 3,000이다. 그런데 재무상태표상 선수임대료가 기초 2,000에서 기말 1,000으로 1,000 감소하였다. 이에 임대료 수익 3,000 중 선수임대료 감소분 1,000은 전기에 미리 현금으로 수령한 것임을 알 수 있다. 따라서,

임대료 현금유입 = 임대료 + (기말 선수임대료 − 기초 선수임대료)
= 임대료(3,000) + 선수임대료 증가액(1,000 − 2,000)
= 2,000

참고로, 이를 분개로 보이면 다음과 같다.

(차변) 선수임대료	1,000(감소분)	(대변) 임대료	1,000
(차변) 현　금	2,000(감소분)	(대변) 임대료	2,000

9. 단기매매금융자산평가이익 현금유입

포괄손익계산서상의 단기매매금융자산평가이익 2,000, 즉 재무상태표상 단기매매금융자산 증가액 2,000은 현금유입을 수반하지 않는 평가이익이므로 그에 따른 현금유입은 없다.

10. 이자비용 현금유출

포괄손익계산서의 이자비용은 500이다. 그런데 재무상태표의 미지급이자는 기초 500에서 기말 0으로 500 감소하였다. 이는 기초의 미지급이자 500을 당기에 지불하였음을 의미한다. 따라서,

이자비용 현금유출 = 이자비용 − (기말 미지급이자 − 기초 미지급이자)
= 이자비용(500) − 미지급이자 증가액(0 − 500) = 1,000

참고로, 이를 분개로 보이면,

(차변) 미지급이자	500(감소분)	(대변) 현　금	500
(차변) 이자비용	500(감소분)	(대변) 현　금	500

11. 법인세비용 현금유출

포괄손익계산서의 법인세비용은 4,000이다. 그런데 재무상태표의 미지급법인세는 기초 0에서 기말 2,000으로 2,000 증가하였다. 즉, 당기 법인세비용 4,000 중

2,000은 아직 지급하지 않았다. 따라서,

법인세비용 현금유출=법인세비용-(기말 미지급법인세-기초 미지급법인세)
=법인세비용(4,000)-미지급법인세 증가액(2,000-0)
=2,000

참고로, 이를 분개로 보이면,

(차변) 법인세비용	2,000	(대변) 현 금	2,000	(증가분)
(차변) 법인세비용	2,000	(대변) 미지급법인세	2,000	(증가분)

위의 분석을 바탕으로 (주)아주의 영업활동 현금흐름을 포괄손익계산서 형식에 맞추어 직접법으로 나타내면 다음과 같다.

(주)아주의 제3회계연도 영업활동 현금흐름 (직접법), 포괄손익계산서 형식

(단위: 백만원)

매출로부터의 현금유입	35,000
매입에 의한 현금유출	(17,000)
매출·입 활동에 의한 현금흐름	18,000
판매비와 관리비 현금유출	
급여 현금유출	(4,000)
임차료 현금유출	(6,000)
감가상각비	0
금융수익 현금유입	
배당금수익 현금유입	1,000
이자수익 현금유입	3,000
기타수익 현금유입	
임대료 현금유입	2,000
단기매매금융자산평가이익	0
금융비용 현금유출	
이자비용 현금유출	(1,000)
법인세 납부 전 현금흐름	13,000
법인세 현금유출	(2,000)
영업활동 현금흐름	11,000

위에서, 영업활동 현금흐름 11,000, 즉 영업활동으로 인한 현금 순증가액 11,000은 재무상태표상 전기말 현금 잔액 11,500과 당기말 현금 잔액 22,500의 차이와 정확히 일치함을 알 수 있다. 이 예제에서는 투자활동이나 재무활동으로 인한 현금흐름이 없으므로 전기말 대비 당기말 현금의 증가 금액은 영업활동 현금흐름과 같게 된다.

직접법하의 영업활동 현금흐름의 각 항목을 표준적인 현금흐름표의 양식에 따라 영업활동 현금유입액과 영업활동 현금유출액으로 구분하여 다시 배열하여 제시하면 다음과 같다.

(주)아주의 제3회계연도 영업활동 현금흐름 (직접법), 표준적인 양식

(단위: 백만원)

영업활동 현금유입액:	
매출처로부터의 현금유입	35,000
배당금수익 현금유입	1,000
이자수익 현금유입	3,000
임대료 현금유입	2,000
영업활동 현금유입액	41,000
영업활동 현금유출액:	
매입처에 대한 현금유출	(17,000)
급여 현금유출	(4,000)
임차료 현금유출	(6,000)
이자비용 현금유출	(1,000)
법인세 현금유출	(2,000)
영업활동 현금유출액	(30,000)
영업활동으로 인한 현금흐름	11,000

2. 간접법

간접법(indirect method)은 포괄손익계산서의 당기순이익에서 출발하여 그 산출에 적용된 발생기준에 따른 조정(accruals)을 없앰으로써 영업활동으로 인한 현금흐름을 간접적으로 추론해 내는 방법이다. 간접법하에서는 현금 유출·입 사항이 직접

항목별로 보고되지 않으므로 정보이용자 측면에서 현금흐름표의 이해가능성(understandability)이 낮은 단점이 있다. 그러나 현금흐름표가 발생기준에 근거한 당기순이익에 기초하여 작성되므로 간접법은 발생기준회계에 익숙한 정보 작성자에게는 실무적으로 용이한 방법이다. 또한 간접법에 의한 현금흐름표는 재무상태표 및 포괄손익계산서와의 연관관계를 잘 나타내므로 재무제표 분석에 유용하다는 장점도 있다.

간접법하에서 당기순이익으로부터 영업활동 현금흐름을 구하기 위한 과정은 크게 두 단계로 나누어 볼 수 있다. 첫 번째 단계는 포괄손익계산서상의 당기순이익을 구하는 과정에서 차감·가산된 현금 유출·입이 없는 비용 및 손실 그리고 수익 및 이익을 (당기순이익에 거꾸로 가산·차감하여) 없애는 과정이다. 두 번째 단계는 단기대여금을 제외한 유동자산의 증가(감소)를 차감(가산)하고, 단기차입금을 제외한 유동부채의 증가(감소)를 가산(차감)하는 과정이다. 여기서 유동자산·부채 중 단기대여금 및 단기차입금을 제외시키는 이유는 이들 계정의 변동은 영업활동이 아닌 투자활동 현금흐름 또는 재무활동 현금흐름이기 때문이다.

	당기순이익
+	현금유출이 없는 비용 및 손실
−	현금유입이 없는 수익 및 이익
−(+)	유동자산의 증가(감소) 단, 단기대여금은 제외
+(−)	유동부채의 증가(감소) 단, 단기차입금은 제외
	영업활동 현금흐름

아래에서는 간접법하의 영업활동 현금흐름을 구하기 위하여 당기순이익에서 가감되는 네 가지 조정 항목 각각에 대해서 알아본다.

(1) 현금유출이 없는 비용 및 손실의 가산

간접법하에서 영업활동 현금흐름을 구하기 위하여 가산되어야 하는 현금유출이 없는 비용의 예로는 우선 감가상각비, 무형자산상각비 등을 들 수 있다. 이 항목들은 당기순이익을 감소시켰으나 그에 따른 현금유출은 없으므로 현금흐름을 구하기 위해서는 당기순이익에 가산 조정하여야 한다. 예컨대, 감가상각비가 10억원만큼 발생하였다고 하자. 감가상각비는 현금유출을 동반하지 않지만 당기순이익 계산 시 차감되었다. 따라서 당기순이익에 이 10억원을 다시 가산하여 그 효과를 없앰으로써 당기순이익은 현금흐름으로 전환된다.

더 나아가, 단기매매금융자산평가손실, 재고자산평가손실 등 포괄손익계산서상의 여러 평가손실도 현금흐름을 구하기 위해서는 당기순이익에 가산되어야 한다. 이러한 평가손실 역시 당기순이익 계산 시 차감되었으나 그에 따른 현금유출은 없기 때문이다.

당기순이익에 가산되어야 하는 현금유출이 없는 항목의 또 다른 예로는 투자주식처분손실, 유형자산처분손실 등 여러 처분손실을 들 수 있다. 이러한 처분손실은 당기순이익을 감소시켰으나 영업활동 현금흐름과는 상관이 없으므로 이에 대한 가산조정이 필요한 것이다. 가령, 장부가 10억원인 건물을 8억원에 처분하였다고 하자. 이 거래는 현금흐름표상 영업활동 현금흐름 0, 투자활동 현금유입 8억원으로 보고되어야 할 것이다. 그런데 처분손실 2억원은 당기순이익에서 이미 차감되어 있는바, 이 처분손실 2억원을 당기순이익에 가산함으로써 영업활동 현금흐름의 계산에 영향을 주지 않게 하여야 한다. 투자활동 현금흐름은 장부가 10억원에서 처분손실 2억원을 차감한 실제 처분가인 8억원으로 보고된다. 만일 당기순이익에 처분손실을 가산 조정하지 않으면, 처분손실은 영업활동과 투자활동 현금흐름 각각에서 이중적으로 차감되어 영업활동 현금유출 2억원, 투자활동 현금유입 8억원이 보고되는 왜곡된 결과가 초래될 것이다.

(2) 현금유입이 없는 수익 및 이익의 차감

간접법하에서 영업활동 현금흐름을 구하기 위하여 당기순이익에서 차감되어야 하는 현금유입이 없는 수익 및 이익의 예로는 단기매매금융자산평가이익 등 포괄손익계산서상의 여러 평가이익을 들 수 있다. 이러한 평가이익은 당기순이익 계산 시 가산되었으나 그에 따른 현금유입은 없으므로 영업활동 현금흐름의 산정을 위해서는 당기순이익에서 차감되어야 한다.

당기순이익에서 차감되어야 하는 현금유입이 없는 이익의 또 다른 예로는 투자주식처분이익, 유형자산처분이익 등 여러 처분이익을 들 수 있다. 이러한 처분이익은 당기순이익을 증가시켰으나 영업활동 현금흐름과는 무관하므로 당기순이익에서 차감하여 그 효과를 없애야 한다. 가령, 장부가 10억원인 건물을 13억원에 처분하였다고 하자. 이 거래는 현금흐름표상 영업활동 현금흐름 0, 투자활동 현금유입 13억원으로 보고되어야 할 것이다. 그런데 처분이익 3억원은 당기순이익에서 이미 가산되어 있는바, 이 처분이익 3억원을 당기순이익에서 차감함으로써 영업활동 현금흐름의 계산에 영향을 주지 않게 하여야 한다. 투자활동 현금흐름은 장부가 10억원에 처분이익 3억원이 가산된 실제 처분가인 13억원으로 보고된다. 만일 당기순이익에 처분이익을 차감 조정하지 않으면, 처분이익은 영업활동과 투자활동 현금흐름 각각에 이중적으로 계상되어, 투자활동 현금유입 13억원에 추가로 영업활동으로 인한 현금유입 3억원이 보고되는 왜곡된 결과가 초래될 것이다.

(3) 유동자산 증가(감소)의 차감(가산)

간접법하에서 영업활동 현금흐름을 구하기 위해서는, 당기말 재무제표와 전기말 재무제표상 단기대여금을 제외한 유동자산 항목의 증가는 당기순이익에서 차감하고, 감소는 가산하여야 한다.[1)]

예를 들어, 당기 매출이 100억원, 전기말 매출채권이 0, 당기말 매출채권이 10억원이라면, 당기순이익 산출 시 매출수익 100억원 중 매출채권의 증가 10억원은 당기말 현재 아직 대금이 회수되지 않았다는 것을 의미하므로 영업활동 현금흐름을 구하기 위해서는 이 10억원을 당기순이익에서 차감하여야 한다.

만일 전기말 및 당기말 매출채권이 가령 각각 20억원 및 30억원의 경우는 어떻게 될까? 이 경우에도 매출채권의 증가(30억−20억)는 마찬가지로 10억원이므로 결과는 같게 된다. 즉 매출 100억원일 때 매출채권의 증가가 10억원이라면 어떠한 경우라도 당기 매출 현금유입액은 90억원이 된다. 요컨대 중요한 점은, 당기순이익 산출 시 매출 중 전기말 대비 당기말 매출채권 증가액만큼은 당기 현금유입을 동반하지 않았으므로, 영업활동 현금흐름 계산 시 당기순이익에서 차감하여야 한다는 것이다. 반대로 매출채권의 감소는 포괄손익계산서에 보고된 당기 매출에 추가하여 전기말 미회수대금(매출채권)의 일부 또는 전부를 현금으로 회수하였다는 것을 의미하므로 영업활동 현금흐름 계산 시 그 감소금액을 당기순이익에 가산하여야 한다.

---

1) 앞에서 언급한 바와 같이 단기대여금의 대여 또는 회수는 투자활동 현금흐름으로 보고한다.

또 다른 예로 기말 재고자산이 기초 대비 10억원 증가하였다고 하자. 이는 당기 순매입액이 매출원가보다 10억원 많다는 것을 의미한다. 만일 당기의 모든 매입이 현금으로 이루어졌다면 순매입 현금유출이 당기순이익 산출 시 차감된 매출원가를 10억원만큼 초과하므로 당기순이익에서 추가로 그 금액, 즉 재고자산의 증가 10억원을 차감하여야 올바른 영업활동 현금흐름을 구할 수 있다.

그런데 만일 당기 순매입 모두가 외상, 즉 매입채무의 증가로 이루진 경우는 어떻게 될 것인가? 이 경우에는 재고자산 증가 및 매입채무의 증가에 따른 현금흐름의 변화는 없으므로 일견 아무런 조정이 이루어질 필요가 없는 것으로 보인다. 그러나 이 경우에도 재고자산의 증가 10억원을 당기순이익에서 차감하는 동시에, 아래에 설명하는 바와 같이, 유동부채 중 매입채무의 증가 10억원을 당기순이익에 가산하는 다소 기계적인 절차를 거쳐 결과적으로 올바른 영업활동 현금흐름을 구할 수 있다. 즉, 어떠한 경우라도, **재고자산의 증가가 있다면 영업활동 현금흐름을 구하기 위해서는 당기순이익에서 그 증가액만큼 차감하여야 한다.** 반면에 재고자산의 감소가 있다면 영업활동 현금흐름을 구하기 위해서는 그 감소액만큼 당기순이익에 가산하여야 한다.

(4) 유동부채 증가(감소)의 가산(차감)

간접법하에서 영업활동 현금흐름을 구하기 위해서는, 당기말 재무제표와 전기말 재무제표상 단기차입금을 제외한 유동부채 항목의 증가는 가산하고 감소는 차감하여야 한다.[2)]

예를 들어 전기말 대비 당기말 재고자산의 변동없이, 즉 당기 순매입액과 매출원가가 동일하게 70억원이고, 전기말 매입채무 0, 당기말 매입채무 20억원이라고 하자. 이 경우 당기순이익 산출 시 차감된 매출원가 70억원 중 매입채무의 증가인 20억원은 당기말 현재 현금지출이 이루어지지 않았으므로 영업활동 현금흐름을 구하기 위해서는 이 20억원은 당기순이익에 가산되어야 한다.

만일 전기말 및 당기말 매입채무가 가령 각각 10억원 및 30억원의 경우는 어떻게 될까? 이 경우에도 매입채무의 증가(30억−10억)는 마찬가지로 20억원이므로

2) 앞에서 언급한 바와 같이 단기차입금의 증감은 재무활동 현금흐름으로 보고한다.

결과는 같게 된다. 즉 매출원가가 70억일 때 매입채무의 증가가 20억원이라면 어떠한 경우라도 당기 현금유출액은 50억원이 된다. 요컨대 중요한 점은 당기순이익 산출 시 차감된 매출원가 중 전기말 대비 당기말 매입채무의 증가액만큼은 당기 현금유출이 이루어지지 않았으므로 영업활동 현금흐름 계산 시 당기순이익에 가산하여야 한다는 것이다. 반대로 매입채무의 감소는 당기순이익 산출 시 차감된 매출원가를 초과하여 전기말 매입채무의 일부 또는 전부를 현금으로 갚은 것을 의미하므로, 영업활동 현금흐름 계산 시 그 감소금액을 당기순이익에서 차감하여야 한다.

또 다른 예로, 당기 급여는 5억원, 재무상태표상 유동부채인 미지급급여의 전기말 대비 당기말 증가가 2억원이라고 하자. 그렇다면 당기순이익 산출 시 차감된 급여 5억원 중 2억원은 아직 지급되지 않았으므로, 영업활동 현금흐름을 구하기 위해서는 당기순이익에 미지급급여의 증가 2억원을 가산하여야 한다. 반대로 미지급급여의 감소는 당기순이익 산출 시 차감된 급여에 추가로 전기말 미지급급여의 일부 또는 전부를 현금으로 지급하였다는 것을 의미하므로 영업활동 현금흐름 계산 시 그 감소 금액을 당기순이익에서 차감하여야 한다.

이처럼 간접법하에서 영업활동 현금흐름을 구하기 위해서는 당기순이익에, 1) 현금유출이 없는 비용 및 손실을 가산하고, 2) 현금유입이 없는 수익 및 이익을 차감한 후, 3) 단기대여금을 제외한 유동자산의 증가(감소)를 차감(가산)하고, 4) 단기차입금을 제외한 유동부채의 증가(감소)를 가산(차감)하여야 한다.

단기대여금을 제외한 당기말 유동자산이 전기말 대비 증가한 경우는 현금을 지불하고 유동자산을 구입한 것으로, 단기차입금을 제외한 당기말 유동부채가 전기말 대비 증가한 경우는 유동부채를 현금 차입한 것으로 가정하는 것이 위의 조정항목 3)과 4)를 쉽게 이해하는 데 도움이 된다. 이러한 가정 하에 단기대여금을 제외한 유동자산의 증가는 당기순이익에 추가로 현금유출을 수반한 것으로 보아 당기순이익에서 차감하여 영업활동 현금흐름을 구한다. 또한 단기차입금을 제외한 유동부채의 증가는 당기순이익에 추가로 현금유입을 수반한 것으로 보아 당기순이익에 가산하여 영업활동 현금흐름을 구한다.

물론 역으로, 유동자산의 감소는 유동자산을 현금을 받고 처분한 것으로 간주하여 당기순이익에 가산하고, 유동부채의 감소는 유동부채를 현금을 주고 갚은 것으로 간주하여 당기순이익에서 차감함으로써 영업활동 현금흐름을 구한다고 이해하면 된다.

(5) 현금유출입을 직접 보고하는 항목

국제회계기준에 따르면, 간접법을 이용하더라도 영업활동으로 인한 현금흐름 보고 시 다음의 항목은 위의 (1)~(4)와 같은 당기순이익에서부터의 간접적인 조정을 하지 않고 직접 별도로 그 현금유출입을 보고해야 한다.

① 이자의 수취
② 이자의 지급
③ 배당금의 지급
④ 법인세의 납부

그렇지만 여기서는 간접법의 취지를 이해시키는 차원에서 이 같은 직접적인 보고 항목들에 대해서도 간접적인 조정을 하는 방식을 취하였다.

간접법에 의한 영업현금흐름의 일반적인 보고형식을 보다 상세히 예시하면 〈보론 표 2〉와 같다.

보론 표 2
영업활동으로 인한 현금흐름
(간접법)

당기순이익	
+) 현금유출이 없는 비용 및 손실의 가산:	감가상각비, 무형자산상각비 등
	평가손실
	처분손실
−) 현금유입이 없는 수익 및 이익의 차감:	평가이익
	처분이익
±) 유동자산(단기대여금 제외)과 유동부채(단기차입금 제외)의 증감:	
	−) 매출채권의 증가
	−) 재고자산의 증가
	−) 선급비용의 증가
	+) 매입채무의 증가
	+) 미지급비용의 증가

+) 미지급법인세의 증가
·
·
·
·

영업활동으로 인한 현금흐름

간접법에 의한 영업활동 현금흐름의 산출과정을 앞의 〔보론예제 2〕의 자료를 이용해 알아본다.

보론예제 2

간접법에 의한 현금흐름표의 작성

앞의 〔보론예제 1〕의 자료에 대해 (주)아주의 제3회계연도 영업활동으로 인한 현금흐름을 간접법을 이용하여 작성하시오.

(주)아주의 재무상태표
제2회계연도 12/31과 제3회계연도 12/31 현재 (단위: 백만원)

자 산	2회계연도	3회계연도	*부채와 자본*	2회계연도	3회계연도
유동자산			유동부채		
현 금	11,500	22,500	매입채무	0	2,000
단기매매금융자산	10,000	12,000	미지급급여	1,000	2,000
순매출채권	0	5,000	미지급이자	500	0
재고자산	3,000	2,000	미지급법인세	0	2,000
선급임차료	0	2,000	선수임대료	2,000	1,000
미수이자	1,000	0	비유동부채		
비유동자산			사 채	10,000	10,000
토 지	10,000	10,000	자 본		
기계장치	10,000	10,000	보통주자본금	20,000	20,000
(감가상각누계액)	(2,000)	(4,000)	이익잉여금	10,000	22,500
자산총계	43,500	59,500	부채와자본총계	43,500	59,500

(주)아주의 제3회계연도 포괄손익계산서	(단위: 백만원)
매 출	40,000
매출원가	20,000
매출총이익	20,000
판매비와 관리비	
급 여	(5,000)
임차료	(4,000)
감가상각비	(2,000)
금융수익	
배당금수익	1,000
이자수익	2,000
기타수익	
임대료	3,000
단기매매금융자산평가이익	2,000
금융비용	
이자비용	(500)
법인세비용차감전순이익	16,500
법인세비용	(4,000)
당기순이익	12,500
기타포괄이익	0
총포괄이익	12,500

[풀이] ■■■■■

(주)아주의 영업활동 현금흐름(간접법) 제3회계연도	(단위: 백만원)
당기순이익	12,500
+) 현금유출이 없는 비용 및 손실의 가산:	
감가상각비	2,000
−) 현금유입이 없는 수익 및 이익의 차감:	
단기매매금융자산평가이익	(2,000)
±) 영업활동으로 인한 유동자산과 유동부채의 증감:	
−) 유동자산의 증가	
순매출채권의 증가	(5,000)

선급임차료의 증가	(2,000)
+) 유동자산의 감소	
재고자산의 감소	1,000
미수이자의 감소	1,000
+) 유동부채의 증가	
매입채무의 증가	2,000
미지급급여의 증가	1,000
미지급법인세의 증가	2,000
−) 유동부채의 감소	
미지급이자의 감소	(500)
선수임대료의 감소	(1,000)
영업활동 현금흐름	11,000

간접법하의 영업활동 현금흐름은 〔보론예제 1〕로 제시된 직접법하의 금액과 정확히 같다. 〔보론예제 1〕과 마찬가지로 투자활동이나 재무활동으로 인한 현금흐름이 없으므로 영업활동 현금흐름은 재무상태표상 전기말 대비 당기말 현금 잔액의 증가 11,000과 정확히 일치하게 된다.

연습문제

〈객관식 문제〉

01 현금흐름표와 관련된 다음 설명 중 옳지 않은 것은?

① 현금흐름표에서의 현금은 현금및현금성자산이다.

② 직접법이나 간접법 중 어떤 방법으로 작성하더라도 투자활동으로 인한 현금흐름은 동일하게 표시된다.

③ 간접법으로 작성한 영업활동으로 인한 현금흐름의 크기는 직접법으로 작성한 영업활동으로 인한 현금흐름의 크기와 다를 수 있다.

④ 영업활동으로 인한 현금의 유입에는 제품의 판매에 의한 현금유입이 포함된다.

⑤ 투자활동으로 인한 현금의 유입에는 장기대여금의 회수가 포함된다.

02 다음 중 현금흐름표 작성 시 투자활동에 의한 현금흐름에 속하지 않는 것은?

① 관계기업투자의 취득　　② 무형자산의 처분

③ 장기금융자산의 처분　　④ 유형자산의 취득

⑤ 단기매매금융자산의 취득

03 다음 중 현금흐름표 작성 시 재무활동에 의한 현금흐름에 속하지 않는 것은?

① 배당금의 지급　　② 사채의 발행

③ 주식의 발행　　④ 매입대금 지급

⑤ 차입금의 상환

04 현금흐름표를 간접법으로 작성할 때, 다음 중 틀린 것은?

① 선급임차료의 증가는 당기순이익에 가산한다.

② 단기매매금융자산평가이익은 당기순이익에서 차감한다.

③ 감가상각비는 당기순이익에 가산한다.

④ 매출채권의 증가는 당기순이익에서 차감한다.

⑤ 미지급급여의 감소는 당기순이익에서 차감한다.

05 제2회계연도에 학성기업이 손익계산서에 인식한 이자수익은 16,400원이다. 미수이자의 제1회계연도 말과 제2회계연도 말의 잔액이 각각 1,000원과 5,300원이라면, 학성기업이 제2회계연도에 이자로 수취한 현금은 얼마인가?

① 12,100원
② 15,400원
③ 16,400원
④ 20,700원
⑤ 21,700원

06 천마기업의 제3회계연도 현금흐름표에 표시될 영업활동현금흐름은 얼마인가?

당기순이익	₩50,000
감가상각비	2,000
사채의 발행	5,000
유형자산처분이익	4,000
재고자산의 감소	3,000
매출채권의 증가	6,000
매입채무의 증가	3,500

① 46,500원
② 47,500원
③ 48,500원
④ 50,500원
⑤ 53,500원

07 천마기업의 제4회계연도 손익계산서에 보고될 당기순이익은 얼마인가?

영업활동으로 인한 현금흐름	₩120,000
감가상각비	23,000
매출채권의 증가	16,000
미지급법인세의 감소	2,500
선수수익의 증가	8,000
유형자산처분손실	18,000

① 87,500원
② 89,500원
③ 90,500원
④ 100,500원
⑤ 120,000원

〈주관식 문제〉

08 자본변동표의 작성

다음은 20×1년초 자본 현황과 20×1년도 중 자본변동 내역이다. 이를 이용하여 20×1년도 자본변동표를 작성하시오.

〈20×1년 기초의 자본 내역〉

– 자본금	₩200,000
– 자본잉여금	300,000
– 이익잉여금	85,000
– 기타포괄손익누계액	20,000

〈20×1년도 중 자본의 변동 내역〉

· 20×1년 3월 20일 20×0년도 이익에 대한 배당금을 50,000원 지급하다.
· 20×1년 7월 17일 액면 @5,000원 주식 10주를 @17,000원에 발행하였다.
· 20×1년 12월 31일 20×1년도 총포괄이익이 90,000원인데, 이 중 당기순이익이 72,000원으로 보고되었고, 이에 대한 배당은 20×2년 3월 50,000원을 지급할 예정이다.

09 현금흐름표의 유용성과 한계점

경제가 침체된 상황에서 현금흐름표의 중요성이 부각된다. 특히 금융시장이 불안한 경우에는 매년 높은 총포괄이익 및 당기순이익을 보고하던 탄탄한 중소기업들의 흑자도산이 늘어날 수 있다. 현금흐름표의 유용성과 한계점을 각각 세 가지 제시하시오.

10 현금흐름표의 작성원리

현금흐름표의 기본 출발은 비교 재무상태표이다. 기초와 기말의 재무상태가 주어지면, 그 차이를 분석하여 주요 활동별로 기중 현금의 증감을 기본적으로 파악할 수 있다.

1. 현금흐름은 그 유형에 따라 영업활동, 투자활동 및 재무활동으로 나뉜다. 다음 빈칸에 해당하는 유형을 아래의 재무상태표상 ①~⑥번호 중 골라 쓰시오.
   (1) 영업활동: 포괄손익계산서의 수익 · 비용과 (　　　) 및 (　　　)의 변동
   (2) 투자활동: (　　　)과 (　　　)의 변동
   (3) 재무활동: (　　　), (　　　), (　　　)의 변동

재무상태표				
(주)××		20××. 12. 31 현재		
결과	—	① 현 금	④ 유동부채	원인
원인		② 비현금 유동자산	⑤ 비유동부채	
		③ 비유동자산	⑥ 자 본	

2. 다음 표의 빈칸에 들어갈 용어를 아래의 〈보기〉에서 골라 쓰시오.

(1) 현금의 유입	
− (2) 현금의 유출	
= (3) 현금 증감	기말현금−기초현금

〈 보 기 〉

비유동자산의 증가, 비유동자산의 감소, 비현금 유동자산의 증가, 비현금 유동자산의 감소, 부채의 증가, 부채의 감소, 자본의 증가, 자본의 감소

11 현금흐름의 분류

국제회계기준에 따르면 이자와 배당금의 지급 및 수취 각각이 현금흐름표상 무슨 활동으로 보고되어야 하는가?

12 투자와 재무활동으로 인한 현금흐름(1)

다음의 현금거래 자료를 이용하여 1) 투자활동으로 인한 현금흐름과 2) 재무활동으로 인한 현금흐름을 계산하시오.

사채의 상환	₩3,000
장기대여금의 회수	1,400
단기차입금의 차입	1,250
단기매매금융자산의 취득	800
투자주식의 처분	970
보통주의 발행	18,000
자기주식의 취득	2,700
기계장치의 처분	1,830
건물의 구입	11,300
배당금의 지급	1,360

13 투자와 재무활동으로 인한 현금흐름(2)

다음은 (주)지리산의 재무제표 중 일부이다.

〈재무상태표〉

재무상태표					
	기초	기말		기초	기말
:	:	:	:	:	:
토 지	300	100	사 채	200	150
건 물	400	420	:	:	:
건물감가상각누계액	(80)	(70)	:	:	:
:	:	:	:	:	:

포괄손익계산서	
:	
관리비	
:	
5. 감가상각비	20
:	
기타수익	
:	
3. 사채상환이익	10
4. 건물처분이익	15
:	
기타비용	
:	
5. 토지처분손실	23
:	

당기 중에 다음과 같은 거래가 있었고 모든 거래는 현금으로 이루어졌다.

(1) 토지(장부금액 200원)를 처분하였다.

(2) 취득원가 180원, 장부금액 150원인 건물을 처분하였다.

(3) 장부금액 120원의 사채를 상환하였다.

1. 투자활동으로 인한 현금유입액과 현금유출액을 구하시오.
2. 재무활동으로 인한 현금유입액과 현금유출액을 구하시오.

14 현금흐름표의 작성 – 직접법(보론)

다음은 (주)신라의 제3회계연도 1년간의 현금 계정에 대한 자료이다. 이를 근거로 직접법에 의한 현금흐름표를 작성하시오.

현 금			
기초잔액	300	매 입	600
매 출	1,000	유형자산 취득	500
배당금 수취	120	개발비(무형자산) 지급	300
투자주식 처분	230	차입금 상환	400
보통주 발행	700	법인세 납부	150
	2,350		1,950

15 영업활동으로 인한 현금흐름 – 직접법과 간접법(보론)

(주)영남의 제3회계연도 포괄손익계산서와 제2회계연도 및 제3회계연도 부분 재무상태표 자료를 이용하여 직접법과 간접법하의 영업활동으로 인한 현금흐름을 구하시오.

(주)영남 제3회계연도 포괄손익계산서 (단위: 백만원)	
매 출	10,000
매출원가	6,000
매출총이익	4,000
판매비와 관리비	
급 여	(1,000)
임차료	(1,000)
감가상각비	(500)
기타수익	
유형자산처분이익	2,000
금융수익	
이자수익	1,000
금융비용	
이자비용	(500)
법인세비용차감전순이익	4,000
법인세비용	(1,000)
당기순이익	3,000
기타포괄이익	0
총포괄이익	3,000

(주)영남의 부분 재무상태표					
제2회계연도 12/31과 제3회계연도 12/31 현재					(단위: 백만원)
자 산	2회계연도	3회계연도	*부채와자본*	2회계연도	3회계연도
유동자산			유동부채		
현 금	×××	×××	차입금	1,000	2,000
단기매매금융자산	2,000	3,000	매입채무	400	1,000
대여금	600	1,000	미지급급여	600	800
순매출채권	3,000	5,000	미지급이자	300	100
재고자산	2,000	1,000	미지급법인세	0	400
선급임차료	1,000	2,000	선수이자	600	0
비유동자산			비유동부채		
토 지	×××	×××	:	:	:
기계장치	5,000	5,000	:	:	:
(감가상각누계액)	(500)	(1,000)	자 본		
:			:	:	:
:			:	:	:
자산총계	×××	×××	부채와자본총계	×××	×××

16 영업활동으로 인한 현금흐름 – 간접법(보론)

(주)신라의 제3회계연도 손익계산서상 당기순이익은 75,000원이다. 다음 자료를 참고로 하여 영업활동으로 인한 현금흐름을 구하시오.

계정과목	제2회계연도말	제3회계연도말
현 금	2,800	3,500
단기매매금융자산	4,900	4,500
매출채권	13,000	14,700
재고자산	24,500	25,800
선급비용	3,200	2,800
매입채무	14,500	17,000
단기차입금	4,300	5,200
감가상각비		1,000
단기매매금융자산처분이익		500
:		:

17 현금흐름표의 작성 - 간접법(보론)

다음의 자료를 이용하여 (주)다산의 제7회계연도 현금흐름표를 간접법으로 작성하시오.

(주)다산 재무상태표

제6회계연도 12/31과 제7회계연도 12/31 현재 (단위: 원)

자 산	6회계연도	7회계연도	*부채와 자본*	6회계연도	7회계연도
유동자산			유동부채		
현 금	10,000	30,000	매입채무	20,000	24,000
순매출채권	20,000	15,000	비유동부채		
재고자산	15,000	20,000	사 채	70,000	76,000
비유동자산					
토 지	10,000	10,000	자 본		
기계장치	100,000	120,000	보통주자본금	20,000	30,000
(감가상각누계액)	(10,000)	(20,000)	이익잉여금	35,000	45,000
자산총계	145,000	175,000	부채와자본총계	145,000	175,000

제7회계연도에 발생한 추가정보:

(1) 당기순이익은 13,000원이다.

(2) 지급한 현금배당은 3,000원이다.

(3) 기계장치의 일부(취득원가 20,000원, 감가상각누계액 14,000원)를 8,500원에 처분하였다.

(4) 새로운 기계장치를 현금으로 구입하였다.

(5) 사채를 현금 발행하였다. 사채의 상환은 없었다.

(6) 보통주 유상증자를 실시하였다.

13장

재무회계의 개념체계

개 괄 제1절

개념(concepts)이란 사물이나 사상으로부터 동질적인 것을 추출하여 일반화한 관념으로 이해할 수 있다. 개념체계란 주어진 실무 또는 학문 분야에서 추출된 여러 가지 개념들을 체계화한 것이다. 재무회계의 개념체계는 재무회계의 이론화에 필요한 개념들을 체계적으로 집대성한 것이라 할 수 있다.

재무회계의 개념체계는 1) 회계기준과 회계실무의 일관성을 유지하며, 2) 회계상의 새로운 문제에 대한 해결지침을 마련하는 동시에, 3) 재무보고의 이해와 신뢰성을 증진시키는데 도움을 준다. 이의 필요성을 인지하고 1970년 초반부터 미국공인회계사회(AICPA)[1]를 중심으로 재무회계개념체계의 개발에 많은 노력이 경주되었다. 이러한 노력의 결실로 미국 재무회계기준위원회(FASB)[2]는 재무회계개념보고서(SFAC)[3] 제1호(1978년)를 필두로, 제7호(2000년)까지 공표한 바 있다. 이에 우리나라의 회계기준위원회(KASB)[4]는 미국의 재무회계개념보고서의 내용을 대부분 수용하여 2003년에 재무회계개념체계를 제정·공표한 바 있다.

한편, 국제회계기준위원회(IASB)는 1989년에 "재무제표의 작성 및 표시에 관한 체계"라는 명칭의 개념체계를 갖고 있었지만 미흡한 점이 많아, 그 이후 FASB와 공동으로 작업하여 2010년에 "**재무보고를 위한 개념체계**(conceptual framework for financial reporting)"라는 명칭의 개념체계를 발표하게 되었다. 우리나라는 2011년부터 국제회계기준(IFRS)을 전면적으로 도입하였는바, 국제회계기준위원회의 이러한 개념체계를 번역한 한국채택국제회계기준의 개념체계를 2011년 공표하였다.

재무회계 개념체계는 회계기준서와 같이 강제성을 띤 것이 아니라 하나의 이론적·개념적 지침이라 할 수 있다. 어떤 나라이든 개념체계의 핵심원리와 논리에는

---

1) American Institute of Certified Public Accountant.
2) Financial Accounting Standards Board.
3) Statement of Financial Accounting Concepts.
4) Korean Accounting Standards Board.

근본적인 차이가 없으며 있어서도 안될 것이다. 따라서 재무회계의 개념체계를 논함에 있어 굳이 특정 국가의 것에 한정할 필요는 없다.

국제적으로 볼 때, 미국의 FASB와 IASB의 개념체계가 쌍벽을 이루고 있었다. 이 둘 중, 구태여 말하자면, 미국의 개념체계가 원조이다. 그렇지만 2010년도에 IASB와 미국 FASB는 공동 작업으로 기존에 각자 가지고 있었던 개념체계를 합치시켜 통일된 개념체계를 제정하였고, 2018년 이를 더 발전시킨 새로운 개념체계를 발표하였다.

본 장에서는 재무회계의 개념체계를 〈그림 13-1〉과 같이 1) 재무제표의 목적, 2) 재무제표정보의 질적 특성, 3) 재무제표의 요소, 4) 인식·측정·보고 원칙, 5) 일반목적 재무제표로 나누어 설명한다.

그림 13-1 재무회계의 개념체계

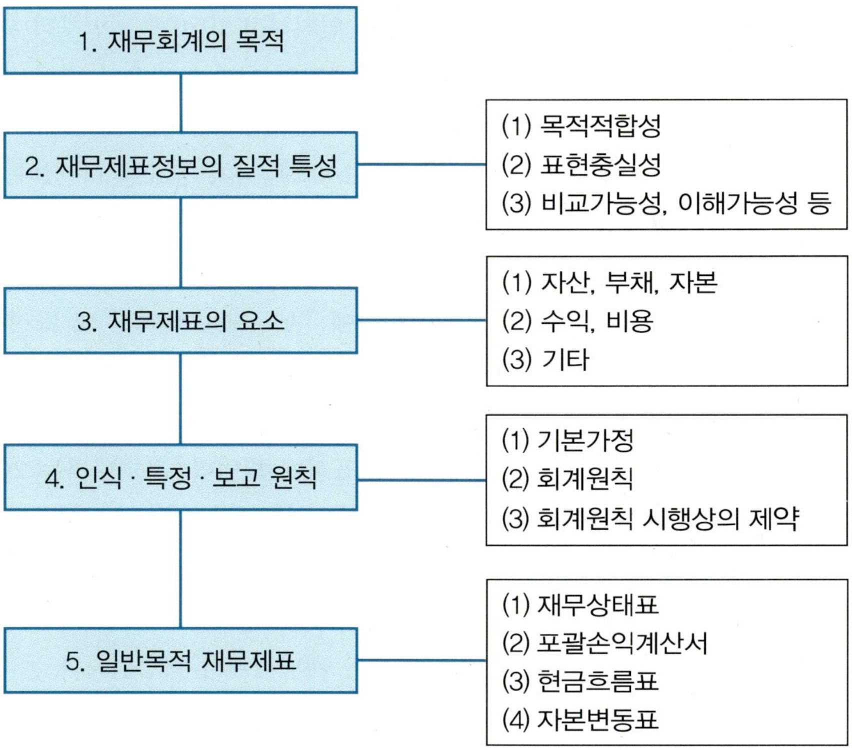

재무제표의 목적 제2절

재무제표의 기본목적은 다음 세 가지로 요약된다.

① 투자, 대여 및 이와 유사한 의사결정에 유용한 정보를 제공하여야 한다.
② 투자, 대여 및 이와 유사한 의사결정으로부터 기대되는 미래 현금유입의 금액, 시기 및 불확실성을 평가하는 데 유용한 정보를 제공하여야 한다.
③ 기업의 자원과 그 자원에 대한 청구권 및 이들의 변동에 관한 유용한 정보를 제공하여야 한다.

위에서 보는 바와 같이, 재무제표의 목적은 의사결정 유용성(decision usefulness)을 강조하고 있음을 알 수 있다. 재무제표는 재무정보라는 내용물을 담고 있다. 재무정보는 그 자체로서 가치가 있는 것이 아니라 특정 의사결정에 유용하게 사용될 때만 가치를 발휘한다. 따라서 재무제표가 의사결정에 유용하여야 한다는 것은 어쩌면 당연하다 하겠다.

어떠한 의사결정 상황에 유용하여야 하는가? 제1장에서 공부한 바와 같이 재무제표에 실린 정보가 현재 및 잠재적 투자자나 현재 및 잠재적 채권자 등의 투자 또는 자금의 대여 의사결정에 사용될 수 있다면 그 정보는 유용하다고 목적 ①은 밝히고 있다.

어떤 정보가 이러한 의사결정에 유용한가? 다시 말하면, 목적 ①에 부합하는 재무제표는 어떤 정보를 담고 있어야 하는가? 이 물음에 대한 답으로, 의사결정으로부터 기대되는 미래 현금유입의 금액, 시기 및 불확실성을 평가하는 데 도움이 되는 정보를 담고 있어야 그 정보가 유용하다고 목적 ②는 밝히고 있다. 투자나 대여는 현재 돈의 지출(현금유출)을 수반한다. 투자자나 대여자는 투자 또는 대여 당시 지출한 돈보다 미래에 더 많은 돈(현금유입)을 벌어들일 것이라는 기대 하에서 투자 또는 대여를 고려한다. 즉 투자자나 채권자는 향후 벌어들일 돈(현금유입)이 얼마

(금액)이며, 더 나아가서 언제 실현(시기)될 것이며 그 가능성은 어느 정도인지(불확실성)를 알고 싶어 할 것이다. 목적 ②는 의사결정자(투자자, 채권자)의 이러한 정보욕구를 충족시킬 때 정보가 비로소 유용한 정보라는 것이다.

목적 ①과 ②는 재무제표가 자본시장에 유용한 정보를 제공하여 투자자나 채권자 등의 의사결정을 돕는 역할을 해야 한다는 "**정보관점**(information perspective)"을 제시하고 있다. 이에 반해 목적 ③은 재무제표 정보의 "**수탁기능**(stewardship function)"을 제시하고 있다. 수탁기능은 재무제표의 원초적인 기능이었으나 자본시장이 발달하면서 재무제표의 정보기능이 강조됨에 따라 그 위상이 약화되었다. 그러나 여전히 재무제표의 주요한 기능이 아닐 수 없다. 투자자는 기업의 전부 또는 일부의 소유주로서, 대여자는 채권자로서 그 기업이 가지고 있는 자원에 대한 청구권자가 된다. 경영자는 투자자와 대여자에게 자신이 기업의 자원을 얼마나 잘 활용하여 증가시켰는지, 그 결과 그들의 청구권이 얼마나 변동하였는지를 보고할 수탁책임이 있다.

기업의 자원과 그 자원에 대한 청구권 및 이들의 변동에 관한 정보는 정보이용자(투자자, 채권자 등)로 하여금 해당 기업의 다음과 같은 속성을 평가하는 데 유용할 것이다. 첫째, 재무상태의 건전성이다. 재무상태의 건전성은 주로 유동성과 지급능력으로 평가한다. 유동성(liquidity)은 기업이 가지고 있는 자산이 현금으로 전환되는 속도를 말하며, 지급능력(solvency)은 기업이 진 빚을 갚을 수 있는 여력을 말한다. 둘째, 이익창출능력(earnings generating power)이다. 기업의 존립기반은 이익창출에 있으며 이익창출은 투자 및 대여로부터 기대되는 안정적인 현금유입의 원천이기도 하다. 셋째, 경영자의 수탁책임이다. 경영자는 투자자나 대여자로부터 맡겨진(수탁된) 자원을 잘 보전할 뿐만 아니라 이를 효과적으로 경영하여 증식시킬 책임이 있는데, 이를 경영자의 **수탁책임**(stewardship)이라 한다. 기업의 자원과 그 자원에 대한 청구권 및 이들의 변동에 관한 정보는 경영자가 과연 이러한 수탁책임을 잘 완수했는지를 평가하는 데 유용하다고 할 수 있다.

재무제표(financial statements)는, 총체적으로 볼 때, 기업의 자원과 그 자원에 대한 청구권 및 이들의 변동에 관한 정보를 담고 있다고 할 수 있다. 재무상태표는 일정시점에서 기업이 가지고 있는 자원(자산)과 이 자원에 대한 청구권(부채 및 자본)의 성격과 내역을 밝힌 보고서이고, 포괄손익계산서, 현금흐름표 및 자본변동표는 한 회계기간 동안 이들의 변동내역을 밝힌 보고서이다. 포괄손익계산서는 한 기간 동안 순자산의 변동원인 중 하나인 당기순이익과 기타포괄이익의 내역을, 현금흐름표는 기업의 자산항목 중 현금의 변동내역을, 자본변동표는 자본의 변동내역을 밝힌 보고서이다. 즉, 재무제표는 목적 ③에 부합하는 정보를 담고 있음을 알 수 있다.

제3절 재무제표정보의 질적 특성

재무제표정보의 질적 특성(qualitative characteristics of accounting information)이란 의사결정에 유용한 정보의 제공이라는 목적을 달성하기 위하여 재무제표정보, 즉 회계수치가 갖추어야 할 주요 속성을 말한다. 재무제표정보의 근본적인 질적 특성으로 **목적적합성**과 **표현충실성**, 그리고 보강적인 질적 특성으로 **비교가능성**, **검증가능성**, **적시성** 및 **이해가능성**이 거론된다. 재무제표 작성에 있어 정보의 질적 특성이 유지되고 적절한 회계기준이 적용된다면 일반적으로 재무제표는 공정한 관점(true and fair view)에서 공정하게 표시(fair presentation)되게 된다.

1. 목적적합성

목적적합성(relevance)은 회계정보가 의사결정에 적합해야 한다는 것이다. 의사결정(decision making)에 '적합'하다는 말은 의사결정과 '관련'되어 있다는 말이며, 요컨대, 의사결정에 영향을 준다는 또는 의사결정에 차이를 내게 한다(capable of making a difference)라는 의미를 함축하고 있다. 회계정보는 예측가치나 확인가치를 갖추었을 때 의사결정에 적합하다고 할 수 있다. **예측가치**(predictive value)란 미래의 결과에 대한 예측을 가능하게 하는 정보의 속성을 말한다. **확인가치**(confirmatory value)란 의사결정자의 미래 결과에 대한 기대(expectation)를 확인시켜 주거나(confirm) 변경시킬(change) 수 있는 속성이다. 즉 **회계정보는 미래의 결과를 예측하는 데 도움이 된다면, 또는 의사결정자가 가지고 있던 미래의 결과에 대한 기대를 확인하거나 변경하는 데 도움이 된다면 목적적합하다고 할 수 있다.** 확인가치는 피드백가치(feedback value)라고도 한다.

중요성(materiality) 또한 목적적합성에 영향을 주는 정보의 속성으로 볼 수 있다. 중요성은 재무제표 항목의 비중이나 금액의 크기로 판단한다. 즉 매출채권처럼 재무제표에서 차지하는 비중이 큰 항목이나, 그 금액이 큰 항목은 중요성이 있는 것이다. 중요성은 해당 정보의 재무제표 표시 여부를 결정하는 임계치(threshold)로 작용한다.

2. 표현충실성

표현충실성(faithful representaion)은 **본질을 충실하게 표현**해야 한다는 것이다. 정보가 표현충실하기 위해서는 다음의 하부 속성을 갖추어야 한다.

첫째, **완전성**(completeness)이다. 이는 중요한 정보를 누락하지 않아야 된다는 것이다. 재무제표정보는 정보 제공에 소요되는 원가를 고려하되 가능한 한 완전성을 갖추어야 한다.

둘째, **중립성**(neutrality)이다. 중립성이란 한 쪽으로 치우치지 않은 정보의 속성, 즉 편의(bias)가 없는 정보의 속성을 말한다. 가령, 경영자가 의도적으로 특정 이해당사자(예컨대, 경영자 본인 또는 채권자)에게 유리하도록 재무제표를 작성한다면 이 재무제표정보는 중립성에 위배된다고 할 수 있다.

셋째, **무오류**(free from error)이다. 무오류란 현상을 기술하거나 현상의 영향을 금액으로 표시하는 데 있어, 또는 정보를 생산하는 과정에서 오류가 없어야 한다는 뜻이다.

표현의 충실성을 보조하는 개념으로 **형식보다 실질의 우선**(substance over form)이라는 원칙이 있다. 이는 회계정보의 처리·보고 시 거래나 경제적 사건의 **법적 형식**(legal form)**보다는 경제적 실질**(economic substance)에 따라 처리하여야 한다는 것이다. 가령 상품을 판매하였으나 조만간 이를 약간 높은 가격에 되사겠다는 이면 계약을 하였다면, 이는 경제적 실질에 있어 상품을 판매한 거래가 아니라 상품을 담보로 이자를 주는 조건으로 자금을 차입한 거래이다. 따라서 이는 (법적 형식에 따른 상품의 판매 거래가 아니라) 경제적 실질에 따라 자금을 차입한 거래로 회계처리하여야 할 것이다.

3. 보강적 질적 특성: 비교가능성, 검증가능성, 적시성, 이해가능성

목적적합성과 표현충실성은 회계정보의 유용성에 요구되는 근본적인 질적 특성이다. 이에 추가로 회계정보의 유용성을 보강시키는 질적 특성으로서 네 가지가 거론된다. 첫째, **비교가능성**(comparability)이다. 비교가능성이란 유사점과 차이점을 구별할 수 있는 정보의 속성을 말하는 것으로 비교에는 **기업 간 비교와 기간별 비교**가 있다. 일정 시점에서 동일한 산업 내 여러 기업의 회계수치를 비교하는 것을 기업간 비교라 하고 동일한 기업의 과거 수년간의 회계수치를 비교하는 것을 기간별 비교라 한다.

회계정보의 비교가능성을 높일 수 있는 확실한 방법은 모든 회사에 동일한 회계처리방법을 강제적으로 적용하도록 하는 방법이다. 그러나 이러한 획일적 적용은 기업 및 기업이 속한 산업의 특수성, 기업환경의 계속적 변화 등으로 인해 다양하게 나타나는 기업 고유의 경제적 실질을 제대로 반영하지 못하는 결과를 초래한다. 이에 각국의 회계기준은 여러 가지 회계처리방법 중 그 기업의 고유상황에 가장 적절한 방법을 선택하도록 하고 있을 뿐만 아니라 기업의 상황이 변함에 따라 다른 회계처리방법으로의 변경도 허용하고 있다. 문제는 기업에 회계처리방법 선택의 재량권을 허용함으로써 회계정보의 비교가능성이 저해될 뿐 아니라 경영자의 회계조작(accounting manipulation) 가능성도 높아지게 된다는 것이다. 그렇지만 모든 기업에게 한 회계처리방법만을 획일적으로 적용하도록 회계기준을 경직적으로 운용하는 것은 그 득보다 실이 더 크다고 할 수 있다. 즉 회계의 기본 철학은 기업 고유의 경제적 실질을 제대로 반영할 수 있도록 회계처리방법의 다양성을 허용하는 것이 우월하다는 입장을 견지하고 있다.

둘째, **검증가능성**(verifiability)이다. 검증가능성은 객관성(objectivity)과 유사한 개념으로 확인 또는 입증능력을 말한다. 일반적으로 확인 또는 입증능력이 있으려면 증빙서류 및 장부기록이 있어야 한다. 가령, 특정 기업의 일정 기간 동안 매출이 100억원이라고 하자. 이때 이 기업의 매출을 뒷받침할 수 있는 증빙서류(예: 매매계약서, 영수증 등)와 장부기록이 있다면 이 기업의 매출액은 검증 가능하다고 할 수 있다. 반면에, 증빙서류나 장부기록이 없다면 매출 100억원은 검증 가능하지 않은 금액이다.

셋째, **적시성**(timeliness)이다. 적시성은 정보가 의사결정에 적시적으로 이용 가능해야 함을 말한다. 정보가 오래될수록 적시성은 떨어지며, 최신 정보일수록 적시성이 높다고 할 수 있다.

넷째, **이해가능성**(understandability)이다. 정보이용자가 재무제표정보를 의사결정에 반영하기 위해서는 그 정보의 내용을 쉽게 이해할 수 있어야 할 것이다. 따라서 이해가능성은 정보이용자와 의사결정을 연결하는 고리라고 할 수 있다. 이해가능성은 재무제표정보가 쉽게 이해 가능한 형태로 제공되어야 한다는 것인데, 여기서 정보이용자는 재무제표정보를 이해할 수 있는 적정한 수준의 지식을 갖고 있다고 전제한다.

제4절 재무제표의 요소

여기서는 회계정보의 질적 특성을 적용할 구체적인 대상인 재무제표의 요소에 대하여 알아본다. **재무제표의 요소**는 기업의 재무상태와 경영성과를 구성하는 항목이다. 이 요소들을 체계화하여 요약하면 〈그림 13-2〉와 같다.

〈그림 13-2〉에서 자산에서 부채를 뺀 금액이 소유주지분(자본)인데, 이를 증감시키는 요인으로는 **소유주와의 거래**와 **(총)포괄이익**이 있다. **소유주와의 거래**는

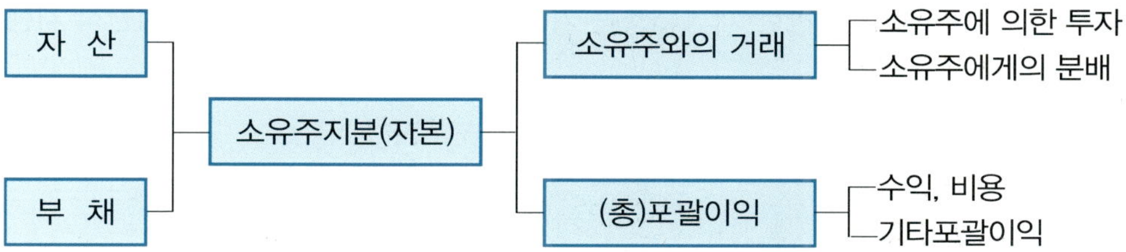

그림 13-2
재무제표의 요소

출자, 증자, 감자, 배당 등 그 기업의 소유주 또는 주주와의 거래를 지칭하는 것으로 이러한 거래는 (총)포괄이익을 증감시키지 않으면서 자본을 증감시키는 요인이다. 소유주와의 거래는 소유주에 의한 투자와 소유주에게의 분배로 나뉘는데, 출자나 증자 등은 전자에 속하고 배당이나 감자는 후자에 속한다. **(총)포괄이익**(comprehensive income)은 일정 기간 동안 기업의 소유주에 의한 투자나 소유주에게의 분배를 제외한 모든 소유주지분(자본)의 변동을 포괄하는, 당기순이익을 포괄하는 광의의 이익개념이다.

재무제표의 요소인 자산, 부채, 자본(소유주지분), 수익, 비용, 기타포괄이익에 대한 정의와 분류는 본서의 제2장에서 상세히 설명하였다.

제5절 인식 · 측정 · 보고

회계는 특정 경제실체에서 일어난 경제적 사건을 체계적으로 인식·측정하여 이를 보고하고 이용하는 과정이라고 정의하였다. 여기서 **인식**(recognition)이란 특정 거래의 영향을 받은 재무제표 요소의 세부 항목, 즉 계정(account)에 분류·기록하는 행위이며, **측정**(measurement)은 인식된 계정에 금액을 부과하는 행위이다. **보고**(reporting)는 인식·측정한 결과를 주로 재무제표라는 수단을 통하여 전달하는 것을 말한다. 인식, 측정 그리고 보고야 말로 재무회계의 거의 전부라 해도 과언이 아니다. 인식·측정·보고에 관한 개념구조는 **기본가정**, **회계원칙**, 그리고 **회계원칙 시행 상의 제약**으로 구성된다.

1. 기본가정

특정 경제실체(기업)의 경제적 사건을 인식·측정·보고하는 회계원칙을 도출하기 위해서는 먼저 가정(assumption)이 필요하다. **회계의 기본가정**(basic assumption)[5]은 경제실체의 재무보고 환경으로부터 필수적인 요소들을 추출한 것이다. 여기서는 재무회계에서 전통적으로 수용하고 있는 네 가지의 회계가정(**경제실체의 가정, 계속기업의 가정, 회계기간의 가정 및 측정단위의 가정**)을 소개한다. **현행 국제회계기준에서는 이 중 계속기업의 가정만을 기본가정으로 채택하고 있다.**

(1) 경제실체의 가정

경제실체의 가정(economic entity assumption)[6]이란 한 **기업이 다른 기업뿐 아니라 그 소유주와도 구별되는 별개의 경제실체로서** 회계 상의 인식·측정·보고의 기본대상이라는 가정이다. 예로, A씨가 슈퍼와 음식점을 소유·경영하고 있다 하자. 여기서 슈퍼와 음식점은 각각 독립적인 경제실체이다. 따라서 경제실체의 가정에 의거하면 슈퍼의 재무상태에 A씨의 개인 자산이나 부채, 또는 음식점의 자산이나 부채를 포함시켜서는 안 된다. 같은 맥락으로, 음식점의 경영성과를 평가할 때 슈퍼의 수익이나 비용, 또는 A씨의 음식점 영업활동과 관련 없는 개인적인 수입이나 지출을 고려하여서는 안 된다는 것이다.

일반적으로 경제실체는 법적실체와 일치하지만 그렇지 않은 경우도 있다. 예컨대, X주식회사와 Y주식회사는 두 독립적인 법인(법적실체)인데, 일반적으로 각각 독립적인 경제실체로서 각각의 개별 재무제표를 작성한다. 그러나 만약 X주식회사

5) 회계의 기본가정을 환경적 가정(environmental assumption) 또는 회계공준(accounting postulate)이라고도 한다.

6) 개별기업(separate entity)의 가정, 회계실체(accounting entity)의 가정 또는 기업실체(business entity)의 가정이라고도 불린다.

와 Y주식회사 간에 지분출자에 의하여 지배·종속의 관계가 성립한다면 X, Y 두 회사가 하나의 경제실체가 되는데, 이 경우 두 회사를 합하여 하나의 **연결재무제표**를 작성해야 한다.

(2) 계속기업의 가정

회계는 기업(경제실체)이, 반증이 없는 한, 예측 가능한 장래에 해산하지 않는다는 가정 하에 그 기업의 재무상태와 경영성과를 인식·측정·보고한다. 이 가정을 **계속기업의 가정**(going-concern assumption)이라고 한다. 이 가정은 회계 상의 인식과 측정에 여러모로 영향을 준다. 예를 들면, 자산을 유동·비유동으로 분류하는 것이나, 유형자산을 과거의 취득원가에 근거한 역사적 원가(historical cost)로 평가하는 것은 기업의 계속성이 전제될 때 가능하다. 왜냐하면 기업이 가까운 장래에 도산 내지 해산해야 한다면 그 기업이 가지고 있는 자산을 빠른 시일 내에 처분해야 하는데, 이 경우 자산의 유동·비유동 구분은 무의미하기 때문이다. 또한 이 경우 모든 자산은 역사적 원가가 아니라 처분가능가액(청산가치)으로 평가하여야 할 것이다.

(3) 회계기간의 가정

계속기업의 가정이 암시하듯 기업의 영업활동은 끊임없이 계속되고 있지만, 기업의 이해관계자(의사결정자)들은 그들의 의사결정을 위하여 수시로 재무정보를 필요로 한다. 이와 같은 필요성에 부응하기 위하여, 회계는 계속되는 영업활동을 인위적으로 일정 기간으로 분할하여 그 기간 동안의 경영성과와 그 기간말의 재무상태를 인식·측정·보고한다. 이렇게 연속적인 기업의 영업활동이 인위적인 기간으로 분할되어 보고된다는 전제를 **회계기간의 가정**(accounting period assumption)이라 한다. 보통 회계기간은 1년(연간), 6개월(반기), 3개월(분기) 또는 1개월로 분할된다. 회계기간의 말일을 회계기말 또는 결산일이라고 한다.

(4) 측정단위의 가정

측정단위의 가정(unit-of-measure assumption)은 그 나라의 화폐를 회계의 측정단위로 한다는 가정이다. 따라서 우리나라 기업인 경우 원(₩)으로, 미국 기업의 경우 달러($)로, 일본 기업의 경우 엔(¥)으로 재무제표의 구성요소들을 측정한다. 달리 말하면 측정단위의 가정은 기업의 경제활동의 결과를 화폐단위로써 표시하는데, **화폐단위가 바로 경제적 가치척도의 효과적인 공통분모**라는 가정이다. 일례로, 서로 다른 재고자산을 각각 그 개수나 무게로 보고하지 않고 화폐단위로 측정한다. 그렇게 함으로써 그 자산들을 재무제표에 합산, 집계하여 보고하는 것이 가능해진다.

측정단위는 불변인 것이 바람직하다. 실제로 무게를 다는 kg, 키를 재는 cm처럼 대부분의 경우 측정단위는 불변이다. 그러나 화폐는 물가수준에 따라 구매력이 변하고 또한 타국 화폐와의 교환비율인 환율이 변하므로, 회계의 측정단위는 완전한 불변이 아니다. 그렇지만 재무회계에서는 일반적으로 화폐가치가 안정적인 것으로 가정하고 이를 측정단위로 사용하고 있다. 이에 측정단위의 가정을 **안정적인 화폐단위의 가정**(stable monetary-unit assumption)이라고도 한다.

2. 회계원칙

회계원칙(accounting principles)은 재무제표의 요소들을 인식·측정하고 이를 보고하는 데 있어 준수해야 하는 기본 원칙이다. 이에는 제3장에서 설명한 **역사적 원가의 원칙**, **수익인식의 원칙**, **수익·비용대응의 원칙** 이외에 **완전공시의 원칙**이 있다. 이러한 원칙들은 애초 미국의 개념체계에서 명시적으로 제시된 바 있는데 국제회계기준에서도 내재적으로 수용하고 있다고 할 수 있다.

(1) 역사적 원가의 원칙

역사적 원가의 원칙(historical cost principle)은 **역사적 원가주의** 또는 **취득원가주의**(acquisition cost principle)라고도 하는데, 이는 자산과 부채의 기록은 취득시점에서 발생한 원가로 시작하며 이 역사적 원가가 자산과 부채의 취득 후 평가기준이 된다는 것이다. 역사적 원가의 원칙에 따른 자산과 부채의 평가는 시가에 의한 평가보다 목적적합성이 떨어진다고 할 수 있다. 그럼에도 불구하고 역사적 원가주의를 자산과 부채 평가의 기본원칙으로 삼는 이유는 목적적합성보다 신뢰성을 우선시해왔던 회계의 전통 때문이다. **역사적 원가의 원칙은 과거의 회계기준에서 고수되어 왔지만 요즈음 약화되고 있는 추세이다.** 최근 금융자산에 대해서는 주로 공정가치 평가가 요구되고 있다. 또한 국제회계기준은 유형자산과 무형자산에 대해 역사적 원가와 더불어 공정가치 평가를 허용하고 있다. 이에 따르면 기업은 유형자산과 무형자산의 평가에 있어 역사적원가나 공정가치 중 하나를 선택할 수 있는데, 만일 공정가치를 선택한다면 그 이후의 기간에도 계속적으로 공정가치 평가를 하여야만 한다. 공정가치는 일반적으로 시장에서 거래되는 가격이다. 자산을 공정가치로 평가해야 한다면, 이를 **공정가치의 원칙**(fair value principle)이라 할 수 있다. 역사적 원가의 원칙과 공정가치의 원칙을 아울러 **측정의 원칙**(measurement principle)이라 한다.

(2) 수익인식의 원칙

수익인식의 원칙(revenue recognition principle)은 수익의 기간귀속에 관한 원칙이다. 즉, 수익을 언제 인식할 것인가라는 물음에 대한 답을 제시하는 기준이라 할 수 있다. **수익은 재화의 판매자 또는 용역의 제공자가 고객에게 재화(goods)나 용역(service)의 통제(control)를 이전함으로써 자기의 수행의무(performance obligation)를 이행하였을 때 인식하여야 한다.** 수익 인식의 주 대상인 재화 판매나 용역 제공은 고객과의 계약의 틀에서 이루어지는데, 수익 인식 시 우선적으로 계약상의 수행의무들을 식별하는 것이 중요하다. 그 다음 식별된 수행의무별로 재화나 용역의 통제가 언제 이전되는지를 파악하여 수행의무가 이행되는 그 시점 또는 기간에 수익을 인식하여야 한다.

통제는 한 시점(point in time)에 이전될 수도, 기간에 걸쳐(over time) 이전될 수도 있다. 기간에 걸쳐 이전되지 않으면 시점에 이전되는 것이다. 용역의 제공은 통제가 기간에 걸쳐 이전되는 경우에 해당한다. 즉 고객이 기간에 걸쳐 연속적으로 용역의 효익(자산)을 받게(통제하게) 되자마자 바로 비용으로 소비한다고 볼 수 있다. 재화의 판매는 통제가 시점에 이전되는 경우에 해당한다. 즉 재화가 고객에게 이전되면 고객은 바로 그 재화를 통제하게 된다고 볼 수 있다.

예를 들어, 통신사의 경우 고객에게 휴대폰을 개통시켜주는 계약을 할 때, 우선,

통신사는 단말기라는 재화 판매와 통신서비스 제공이라는 두 개의 수행의무를 식별하여야 한다. 그런 후 단말기 판매는 그것의 통제가 고객에게 이전된 시점에 수행의무가 이행되는 것으로, 통신서비스는 기간에 걸쳐 서비스 효익의 통제가 연속적으로 이전됨으로써 수행의무가 이행되는 것으로 보아야 할 것이다.

수익인식의 전제 조건으로, 수익은 실현되었거나(realized) 실현가능(realizable)하여야 한다. 수익이 실현되었다는 말은 판매한 상품 또는 제공한 용역의 대가(현금 또는 현금청구권)를 받았음을 의미한다. 수익이 실현 가능하다는 것은 판매한 상품 또는 제공한 용역의 대가의 수취가 거의 확실하다는 뜻이다. 즉, 수익이 실현되었거나 실현 가능하다는 말은 재화나 용역의 제공에 대한 대금이 회수되었거나 대금회수가 거의 확실한 상태를 뜻한다.

일반적으로 **재화 판매의 경우 판매시점**(point of sale)—**인도시점**(point of delivery)이라고도 함—을 수익의 인식시점으로 간주한다. 즉, 판매자는 재화를 판매한 날에 수익을 인식한다. 왜냐하면, 일반적으로 판매한 날에 재화가 이전되어 구매자가 그 재화를 통제하게 됨으로써 판매자가 자기의 수행의무를 이행하였다고 볼 수 있을뿐더러, 판매한 날에 판매한 재화의 대가로 현금을 받았거나 매출채권이라는 대금청구권을 확보(수익의 실현)하였기 때문이다. 예로, 12월 2일에 상품을 100만원에 외상으로 팔았다면, 그 날에 100만원의 수익을 인식하여야 한다.

용역 제공의 경우는 용역 제공 기간에 걸쳐 수익을 인식한다. 가령, 청소용역회사가 고객에게 2년 동안 청소용역을 제공하기로 계약하였다면 청소용역회사는 그 기간 동안 용역이 제공됨에 따라 연속적으로 수익을 인식한다. 만일 한 달이 지났다면 한 달 동안 청소용역회사는 청소용역이라는 수행의무를 이행하였고, 이에 따라 대금청구권도 확보(수익의 실현)되었다고 볼 수 있기 때문에 한 달분의 청소용역 수익을 인식하여야 할 것이다.

(3) 수익 · 비용대응의 원칙

수익 · 비용대응의 원칙은 단순히 대응원칙(matching principle)이라고도 하는데, **수익을 창출하는 데 소요된 비용은 그 수익에 대응하여 수익을 인식한 때와 같은 회계기간에 인식해야 함**을 뜻한다. 즉 수익 · 비용대응의 원칙하에서 비용은 반드시 그 지출 시점에 인식하는 것이 아니라 관련 수익과 대응하여 그 수익을 인식한 기간에 함께 인식하여야 한다.

(4) 완전공시의 원칙

완전공시의 원칙(full disclosure principle)은 인식 · 측정의 결과를 보고함에 있어 **기업의 경제적 실질**(economic substance)**에 대한 모든 목적적합한 정보를 공시해야 한다는 원칙**이다. '목적적합한 정보'란 재무의사결정에 영향을 주는 정보를 일컫는다. 완전공시의 원칙을 적용함에 있어 고려해야 할 사항은 이해가능성(understandability)과 앞의 회계정보의 질적 특성(표현의 충실성)에서 논의한 형식보다 실질의 우선(substance over form)이다.

이해가능성을 높이기 위해서는 적절한 용어를 사용해야 함은 물론 정보과부하(information overload)를 초래되지 않도록 하여야 할 것이다. 재무제표에 주석을 첨부하는 것은 재무제표의 이해가능성을 높이기 위한 일환으로서 완전공시의 원칙을 적용한 예라 할 수 있다. 또한 형식보다 경제적 실질의 측면에서 중요한 모든 정보는 완전히 공시하여야 할 것이다. 가령 형식상 재무제표의 본문에 수치로서 보고될 수 없는 사항이라 할지라도 그것의 경제적 실질이 중요할 경우 재무제표의 주석에 그 내용을 기술하여야 할 것이다.

기업환경과 기업활동이 복잡해짐에 따라 기업을 둘러싸고 일어나는 수많은 경제적 사건의 결과를 재무제표 본문에 요약된 회계수치만으로 이해하기란 쉽지 않다. 또한 정보통신 기술의 비약적 발전과 함께 정보의 생산비용 및 전달비용이 저렴해지고 있다. 이러한 정보환경의 변화와 더불어 주주 등 이해관계자의 권리의식이 강화되면서 정보이용자의 소위 '알 권리'(rights to know)가 중시되는 상황 속에서 완전공시의 원칙은 점점 중요성을 더해가고 있다.

3. 회계원칙 시행상의 제약

회계원칙 시행상의 제약(implementation constraints)은 위의 회계원칙을 시행함에 있어서의 실무적 제약요인으로, **원가 제약**, **중요성**, **보수주의**를 들 수 있다. 이러한 제약요인들은 애초의 미국 개념체계에서 제시된 바 있는데, 회계원칙을 우회하는 예외사항으로서 회계실무상 통상적으로 인정되는 관행이라 할 수 있다.

(1) 원가 제약

원가 제약(cost constraint) 또는 **비용 · 효익의 제약**(cost-benefit constraint)은 기업의 경제적 실질에 대한 모든 목적적합한 정보를 공시해야 한다는 완전공시의 원칙에 대한 하나의 제약이다. 원가 제약은 목적적합한 정보라 할지라도 **정보이용자가 얻는 효익(benefits)이 정보의 생산 · 제공에 든 원가(costs)보다 커야만 그 정보의 생산 · 제공에 당위성을 부여할 수 있다**는 개념이다. 비록 유용성이 높은 정보라 할지라도 그 정보의 생산 · 제공 원가가 동 정보로부터 기대되는 경제적 효익을 능가할 경우 그 정보를 생산 · 제공하는 것은 정당화될 수 없다. 물론 정보의 생산 · 제공 원가와 경제적 효익은 측정하기가 무척 어렵고 주관적 판단이 개입될 수 있다. 그렇지만 원가 제약은 특정 회계정보를 생산 · 제공하여야 할 것인가에 대한 의사결정 과정에서 해당 기업에는 물론 회계기준 제정기관에도 지침을 제공하는 중요한 개념이다.

(2) 중요성

중요성(materiality)이란 중요한 사항은 회계기준에 따라 인식하고 처리해야 한다는 것인데, 이는 역으로 중요하지 않은 사항은 회계기준을 엄격히 따르지 않아도 된다는 것을 의미한다. 가령, 플라스틱으로 만든 휴지통은 여러 해 동안 사용할 수 있으므로, 회계기준을 엄격히 적용한다면, 휴지통의 취득원가를 유형자산으로 인식하여 매년 감가상각을 하여야 할 것이다. 그러나 휴지통은 그 금액이나 항목이 중요하지 않기 때문에 번거롭게 감가상각 절차를 밟지 않고 간단하게 휴지통의 취득원가를 취득연도의 비용으로 처리해도 된다. 중요성이란 또한 중요한 사항은 빠짐없이 공시해야 한다는 것도 의미한다.

중요성의 판단기준은 주어진 여건하에서 특정 정보의 누락 또는 오기가 합리적인 의사결정에 영향을 주는가의 여부이다. 중요성의 판단에는 양적 측면은 물론 질적 측면도 함께 고려되어야 한다. 예를 들어, 워크아웃 중인 기업이 특정 금융기관의 채무를 조건 없이 면제받았다면 그 금액의 과다를 떠나 중요한 사건이므로 그 내용이 제대로 회계처리 되어야 하며 또한 완전히 공시되어야 할 것이다. 국제회계기준에서는 중요성을 목적적합성과 연계하여 정보의 재무제표 표시 여부를 결정하는 임계치(threshold)로서 언급하고 있다.

(3) 보수주의

보수주의(conservatism)는 둘 이상의 회계처리방법 중 하나를 택할 때 이익 및 순자산을 낮게 보고하는 방법을 채택하는 회계관행을 말한다. 예컨대, 기말의 재고자산을 원가와 시가 중 낮은 금액으로 평가하는 **저가법**은 보수주의의 실례라 할 수 있다. 보수주의는 불확실한 상황에 대한 회계실무자의 위험회피적 회계관습이었다고 할 수 있다. 그러나 엄격히 말해, 보수주의는 앞에서 설명한 회계정보의 질적 특성 중 표현충실성, 특히 중립성과는 배치된다.

제6절 일반목적 재무제표

재무제표의 구성요소에 인식 · 측정 · 보고 원칙을 적용한 마지막 산출물이 불특정 다수를 위한 **일반목적 재무제표**(〈그림 13-1〉 참조)로, 이에는 재무상태표, 포괄손익계산서, 현금흐름표 및 자본변동표 등이 있다. 재무제표가 무엇인지 이미 공부하였으므로 여기서는 **불특정 다수를 위한 '일반목적' 보고서**의 의미와 시사점을 알아본다.

기업의 외부 이해관계자는 저마다 다른 관점에서 재무정보를 얻어 활용하려 한다. 가령, 투자자는 투자목적에 맞는 재무정보를 원할 것이고, 채권자는 대여 및 채권보전에 합당한 재무정보를 원할 것이다. 또한 재무정보의 활용에 있어서도 이해관계자 집단 간에 차이가 있을 것이다. 그러나 기업의 재무정보를 특정 이해관계자에게 맞추어 일일이 보고하기란 현실적으로 불가능하다. 그래서 외부 이해관계자가 어떤 집단이든, 또 그 목적이 무엇이든 그들이 원하는 재무정보를 추출하여 활용할 수 있는 소위 불특정 다수를 위한 '일반목적' 재무정보가 필요한데, 그것이 바로 재무제표이다.

재무제표는 불특정 다수를 위한 일반목적 보고서로서 정보이용자 측면에서 볼 때 특정 부류의 특정한 목적에 맞춰진 정보를 담고 있는 보고서가 아니다. 이는 재무제표의 속성이자 어떤 면에서 하나의 한계라 할 수 있다.

연습문제

〈객관식 문제〉

01 다음 중 일반적으로 인정된 회계원칙의 제정 · 공표기관은?

① 국 회
② 재정경제부
③ 금융감독원
④ 회계기준위원회
⑤ 금융위원회

02 다음 중 미수수익과 미지급비용의 발생을 불가피하게 하는 요인은?

① 회계기간
② 원가주의
③ 경제실체
④ 측정단위
⑤ 계속성

03 욱진건설은 내용연수 5년인 사무용품을 5만원에 취득하고 이를 비용으로 처리하였다. 이와 같은 회계처리는 다음 중 어느 개념을 적용한 것인가?

① 객관성
② 중요성
③ 대응원칙
④ 원가주의
⑤ 계속성

04 다음 중 대손충당금의 설정과 가장 관계가 깊은 개념은?

① 실현주의
② 수익·비용대응의 원칙
③ 원가주의
④ 보수주의
⑤ 완전공시

05 고객에게 재화의 판매 시 수익은 언제 인식하여야 하는가?

① 재화의 주문 접수 시
② 재화의 운송 시
③ 재화의 통제 이전 시
④ 재화의 배달완료 시
⑤ 재화의 제조완료 시

06 회계정보의 목적적합성과 직접적으로 관련된 속성은?
① 일관성
② 중립성
③ 예측가치
④ 검증가능성
⑤ 표현충실성

07 재고자산의 시가가 원가보다 하락하는 경우 시가로 평가하는 것은 다음 중 어느 항목에 기인하는가?
① 중요성
② 원가주의
③ 보수주의
④ 비용 · 효익의 제약
⑤ 비교가능성

08 선급보험료의 자산 계상은 다음 중 어느 항목과 관련되는가?
① 회계기간
② 원가주의
③ 일관성
④ 완전공시
⑤ 중요성

09 다음 중 국제회계기준 개념체계에서 기본가정으로 제시하고 있는 것은?
① 경제실체
② 계속기업
③ 측정단위
④ 회계기간
⑤ 원가주의

10 연결재무제표의 작성은 모회사와 자회사의 관계에 대하여 다음 중 하나의 회계개념을 적용한 것이다. 다음 중 어느 개념이 이에 해당하는가?
① 중요성
② 경제실체
③ 검증가능성
④ 계속기업
⑤ 발생기준

11 회계정보의 표현충실성과 관련이 없는 속성은?
① 완전성
② 확인가치
③ 무오류
④ 실질의 우선
⑤ 중립성

12 한 회사의 CEO가 회계수치와 연관되어 있는 성과급을 많이 받기 위하여 회계기준이 허락하는 범위 내에서 당기순이익을 높이는 회계방법을 선택하였다면, 다음 중 어느 개념에 어긋나는 것인가?

① 표현충실성 ② 실질의 우선
③ 검증가능성 ④ 중립성
⑤ 확인가치

〈주관식 문제〉

13 단답형 개념 확인

다음은 재무회계의 개념체계에 관한 서술이다. 각 서술에 해당하는 질적 특성, 기본가정, 시행원칙 또는 시행상의 제약을 밑줄 위에 써 넣으시오.

1. ________________ 강남회사는 일정 한도액을 초과하지 않는 사무용품에 대한 지출은 비용으로 처리하고 있다.
2. ________________ 재고자산의 평가방법으로 선입선출법을 사용하는 회사가 경제적 상황이 변하지 않는 한 다른 방법으로 바꾸지 않는다.
3. ________________ 기업의 제조활동으로 야기된 환경공해에 대한 사회적 비용은 대단할 것이지만, 대부분의 기업은 환경공해에 대한 정보를 공시하지 않는다.
4. ________________ (주)다산의 재무제표 결산월은 3월이다.
5. ________________ 진한기업은 파산한 기업으로부터 시장가치보다 훨씬 싼 값으로 기계를 취득하고, 이 자산을 시장가치가 아닌 취득가액으로 기록하였다.
6. ________________ 유창혁 씨는 편의점을 경영한다. 포커게임의 밑돈으로 지난 해 동안 유씨가 편의점으로부터 가져간 돈은 5백만원에 이른다. 이 금액은 편의점의 비용으로 기록되지 않고 배당(또는 인출)으로 기록되었다.
7. ________________ 천하실업주식회사는 여러 회사들에 대해 지배적인 지분을 소유하고 있다. 이에 따라 천하실업은 연결재무제표를 작성 · 공표하고 있다.
8. ________________ 천하실업주식회사는 여러 회사들에 대해 지배적인 지분을 소유하고 있다. 천하실업의 재무제표는 이 피지배회사들의 소유지분에 관한 정보를 주석에 포함하고 있다.
9. ________________ 재무상태표상의 자산은 청산가치로 측정하지 않는다.
10. ________________ 삼성전자는 반도체 외상매출에 대해 판매시점에 수익을 인식한다.

11. ________________ 거래의 본질을 충실하게 표현함.
12. ________________ 의사결정자의 미래 결과에 대한 기대를 확인시켜줌.
13. ________________ 재무제표가 특정 이용자집단에 유리하도록 치우쳐서는 안 된다.
14. ________________ 우진산업은 보유하고 있는 재고자산을 저가법을 적용하여 평가하였다.
15. ________________ 개별 주주의 자산과 부채는 회사의 자산과 부채에 포함시키지 않는다.

14 회계의 가정

다음은 C회계법인이 (주)H건설의 재무제표를 회계감사하는 과정에서 지적한 사항이다. 각각의 지적 사항은 어떠한 회계가정과 관련되는가?

1. 대표이사가 자신의 아파트를 회사의 사무용 건물로 기록하여 회사 자산을 과대평가하였음을 발견하였다.
2. 은행으로부터 12월 1일 차입한 1년 만기 차입금 1억원(연 12% 이자)에 대해 아직 이자를 지급하지 않았다는 이유로 이자비용에 관한 회계처리가 누락되어 있음을 발견하였다.
3. 재무상태표상 기말 원재료 재고 계정이 '시멘트 100포, 철근 30톤'으로 기재되어 있음을 발견하였다.
4. 당기초 7,000만원에 취득한 레미콘 트럭에 대해 당기말 현재 중고차시장에서 처분하면 4,000만원을 받을 수 있다는 이유로 재무상태표상에 청산가치인 4,000만원으로 계상하였음을 발견하였다.

15 목적적합성과 표현충실성

재무정보의 질적 특성인 목적적합성과 표현충실성은 상충될 수 있다. (주)H건설은 당기 중 은행으로부터 10억원을 차입하려 한다. 이에 대해 은행은 (주)H건설의 담보능력을 평가하기 위한 (주)H건설의 재무제표를 요구하고 있다. 이 경우 역사적 원가에 의해 기록된 재무상태표의 자산 금액은 중립적이고 오류가 없다고 할 수 있으므로 (①)을 충족하는 정보라 할 수 있으며, 감정평가사의 평가에 의해 공정가치로 기록된 재무상태표는 자산의 가치를 잘 나타낸다고 할 수 있으므로 (②)를 충족하는 정보라 할 수 있다. 이 경우 공정가치는 주관적인 추정에 의한 불확실한 추정치이므로 (①)은 낮지만 현행 가치를 나타내므로 (②)는 높은 정보라 할 수 있다. 따라서 이 두 특성은 서로 상충관계에 있다.

16 회계원칙

회계원칙이란 회계실무에서 반드시 준수되어야 할 일반적인 지침으로서 기업의 회계실무를 이끌어 가는 지도원리를 말한다. 여기에는 역사적 원가의 원칙, 수익인식의 원칙, 수익·비용 대응의 원칙, 완전공시의 원칙 등이 있다. 다음 각각의 사례를 가장 적절히 나타내어 주는 회계원칙은 무엇인가?

1. 당기 중 1억원에 액면발행한 사채는 기말 현재 사채시장에서 9,000만원에 거래되고 있으나 회사의 재무상태표에는 1억원으로 기재되어 있다.
2. 상품은 일반적으로 판매하는 시점에 매출을 인식한다.
3. 제품 판매 시 발생하는 운반비용은 그 기간에 비용으로 처리된다.
4. 재무제표에 표시된 항목에 대해 주석을 통해 자세히 설명한다.

17 시행상의 제약

회계관습이란 오랫동안 회계실무에서 지켜져 내려오는 전통으로서 회계처리의 편의 등을 이유로 일반적으로 널리 받아들여지는 것을 말한다. 여기에는 중요성, 보수주의 등이 있다. 다음 각각의 사례를 가장 적절히 나타내어 주는 회계관습은 무엇인가?

1. 법정소송으로 기대되는 손실은 즉각적으로 인식하지만 이익은 확정된 후에 인식한다.
2. 사무실에서 흔히 쓰이는 가격이 싼 사무용품을 구입 시에 전액 비용으로 처리하였다.
3. 소액으로 지급된 현금은 모두 잡비로 처리한다.

14장

재무제표의 활용

제1절 개 괄

재무상태표, **포괄손익계산서**, **현금흐름표**(statement of cash flows), 그리고 **자본변동표**를 **기본 재무제표**(basic financial statements)라 한다. 이익잉여금처분계산서는 과거에 기본 재무제표에 속했으나, 2011년 국제회계기준의 도입에 따라 기본 재무제표에서 제외되었다. **재무제표는 본문(body)과 주석으로 구성되는데, 기본 재무제표가 바로 재무제표의 본문이 된다.** 주석은 재무제표의 본문을 이해하는데 필요한 정성적인 내용과 세부적인 수치를 보충적으로 제시한다.

재무상태표는 회계기말 현재의 재무상태를 나타낸다. 재무상태표는 한 시점의 **정태적**(static 또는 stock) **보고서**인 반면 포괄손익계산서, 현금흐름표 및 자본변동표는 한 기간의 흐름을 나타내는 **동태적**(dynamic 또는 flow) **보고서**이다. **(포괄)손익계산서**는 한 회계기간의 경영성과를 나타낸다. 손익계산서는 당기순이익을 보고하는 반면, 포괄손익계산서는 당기순이익에 기타포괄이익을 합산한 포괄이익을 보고한다. 당기순이익은 기업의 능동적인 경영성과를 나타내나, 기타포괄이익은 투자증권평가이익,[1)] 자산재평가이익 등과 같이 수동적인 경영성과를 나타낸다고 할 수 있다. **현금흐름표**는 한 회계기간의 현금(현금성자산 포함)의 증감, 즉 현금흐름 내역을 보고한다. **자본변동표**는 한 회계기간 동안 자본 항목의 변동을 요약적으로 보고한다.

재무제표 간에는 상호 관련성이 있어 한 재무제표 항목은 다른 재무제표의 항목과 연계된다. 예로 손익계산서의 당기순이익은 마감 과정을 통하여 재무상태표의 이익잉여금에 가산된다.

이러한 재무제표 간의 상호 관련성에 따라 재무제표 간에는 일종의 작성순서가 존재한다. 즉, 손익계산서가 먼저 작성된 후, 그 결과인 당기순이익이 재무상태표의 이익잉여금에 반영된다. 또한 현금흐름표는 기본적으로 직전 및 당해 회계연도의 재무상태표 정보와 당해 회계연도 포괄손익계산서의 정보를 이용하여 작성된다.

---

1) 투자증권평가이익에는 기타포괄손익 인식 공정가치로 측정되는 투자사채와 투자주식의 평가이익이 포함된다.

재무제표의 이해 가능성을 높이기 위하여 **주석**(notes)이 첨부된다. 주석은 재무제표 본문을 이해하는 데 필요한 내용, 중요한 정보이나 그 효과를 재무제표의 본문에 인식할 수 없을 때 이에 대해 정성적으로 기술한 내용 등을 담고 있다. 예를 들어 주요 회계처리방법, 특수관계자와의 거래 현황, M&A 현황, 우발손실의 가능성 등이 주석에 기술된다. 또한 주석은 재무제표의 특정 항목(예, 매출채권, 유형자산, 금융자산, 금융부채 등)에 대한 세부적인 명세표들을 제시한다.

제2절 재무상태표와 포괄손익계산서

본 절에서는 재무상태표와 포괄손익계산서 각각의 구조를 설명한 후 이에 대한 실질적인 예를 제시한다. 현금흐름표와 자본변동표에 대해서는 제12장에서 다루었으니 참고하기 바란다.

1. 재무상태표

재무상태표는 기본적으로 자원을 나타내는 자산과 자산의 조달원천인 부채와 자본을 보고하는 재무제표이다. 자산과 부채는 일반적으로 유동성이 높은 순서로 보고된다. **자산**은 크게 유동자산과 비유동자산으로 분류한다. 비유동자산은 다시 유형자산, 무형자산, 장기금융자산, 그리고 기타비유동자산으로 세분한다. **부채**는 크게 유동부채와 비유동부채로 분류하고 비유동부채는 다시 장기금융부채, 장기충당부채, 그리고 기타비유동부채로 세분한다. **자본**은 크게 자본금, 자본잉여금, 자본조정, 기타포괄손익누계액, 그리고 이익잉여금으로 분류한다. 〈표 14-1〉은 재무상태표의 예시이다.

표 14-1

재무상태표의 예시

재무상태표

(주)다산, 제2회계연도 12/31 및 제3회계연도 12/31 현재

(단위: 백만원)

	제2년도	제3년도		제2년도	제3년도
1. 유동자산	560,000	550,000	**1. 유동부채**	450,000	500,000
현금및현금성자산	50,000	40,000	단기차입금	120,000	150,000
단기금융자산	15,000	11,000	매입채무	200,000	250,000
매출채권	246,000	235,000	미지급금	80,000	60,000
(대손충당금)	(6,000)	(5,000)	선수수익	33,000	30,000
재고자산	135,000	150,000	미지급법인세	17,000	10,000
미수금	100,000	95,000			
미수수익	10,000	9,000	**2. 비유동부채**	420,000	400,000
선급비용	10,000	15,000			
			(1) 장기금융부채	350,000	320,000
2. 비유동자산	590.000	650,000	사 채	160,000	200,000
			장기차입금	190,000	120,000
(1) 장기금융자산	150,000	170,000			
			(2) 장기충당부채	70,000	80,000
투자채권	20,000	18,000	제품보증충당부채	70,000	80,000
투자주식	30,000	32,000			
관계기업투자	100,000	120,000	부채총계	870,000	900,000
(2) 유형자산	379,000	430,000	**1. 자본금**	80,000	90,000
			보통주자본금	80,000	90,000
토 지	56,000	110,000	(수권보통주식수는 제3년과 제2년말 각각 30백만주)		
건 물	270,000	290,000	(발행보통주식수는 제3년말 18백만주, 제2년말 16백만주)		
(감가상각누계액)	(70,000)	(90,000)			
기계장치	135,000	143,000	**2. 자본잉여금**	50,000	55,000
(감가상각누계액)	(60,000)	(63,000)	주식발행초과금	50,000	55,000
비 품	60,000	60,000			
(감가상각누계액)	(12,000)	(20,000)	**3. 자본조정**	0	(2,000)
			자기주식	0	(2,000)
(3) 무형자산	61,000	50,000			
			4. 기타포괄손익누계액	0	10,000
			5. 이익잉여금	150,000	157,000
			법정적립금	47,000	48,700
			임의적립금	43,000	34,000
			미처분이익잉여금	60,000	64,300
			자본총계	280,000	300,000
자산총계	1,150,000	1,200,000	**부채와 자본총계**	1,150,000	1,200,000

2. 포괄손익계산서

포괄손익계산서는 당기순이익에 기타포괄이익을 합산하여 총포괄이익을 보고한다. 당기순이익을 보고하는 방법에는 단일단계식과 다단계식이 있다. 단일단계 손익계산서는 '총수익－총비용＝당기순이익'의 형태를 지닌다. 총수익 하에 모든 수익이, 총비용하에 모든 비용이 망라된다. 이에 반해 **다단계 손익계산서**는 기업의 주요 영업활동에 의한 수익과 비용을 서로 대응시켜 우선적으로 보고하고, 부수적인 활동에 기인한 수익과 비용은 그 다음 단계로 보고한다. 이러한 방식은 **지속적 이익**(persistent income)과 **일시적 이익**(temporary income)을 식별하는 데 도움을 준다는 이점이 있다.

당기순이익은 수익에서 비용을 차감하여 계산되는데, 여기서 비용을 보고하는 방식으로 두 가지가 있다. 하나는 성격별(by nature) 분류방식으로서 비용을 원재료비, 급여, 광고비, 운송비, 감가상각비 등 그 항목의 내용, 즉 성격에 따라 분류하는 것이다. 다른 하나는 기능별(by function) 분류방식으로서 비용을 활동의 기능에 따라 매출원가, 판매비, 관리비 등으로 분류하는 것이다.

여기서는 비용을 기능별로 분류한 다단계 손익계산서를 예시한다. 다단계 손익계산서의 시작 부분인 매출액은 총매출에서 매출할인 및 매출에누리와환입을 차감한 **순매출**을 의미하여 흔히 기업의 '외형'이라고도 한다. 이 순매출에서 **매출원가**를 차감하면 **매출총이익**이 되는데 흔히 이를 '마진'(margin)이라고도 한다.

매출총이익에서 **판매비와 관리비**를 차감하면 **영업이익**이 된다. **판매비와 관리비**는 통상적인(ordinary) 영업활동과 관련된 영업비용이다. 영업이익은 기업의 통상적인 활동에서 창출한 이익을 보여주는 것으로 기업의 기본적인 이익창출능력을 파악하는데 중요한 정보를 담고 있다.

영업이익에 **기타수익**과 **금융수익**을 가산하고 **기타비용**과 **금융비용**을 차감하면 **법인세비용차감전계속사업이익**이 된다. **기타수익**과 **기타비용**은 각각 부수적인 영업활동과 관련된 수익과 비용이다.[2] 임대료, 유형자산처분이익, 단기매매증권평가이익

2) 기타수익과 기타비용은 국제회계기준 도입 전 각각 영업외수익과 영업외비용으로 불렸던 항목이다. '××차익'과 '××차손'은 실무관행상 대부분 각각 '××이익'과 '××손실'로 명명되고 있다.

등이 기타수익으로 흔히 보고되는 항목이며, 유형자산처분손실, 단기매매증권평가손실 등이 기타비용으로 흔히 보고되는 항목이다. 이자수익과 배당금수익은 금융수익의, 그리고 이자비용은 금융비용의 전형적인 예이다. **법인세비용차감전계속사업이익**에서 그에 해당하는 **계속사업이익법인세비용**을 차감하면 **계속사업이익**(income from continuing operations)이 된다.

계속사업이익에 **중단사업손익**(gain or loss from discontinued operations)을 더하면 **당기순이익**이 된다. **중단사업손익**이란 기업이 거느리고 있는 여러 사업부 중 향후 영업을 더 이상 지속하지 않고 처분하기로 한 사업부가 있는 경우 그 사업부의 이익과 손실을 별도로 집계한 것이다. 중단사업손익은 그에 대한 법인세 효과를 차감한 후, 즉 세후 금액으로 계산한다. **당기순이익**은 손익계산서의 맨 마지막에 보고하므로 영어로 흔히 "bottom line number"라 한다.

위에 언급하였듯이 다단계 식의 손익계산서의 작성 과정에서 중간 단계의 이익들이 단계별로 계산된다. 이를 종합하면 다음과 같다.

> 매출총이익 = 매출액 − 매출원가
> 영업이익 = 매출총이익 − 판매비 − 관리비
> 법인세비용차감전계속사업이익 = 영업이익 + 기타수익 − 기타비용
> + 금융수익 − 금융비용
> 계속사업이익 = 법인세비용차감전계속사업이익 − 계속사업이익법인세비용
> 당기순이익 = 계속사업이익 ± 중단사업손익

중단사업손익은 영업을 중단하기로 한 사업부가 있는 경우에만 드물게 발생하는 항목이다. 중단사업손익이 없다면 당기순이익은 계속사업이익과 같게 된다. 이 경우 법인세비용차감전계속사업이익은 **법인세비용차감전순이익**(간단히, 세전이익), 그리고 계속사업이익법인세비용은 **법인세비용**이라고 하면 된다.

손익계산서는 당기순이익으로 끝난다. 당기순이익에 기타포괄이익(투자주식평가이익, 자산재평가이익 등)을 합하여 **총포괄이익**이라 한다. 포괄손익계산서는 손익계산서의 당기순이익에서 더 나아가 총포괄이익까지 보고한다. 아래 〈표 14-2〉는 포괄손익계산서의 예시이다.

복잡하더라도 다단계로 이익을 보이는 다단계 손익계산서가 재무제표 이용자로

표 14-2
포괄손익계산서 예시

포괄손익계산서
(주)다산, 제3회계연도 1/1~12/31

(단위: 백만원)

매출액			1,600,000
매출원가			(1,200,000)
매출총이익			**400,000**
판매비			
	급 여	(32,000)	
	광고비	(15,000)	
	복리후생비	(3,000)	
	감가상각비	(10,000)	
	기 타	(59,000)	(119,000)
관리비			
	급 여	(58,000)	
	복리후생비	(9,000)	
	대손상각비	(3,000)	
	감가상각비	(41,000)	
	무형자산상각비	(11,000)	
	기 타	(150,000)	(272,000)
영업이익			**9,000**
기타수익			
	임대료	15,000	
	기계장치처분이익	8,000	
	지분법이익	20,000	43,000
기타비용			
	단기매매금융자산평가손실	(4,000)	(4,000)
금융수익			
	이자수익	12,000	
	배당금수익	5,000	17,000
금융비용			
	이자비용	(50,000)	(50,000)
법인세비용차감전계속사업이익			**15,000**
계속사업이익법인세비용			(3,000)
계속사업이익			12,000
중단사업손익(세후)			0
당기순이익			**12,000**
기타포괄이익(세후)			
	투자주식평가이익		10,000
총포괄이익			**22,000**
주당이익			687원

하여금 기업 이익창출의 원천과 그 지속성을 일목에 파악할 수 있게 하므로 바람직하다고 할 수 있다. 경영자는 각 단계별 이익을 경쟁업체와 비교함으로써 수익창출과 비용발생의 약점과 강점을 보다 잘 파악할 수 있다. 매출총이익, 영업이익, 계속사업이익, 당기순이익으로 내려갈수록 이익의 지속성이 낮아진다고 할 수 있다. 예로, A기업과 B기업이 똑같이 한 회계연도에 10억원의 당기순이익을 냈다고 하자. 그런데 손익계산서를 자세히 본 결과 A기업의 영업이익은 20억원인데 반해 B기업의 영업이익이 12억원에 불과하다면 어느 기업의 이익의 지속성, 즉 미래 이익창출능력이 더 높다고 할 수 있을까? A기업일 것이다.

부실 코스닥社, 이제 '짝퉁 영업익' 못 만든다

코스닥 자원개발업체 A사(社)는 작년 흑자전환에 성공했다. 무려 10년 만이다. 하지만 내막을 들여다보면 박수를 칠 수 있을지 의문이다. 전(前) 경영진과 횡령 소송을 벌인 끝에 미리 쌓아놨던 대손충당금, 충당부채를 돌려받으며 흑자를 낸 사례이기 때문.

바이오업체 B사(社)의 사정도 마찬가지다. 기술을 일본 기업에 팔아 번 20억원으로 흑자를 냈다. 바이오업계의 한 관계자는 "미래를 팔아 회사를 연명했다"고 비아냥댄다. 감사의견도 '한정'을 받았다.

이런 '짝퉁 영업이익' 만들기가 앞으로는 원천 봉쇄될 전망이다.

10일 한국회계기준원에 따르면, 회계기준원 산하 조직인 회계기준위원회에서 일회성 이익을 계산에 넣어 영업이익을 부풀리는 사례에 대해 실태파악에 나서 곧 대안을 마련할 계획이다.

회계기준위원회 조사실의 한 관계자는 "긴급 사안으로 생각하고 제도 정비를 준비하고 있다"면서 "기준점을 만들어 기업 간 영업이익 정도를 비교할 수 있도록 할 계획인데 이렇게 되면 부실기업들의 '가짜 흑자'를 가려낼 수 있을 것"이라고 설명했다.

올 들어 갑자기 이런 '짝퉁 영업이익'이 문제가 되기 시작한 것은 점차 적용이 확대되고 있는 국제회계기준(IFRS) 때문이다. IFRS는 일회성 이익을 영업이익으로 분류할 수 있도록 느슨하게 규정해 놓고 있다.

이러다 보니 어려운 기업들이 4년 연속 '영업적자'면 관리종목, 5년 연속이면 상장폐지되는 한국거래소 규정을 피하려 일단 억지로 '영업흑자'를 만들게 된 것이다.

D회계법인의 한 회계사는 "당장 퇴출을 피해야 하는 기업들이 억지로 영업이익을 만들

고 있다"면서 "올해 대손충당금을 쌓고, 내년에 이것을 반대로 환입받으면 되기 때문에 현재로서는 어렵지도 않다. 빨리 고쳐야 한다"고 지적했다.

현재 A, B 기업 외에도 여러 기업이 일회성 이익으로 흑자전환한 것으로 알려졌다.

회계기준원 관계자는 "일단 이해관계자들이 많으므로 신중히 접근해야 한다"면서 "초안이 나오면 전문가들을 모아 공청회를 열 것"이라고 덧붙였다.

(조선비즈, 2012. 4. 11. 안재만 기자)

제3절 영문 재무제표의 예시

과거 우리나라의 기업회계기준은 재무제표에 사용되는 형식과 용어를 미리 규정해 놓고 있으나, 국제회계기준이나 미국 회계기준에서는 이를 특정하게 규정하고 있지 않다. 따라서 미국이나 유럽 기업들의 재무제표를 살펴보면 그 형식과 동일 항목에 대한 용어의 사용이 서로 다른 경우가 빈번하다. 본 절에서는 국제회계기준에 따른 영문 재무제표의 형식을 하나 예시해 본다.

1. 재무상태표

재무상태표에서 자산은 Current Assets(유동자산)과 Noncurrent Assets(비유동자산)으로 구분되며, Nocurrent Assets(비유동자산)은 다시 Long-Term Financial Assets(장기금융자산), Property, Plant and Equipment(유형자산), Intangible Assets(무형자산), 그리고 Other Assets(기타비유동자산)으로 구분된다. 부채는 Current Liabilities(유동부채)와 Long-Term Liabilities(비유동부채)로 구분된다. 마지막으로

자본은 Capital Stock(자본금), Additional Paid-In-Capital(주식발행초과금), Retained Earnings(이익잉여금), Accumulated Other Comprehensive Income(기타포괄손익누계액), Treasury Stock(자기주식) 등으로 구분된다. 〈표 14-3〉은 전형적인 영문 재무상태표의 형식을 소개한다.

2. 포괄손익계산서

전형적인 영문 포괄손익계산서를 다단계 형식으로 소개하면 〈표 14-4〉와 같다.

중단된 사업부의 손익은 계속사업이익과 구분하여 보고한다. **중단사업손익**(gain/loss from discontinued operations)이란 기업이 처분하기로 결정한 사업부로부터의 손익을 말한다. 법인세비용은 계속사업이익과 중단사업손익에 대해 별도로 계상한다. 즉, 세전 계속사업이익인 법인세비용차감전계속사업이익에서 그에 대한 법인세비용을 차감하여 계속사업이익(세후)을 보고하고, 다단계손익계산서상 그 아래 항목인 중단사업손익에 대해서는 법인세비용 효과를 직접 차감한 세후 금액을 보고한다. 이렇게 법인세비용을 한 기간 내에서 손익계산서상의 여러 항목에 나누어 보고하는 것을 **기간 내 법인세배분**(intra-period tax allocation)이라 한다.

반면에, 한 기간의 법인세비용을 당기의 법인세 부담액인 미지급법인세와 미래의 법인세 부담액(또는 미래 법인세 감소액)인 이연법인세부채(또는 이연법인세자산)로 나누어 법인세 납부 기간별로 재무상태표에 보고하는 것을 **기간 간 법인세배분**(inter-period tax allocation)이라고 한다.

표 14-3 영문 재무상태표 형식의 예시

Statement of Financial Position the end date of 20××	
Assets(자산)	**Liabilities(부채)**
Current Assets(유동자산) Cash and Cash Equivalents (현금및현금성자산) S-T Financial Assets(단기금융자산) Accounts Receivable (Allowance for Uncollectible Accounts) (외상매출금(대손충당금)) Notes Receivable(받을어음) Inventories(재고자산) Accrued Receivables(미수수익) Prepaid Expenses(선급비용) L-T Financial Assets(장기금융자산) Investments in Debt Securities(투자채권) Investments in Equity Securities(투자주식) Investments in Associates(관계기업투자) Property, Plant and Equipment(유형자산) Land(토지) Buildings(Accumulated Depreciation) (건물(감가상각누계액)) Machinery and Equipment(기계설비와 장비) (Accumulated Depreciation) (감가상각누계액) Intangible Assets(무형자산) Goodwill(영업권) Patents(특허권) Trademarks(상표권) Other Assets(기타비유동자산)	Current Liabilities(유동부채) Short-Term Debt(단기차입금) Accounts Payable(외상매입금) Deferred Revenue(선수수익) Accrued Liabilities(미지급비용) Long-Term Liabilities(비유동부채) Long-Term Borrowings(장기차입금) Bonds Payable(사채) Deferred Tax Liabilities(이연법인세부채) Total Liabilities(부채총계) **Stockholders' Equity(자본)** Capital Stock(자본금) Preferred Stock(우선주자본금) Common Stock(보통주자본금) Additional Paid-In-Capital(주식발행초과금) Retained Earnings(이익잉여금) Accumulated Other Comprehensive Income (기타포괄손익누계액) Treasury Stock(자기주식) Total Stockholders' Equity(자본총계)
Total Assets(자산총계)	Total Liabilities and Stockholders' Equity (부채와 자본총계)

표 14-4
영문 포괄손익계산서 형식의 예시

Comprehensive Income Statement For the year ended 12/31/20××
Sales(매출)
−) Cost of Goods Sold(매출원가)
Gross Profit(매출총이익)
−) Selling Expenses(판매비)
Advertizing Expense(광고비)
Transportation Expenses(운송비)
Salaries for Sales Persons(판매원 급여)
Sales Commissions(판매수수료)
Bad Debt Expense(대손상각비)
−) Administrative Expenses(관리비)
Salaries for Admin. Persons(관리직원 급여)
Depreciation(감가상각비)
Amortization(무형자산상각비)
Other Administrative Expenses(기타 관리비)
−) R & D Expense(연구개발비)
Operating Income(영업이익)
+) Other Income(기타수익)
Rent Revenue(임대료수익)
Gain on Disposal of PP&E(유형자산처분이익)
Equity in Income of Associates(지분법이익)
−) Other Expenses(기타비용)
Unrealized Holding Loss on Trading Financial Assets(단기매매금융자산평가손실)
+) Finance Income(금융수익)
Interest Revenue(이자수익)
Dividend Revenue(배당금수익)
−) Finance Costs(금융비용)
Interest Expense(이자비용)
Income from Continuing Operations before Income Taxes(법인세비용차감전계속사업이익)
−) Income Tax Expenses(계속사업이익법인세비용)
Income from Continuing Operations(계속사업이익)
±) Gain or Loss from Discontinued Operations(net of income taxes) (중단사업손익(세후))
Net Income(당기순이익)
±) Other Comprehensive Income(net of income taxes)(기타포괄이익(세후))
Total Comprehensive Income(총포괄이익)
Earnings Per Share(주당이익)

3. 현금흐름표

〈표 14-5〉는 전형적인 영문 현금흐름표 형식을 제시한다. 현금흐름표는 Cash Flows from Operating Activities(영업활동으로 인한 현금흐름), Cash Flows from Investing Activities(투자활동으로 인한 현금흐름), 그리고 Cash Flows from Financing Activities(재무활동으로 인한 현금흐름)의 세 부분으로 보고한다. 대다수의 기업들은 영업활동으로 인한 현금흐름 부분을 아래 표에서 보는 바와 같이 **간접법**(Indirect Method)으로 작성한다.

표 14-5 영문 현금흐름태표 형식의 예시

Statement of Cash Flows For the year ended 12/31/20××
Cash Flows from Operating Activities(영업활동으로 인한 현금흐름)
Net Income(당기순이익)
+) Depreciation and Amortization Expenses(감가상각비, 상각비)
±) Losses/Gains on Sale of PP&E(유형자산처분손익)
±) Decrease/Increase in Current Assets(유동자산의 감소/증가)
±) Increase/Decrease in Current Liabilities(유동부채의 증가/감소)
Cash Flows from Investing Activities(투자활동으로 인한 현금흐름)
Purchase of PP&E(유형자산 취득)
Disposal of PP&E(유형자산 처분)
Purchase of Debt or Equity Securities(채무 또는 지분증권 취득)
Sale of Debt or Equity Securities(채무 또는 지분증권 처분)
Lending(대여)
Cash Flows from Financing Activities(재무활동으로 인한 현금흐름)
Borrowings(차입)
Retirement of Borrowings(차입금 상환)
Issuance of Bonds Payable(회사채 발행)
Retirement of Bonds Payable(회사채 상환)
Issuance of Stocks(유상증자)
Purchase of Treasury Stocks(자사주 취득)
Payment of Dividends(배당 지급)
Net Increase/Decrease in Cash and Cash Equivalents (현금및현금성자산의 순증감)

4. 자본변동표

〈표 14-6〉은 전형적인 영문 자본변동표 형식을 제시한다. 자본변동표는 Capital Stock(자본금)과 Additional Paid-In-Capital(주식발행초과금), Retained Earnings(이익잉여금), Treasury Stock(자기주식) 등 자본항목 각각에 대해 한 회계기간 동안의 변동 사항을 보여준다.

표 14-6
영문 자본변동표 형식의 예시

Statement of Stockholders' Equity
For the year ended 12/31/20××

	Capital Stock & Add. PIC	Retained Earnings	Treasury Stock	Total SE
Beg. Balance	A	B	−C	A+B−C
Net Income		b		b
Dividends		−d		−d
Stock Issuance	a			a
Stock Repurchase			−c	−c
Ending Balance	A+a	B+b−d	−C−c	A+a+B+b−d−C−c

제4절 재무제표를 이용한 기업가치평가 지표

재무제표는 기업가치를 평가하는 출발점이 된다. 자본시장에서 흔히 사용하는 재무제표에 근거한 기업가치평가 지표로 **주당이익(EPS)**, **주가이익비율(PER)**, **주당순자산(BPS)**, **주가순자산비율(PBR)**, **EV/EBITDA**, **배당성향**, 그리고 **배당수익률** 등을 들 수 있다. 이하에서는 이러한 지표들 각각에 대하여 알아본다.

1. 주당이익(EPS)

A와 B의 두 기업이 있는데 한 기간 동안 당기순이익이 10억원으로 같다고 하자. 또한, 다른 조건은 두 기업이 동일한데 A기업은 보통주 주식수가 100주이고 B기업은 10,000주라고 하자. 이 경우 A기업의 주식 1주와 B기업의 주식 1주 중 어느 것이 높은 가치를 지닐까? A기업의 주식일 것이다. 왜냐하면, 당기순이익 총액은 같지만 한 주당 귀속되는 당기순이익이 A기업의 경우가 B기업의 경우보다 100배 높기 때문이다. 통상 우리는 주식의 1주당 가격, 즉 주가에 관심을 갖게 되므로 1주당 당기순이익, 즉 주당이익이 총액인 당기순이익보다 실제 활용도가 높다.

주당이익(EPS; earnings per share)**은 보통주 1주당 당기순이익을 말한다.** 국제적으로 볼 때 우선주 주주는 기본적으로 미리 정해진 배당금만을 받는다. 따라서 당기순이익에서 우선주배당금을 공제한 나머지는 모두 보통주 주주의 몫이 된다. 이 나머지를 보통주식수로 나누면 보통주 1주에 돌아가는 당기순이익 몫이 될 것이다. 이에 주당이익은 아래와 같이 계산한다.

주당이익 = 보통주에 귀속되는 당기순이익 / 가중평균 유통보통주식수
= (당기순이익 − 우선주배당금) / 가중평균 유통보통주식수

그러나 우리나라에서는 일반적으로 우선주가 완전참가적(fully participating)이다. 즉, 우리나라 우선주의 경우 우선주 주주는 보통주 주주와 똑같이(심지어 구형 우선주의 경우 1% 더) 배당금을 받게 된다. 따라서 우리나라에서는 주당이익 계산 시 당기순이익에서 우선주의 몫으로 당기의 우선주배당금만 떼어내는 것은 타당하지 않다. 오히려 보통주와 우선주를 통합하여 '주당이익＝당기순이익/가중평균 유통총주식수'로 계산하는 것이 적합하다고 생각된다. 여기서 유통총주식수는 유통보통주식수와 유통우선주식수의 합이다.

우리나라에서 우선주를 발행하는 기업은 많지 않다. 위의 산식은 우선주가 발행되었을 경우 국제적으로 통용되는 주당이익 산정 공식이다. 우선주가 발행되지 않았다면 위 공식은 아래와 같이 단순화될 것이다.

주당이익 = 당기순이익 / 가중평균 유통주식수

제11장에서 언급한 바와 같이, 주식수에는 세 가지 개념이 있다. 첫째, **수권주식수**(number of shares authorized)이다. 이는 주주총회에서 의결한 최대 발행가능 주식수이다. 〈표 14-1〉의 (주)다산 재무상태표에 따르면 수권주식수는 30백만주이다. 둘째, **발행주식수**(number of shares issued)이다. 이는 수권주식수의 범위 내에서 이사회의 결의에 의하여 실제 발행한 주식수를 말한다. (주)다산의 경우 보통주만을 발행하였는데, 발행주식수는 제2회계연도말 현재는 16백만주, 제3회계연도말 현재는 18백만주이다. 셋째, **유통주식수**(number of shares outstanding)이다. 이는 발행한 주식 중 현재 유통되고 있는 주식수를 말한다. 즉, 발행주식수에서 의결권과 배당의 권한을 상실한 채 회사가 보유하고 있는 **자기주식수**(number of treasury stocks)를 차감하면 유통주식수이다.

발행주식수 = 수권주식수 − 미발행주식수
유통주식수 = 발행주식수 − 자기주식수

주당이익의 산정에 필요한 것은 **유통주식수**이다. 주당이익의 분자인 당기순이익은 한 기간(통상 1년) 동안의 수치이다. 이에 대응하여 주당이익의 분모인 유통주식수도 한 기간 동안의 수치로서 계산하여야 한다. 기중에 유통주식수의 변동이 없다면 한 기간의 유통주식수는 기초나 기말 한 시점의 유통주식수와 같을 것이다. 그러나 만일 기중에 주식의 증자나 감자 또는 자기주식의 취득이나 처분 등이 있으면 한 기간의 유통주식수는 어느 한 시점의 그것과 같지 않을 것이다. 이러한 경우에 한 기간의 유통주식수는 **가중평균 유통주식수**로 계산한다. 가중치는 주식의 유통기간(월(月)수 또는 일(日)수)이다.

〈표 14-1〉의 (주)다산은 보통주만 발행하였는데 그 재무상태표에 따르면, 제3회계연도말의 발행주식수가 제2회계연도말의 16백만주로부터 18백만주로 증가하였으며 또한 자기주식 계정이 2,000백만원만큼 증가하였다. 이러한 자본 관련 사항의 변동이 다음의 두 사유에 기인하였다고 하자.

1) 제3회계연도 4/1: 보통주 2백만주를 유상증자하였다.
2) 제3회계연도 11/1: 보통주 자기주식 0.2백만주(주당 취득원가 1만원)를 취득하였다.

이를 바탕으로 제3회계연도 유통주식수를 월별로 살펴보면,

제3회계연도 1/1 ~ 3/31(3개월): 16백만주
제3회계연도 4/1 ~ 10/31(7개월): 18백만주
제3회계연도 11/1 ~ 12/31(2개월): 17.8백만주

가중평균 유통주식수는 유통주식수의 월수를 가중치로 계산한 한 기간 동안의 평균 주식수이다.

가중평균 유통주식수 = {(16×3)+(18×7)+(17.8×2)} / 12
= 17.467백만주

〈표 14-2〉의 (주)다산 포괄손익계산서에 따르면 제3회계연도 당기순이익은 12,000백만원이다. 따라서 (주)다산의 제3회계연도 주당이익은 다음과 같다.

주당이익 = 12,000 / 17.467 = ₩687

주당이익 687원은 〈표 14-2〉의 포괄손익계산서에서 당기순이익 바로 아래에 별도로 표기되어 있다.

2. 주가이익비율(PER)

주당이익(EPS)과 관련하여 투자자들이 자주 사용하는 기업가치평가 지표가 주가이익비율이다. **주가이익비율**(price-earnings ratio)은, 우리나라에서는 흔히 PER이라고 하는데, 기업의 주가가 주당이익의 몇 배인가를 나타내는 지표로서, 통상 현 주가를 최근 기간의 주당이익으로 나누어 계산한다. 즉,

주가이익비율(PER) = 보통주 시가 / 주당이익

〈표 14-1〉과 〈표 14-2〉에서 (주)다산의 제3회계연도말 주가가 18,000원이라 하자. 그러면,

주가이익비율 = 18,000/687 = 26.20

이다. 주가이익비율이 26.2라는 말은 (주)다산의 현 주가는 최근 주당이익의 26.2배라는 뜻이다.

증권분석가(security analysts)들은 흔히 이 주가이익비율을 동종산업에 속하는 국내외 다른 기업과 비교하여 현재의 주가가 고평가되었는지 또는 저평가되었는지를 판단하는 기준의 하나로 삼고 있다. 기업 간의 주가이익비율이 높고 낮은 데 대해 다음과 같은 여러 이유가 있을 수 있다.

1) **성장기업**의 경우 현재의 이익에 비해 미래의 이익이 높을 것으로 기대되므로 주가이익비율이 높고, **사양기업**의 경우 그 반대이므로 주가이익비율이 낮다.
2) 현재의 이익에 비해 기업가치, 즉 미래 이익의 현재가치가 **과대평가**되었을 때 주가이익비율이 높고, 현재의 이익에 비해 기업가치가 **과소평가**되었을 때 주가이익비율이 낮다.
3) 주가는 미래이익의 현재가치이다. **기업의 위험도**가 클수록 미래이익을 현재가치로 할인하는 할인율이 크므로 주가는 낮아진다. 따라서 기업의 위험도가 클수록 주가이익비율이 낮다.
4) 주당이익이 **일시적인 손실**로 인해 낮아졌을 경우 주가이익비율은 높을 것이며, 일시적인 이익으로 인해 높아졌을 경우 주가이익비율은 낮을 것이다.

흔히 '저 PER 투자전략'이니 'PER이 낮은 기업에 투자하라.'라는 전략은 이 네 가지 중 기본적으로 두 번째 이유를 염두에 둔 것이다.

미국에서는 주가이익비율(PER)을 PE ratio(price-earnings ratio)라고 하는데 PE ratio의 역수는 EP ratio(earnings-price ratio)이다. EP ratio는 현재의 시가 대비 회계이익률을 나타낸다. (주)다산의 경우 EP ratio는 '₩687/₩18,000=0.0382'이다. (주)다산의 주당이익이 제4회계연도에도 687원으로 유지된다면 현 시가인 18,000원 투자에 대한 연간 회계이익률은 3.82%가 될 것이다.

3. 주당순자산(BPS)과 주가순자산비율(PBR)

(1) 주당순자산

주당이익의 개념을 재무상태표의 순자산, 즉 자본에 적용한 개념이 **주당순자산** 또는 **주당장부가치**(BPS; book value per share)이다. 주당순자산(BPS)은 보통주 1주에 귀속되는 순자산 금액을 의미하는 것으로 우선주자본금을 제외한 자본총계를 기말의 유통보통주식수로 나눈 값이다.[3] 즉,

주당순자산(BPS) = (자본총계 − 우선주자본금) / 기말 유통주식수

우선주가 없다면 위 산식은 아래와 같이 단순화된다.

주당순자산(BPS) = 자본총계 / 기말 유통주식수

〈표 14-1〉에서 (주)다산의 제3회계연도말의 자본총계는 300,000백만원이고 기말 유통주식수는 17.8백만주이다. 따라서

주당순자산(BPS) = 300,000 / 17.8 = ₩16,853.9

이다.

(2) 주가순자산비율

주가순자산비율(price-book ratio)은, 우리나라에서는 흔히 PBR이라고 하는데, 기업의 주가가 주당순자산의 몇 배인가를 나타내는 지표로서, 통상 현 주가를 최근 기간말 주당순자산으로 나누어 계산한다. 즉,

주가순자산비율(PBR) = 보통주 시가 / 주당순자산

(주)다산의 주당순자산(BPS)은, 위에서 계산한 바와 같이, 16,853.9원이고 주가

3) 이 경우는 분자인 순자산, 즉 자본금액이 기말 현재 금액을 나타내므로, 분모인 유통주식수 역시 주당이익 경우처럼 한 기간 동안의 가중평균이 아닌, 기말 현재의 유통주식수를 사용한다.

는 18,000원이므로 (주)다산의

주가순자산비율(PBR) = ₩18,000 / ₩16,853.9 = 1.068

이다.

주가순자산비율(PBR)이 1보다 높다는 것은 기 투자한 자본(즉 순자산 장부금액)에 비해 주식의 시가, 즉 예상되는 미래이익의 현재가치가 높다는 것을 의미한다. 투자자들이 기업의 미래전망(prospects)을 밝게 볼수록 주가순자산비율은 높아진다. 예를 들어, 부가가치가 높은 high-tech기업의 경우 주가순자산비율이 높을 것이며, 부가가치가 낮은 low-tech기업의 경우 주가순자산비율이 낮을 것이다.

또한 주가순자산비율이 낮다(높다)는 것은 순자산에 비해 현재의 주가가 저평가(고평가)되었다는 것으로 해석될 수도 있다. 이러한 의미에서 증권분석가들은 흔히 주가순자산비율을 주가이익비율과 함께 현재의 주가가 저평가 또는 고평가되었는지를 판단하는 기준으로 삼고 있다.

주가순자산비율(PBR)과 동일한 개념이 **시장대장부가치비율**(MB; market-to-book value ratio)이다. **시장대장부가치비율**(MB)은 주식 시가총액에 순자산 장부금액을 나눈 값, 즉

시장대장부가치비율(MB) = **주식 시가총액 / 순자산 장부금액**

인데, 이 값은 주가순자산비율(PBR)과 같다. 왜냐하면 주가순자산비율(PBR)의 분자인 주가에 기말 유통주식수를 곱하면 주식 시가총액이 되고, 분모인 주당순자산에 기말 유통주식수를 곱하면 순자산 장부금액이 되기 때문이다. 즉, PBR과 MB는 동일한 개념인데 계산방법이 다를 뿐이다. 전자는 주당 금액으로 계산한 것이고 후자는 총액으로 계산한 것이다.

(주)다산의 경우,

시장대장부가치비율(MB) = 주식 시가총액 / 순자산 장부가총액
= (₩18,000×17.8백만주) / ₩300,000백만
= 1.068

인데, 이 비율은 (주)다산의 PBR과 같음을 알 수 있다.

4. EV/EBITDA

EV/EBITDA('이비에비타'라 부름)에서 EV(enterprise value)는 기업가치를 의미하며, EBITDA(Earnings Before Interest, Taxes, Depreciation, and Amortization)는 이자, 법인세비용, 감가상각비 및 무형자산상각비를 차감하기 전의 이익으로서 영업현금흐름의 추정치이다. 따라서 이 비율이 높을수록 기업이 영업활동으로부터 창출한 현금흐름에 비해 기업가치가 고평가되어 있음을 나타내고, 낮을수록 저평가되어 있음을 나타낸다.

EV는 다음과 같이 계산한다.

EV = 주식의 시가총액 + 부채 − 현금및현금성자산

여기서 '주식의 시가총액'은 자기자본의 시장가치이며 '부채－현금및현금성자산'은 타인자본에서 현금및현금성자산을 뺀 금액, 즉 순차입금에 해당한다. 따라서 EV는 기업가치(enterprise value) 또는 기업 인수가격(takeover price)이라고 할 수 있다. 왜냐하면 기업을 '인수'하려면 궁극적으로 그 기업 주식의 시가총액은 물론 그 기업의 순차입금을 '지불'하여야 하기 때문이다.

EBITDA는 다음과 같이 계산한다.

EBITDA = 영업이익(EBIT) + 감가상각비 + 무형자산상각비

여기서 EBIT(Earnings Before Interest and Taxes)는 이자비용 및 법인세비용 차감전 이익이라는 뜻으로서 광의의 영업이익을 지칭한다. EBIT 계산에는 감가상각비와 무형자산상각비가 차감되어 있다. 그런데 감가상각비와 무형자산상각비는 현금유출을 동반하지 않는 비용이므로 이를 다시 가산한 결과인 EBITDA는 이자지급 차감전 영업현금흐름의 추정치라 할 수 있다.

PER(=주당시가/주당이익)가 주주에 국한된 지표인 반면, EV/EBITDA는 채권자도 고려한 지표라고 할 수 있다. 따라서 PER의 경우와는 달리 EV/EBITDA의 분자는 주식 시가가 아닌 기업가치(주식 시가총액과 순차입금의 합)로, 분모는 이자지급 차감전의 영업현금흐름의 추정치로 측정된다.

5. 배당성향과 배당수익률

(1) 배당성향

당기순이익은 궁극적으로 주주의 몫이다. 당기순이익 중 일부는 현금배당으로 주주에게 환원되며 나머지는 기업이 이익잉여금으로 유보하여 재투자한다. **배당성향**(dividend payout ratio)은 당기순이익 중 현금배당이 차지하는 비율로서 다음과 같이 계산된다.

배당성향 = 주당배당액 / 주당이익
= 총현금배당액 / 당기순이익

〈표 14-2〉에서 (주)다산의 경우 제3회계연도 당기순이익 12,000백만원 중 5,000백만원이 현금배당 되었다면,

배당성향 = ₩5,000백만 / ₩12,000백만
= 0.417 또는 41.7%

이다. 일반적으로 성장기업은 재투자를 많이 해야 하므로 배당성향이 낮으나 성숙기업은 재투자가 그다지 필요 없으므로 배당성향이 높다.

(2) 배당수익률

배당수익률(dividend yield)에는 주식액면금액 대비 현금배당금액 비율인 **액면배당률**과 주식시가 대비 배당금액 비율인 **시가배당률**이 있는데, 이 중 시가배당률이 경제적으로 의미 있는 수치이다.

액면배당률 = 주당 현금배당액 / 액면금액
= 총현금배당액 / 유통주식 자본금총액

시가배당률(배당수익률) = 주당 현금배당액 / 주당 시가
= 총현금배당액 / 유통주식 시가총액

시장개념의 **주식투자수익률**(stock return)은 시가배당률로서의 배당수익률과 시가상승률(capital gains)의 합이다.

(주)다산의 경우, 제3회계연도에 17.8백만주에 대해 5,000백만원을 현금배당으로 지급하였다. 17.8백만주의 액면금액총액은 89,000백만원(=17.8백만주×액면금액 ₩5,000)이며, 시가총액은 320,400백만원(=17.8백만주×시가 ₩18,000)이다. 따라서 액면배당률 및 시가배당률(배당수익률)은 다음과 같이 계산된다.

액면배당률 = ₩5,000백만 / ₩89,000백만
= 0.0562 또는 5.62%

시가배당률 = ₩5,000백만 / ₩320,400백만
= 0.0156 또는 1.56%

제5절 재무제표에 관한 주의사항

한 기업의 재무제표를 제대로 이해함으로써 그 기업에 대한 전반적인 상황을 파악할 수는 있으나 재무제표를 읽을 때 여러 가지 주의해야 할 점들이 있다. 이러한 점들은 재무제표의 한계라고 할 수 있는데, 이들을 정리하면 다음과 같다.

1. 과거 정보의 한계

재무제표는 기업의 과거에 관한 정보이지 미래에 관한 정보가 아니다. 과거의 재무상태나 경영성과는 기업의 현재를 진단하여 미래의 재무상태나 경영성과를 예측하는 데 중요한 자료이다. 그러나 과거의 기업정보가 기업의 미래를 예측하는 데 충분조건은 되지 못한다. 기업은 때로 주주, 채권자 등 외부 이해관계자에게 미래의 예측자료를 바탕으로 **예측 재무제표**(pro forma financial statements)를 작성하기도 하나 이는 미래에 대한 여러 가정을 전제로 하므로 그 신뢰성에 문제가 있을 수 있다. 예측 재무제표는 외부에 공표되는 정식 재무제표가 아니라 특정 목적으로만 사용될 수 있는 사적인 재무제표이다.

2. 측정의 한계

재무제표는 그 효과를 객관적인 금액으로 측정할 수 있는 경제적 사건만을 반영한다. 재무제표는 객관적인 금액으로 표현할 수 없는 질적인 기업역량이나 성과는 반영하고 있지 않다. 예로, 한 회사가 경제계에서 매우 유능한 최고경영자를 영입하였다고 하자. 이의 경제적인 효과는 매우 클 수 있으나 객관적인 금액으로 측정할 수 없으므로 재무제표에 반영되지 않는다. 기업이 가지고 있는 인적자원, 브랜드 인지도, 기술력 등의 무형적인 가치도 객관적으로 측정하기 어려우므로 재무제표에 반영되지 않는다.[4] 추가로 미시행계약(executory contract)도 그것이 실제로 시행될 때까지는 재무제표에 반영되지 않는다. 예로, (주)현대건설이 중동지역에서 수십억 달러의 대형 건설공사계약을 체결하였다고 하자. 이 계약은 (주)현대건설의 미래 재무상태나 경영성과에 큰 영향을 미칠 것이나 계약이 시행되기 전까지 회사의 재무제표에 미치는 영향은 없다. 즉, 이 계약은 아직 미시행계약이므로 그 계약의 경제적인 효과는 재무제표에 반영되지 않는다.

그런데, 이러한 경제적 사건들은 객관적인 수치로 나타내기 어렵지만 기업의 여러 이해관계자에게 지대한 영향을 미치는 중요한 정보이다. 이에, 요즈음 세계 각국의 기업회계기준은 한 사건의 경제적인 효과가 객관적인 금액으로 측정될 수 없어도 그 사건이 중요한 사건이면 그 내용을 재무제표의 본문이 아닌 주석(notes to financial statements)에 서술적으로 기술하도록 요구하고 있다.

---

4) 최근에 이러한 재무제표의 한계를 보완하고자 무형적 자산 및 부채도 재무보고서에 포함시키려는 지적자산(intellectual assets) 회계에 대한 논의가 진행 중이나 본원적으로 그 객관적 측정이 어렵다는 한계 때문에 진통을 겪고 있다.

3. 기업가치 및 기업성과 측정치로의 한계

재무제표가 그 자체로 기업가치 및 기업성과를 완전히 반영하는 것은 아니다. 기업가치는 개념적으로 기업의 미래이익 창출능력의 현재가치이다. 그러나 재무제표가 나타내는 바는 진정한 기업가치나 기업성과와는 상당한 괴리가 있을 수 있다. 이러한 괴리의 원인에는 여러 가지가 있을 수 있는데 그중 중요한 원인은 다음과 같다.

첫째, 위에서 언급한 바와 같이, **재무제표는 그 효과를 객관적인 금액으로 측정할 수 있는 경제적 사건만을 반영한다는 점**이다. 따라서 기업이 유능한 최고경영자를 영입한 경우처럼 실질적으로 기업가치나 기업성과에 영향을 주지만 그 효과를 객관적인 수치로 측정할 수 없는 사건이 발생하였을 경우 재무제표는 이를 반영하지 못하므로 그만큼 기업가치나 기업성과를 제대로 반영하지 못하게 된다.

둘째, **회계에서 자산의 인식과 측정에 기본적으로 역사적 원가의 원칙을 따른다**는 점이다. 역사적 원가의 원칙이란 자산가액을 실제 취득한 가액으로 기록함을 뜻한다. 예로, 기업이 투자목적으로 토지를 5년 전에 100억원에 취득하였는데 그 토지가 현재는 300억원으로 평가된다고 하자. 이 경우 역사적 원가인 100억원과 현재의 시가인 300억원 중 어느 것이 토지의 자산가치를 올바로 나타내고 있을까? 아마도 300억원일 것이다. 그러나 역사적 원가의 원칙에 따르면 이 토지는 취득원가(역사적 원가) 100억원으로 평가된다. 그 결과 재무제표상의 토지 가액은 현재의 시가와 괴리가 있게 되며, 따라서 재무상태표상의 수치는 그만큼 기업가치를, 손익계산서상의 수치는 그만큼 기업성과를 제대로 반영하지 못하게 된다.

마지막으로, **재무제표는 부채(타인자본)에 대한 이자는 반영하지만 자본(자기자본)에 대한 이자는 반영하지 않는다는 점**이다. 외부로부터 빌린 부채이든 또는 기업 또는 기업 소유주 스스로 조달한 자본이든 돈에는 이자가 붙는다. 그럼에도 불구하고 회계에서는 부채에 대한 이자만을 비용으로 계상한다. 그 결과 당기순이익과 순자산이 자본에 대한 이자를 비용으로 계상하지 않은 금액만큼 '과대' 계상된다. 가령, 여러분이 5억원을 투자하여 영업을 시작한 결과, 한 회계기간 동안 당기순이익 900만원이 났다고 하자. 진정한 의미에서 '이익'이 났는가? 이 경우 진정한 의미에서는 오히려 '손실'이 났다고 보는 것이 옳다. 왜냐하면 자본에 대한 이자율을 낮게 잡아 5%라 하더라도 자본 5억원에 대한 이자비용이 2,500만원(=₩5억×5%)에 달하기 때문이다. 즉, 이 경우 진정한 의미에서는 '손실' 1,600만원(=₩900만−₩2,500만)이 발생했다고 할 수 있지만 손익계산서에는 마치 이익이 난 것처럼 당기순이익 900만원이 보고된다.

재무제표와 기업가치 간의 괴리는 기업회계기준이 전통적으로 정보의 **목적적합성**(relevance)보다는 **신뢰성**(reliability)을 강조하는 데 기인한다. 신뢰성을 확보하기 위해서는 객관적인 거래에 기초한 장부기록과 증빙서류가 있어야 한다. 그러나, 유능한 최고경영자의 영입, 자산의 시장가치, 자본에 대한 이자 등에 대해서는 객관적인 증거를 제시하기 어렵다. 자산의 인식·측정에서 인적자원 등 무형적인 자원의 가치를 인식하지 않고, 역사적 원가의 원칙을 적용하고, 자본에 대한 이자를 계상하지 않는 것은, 비록 목적적합성은 떨어진다 할지라도, 신뢰성 있는 정보를 제공하기 위함인 것이다.

4. 타기업/타 기관과의 비교 필요성

한 기업의 재무제표를 올바로 이해하기 위해서는 유사한 타기업의 재무제표 및 그 기업의 과거 재무제표와 비교하는 것이 필요하다. 예로, 한 기업의 한 해 당기순이익이 50억원이라고 하자. 이 당기순이익이 적정한가는 이를 동종 산업에 속하는 유사 규모 기업의 동 연도 당기순이익 금액과 비교함으로써 제대로 판단될 수 있을 것이다. 더불어, 한 시점/기간의 재무제표는 동 기업의 다른 시점/기간의 재무제표와 비교하여 이해하는 것이 필요하다. 예로, (주)현대자동차의 당년도 경영성과는 그해의 당기순이익을 동종 산업에 속하는 유사 규모 기업의 당기순이익 및 (주)현대자동차의 직전 연도와 그 이전 연도들의 당기순이익과 비교함으로써 의미 있게 평가될 수 있을 것이다.

5. 회계추정 및 회계방법

재무제표의 여러 항목은 주관적인 추정 및 회계방법의 선택에 의한 금액이다. 예를 들어, 기업의 재무상태표상 매출채권가액을 적절히 보고하기 위해서는 외상매출에 의한 매출채권총액에서 미래의 대손예상액인 대손충당금을 차감하여야 한다. 이때 미래의 대손예상액은 추정에 의할 수밖에 없으며, 아무리 과학적인 추정을 한다하여도 추후의 실제 대손확정액은 현재의 대손추정액과는 차이가 날 수밖에 없을 것이다. 유형자산에 대한 감가상각 과정 역시 중요한 회계추정의 하나이다. 더 나아가 경제적 사건의 결과가 반영되어 있는 재무제표의 금액은 회사가 기업회계기준이 허용하는 범위 내에서 어떠한 회계처리방법을 선택하느냐에 따라 그 결과가 달라진다. 따라서 회사의 재무제표 정보를 정확히 해석하기 위해서는 회계수치 그 자체뿐만 아니라, 그 회계수치가 어떻게 추정되었고, 어떠한 회계처리방법에 의해 산출되었는가에 대해서도 알아야 한다. 기업이 주요한 재무제표의 금액을 어떻게 추정하였고, 어떠한 회계처리방법이 적용되었는지는 재무제표의 주석에 기술하도록 요구된다.

6. 분식회계 및 부실 회계감사 가능성

재무제표정보가 유용하기 위해서는 무엇보다도 그 정보의 신뢰성이 선결조건이다. 우리나라 기업의 재무제표의 신뢰성은 어느 정도인가? 분식회계, 비자금 조성 등의 용어가 언론에 회자되는 점이 시사하듯이 그 신뢰성은 의심받을 수 있다. 재무제표의 신뢰성을 확보하기 위해 기업과는 독립적인 외부 공인회계사가 기업이 작성한 재무제표를 감사하게 하는 제도적 장치가 있다. 그러나 외부 공인회계사의 회계감사가 과연 독립적인가? 회계감사를 받는 기업이 외부 공인회계사를 선정하고 감사수수료를 지급하는 체제에서 외부 공인회계사가 독립적이고 효과적으로 회계감사를 수행하기는 어려울 수도 있다.

건전한 회계관행이 우리나라보다 잘 정착되어 있다는 미국의 경우에도 **회계투**

명성(accounting transparency)과 회계감사의 유효성 및 회계감사인의 독립성에 대한 논란이 수없이 제기되어 왔고, 경영자의 **분식회계**(fraudulent accounting) 및 회계감사인의 **부실 회계감사**(audit failure)에 대해 강한 제재를 가하고 있다. 대표적으로 재무제표의 외부이용자들, 특히 소액주주들이 재무제표의 왜곡으로 인해 손해를 입었다고 판단할 경우 경영자와 회계감사인을 상대로 **집단소송**(class-action lawsuit)을 할 수 있다. 이 소송에서 패소했을 경우, 경영자와 회계감사인이 물어야 하는 배상액수는 막대하며 그들의 명성하락으로 인한 손해 또한 대단히 크다.

우리나라에서도 1998년 IMF 경제위기의 여파 등으로 최근에는 재무제표의 신뢰성 내지는 회계투명성을 제고시켜야 한다는 사회적 공감대가 형성되고 있다. 이에 따라 분식회계를 저지른 경영자 및 부실 회계감사를 수행한 공인회계사에 대한 행정적 제재 및 형사적 책임을 강화하고, 또한 민사상으로도 그로 인해 손해를 입은 이해관계자들이 집단소송을 할 수 있는 제도를 2005년부터 시행하는 등 다양한 회계투명성 제고정책이 시행되고 있다.

이러한 여러 가지 한계로 인해 재무제표의 목적적합성과 표현충실성이 다소 떨어진다 하여도 현재까지 재무제표 정보만큼 함축적으로 일목요연하게 기업의 재무상태나 경영성과를 보여주는 대안적인 정보는 없다. 재무제표가 그 작성에 있어서의 여러 제한조건 때문에 목적적합성 및 표현충실성이 부족하다면, 재무제표 이용자들은 그러한 제한조건이 재무제표에 미치는 효과를 적절히 추정하여 재무제표상의 정보를 조정한 후 이를 의사결정과 성과평가 등에 유용하게 이용할 수 있을 것이다.

연습문제

〈객관식 문제〉

01 재무제표의 종류

기본 재무제표의 종류에는 어떤 것들이 있는지 설명하고 각각이 정태적 재무제표와 동태적 재무제표 중 어디에 속하는지 설명하시오.

02 주 석

재무제표에는 본문(기본 재무제표) 뒤에 주석이 첨부된다. 주석은 기업의 자원 · 청구권 · 이익 등에 관하여 보다 상세한 정보를 제공하기 위함이다. 아래 〈보기〉 중 주석에 해당하는 항목을 고르시오.

〈 보 기 〉

a. 재무제표에 속한다.
b. 재무제표에 속하지 않는다.
c. 계량적 정보만이 포함된다.
d. 비계량적 정보도 포함된다.
e. 재무제표 계정과목 금액에 대한 상세한 내역을 제시한다.
f. 재무제표 본문 뒤에 별도로 번호를 부여하고 설명한다.

03 재무상태표의 유용성과 한계점

기본 재무제표의 하나인 재무상태표의 유용성과 한계점을 각각 세 가지만 쓰시오.

04 배당성향: 사내유보와 현금배당 비교

다산자동차의 주식을 10,000주씩 가지고 있는 길동이와 둘리가 주주총회를 끝낸 후 말다툼을 하고 있다. 이들의 대화내용이다.

길동: 아니 왜 올해는 현금배당을 안준다는 거야? 수익도 엄청 많이 났던데, 주주를 뭘로 보고……. 사장이 하는 말이 뭐 '높은 수익률이 있는 투자안이 있어서 배당을 하지 않는 것이 주주에게 더 유리하다'고?

둘리: 아저씨, 배당 안 받는 것이 더 유리해요. 투자안만 확실하다면…….

길동: 유리하긴 뭐가 유리해. 배당 받아서 은행에 예금하면 연 3% 이자는 받을 텐데.

둘리: 사장이 말하는 투자안은 연 10% 이익이 거의 확실하다던데요?

길동: 야, 그럼 내년, 후년에도 그런 투자안에 투자한답시고 배당을 한푼도 안줄게 뻔한데 그게 유리한거냐?

누구의 주장이 옳다고 생각되는지 논평하시오

05 주가이익비율(PER)

한 인터넷 벤처기업의 지난 해 주당이익은 100원에 불과한데 현 주가는 20,000원이다. 즉 PER이 200배이다. 그러나 한 굴뚝산업 기업의 지난 해 주당이익은 4,000원이나 현 주가는 6,000원에 불과하다. 즉 PER이 겨우 1.5배이다. 두 기업 간에 이렇게 PER이 극명하게 차이가 나는 것에 대한 가능한 이유를 제시하시오.

06 주가순자산비율(PBR)

기업 간에 주가순자산비율(PBR; price-book value ratio)이 서로 차이가 나는 이유를 설명하시오.

07 배당수익률(dividend yield)

영남전자의 현 주가는 30만원(액면금액 5천원)이다. 영남전자는 1주당 20%의 액면배당을 선언하였다. 이 경우 실질적인 배당수익률(dividend yield)은 몇 %인가?

08 주당이익(EPS), 주가이익비율(PER), 주가순자산비율(PBR), 배당성향

다음은 (주)백송의 제1회계연도 자료이다.

(1) 보통주 1주당 배당금 ₩600
(2) 당기순이익 ₩2,000,000; 자산총계 ₩75,000,000; 부채총계 ₩42,000,000
(3) 유통주식: 보통주 1,000주, 주당액면금액 ₩10,000
(4) 기말 보통주의 시가 ₩18,000

다음 물음에 답하시오.

1. 보통주의 주당이익(EPS)을 계산하고 그 의미를 설명하시오.
2. 보통주의 주가이익비율(PER)을 계산하고 그 의미를 설명하시오.
3. 보통주의 주가순자산비율(PBR)을 계산하고 그 의미를 설명하시오.
4. 보통주의 배당수익률을 계산하고 그 의미를 설명하시오.

09 주당이익

(주)고구려의 다음 자료를 이용하여 주당이익과 주당계속사업이익을 계산하시오. 단, 가중평균보통주식수는 편의상 월할 계산한다.

(1) 당기순이익 ₩10,000,000
(2) 계속사업이익 ₩8,000,000
(3) 보통주자본금(액면 ₩5,000) 10,000주
(4) 우선주자본금(액면 ₩5,000, 액면배당률 연 10%) 1,000주
(5) 2월 1일 자기주식(보통주)을 2,000주 취득했다.
(6) 10월 1일 자기주식 중 1,500주를 매각했다.

10 포괄손익계산서의 작성

다음은 (주)매일의 제5회계연도 1월 1일부터 12월 31일까지 발생한 수익 · 비용 관련 항목들의 총계정원장 잔액이다.

〈총계정원장 잔액〉			
중단사업손실(세후)	50	대손상각비	20
계속사업이익법인세비용	304	보험료	130
재해손실	28	단기매매증권처분이익	80
접대비	175	무형자산상각비	80
당기순매입	1,600	이자비용	120
이자수익	90	임차료	110
기부금	145	광고선전비	50
소모품비	18	매 출	5,200
감가상각비	300	급 여	460
수수료수익	360		

(1) (주)매일의 기초상품재고액은 900원이며 기말상품재고액은 700원이다.
(2) 대손상각비는 매출채권에 대한 것이다.

다단계 포괄손익계산서를 작성하시오.

11 재무상태표의 작성

다음의 주어진 계정항목들을 유동자산, 비유동자산, 유동부채, 비유동부채, 자본금, 자본잉여금, 이익잉여금, 그리고 자본조정으로 구분하고, 유동성배열 순서에 따라 재무상태표를 제시하시오.

> 현금및현금성자산, 단기금융자산, 장기금융자산, 법정적립금, 임의적립금, 단기대여금, 관계기업투자, 장기대여금, 매출채권, 매입채무, 미지급법인세, 단기차입금, 장기차입금, 사채, 보통주자본금, 우선주자본금, 대손충당금-매출채권, 재고자산, 제품보증충당부채, 주식발행초과금, 미수금, 장기미지급금, 선수금, 선급금, 미수이자, 선급보험료, 선수임대료, 토지, 영업권, 건물, 감가상각누계액-건물, 산업재산권, 미처분이익잉여금, 자기주식

15장

재무제표 분석

개 괄 제1절

재무제표 분석(financial statements analysis)이란 기업의 재무제표 자료를 분석하여 그 기업의 경영성과(수익성; profitability)와 재무상태(안정성 또는 위험도; risk) 등을 평가하는 것이다. 재무제표 분석은 기본적 분석의 바탕이 된다. **기본적 분석**(fundamental analysis)은 재무제표 자료에서 추출할 수 있는 이익, 배당, 재무구조, 매출액성장률 등과 같이 기본적인 정보에 근거하여 기업의 미래이익 창출능력, 즉 내재가치(intrinsic value)를 결정하는 기법이다. 이렇게 결정된 기업의 내재가치를 주식시장에서 평가되고 있는 현재의 기업가치(market value)와 비교하여 현재의 기업가치가 내재가치에 비하여 고평가(overvalued)되었는지 또는 저평가(undervalued)되었는지를 판단한다.

가장 일반적으로 행해지는 재무제표의 분석기법은 기간 간 또는 기업 간 재무비율을 비교·분석하는 **재무비율 분석**(financial ratio analysis)이다. 재무비율은 관심 있는 재무항목을 매출, 자산 등과 같은 기업 규모를 나타내는 수치로 나누어 계산한 비율이다. 이렇게 기업 규모를 통제하여야만 재무항목의 기간 간 또는 기업 간 비교가 의미 있게 된다.

예를 들어, 동종 산업에 속하는 A기업과 B기업의 당기순이익이 각각 100억원과 500억원이라고 하자. 어느 기업의 수익성이 높은 것인가? B기업의 당기순이익의 절대액수가 높다고 하여 수익성이 높다고 할 수는 없다. 왜냐하면 기업 규모가 다를 수 있기 때문이다. 만일 A기업의 매출액이 2,000억원이고 B기업의 매출액이 2조원이라면 오히려 A기업의 수익성이 높다고 할 수 있다. 매출액은 당기순이익과 관련이 있으면서 기업 규모를 나타내는 수치이다. 이에 당기순이익을 매출액으로 나눈 매출액순이익률을 계산하면 다음과 같다.

A기업의 매출액순이익률 = ₩100억 / ₩2,000억 = 5%
B기업의 매출액순이익률 = ₩500억 / ₩20,000억 = 2.5%

두 기업의 수익성은 당기순이익의 절대액수보다 기업 규모를 통제한 재무비율인 매출액순이익률로 비교하는 것이 합리적이다. 따라서 B기업에 비해 A기업은 당기순이익이 작지만 매출액순이익률은 높으므로 수익성이 높다고 할 수 있다.

재무비율은 그 비율 단독으로는 별 의미가 없다. 재무비율은 비교의 대상이 되는 기간 또는 경쟁기업 내지는 동종 산업 소속 기업들의 동 비율과 비교를 함으로써 그 의미를 찾을 수 있다. **재무비율의 기간 간 비교**란 한 기업에 대해 재무비율의 시간적 변화추이를 파악하는 것이다. 이로써 시간적으로 그 기업의 수익성이 개선되고 있는지 안정성이 높아지고 있는지 등의 여부를 평가할 수 있다.

재무비율의 기업 간 비교란 특정 기간에 대해 한 기업의 재무비율을 타기업의 재무비율과 비교하는 것이다. 이로써 한 기업의 수익성 또는 안정성이 타기업에 비해 우월한지의 여부를 평가할 수 있다. 위의 간단한 매출액순이익률 비교는 재무비율의 기업 간 비교의 예이다. 기업 간 비교에서 비교대상 기업으로는 동종 산업에 속한 경쟁기업을 택하는 것이 좋다. 경쟁기업의 재무비율을 얻기가 용이하지 않다면 대신에 동종 산업의 재무비율 평균치를 이용할 수 있을 것이다. 각 산업별 재무비율의 평균치는 한국은행에서 매년 발간하는 "기업경영분석"과 산업은행에서 매년 발간하는 "재무분석"이라는 책자 등에서 얻을 수 있다.

재무비율 분석은 기업의 재무제표 자료에 기초하여 재무비율을 계산해 내고 그 재무비율을 기간 간 또는 기업 간 비교하여 기업의 재무상태와 경영성과를 분석·평가하는 기법이다. 기업의 재무상태 평가는 재무상태표 자료에 근거하여 기업의 안정성(위험도)을 평가하는 것이다. 기업의 경영성과 평가는 주로 손익계산서 자료에 기초하여 기업의 성장성과 총체적인 수익성을 평가하는 것이다. 성장성은 기업의 수익이나 자산 규모의 기간적인 증감으로 측정한다. 기업의 총체적인 수익성은 후술하는 바와 같이 기본적으로 수익성(마진율)과 자산운용의 효율성(자산회전율)에 의해 결정된다.

재무비율 분석 제2절

아래의 가상적인 중소기업인 (주)다산의 요약된 재무제표에 기초하여 제3회계연도의 재무비율을 분석하여 보자.[1] 실무에서 사용될 수 있는 재무비율은 수없이 많으나 여기서는 대표적인 재무비율들을 소개하기로 한다.

표 15-1
(주)다산의 재무상태표

재무상태표
제2회계연도말과 제3회계연도말 현재 (단위: 백만원)

	3회계연도	2회계연도		3회계연도	2회계연도
유동자산			유동부채		
현 금	100	110	매입채무	100	110
순매출채권*	250	240	단기차입금	200	180
재고자산	200	190	기타 단기부채	200	180
	550	540		500	470
			비유동부채	200	220
비유동자산** (유형자산)	450	440	부채총계	700	690
			자본금(보통주)	50	50
			이익잉여금	250	240
			자본총계	300	290
자산 총계	1,000	980	부채와자본 총계	1,000	980

* 대손충당금 차감 후
** 감가상각누계액 차감 후

1) 아래 표에 제시된 (주)다산의 재무제표 수치들은 과거 우리나라 중소기업들의 실제 자료에 근거하여 편의상 단순하게 변형한 것이다.

표 15-2
(주)다산의 전통적인 손익계산서

포괄손익계산서
제2회계연도와 제3회계연도 (단위: 백만원)

	3회계연도	2회계연도
매출액	1,300	1,200
− 매출원가	1,076	1,007
매출총이익	224	193
− 판매비와관리비	154	134
영업이익	70	59
− 이자비용	50	45
법인세비용차감전순이익	20	14
− 법인세비용	7	4
당기순이익	13	10

1. 안정성 지표

안정성 지표는 장기·단기 지급능력 내지는 기업의 위험도를 측정하는 지표이다. 안정성 지표가 양호할수록 지급능력이 높고 기업의 위험도는 낮다고 할 수 있다. 여기서는 대표적인 안정성 지표 몇 가지를 알아본다.

(1) 부채비율 = 부채/자본

부채비율(debt-equity ratio)은 **재무구조**(financial structure)의 **안정성**을 나타낸다. 부채에 대해서는 원금과 이자를 지불할 의무가 있다. 만일 원금과 이자를 제때에 지불하지 못하면 기업은 도산하게 된다. 반면 자본에 대해서는 지불의무가 없다. 경영상태가 어렵다 하더라도 자본이 충분하다면 이를 이용하여 부채에 대한 의무를 이행함으로써 기업도산을 면할 수 있다.

부채비율이 낮을수록 기업의 채무이행능력이 높으며 따라서 **도산위험**(default risk)이 낮다. 교과서적으로 부채비율이 100% 이하일 때 기업이 안정적이라 한다.

그러나 실제에 있어 부채비율은 산업 또는 기업의 특수성으로 인해 안정적인 수준을 특정하기가 어렵다. 그렇지만 일반적으로 부채비율이 200% 이상이면 위험한 수준이라고 본다. 부채비율이 높으면 안정성이 떨어지나, 반대급부로 부채의 조달비용보다 부채로 조달된 자산의 운용수익이 더 높은 경우 기업의 수익성은 오히려 좋아질 수 있다. (주)다산의 제3회계연도말 부채비율은 233%(=700/300)로서 높으며, 따라서 재무구조의 안정성이 낮다고 할 수 있다.

부채비율과 함께 재무구조의 지표로 종종 쓰이는 비율로 **자기자본비율**이 있다. 이는 회사의 자산 중에서 상환의무가 없는 자기자본, 즉 자본이 차지하는 비율인데 부채비율과는 동전의 앞뒷면과 같은 관계에 있다. 즉 재무상태표 등식인 '자산=부채+자본'에 의해 한 비율을 알면 다른 한 비율을 쉽게 계산할 수 있다. (주)다산의 제3회계연도말 자기자본비율은 30%(=300/1,000)로 낮아 재무구조가 불량하다고 할 수 있다.

(2) 유동비율 = 유동자산/유동부채

유동비율(current ratio)은 유동성(liquidity), 즉 **단기자금흐름의 안정성**을 나타낸다. 유동자산은 단기(1년 이내)에 현금화될 수 있는 자산이고 유동부채는 단기에 갚아야 할 부채이다. 따라서 유동비율이 높을수록 기업의 단기 채무지급능력이 높다고 할 수 있다. 일반적으로 유동비율이 150% 내지 200% 이상일 경우 안정적이라 한다. (주)다산의 제3회계연도말 유동비율은 110%(=550/500)에 불과하다. 즉 단기 채무지급능력에 문제가 있다고 할 수 있다.

유동비율의 대용치로서 영업현금흐름을 유동부채로 나눈 비율을 사용하기도 한다. 이 비율은 영업활동에서 창출한 현금흐름이 단기부채를 상환하는 데 충분한가를 나타내므로 현실적인 단기 자금흐름의 안정성 지표라고 할 수 있다.

(3) 당좌비율 = 당좌자산/유동부채

당좌비율(quick ratio 또는 acid-test ratio)은 **유동비율을 보수적으로** 계산한 결과이다. 이 비율은 유동자산 대신에 당좌자산을 분자로 이용한다. **당좌자산**(quick assets)은 유동자산에서 유동자산 중 유동성이 가장 떨어지는 재고자산, 선급비용 및 선급금을 제외한 것이다. 일반적으로 당좌비율이 120% 내지 150% 이상일 경우 안정적이라 한다. (주)다산의 제3회계연도말 당좌비율은 70%(=350/500)에 불과하여 단기 지급능력이 매우 불량하다고 할 수 있다.

(4) 이자보상비율 = 영업이익/이자비용

이자보상비율(times interest earned)은 **영업이익에 의한 이자지급능력**을 나타낸다. 이 비율이 높을수록 안정적이다. 일반적으로 이자보상비율이 5배 내지 10배 이상일 경우 안정적이라 한다. (주)다산의 제3회계연도 이자보상비율은 1.4배(=70/50)에 불과하므로 상당히 불량하다고 할 수 있다. 이자보상비율의 대용치로서 영업현금흐름을 이자비용으로 나눈 비율을 사용하기도 한다. 이 비율은 영업활동에서 이자를 지급하기에 충분한 현금을 창출하는지를 보여주므로 현실적인 이자지급능력 지표라고 할 수 있다.

2. 성장성 지표

일반적으로 기업은 성장을 추구하는데, 성장성은 기업이 창출하는 수익이나 이익 또는 기업의 자산 규모가 한 기간 동안 얼마나 증가했는지로 측정한다. 대표적인 성장성 지표로 매출성장률, 당기순이익성장률, 그리고 총자산성장률을 들 수 있다.

(1) 매출성장률 = 매출증가액/전기매출액

매출성장률(sales growth rate)은 매출증가액(=당기 매출액−전기 매출액)을 전기 매출액으로 나누어 계산한다. (주)다산의 제3회계연도 매출증가율은 8.3%(=[1,300−1,200]/1,200)이다.

(2) 순이익성장률 = 순이익증가액/전기순이익

순이익성장률(net income growth rate)은 순이익증가액(=당기 순이익−전기 순이익)을 전기 순이익으로 나누어 계산한다. (주)다산의 제3회계연도 순이익증가율은 30%(=[13−10]/10)이다.

(3) 총자산성장률 = 총자산증가액/전기말총자산

총자산성장률(total asset growth rate)은 총자산증가액(=당기말 총자산−전기말 총자산)을 전기말 총자산으로 나누어 계산한다. (주)다산의 제3회계연도 총자산증가율은 2.0%(=[1,000−980]/980)이다.

3. 수익성(마진율) 지표

수익성(profitability) **지표**는 마진율 지표라고도 하는데, 매출액 대비 어느 정도의 '이익'을 얻는가를 나타내는 지표이다. 따라서 수익성 지표의 분모는 매출액이 되고, 분자로 매출총이익, 영업이익, 당기순이익 등이 사용된다.

(1) 매출액순이익률 = 당기순이익/매출액

매출액순이익률(net profit margin)은 **매출액에서 당기순이익이 차지하는 비율**을 나타낸다. 매출액순이익률은 산업에 따라 차이가 크나 전통적인 산업에서는 통상적으로 3% 내지 5% 이상일 경우 마진이 나쁘지 않다고 본다. 매출액순이익률이 낮은 주된 이유로는 **부가가치가 낮은 제품의 취급과 방만한 비용관리**를 들 수 있다. (주)다산의 경우 제3회계연도 매출액순이익률이 1.0%(=13/1,300)이다. 즉 100원어치를 판매하여 1원의 이익을 얻었으므로 수익성이 상당히 낮다고 할 수 있다.

(2) 매출액영업이익률 = 영업이익/매출액

매출액영업이익률(operating margin)은 영업이익을 매출액으로 나누어 계산한다. 매출액순이익률은 기업 전체의 수익성을 나타내는 반면, 매출액영업이익률은 본업인 영업활동에서의 수익성을 나타낸다. (주)다산의 제3회계연도 매출액영업이익률은 5.4%(=70/1,300)이다. 즉 100원어치를 판매하여 5.4원의 이익을 남겼다고 할 수 있다. 영업이익률이 5.4%인데 매출액순이익률이 1.0%인 것은 이자비용과 법인세비용 때문이다. 즉 이자비용과 법인세비용은 영업이익률과 순이익률 간의 괴리를 초래한다.

4. 자산운용의 효율성(자산회전율) 지표

자산운용의 효율성(asset utilization efficiency) **지표**는 **자산회전율**(asset turnover) 또는 **활동성**(activity) **지표**라고도 한다. 자산운용의 효율성은 일반적으로 매출액 등 수익이나 매출원가 등 비용 항목을 자산항목으로 나누어 계산한다. 이때 수익이나 비용항목은 기간측정치이나 자산항목은 시점측정치이다. 따라서 분모인 시점측정치는 분자인 기간측정치와 일관성을 지니도록 일반적으로 두 시점(즉 직전 기말과 당기말)의 단순평균을 사용한다.

(1) 총자산회전율 = 매출액/평균총자산

총자산회전율(total asset turnover)은 자산의 효율적인 운영 여부를 총괄적으로 나타내는 지표이다. 이때 총자산이란 타인자본(부채)과 자기자본(자본)의 합, 즉 자산을 의미한다. 총자산회전율은 **자산 1원당 창출된 매출액을 나타낸다**. 총자산회전율을 개선시키는 한 방편은 매출의 창출에 도움이 되지 않는 자산을 처분하는 것이다(예, 자본압축전략; downsizing). (주)다산의 제3회계연도 총자산회전율은 1.31회(=1,300/990)이다. 즉 자산 1원 투자에 대하여 1.31원의 매출을 창출하였다.

(2) 유형자산회전율 = 매출액/평균유형자산

유형자산회전율(tangible asset turnover)은 유형자산의 효율적인 운영 여부를 나타내는 지표로서 **유형자산 1원당 창출된 매출액을 나타낸다.** 이 비율은 특히 고정설비를 이용하여 제품을 제조하는 제조기업의 근원적인 효율성 지표이다. (주)다산의 제3회계연도 유형자산회전율은 2.92회(=1,300/445)이다. 즉 유형자산 1원 투자에 대하여 2.92원의 매출을 창출하였다.

(3) 재고자산회전율 = 매출원가/평균재고자산

재고자산회전율(inventory turnover)은 **한 회계기간(1년)에 재고가 몇 회 회전을 하였는가**를 나타내는 지표이다. **회전율이 높다는 것은 재고자산이 빨리 회전(판매)되고 있음을 뜻한다.** 반대로 회전율이 낮다는 것은 보유 재고자산에 비해 매출이 부진하다는 것인데, 이 경우 현금흐름이 악화되며 또한 **재고비용**, 즉 재고에 묶인 자금에 대한 기회비용과 재고관리 비용이 커지게 된다. 통상 생산라인에 문제가 있거나, 재고관리에 문제가 있거나 불량재고가 쌓여 있을 때 재고자산회전율은 낮게 나타난다. 재고자산은 원가로 측정되므로 재고자산회전율의 분자로서 (판매가로 표시되는 매출액보다는) 원가로 표시되는 매출원가를 사용하는 것이 적절하다. 그러나 편의상 매출액을 사용하는 경우도 있다.

재고자산회전율로부터 쉽게 **재고자산회전기간**(average days to sell inventory)을 계산해 낼 수 있다. 재고자산회전기간은 재고가 창고에 쌓여 있는 평균기간을 의미하는데, 이 기간은 재고자산회전율과 역수의 관계에 있다.

재고자산회전기간 = 1년 / 재고자산회전율
= 365일 / 재고자산회전율
= 평균재고자산 / (매출원가/365일)

매출원가가 3,650만원이라 하자. 그러면 1일 동안 판매한 상품의 평균매출원가는 10만원이다. 따라서 평균재고자산이 500만원이라면, 재고자산회전율은 7.3회(=3,650/500)이며 재고자산회전기간은 365일/7.3=50일이 된다. 즉, 보유재고를 처분하는 데 평균적으로 50일이 소요된다고 할 수 있다. (주)다산의 경우 제3회계연도 재고자산회전율은 5.52회(=1,076/195)이며 재고자산회전기간은 약 66일(=365일/5.52)이다.

(4) 매출채권회전율 = 매출액/평균매출채권

매출채권회전율(accounts receivable turnover)은 **매출채권이 한 회계기간(1년)에 몇 회 회전을 하였는가**를 나타내는 지표이다. **회전율이 높다는 것은 매출채권이 현금화되는 속도가 빠르다는 것을 의미한다**. 고객신용관리에 문제가 있거나 불량채권의 문제가 있을 때 매출채권회전율은 낮게 나타난다.

매출채권회전율로부터 쉽게 **매출채권회전기간**(average days to collect accounts receivable)을 계산해 낼 수 있다. 즉, 매출채권회전기간은 매출채권회전율과 역수의 관계에 있다. 매출채권회전기간은 **매출채권이 현금화되는 평균기간**을 의미한다.

매출채권회전기간 = 1년 / 매출채권회전율
= 365일 / 매출채권회전율
= 평균매출채권 / (매출액/365일)

매출이 7,300만원이라 하자. 그러면 1일 매출은 평균 20만원이다. 평균매출채권이 600만원이라면 매출채권회전율은 12.17회(=7,300/600)이며 매출채권회전기간은 365일/12.17=30일이 된다. 즉, 매출대금을 회수하는 데 평균적으로 30일이 소요된다고 할 수 있다. (주)다산의 경우 제3회계연도 매출채권회전율은 5.31회(=1,300/245)이며 매출채권회전기간은 약 69일(=365일/5.31)이다.

(5) 매입채무회전율 = 매입액/평균매입채무

매입채무회전율(accounts payable turnover)은 **매입채무의 결제속도**를 나타내는 지표이다. **이 회전율이 높다는 것은 매입채무의 결제속도가 빠르다는 것을 의미한다**. 높은 매입채무회전율은 기업의 현금흐름을 악화시킨다. 반면에 이 회전율이 과도하게 낮을 경우 기업의 신용이 훼손될 수 있으며 더 나아가 자본시장에서 기업의 지급능력이 의문시될 수 있으므로 바람직하지 않다.

재고자산회전율 및 매출채권회전율과 유사하게, 매입채무회전율로부터 쉽게 **매입채무회전기간**(average days to pay accounts payable)을 계산해 낼 수 있다. 매입채무회전기간은 **매입채무를 현금결제해 주는 데 소요되는 평균기간**을 의미한다.

매입채무회전기간 = 1년 / 매입채무회전율
= 365일 / 매입채무회전율
= 평균매입채무 / (매입액/365일)

매입이 3,650만원이라 하자. 그러면 1일 동안의 매입은 평균 10만원이다. 따라서 평균매입채무가 400만원이라면, 매입채무회전율은 9.125회(=3,650/400)이고 그 매입채무를 현금결제 하는 데 평균적으로 40일(=365일/9.125)이 소요된다고 할 수 있다. (주)다산의 경우 제3회계연도의 매입은 1,086백만원이라 계산되므로,[2] 매입채무회전율은 10.34회(=1,086/105)이며 매입채무회전기간은 약 35일(=365일/10.34)이다.

5. 영업주기와 현금회전주기

기업이 재고자산을 구입하였을 때부터 제품의 판매대금을 회수할 때까지의 평균기간을 **영업주기**(operating cycle)라 한다. 재고자산회전기간은 재고자산을 구입하여 판매할 때까지의 기간이고 매출채권회전기간은 판매를 한 때부터 대금을 회수할 때까지의 기간이다. 따라서 영업주기는 이 두 기간의 합으로 구할 수 있다.

영업주기 = 재고자산회전기간 + 매출채권회전기간

이를 (주)다산에 적용하면 제3회계연도 영업주기는 135일(=66일+69일)이다.

영업주기가 자금이 영업활동에 묶여 있는 기간인 반면 매입채무회전기간은 반대로 영업활동 중 자금의 지급을 유예받는 기간이다. **현금회전주기**(cash cycle)는 **자금이 영업활동에 묶여 있는 순기간**(net period)이다. 따라서 영업주기에서 매입채무회

2) 매입은 매출원가(1,076)와 재고자산 증가분(200-190=10)의 합으로 계산된다.

전기간을 차감한 것이 현금회전주기이다.

현금회전주기 = 영업주기 − 매입채무회전기간

이를 (주)다산에 적용하면 제3회계연도 현금회전주기는 100일(=135일−35일)이다.

6. 총체적 수익성 지표

기업경영의 목적은 기본적으로 주주와 채권자의 투자에 대한 이익창출의 극대화이다. 따라서 기업 또는 기업내 각 사업부의 총체적인 경영성과는 투자이익률, 즉 ROI(return on investment)로 평가한다. ROI의 대표적인 측정치로는 **총자산이익률**(ROA), **자기자본이익률**(ROE), 그리고 **경제적 부가가치**(EVA)를 들 수 있다. 아래에서는 총자산이익률과 자기자본이익률에 대해 설명한다. 경제적 부가가치는 보론에서 논하기로 한다.

(1) 총자산이익률 = (당기순이익+세후이자비용)/평균자산

총자산이익률(ROA; return on asset)은 총자산에 대한 세후이익률을 나타낸다. 자산은 그 원천에 따라 채권자 지분(부채)과 주주 지분(자본)으로 구성되어 있고, 이 부채와 자본의 구성비율을 재무구조(financial structure 또는 capital structure)라 한다. **총자산이익률은 자산의 조달원천과는 무관하게 자산 대비 이익의 비율을 나타내므로 재무구조와 독립적으로 계산되어야 한다.** 즉 재무구조에 상관없이 동일하게 산정되어야 한다. 분자인 당기순이익에 세후이자비용을 가산하는 것이 바로 이러한 이유 때문이다.

(주)다산의 제3회계연도 당기순이익은 13백만원이고 이자비용은 50백만원이다. 법인세율은 35%(=법인세비용 7/세전이익 20)로 추산된다. 이자비용에 대해서는 과세소득 산정 시 그 금액이 차감되어 법인세를 줄여주는 법인세 효과가 있으므로 세후이자비용은 [50백만원×(1−0.35)]=32.5백만원이다.

따라서 ROA = (13+32.5) / 990
= 0.046 또는 4.6%

(2) 자기자본이익률 = 당기순이익/평균자본

자기자본이익률(ROE; return on equity)은 주주의 자본 투자에 대해 주주에게 귀속되는 순이익률을 나타낸다.

자기자본이익률은 전문경영인과 사업부 등의 경영성과 평가지표로 흔히 이용된다. 이 경우 성취한 자기자본이익률이 기업의 적정 자기자본이익률보다 높은지의 여부로 경영성과를 평가한다. **적정 자기자본이익률**은 부채의 이자율에 추가적 위험도보상률(risk premium)을 가산함으로써 얻을 수 있다. 기업의 위험도(firm risk)는 **사업위험도**와 **재무위험도**로 구분될 수 있다. **사업위험도**(business risk)는 기업이 영위하는 사업에 내재된 위험도를 일컬으며 **영업위험도**(operating risk)라고도 한다. 일반적으로 성장성이 큰 벤처기업의 경우 사업위험도가 높으며, 안정적인 소비재 기업의 경우 사업위험도가 낮다. 반면에 **재무위험도**(financial risk)는 재무구조에 따른 위험으로서, 대표적으로 부채비율이 높을수록 재무위험도가 높다고 할 수 있다. 종합하면 적정 자기자본이익률은 아래의 산식으로 표현될 수 있다.

적정 자기자본이익률
= 부채의 이자율 + 추가 위험도보상률
= 부채의 이자율 + 추가 사업위험도보상률 + 추가 재무위험도보상률

부채의 이자율로 회사채 발행시 적용되는 시장이자율을 사용하는 것이 무난하다. 추가 위험도보상률(사업위험도보상률+재무위험도보상률)은 일반적으로 기업에 따라 5% 내지 10% 정도를 책정하면 될 것이다.

(주)다산의 경우 제3회계연도 자기자본이익률은 4.41%(=13/295)에 불과하다. 반면 부채의 이자율은 매입채무를 제외한 모든 부채가 이자발생부채라는 가정 하에 개략적으로 8.47%(=50/590)이다. 여기에 추가 위험도보상률을 5% 정도로만 책정한다 하여도 적정 자기자본이익률은 13%를 상회하게 된다. 따라서 자기자본이익률

로 평가한 (주)다산의 경영성과는 매우 부진하다고 할 수 있다.

자기자본이익률은 앞에서 언급한 세 재무비율의 곱으로 아래와 같이 표시될 수 있는데, 이렇게 분석·평가하는 기법을 **듀퐁분석**(Dupont analysis)이라고도 한다. 듀퐁분석은 기업의 자기자본이익률에 문제가 있을 때 그 원인을 규명하는 데 도움을 준다.

자기자본이익률(ROE)
= 당기순이익 / 평균자본
= (당기순이익/매출액)×(매출액/평균총자산)×[(평균자본+평균부채)/평균자본]
= 매출액순이익률×총자산회전율×(1+평균부채비율)

듀퐁분석에 따르면 **매출액순이익률이 클수록, 총자산회전율이 클수록, 그리고 부채비율이 클수록 자기자본이익률이 증가함을 알 수 있다.** 예를 들어 박리다매 기업의 경우 매출액순이익률은 낮으나 총자산회전율을 높임으로써 자기자본이익률을 유지하게 된다. 반면에 고급 사치품을 취급하는 기업의 경우 총자산회전율은 낮으나 매출액순이익률을 높임으로써 자기자본이익률을 유지한다.

총자산회전율은 항상 양(+)이므로, 매출액순이익률이 양(+)일 경우 부채비율이 클수록 자기자본이익률이 증가하게 되나, 매출액순이익률이 음(−)일 경우 부채비율이 클수록 자기자본이익률이 오히려 감소하게 됨에 유의해야 한다. 부채비율이 클수록 도산위험 등에 따른 기업위험도는 높아진다. 그 반대급부로 매출액순이익률이 양(+)일 경우 부채비율이 클수록 자기자본이익률, 즉 총체적인 수익성이 높아진다. 이 현상을 흔히 **재무레버리지**(financial leverage) **효과**라고 한다.

(주)다산의 경우 아래와 같이 제3회계연도 자기자본이익률을 구할 수 있다.

자기자본이익률 = 매출액순이익률 × 총자산회전율 × (1+평균부채비율)
= 1.0% × 1.31회 × (1+236%)
= 4.41%

(주)다산의 경우 매출액순이익률(마진율)과 총자산회전율(자산운용의 효율성)이 낮아 자기자본이익률이 낮아졌다. 그러나 높은 부채비율은 재무레버리지효과를 통

해 자기자본이익률을 높이는 데 기여하였다고 볼 수 있다.

7. 재무비율을 이용한 자금압박 요인 파악

기업이 자금압박을 받게 되는 요인을 재무비율에서 찾는다면 낮은 안정성비율, 낮은 수익성(마진율) 및 낮은 자산운용 효율성 등을 들 수 있다.

그러나 보다 근원적으로 다음의 여러 요인이 제시될 수 있다.

1) 낮은 이익률, 즉 **낮은 매출액순이익률**: 이는 낮은 부가가치 제품을 취급하고 있거나 비용관리에 문제가 있음을 시사한다.
2) 자산에 비하여 상대적으로 저조한 매출, 즉 **낮은 총자산회전율**: 이는 자산이 매출에 효율적으로 기여하지 못함을 시사한다.
3) 낮은 조업도, 즉 **낮은 유형자산회전율**: 이는 과다한 유형자산에의 투자 또는 생산관리에 문제가 있음을 시사한다.
4) 높은 재고, 의문스러운 재고, 느린 재고, 즉 **낮은 재고자산회전율**: 이는 불량재고가 있거나 재고관리에 문제가 있음을 시사한다.
5) 느린 자금회수, 즉 **낮은 매출채권회전율**: 이는 신용관리와 고객관리에 문제가 있음을 시사한다.

경영자는 위에 제시한 요인을 충분히 고려하여 기업의 현재 상태를 진단하고 이에 맞추어 적절히 경영계획을 수립함으로써 기업이 장래에 재무적인 어려움에 처하지 않도록 하여야 할 것이다.

보론 경제적 부가가치(EVA)

ROA(총자산이익률)나 ROE(자기자본이익률)는 비율측정치이나 **경제적 부가가치**(EVA; economic value added)는 **금액측정치**이다. **EVA는 기업이 한 기간 동안의 영업결과로 창출한 '초과이익'을 나타내는 금액이다.** 영업이익 등 손익계산서상의 이익항목은 투하자산을 다른 곳에 투자했을 경우 얻을 수 있는 이익, 즉 투하자산의 기회비용(opportunity cost)을 충분히 고려하기 이전의 수치이다. 이에 영업이익 등이 양(+)이라 할지라도 이를 창출하기 위하여 사용된 투하자산의 기회비용이 그보다 크다면 기업은 실질적으로 경제적인 손실을 본 것이 된다.

영업이익 등 손익계산서 이익 금액과는 달리, **EVA는 이익에서 투하자산에 대한 기회비용을 차감한 후의 금액**이다. 즉, EVA는 이익에서 기업의 자산에 대한 기회비용을 차감한 후의 초과이익 수치이다. 예로 (주)다산의 한 회계연도 EVA가 100억원이라면, (주)다산이 그 해에 창출한 초과이익, 즉 경제적 부가가치는 100억원이며, 그만큼 (주)다산의 기업가치는 증가하였다고 볼 수 있다. 반대로 EVA가 −100억원이라면 경제적 부가손실이 100억원이며, 그만큼 기업가치의 감소가 초래되었다고 할 수 있다.

EVA는 다음과 같이 계산한다:

$$
\begin{aligned}
\text{EVA} &= \text{세후영업이익} - \text{투하자산에 대한 기회비용} \\
&= \text{세후영업이익} - \text{투하자산에 대한 자본비용} \\
&= \text{세후영업이익} - (\text{투하자산} \times \text{가중평균자본비용})
\end{aligned}
$$

기업이 창출한 영업이익에 대해 청구권이 있는 자로 법인세를 징수하는 국세청(정부), 채권자, 그리고 주주가 있다. 우선 영업이익에서 국세청의 몫을 떼어내면, 즉 영업이익에서 법인세를 차감하면 **세후영업이익**(after-tax operating income)이다. 그 다음 세후영업이익에서 채권자에게의 세후이자비용(타인자본비용)과 주주에게 보상할 자기자본비용을 차감하고 남은 것이 EVA이다.

세후영업이익은 이자비용에 대한 법인세 공제혜택을 고려하지 않고 단순히 영업이익에 (1−법인세율)을 곱하여 계산한다. 이는 자산의 이익창출능력이 기업의 재무구조(부채비율)과 무관하기 때문이다. 즉, 세후영업이익은 기업의 재무구조에 상관없이 독립적으로 산출된다.

본 장에서 소개된 (주)다산의 제3회계연도 EVA를 계산하여 보자. 이때 법인세율은 35%(=법인세비용 7/세전이익 20)로 추정된다.

$$
\begin{aligned}
\text{세후영업이익} &= \text{영업이익} \times (1 - \text{법인세율}) \\
&= 70 \times 0.65 \\
&= 45.5 \qquad (1)
\end{aligned}
$$

제3회계연도의 영업이익은 제2회계연도말의 자산을 이용하여 창출되었다고 볼 수 있다. 따라서 제2회계연도말의 자산을 투하자산으로 이용한다. 또한 투하자산의 계산에는 일반적으로 이자가 발생하지 않는 부채인 매입채무 등은 제외한다. 따라서 EVA 산정 시 투하자산은 다음과 같다.

$$
\begin{aligned}
\text{투하자산} &= \text{제2회계연도말 자산총계} - \text{제2회계연도말 매입채무} \\
&= 980 - 110 \\
&= 870 \qquad (2)
\end{aligned}
$$

가중평균자본비용(WACC; weighted average cost of capital)은 다음과 같이 세후 이자율인 **타인자본비용**(cost of debt)과 앞에서 언급한 적정 자기자본이익률과 같은 개념인 **자기자본비용**(cost of equity)을 이자발생부채와 자본의 비율로 가중 평균한 값으로 계산한다.[3)]

$$
\begin{aligned}
\text{타인자본비용} &= \text{부채의 세전이자율} \times (1 - \text{법인세율}) \\
&= (\text{이자비용}/\text{제2회계연도말 이자발생부채}) \times (1 - 0.35) \\
&= (50/580) \times 0.65 \\
&= 0.056
\end{aligned}
$$

3) 이자비용은 과세소득 산정 시 차감되어 법인세를 줄여주는 효과, 즉 법인세 효과가 있다. 따라서 가중평균자본비용 계산 시 타인자본비용에는 세전이자율이 아닌 세후이자율을 사용한다. 반면 자기자본비용은 이 같은 법인세 효과가 없으므로 세전이자율에 위험도보상률을 가산하여 구한다.

자기자본비용 = 부채의 세전이자율 + 위험도보상률
= (50/580) + 5%(가정)
= 0.136

위 계산에서 제2회계연도말 이자발생부채 580백만원은 단기차입금 180백만원, 기타 단기부채 180백만원 및 비유동부채(모두 이자발생으로 가정) 220백만원의 합계이다.

가중평균자본비용

= [0.056×(이자발생부채/투하자산)] + [0.136×(자본/투하자산)]
= [0.056×(580/870)] + [0.136×(290/870)]
= 0.083 (3)

식 (1), (2) 및 (3)을 종합하면,

EVA = 세후영업이익 − (투하자산×가중평균자본비용)
= 45.5 − (870×0.083)
= −26.71

따라서, (주)다산이 영업결과로 창출한 제3회계연도의 경제적 부가가치는 −26.71백만원으로 그만큼 기업가치가 동 회계연도에 하락한 것으로 분석된다.

연습문제

〈객관식 문제〉

01 재무비율의 종류

재무비율은 그 성격이나 특성에 따라 여러 종류로 분류될 수 있으나 일반적으로 다음과 같이 크게 네 가지 분야로 분류한다.

a. 유동성비율
b. 활동성비율
c. 총체적 수익성비율
d. 안정성비율

다음에 설명하는 내용이 위 네 가지 비율 중 어느 것에 대한 설명인지 고르시오.

1. 기업의 일정 기간 동안의 수익성을 측정(예: 자기자본이익률)
2. 기업의 장기적인 지급능력과 재무구조 건전성 여부 판단(예: 부채비율)
3. 기업의 자산을 얼마나 효율적으로 사용했는가의 측정(예: 총자산회전율)
4. 기업의 단기채무에 대한 지급능력을 측정(예: 유동비율)

02 재무비율 분석의 한계

재무비율 분석은 공시된 재무제표를 이용하여 기업의 재무상태나 경영성과를 분석할 수 있기 때문에 자료수집에 따른 노력과 비용이 적게 들며 전문지식이 없어도 기업을 용이하게 분석·평가할 수 있다는 장점이 있다. 그렇다면 재무비율 분석의 한계점은 무엇인지 설명하시오.

03 동종 산업 기업 간 비교 이유

W전자 회계부서에 근무하는 당신은 부장으로부터 W전자의 재무제표를 분석해서 보고할 것을 지시받으면서 지난 3년간의 W전자, L전자, S전자의 재무제표를 받았다. W전자의 재무제표를 분석하는 데 있어서 왜 다른 동종 기업의 재무제표가 필요한가?

04 이해관계자와 재무비율

유동비율, 자기자본이익률, 이자보상비율 중에서 다음의 외부이용자들이 가장 필요로 하는 재무비율은 무엇이겠는가?

1. 주식의 소유자
2. 단기대출을 고려하는 종합금융회사
3. 장기대출을 고려하는 은행

05 재무비율의 함정

제1회계연도에 우리나라 반도체 업계는 세계 컴퓨터시장의 침체, 극심한 시장경쟁 등으로 인해 심한 불황을 겪었다. 제2회계연도에는 환율상승으로 인한 가격경쟁력 확보, 신제품 출시 등으로 인해 경영이 예년 수준으로 회복되었다. 제2회계연도말에 TV뉴스에서 다음이 방송되었다. "올해 우리나라 반도체 산업은 사상 유례없는 호황을 기록하였습니다. 업계를 이끌고 있는 경기반도체(주)의 경우 전년 대비 순이익증가율이 1,200%였습니다."

방송된 기사의 내용에 왜곡이 없는지 논평하시오.

06 ROA와 ROE: 재무구조와의 독립성

(주)다산의 제2회계연도 자산, 부채 및 자본은 평균적으로 각각 300억원, 200억원 및 100억원이다. 부채에 대한 연 이자율은 10%이고 법인세율은 30%이다. (주)다산의 제2회계연도 요약 손익계산서는 다음과 같다.

	영업이익	60억원	
−)	이자비용	20억원	(부채 200억원의 10%)
	세전이익	40억원	
−)	법인세비용	12억원	(세전이익의 30%)
	당기순이익	28억원	

1. (주)다산의 제2회계연도 부채비율, 그리고 제2회계연도 ROA와 ROE를 계산하시오.
2. (주)다산의 자산 300억원이 모두 자본으로 조달되었다고(즉, 부채비율=0) 하자. 이렇게 재무구조가 바뀔 때 ROE는 변하더라도 ROA는 변하지 않는다. 이를 수치로써 보이시오.

07 재무비율 계산(종합)

다음은 제1회계연도와 제2회계연도 (주)다산의 약식 비교재무제표이다.

재무상태표

(주)다산 (단위: 원)

	제1회계 연도	제2회계 연도		제1회계 연도	제2회계 연도
현 금	250	350	매입채무	460	1,050
매출채권	900	910	미지급비용	250	400
재고자산	1,400	1,600	사채(8%)	2,800	2,800
선급비용	50	40			
토 지	1,000	900	보통주(액면 ₩5)	1,100	1,650
기계장치	6,400	8,800	이익잉여금	3,390	4,100
감가상각누계액	(2,000)	(2,600)			
자산총계	8,000	10,000	부채와 자산총계	8,000	10,000

손익계산서

(주)다산 (단위: 원)

	제1회계연도	제2회계연도
매출액	16,000	22,000
매출원가	(11,200)	(16,060)
영업비용	(3,296)	(3,142)
이자비용	(224)	(224)
법인세비용	(480)	(910)
당기순이익	800	1,664

제2회계연도의 다음 재무비율을 계산하시오. 단, 수익성비율과 효율성비율을 계산할 때 재무상태표 항목들에 대해서는 기초 · 기말의 평균치를 사용한다.

1. 자기자본이익률 (당기순이익÷평균자본)
2. 매출액순이익률 (당기순이익÷매출액)
3. 매출액영업이익률 (영업이익÷매출액)
4. 유동비율 (유동자산÷유동부채)
5. 당좌비율 (당좌자산÷유동부채)

6. 부채비율 (부채÷자기자본)
7. 이자보상비율 (영업이익÷이자비용)
8. 매출액성장률 (매출증가액÷전기매출액)
9. 총자산성장률 (총자산증가액÷전기말총자산)
10. 총자산회전율 (매출액÷평균총자산)
11. 매출채권회전율 (매출액÷평균매출채권)
12. 재고자산회전율 (매출원가÷평균재고자산)

08 추세분석

다음은 (주)거품의 5년간의 손익계산서 중 일부이다. 기준연도를 제1회계연도로 하여 5년간의 추세분석을 하고 (주)거품의 문제점을 지적하시오.

	제1회계연도	제2회계연도	제3회계연도	제4회계연도	제5회계연도
매 출 액	300	330	340	390	410
매출원가	100	120	180	230	300
매출총이익	200	210	160	160	110

09 동종 산업과의 비교

다음은 다산전자의 제2회계연도 손익계산서이다.

손익계산서	
다산전자 제2회계연도 1월 1일부터 12월 31일까지	(단위: 원)
Ⅰ. 매출액	20,000
Ⅱ. 매출원가	9,000
Ⅲ. 매출총이익	11,000
Ⅳ. 판매비와관리비	5,000
Ⅴ. 영업이익	6,000
Ⅵ. 법인세비용(30%)	1,800
Ⅶ. 당기순이익	4,200

한편 다산전자와 같은 산업 내에 있는 전자업계의 평균 백분위손익계산서는 다음과 같다.

백분위 손익계산서		
전자업계 평균	제2회계연도 1월 1일부터 12월 31일까지	(단위: %)
Ⅰ. 매출액		100%
Ⅱ. 매출원가		60%
Ⅲ. 매출총이익		40%
Ⅳ. 판매비와관리비		20%
Ⅴ. 영업이익		20%
Ⅵ. 법인세비용(30%)		6%
Ⅶ. 당기순이익		14%

다음 물음에 답하시오.

1. 다산전자의 백분위손익계산서를 작성하시오.
2. 다산전자의 경영성과를 전자업계 평균과 비교해서 평가하시오.

10 영업주기의 계산

다음의 자료를 이용하여 (주)다산의 제2회계연도 영업주기를 계산하시오.

재고자산: 연초 10억원, 연말 30억원
매출채권: 연초 20억원, 연말 30억원
연매출: 100억원
연매출원가: 60억원

11 EVA의 계산(보론)

(주)다산의 제2회계연도초 자산은 3,000억원인데, 이는 부채 2,000억원과 자본 1,000억원으로 구성되어 있다. 모든 부채는 이자발생부채이다. 부채에 대한 연 이자율은 10%이고 법인세율은 25%이다. (주)다산의 자기자본비용은 15%이고 (주)다산의 제2회계연도 영업이익은 200억원이다. (주)다산의 제2회계연도 EVA를 계산하시오.

부록

단일금액 1원의 현재가치표

기말연금 1원의 현재가치표

국제회계기준에 따른 재무제표 양식

〈단일금액 1원의 현재가치표〉

$$S(i,\ n) = \frac{1}{(1+i)^n}$$

기간이자율(i)

기간수 (n)	1%	2%	3%	4%	5%	6%	7%	8%	9%	10%
1	.9901	.9804	.9709	.9615	.9524	.9434	.9346	.9259	.9174	.9091
2	.9803	.9612	.9426	.9246	.9070	.8900	.8734	.8573	.8417	.8264
3	.9706	.9423	.9151	.8890	.8638	.8396	.8163	.7938	.7722	.7513
4	.9610	.9238	.8885	.8548	.8227	.7921	.7629	.7350	.7084	.6830
5	.9515	.9057	.8626	.8219	.7835	.7473	.7130	.6806	.6499	.6209
6	.9420	.8880	.8375	.7903	.7462	.7050	.6663	.6302	.5963	.5645
7	.9327	.8706	.8131	.7599	.7107	.6651	.6227	.5835	.5470	.5132
8	.9235	.8535	.7894	.7307	.6768	.6274	.5820	.5403	.5019	.4665
9	.9143	.8368	.7664	.7026	.6446	.5919	.5439	.5002	.4604	.4241
10	.9053	.8203	.7441	.6756	.6139	.5584	.5083	.4632	.4224	.3855
11	.8963	.8043	.7224	.6496	.5847	.5268	.4751	.4289	.3875	.3505
12	.8874	.7885	.7014	.6246	.5568	.4970	.4440	.3971	.3555	.3186
13	.8787	.7730	.6810	.6006	.5303	.4688	.4150	.3677	.3262	.2897
14	.8700	.7579	.6611	.5775	.5051	.4423	.3878	.3405	.2992	.2633
15	.8613	.7430	.6419	.5553	.4810	.4173	.3624	.3152	.2745	.2394
16	.8528	.7284	.6232	.5339	.4581	.3936	.3387	.2919	.2519	.2176
17	.8444	.7142	.6052	.5134	.4363	.3714	.3166	.2703	.2311	.1978
18	.8360	.7002	.5874	.4936	.4155	.3503	.2959	.2502	.2120	.1799
19	.8277	.6864	.5703	.4746	.3957	.3305	.2765	.2317	.1945	.1635
20	.8195	.6730	.5537	.4564	.3769	.3118	.2584	.2145	.1784	.1486
21	.8114	.6598	.5375	.4388	.3589	.2942	.2415	.1987	.1637	.1351
22	.8034	.6468	.5219	.4220	.3418	.2775	.2257	.1839	.1502	.1228
23	.7954	.6324	.5067	.4057	.3256	.2618	.2109	.1703	.1378	.1117
24	.7876	.6217	.4919	.3901	.3101	.2470	.1971	.1577	.1264	.1015
25	.7798	.6095	.4776	.3751	.2953	.2330	.1842	.1460	.1160	.0923
26	.7720	.5976	.4637	.3604	.2812	.2198	.1722	.1352	.1064	.0839
27	.7644	.5859	.4502	.3468	.2678	.2074	.1609	.1252	.0976	.0763
28	.7568	.5744	.4371	.3335	.2551	.1956	.1504	.1159	.0895	.0693
29	.7493	.5631	.4243	.3207	.2429	.1846	.1406	.1073	.0822	.0630
30	.7419	.5521	.4120	.3083	.2314	.1741	.1314	.0994	.0754	.0573
35	.7059	.5000	.3554	.2534	.1813	.1301	.0937	.0676	.0490	.0356
40	.6717	.4529	.3066	.2083	.1420	.0972	.0668	.0460	.0318	.0221
45	.6391	.4102	.2644	.1712	.1113	.0727	.0476	.0313	.0207	.0137
50	.6080	.3715	.2281	.1407	.0872	.0543	.0339	.0213	.0134	.0085
60	.5504	.3048	.1697	.0951	.0535	.0303	.0173	.0099	.0057	.0033

기간이자율(i)

기간수 (n)	11%	12%	13%	14%	15%	16%	17%	18%	19%	20%
1	.9009	.8929	.8850	.8772	.8696	.8621	.8547	.8475	.8403	.8333
2	.8116	.7972	.7831	.7695	.7561	.7432	.7305	.7182	.7062	.6944
3	.7312	.7118	.6931	.6750	.6575	.6407	.6244	.6086	.5934	.5787
4	.6587	.6355	.6133	.5921	.5718	.5523	.5337	.5158	.4987	.4323
5	.5935	.5674	.5428	.5194	.4972	.4761	.4561	.4371	.4190	.4019
6	.5346	.5066	.4803	.4556	.4323	.4104	.3898	.3704	.3521	.3349
7	.4817	.4523	.4251	.3996	.3759	.3538	.3332	.3139	.2959	.2791
8	.4339	.4039	.3762	.3506	.3269	.3050	.2848	.2660	.2487	.2326
9	.3909	.3606	.3329	.3075	.2843	.2630	.2434	.2255	.2090	.1938
10	.3522	.3220	.2946	.2697	.2472	.2267	.2080	.1911	.1756	.1615
11	.3173	.2875	.2607	.2366	.2149	.1954	.1778	.1619	.1476	.1346
12	.2858	.2567	.2307	.2076	.1869	.1685	.1520	.1372	.1240	.1122
13	.2575	.2292	.2042	.1821	.1625	.1452	.1299	.1163	.1042	0935
14	.2320	.2046	.1807	.1597	.1413	.1252	.1110	.0985	.0876	.0779
15	.2090	.1827	.1599	.1401	.1229	.1079	.0949	.0835	.0736	.0649
16	.1883	.1631	.1415	.1229	.1069	.0930	.0811	.0708	.0618	.0541
17	.1696	.1456	.1252	.1078	.0929	.0802	.0693	.0600	.0520	.0451
18	.1528	.1300	.1108	.0946	.0808	.0691	.0592	.0508	.0437	.0376
19	.1377	.1161	.0981	.0829	.0703	.0596	.0506	.0431	.0367	.0313
20	.1240	.1037	.0868	.0728	.0611	.0514	.0433	.0365	.0308	.0261
21	.1117	.0926	.0768	.0638	.0531	.0443	.0370	.0309	.0259	.0217
22	.1007	.0326	.0680	.0560	.0462	.0382	.0316	.0262	.0218	.0181
23	.0907	.0738	.0601	.0491	.0402	.0329	.0270	.0222	.0183	.0151
24	.0817	.0659	.0532	.0431	.0349	.0284	.0231	.0188	.0154	.0126
25	.0736	.0588	.0471	.0378	.0304	.0245	.0197	.0160	.0129	.0105
26	.0663	.0525	.0417	.0331	.0264	.0211	.0169	.0135	.0109	.0087
27	.0597	.0469	.0369	.0291	.0230	.0182	.0144	.0115	.0091	.0073
28	.0538	.0419	.0325	.0255	.0200	.0157	.0123	.0097	.0077	.0061
29	.0485	.0374	.0289	.0224	.0174	.0135	.0105	.0082	.0064	.0051
30	.0437	.0334	.0256	.0196	.0151	.0116	.0090	.0070	.0054	.0042
35	.0259	.0189	.0139	.0102	.0075	.0055	.0041	.0030	.0023	.0017
40	.0154	.0107	.0075	.0053	.0037	.0026	.0019	.0013	.0010	.0007
45	.0091	.0061	.0041	.0027	.0019	.0013	.0009	.0006	.0004	.0003
50	.0054	.0035	.0022	.0014	.0009	.0006	.0004	.0003	.0002	.0001
60	.0019	.0011	.0007	.0004	.0002	.0001	.00008	.00005	.00003	.00002

〈기말연금 1원의 현재가치표〉

$$A(i,\ n)=\sum_{i=1}^{n}\frac{1}{(1+i)^{i}}=\frac{1-\frac{1}{(1+i)^{n}}}{i}$$

기간이자율(i)

기간수 (n)	1%	2%	3%	4%	5%	6%	7%	8%	9%	10%
1	0.9901	0.9804	0.9616	0.9615	0.9524	0.9434	0.9346	0.9259	0.9174	0.9091
2	1.9704	1.9416	1.9165	1.8861	1.8594	1.8334	1.8080	1.7833	1.7591	1.7355
3	2.9410	2.8839	2.8286	2.7751	2.7232	2.6730	2.6243	2.5771	2.5313	2.4868
4	3.9020	3.8077	3.7171	3.6299	3.5460	3.4651	3.3872	3.3121	3.2397	3.1699
5	4.8534	4.7135	4.5797	4.4518	4.3295	4.2124	4.1002	3.9927	3.8897	3.7908
6	5.7955	5.6014	5.4172	5.2421	5.0757	4.9173	4.7665	4.6229	4.4859	4.3553
7	6.7282	6.4720	6.2303	6.0021	5.7864	5.5824	5.3893	5.2064	5.0330	4.8684
8	7.6517	7.3255	7.0197	6.7327	6.4632	6.2098	5.9713	5.7466	5.5348	5.3349
9	8.5660	8.1622	7.7861	7.4353	7.1078	6.8017	6.5152	6.2469	5.9952	5.7590
10	9.4713	8.9826	8.5302	8.1109	7.7217	7.3601	7.0236	6.7101	6.4177	6.1446
11	10.368	9.7868	9.2526	8.7605	8.3064	7.8869	7.4987	7.1390	6.8052	6.4951
12	11.255	10.575	9.9540	9.3851	8.8633	8.3838	7.9427	7.5361	7.1607	6.8137
13	12.134	11.348	10.635	9.9856	9.3936	8.8527	8.3577	7.9038	7.4869	7.1034
14	13.004	12.106	11.296	10.563	9.8986	9.2950	8.7455	8.2442	7.7862	7.3667
15	13.865	12.849	11.938	11.118	10.380	9.7122	9.1079	8.5595	8.0607	7.6061
16	14.718	13.578	12.561	11.652	10.838	10.106	9.4466	8.8514	8.3136	7.8237
17	15.562	14.292	13.166	12.166	11.274	10.477	9.7632	9.1216	8.5436	8.0216
18	16.398	14.992	13.756	12.659	11.690	10.828	10.059	9.3719	8.7556	8.2014
19	17.226	15.679	14.324	13.134	12.085	11.158	10.336	9.6036	8.9501	8.3649
20	18.046	16.351	14.877	13.590	12.462	11.470	10.594	9.8181	9.1285	8.5136
21	18.857	17.011	15.415	14.029	12.821	11.764	10.835	10.017	9.2922	8.6487
22	19.660	17.658	15.937	14.451	13.163	12.042	11.061	10.201	9.4424	8.7715
23	20.456	18.292	16.444	14.857	13.489	12.303	11.272	10.371	9.5802	8.8832
24	21.243	18.914	16.935	15.247	13.799	12.550	11.469	10.529	9.7066	8.9847
25	22.023	19.524	17.413	15.622	14.094	12.783	11.654	10.675	9.8266	9.0770
26	22.795	20.121	17.877	15.983	14.375	13.003	11.826	10.810	9.9290	9.1609
27	23.560	20.707	18.327	16.330	14.643	13.210	11.987	10.935	10.027	9.2372
28	24.316	21.281	18.764	16.663	14.898	13.406	12.137	11.051	10.116	9.3066
29	25.066	21.844	19.188	16.984	15.141	13.591	12.278	11.158	10.198	9.3696
30	25.808	22.397	19.600	17.292	15.373	13.765	12.409	11.258	10.274	9.4269
35	29.409	24.999	21.487	18.665	16.374	14.498	12.948	11.655	10.567	9.6442
40	32.835	27.356	23.115	19.793	17.159	15.046	13.332	11.925	10.757	9.7791
45	36.095	29.490	24.519	20.720	17.774	15.456	13.605	12.108	10.881	9.8628
50	39.196	31.424	25.730	21.482	18.256	15.762	13.801	12.233	10.962	9.9148
60	44.955	34.761	27.676	22.623	18.929	16.161	14.039	12.376	11.048	9.9671

기간이자율(i)

기간수 (n)	11%	12%	13%	14%	15%	16%	17%	18%	19%	20%
1	0.9009	0.8929	0.8850	0.8772	0.8696	0.8621	0.8547	0.8475	0.8403	0.8333
2	1.7125	1.6901	1.6681	1.6467	1.6257	1.6052	1.5852	1.5656	1.5465	1.5278
3	2.4437	2.4018	2.3612	2.3216	2.2832	2.2459	2.2096	2.1743	2.1399	2.1065
4	3.1024	3.0373	2.9745	2.9137	2.8550	2.7982	2.7432	2.6901	2.6386	2.5887
5	3.6959	3.6048	3.5172	3.4331	3.3522	3.2743	3.1993	3.1272	3.0576	2.9906
6	4.2305	4.1114	3.9975	3.8887	3.7845	3.6847	3.5892	3.4976	3.4098	3.3255
7	4.7122	4.5638	4.4226	4.2883	4.1604	4.0386	3.9224	3.8115	3.7057	3.6046
8	5.1461	4.9676	4.7988	4.6389	4.4873	4.3436	4.2072	4.0776	3.9544	3.8372
9	5.5370	5.3282	5.1317	4.9464	4.7716	4.6065	4.4506	4.3030	4.1633	4.0310
10	5.8892	5.6502	5.4262	5.2161	5.0188	4.8332	4.6586	4.4941	4.3389	4.1925
11	6.2065	5.9377	5.6869	5.4527	5.2337	5.0286	4.8364	4.6560	4.4865	4.3271
12	6.4924	6.1944	5.9176	5.6603	5.4206	5.1971	4.9884	4.7932	4.6105	4.4392
13	6.7499	6.4235	6.1218	5.8424	5.5831	5.3423	5.1183	4.9095	4.7147	4.5327
14	6.9819	6.6282	6.3025	6.0021	5.7245	5.4675	5.2293	5.0081	4.8023	4.6106
15	7.1909	6.8109	6.4624	6.1422	5.8474	5.5755	5.3242	5.0916	4.8759	4.6755
16	7.3792	6.9740	6.6039	6.2651	5.9542	5.6685	5.4053	5.1624	4.9377	4.7296
17	7.5488	7.1196	6.7291	6.3729	6.0472	5.7487	5.4746	5.2223	4.9897	4.7746
18	7.7016	7.2497	6.8399	6.4674	6.1280	5.8178	5.5339	5.2732	5.0333	4.8122
19	7.8393	7.3658	6.9380	6.5504	6.1982	5.8775	5.5845	5.3162	5.0700	4.8435
20	7.9633	7.4694	7.0248	6.6231	6.2593	5.9288	5.6278	5.3527	5.1009	4.8696
21	8.0751	7.5620	7.1015	6.6870	6.3125	5.9731	5.6648	5.3837	5.1263	4.8913
22	8.1757	7.6446	7.1695	6.7429	6.3587	6.0113	5.6964	5.4099	5.1486	4.9094
23	8.2664	7.7184	7.2297	6.7921	6.3988	6.0442	5.7234	5.4321	5.1668	4.9245
24	8.3481	7.7843	7.2829	6.8351	6.4338	6.0726	6.7465	5.4509	5.1822	4.9371
25	8.4217	7.8431	7.3300	6.8729	6.4641	6.0971	5.7662	5.4669	5.1951	4.9476
26	8.4881	7.8957	7.3717	6.9061	6.4906	6.1182	5.7831	5.4804	5.2060	4.9563
27	8.5478	7.9426	7.4086	6.9352	6.5135	6.1364	5.7975	5.4919	5.2151	4.9636
28	8.6016	7.9844	7.4412	6.9607	6.5335	6.1520	5.8099	5.5016	5.2223	4.9697
29	8.6501	8.0218	7.4701	6.9830	6.5509	6.1656	5.8204	5.5093	5.2292	4.9747
30	8.6938	8.0552	7.4957	7.0027	6.5660	6.1772	5.8294	5.5168	5.2347	4.9789
35	8.8552	8.1755	7.5856	7.0700	6.6166	6.2153	5.8582	5.5386	5.2512	4.9915
40	8.9511	8.2433	7.6344	7.1050	6.6418	6.2335	5.8713	5.5482	5.2582	4.9966
45	9.0079	8.2825	7.6609	7.1232	6.6543	6.2421	5.8773	5.5523	5.2611	4.9986
50	9.0417	8.3045	7.6572	7.1327	6.6605	6.2463	5.8801	5.5541	5.2623	4.9995
60	9.0736	8.3240	7.6873	7.1401	6.6651	6.2491	5.8819	5.5553	5.2630	4.9999

〈국제회계기준에 따른 재무제표 양식〉

1. 재무상태표 양식

재 무 상 태 표

20××년 ××월 ××일(기말) 현재

자 산	
Ⅰ. 유 동 자 산	
1) 현금및현금성자산	×××
2) 단기금융자산	×××
3) 매출채권	×××
4) 재고자산	×××
5) 선급비용	×××
6) 미수수익	×××
7) 기타유동자산	×××
Ⅱ. 비 유 동 자 산	
1) 장기금융자산	×××
2) 관계기업투자	×××
3) 유형자산	×××
4) 무형자산	×××
5) 기타비유동자산	×××
자 산 총 계	×××
부 채	
Ⅰ. 유 동 부 채	
1) 매입채무	×××
2) 단기차입금	×××
3) 미지급비용	×××
4) 선수수익	×××
5) 기타유동부채	×××
Ⅱ. 비 유 동 부 채	
1) 사 채	×××
2) 장기차입금	×××

3) 장기충당부채	×××
4) 기타비유동부채	×××
부 채 총 계	×××
자 본	
Ⅰ. 자 본 금	
1) 우선주자본금	×××
2) 보통주자본금	×××
Ⅱ. 자본잉여금	
1) 주식발행초과금	×××
2) 기타자본잉여금	×××
Ⅲ. 자본조정	×××
Ⅳ. 기타포괄손익누계액	×××
Ⅴ. 이익잉여금	×××
자 본 총 계	×××

2. 포괄손익계산서 양식

포괄손익계산서

20××년 ××월 ××일(기초)부터 20××년 ××월 ××일(기말)까지

Ⅰ. 매 출 액	×××
Ⅱ. 매출원가	×××
Ⅲ. 매출총이익	×××
—) 연구개발비	×××
—) 판매비와 관리비	×××
Ⅳ. 영업이익	×××
+) 기타수익	×××
—) 기타비용	×××
+) 금융수익(이자수익 등)	×××
—) 금융비용(이자비용 등)	×××
Ⅴ. 법인세비용차감전순이익	×××
—) 법인세비용	×××
Ⅵ. 당기순이익	×××
Ⅶ. 기타포괄이익	
1. 투자주식평가손익	×××
2. 재평가잉여금	×××
Ⅷ. 총포괄이익	×××
Ⅸ. 주당이익(당기순이익÷유통주식수)	×××

찾아보기

국문

영문

[A]

♠저자 약력♠

강선민(康善敏)

중앙대학교 경영대학 경영학사(회계학)
중앙대학교 대학원 회계학과 경영학 석사
중앙대학교 대학원 회계학과 경영학 박사
한국경제연구원 기업연구본부 선임연구원 역임
금융위원회 회계제도심의위원 역임
한국거래소 중소기업회계지원 자문위원 역임
현재, 중앙대학교 경영경제대학 교수

연구 논문

AAR, APJAE, JIFMIM, 회계학연구, 회계저널, 경영학연구 등에 논문 발표

김병조(金炳祚)

아주대학교 경영대학 경영학과 학사
아주대학교 대학원 경영학과 경영학 석사
아주대학교 대학원 경영학과 경영학 박사
아주대학교 경영대학원 겸임부교수 역임
화성시사회적기업지원센터 센터장 역임
현재, 한신대학교 경영학과 교수

연구 논문

관리회계연구, 한국병원경영학회지, 보건행정학회지, 공공사회연구 등에 논문 발표

김진욱(金鎭煜)

건국대학교 경영학과/부동산학과 졸업
Ohio State University 회계학과 졸업
Cornell University 통계학 석사
University of Oregon 경영학 박사(회계학 전공)
Rutgers University 조교수 역임
금융감독원 회계제도실 자문교수 역임
현재, 건국대학교 경영대학 교수
건국대학교 경영전문대학원 부원장

한봉희(韓鳳熙)

서울대학교 인문대학 언어학과 학사
미국 University of Texas at Austin 경영대학 회계학 석사(MPA)
미국 University of Texas at Austin 경영대학 회계학 박사(Ph.D.)
미국 University of Colorado at Boulder 조교수 역임
미국 Washington주 공인회계사
공인회계사시험 출제위원 역임
회계기준위원회 비상임위원 역임
현재, 아주대학교 경영대학 명예교수

연구 논문

JAE, JBFA, 회계학연구, 회계저널, 경영학연구 등에 논문 발표

IFRS 반영 회계학원론(제6판)

2018년 2월 26일 초판 발행
2019년 8월 25일 제2판 발행
2021년 8월 25일 제3판 발행
2022년 8월 25일 제4판 발행
2024년 2월 20일 제5판 발행
2025년 8월 25일 제6판 발행

저 자 강선민, 김병조, 김진욱, 한봉희
발행인 윤 동 구
발행처 **창 민 사**
주 소 서울시 마포구 창전로 46 4층 401호
등 록 1999. 10. 28/제10-1846호
전 화 3272-1243~4
팩 스 3272-1245
e-mail cmbooks@hanmail.net

정가 32,000원 ISBN 979-11-92272-32-0 93320